AF748310

अवतार

अन्तिम सत्य दिशा

notionpress
.com

अवतार
अन्तिम सत्य दिशा

लव कुश सिंह "विश्वमानव"

सत्यकाशी पीठ
पांचवां और अन्तिम शंकराचार्य पीठ

Notion Press

Old No. 38, New No. 6
McNichols Road, Chetpet
Chennai - 600 031

First Published by Notion Press 2020

ISBN 978-16-48993-62-6

समर्पण

यह पुस्तक समर्पित है -

उन सभी खोजी आत्माओं को,

जो सत्य की ज्योति को अपने भीतर

और संसार के हर कोने में जलाना चाहते हैं।

भारतीय संविधान के धारा-51 (ए)

नागरिक का मौलिक कर्तव्य के अनुसार

01. संविधान के प्रति प्रतिबद्धता, इसके आदर्शों, धाराओं, राष्ट्रीय ध्वज व राष्ट्रीय गान का आदर करना।
02. स्वतंत्रता के लिए संघर्ष हेतु प्रेरित करने वाले सुआदर्शों का अनुकरण करना व उन्हें चिरस्थायी बनाना।
03. भारत की सर्वोच्चता, एकता और अखण्डता की रक्षा करना तथा समर्थन करना।
04. जब भी आवश्यकता पड़े देश की रक्षा करना व राष्ट्रीय सेवाओं हेतु समर्पित होना।
05. समाज में भाई-चारें की भावना का विस्तार करना, मातृत्व भाव, धार्मिक, भाषायिक, क्षेत्रीय विभिन्नताओं में एकता कायम करना तथा नारी सम्मान आदि का ध्यान देना।
06. अपने मिश्रित संस्कृति का मूल्यांकन करना उसको स्थायित्व देना और इसकी परम्परा को कायम रखना।
07. प्राकृतिक सम्पदा की रक्षा करना जिसमें जलवायु, जंगल, झील, नदियां, जंगली जीवों व समस्त जीवों के प्रति दया का भाव सम्मिलित है।
08. वैज्ञानिक भावना को प्रोत्साहित करना, मानवीय भावनाओं के स्वरूप की परख करते रहना।
09. जन सम्पत्ति की सुरक्षा करना और हिंसा आदि का परित्याग करना।
10. व्यक्तिगत, सामूहिक गतिविधियों के प्रत्येक क्षेत्र में सर्वोच्चता हासिल करना, जिससे राष्ट्र शतत उत्थान, प्रयत्न व प्राप्ति की ओर अग्रसर होता रहे।
11. जो कि माता-पिता या अभिभावक हो, वे अपने 6 साल से 14 साल के बच्चों को शिक्षा या अन्य ऐसे सुअवसरों का लाभ उन्हें मुहैया करावें।

मूल जीवन मंत्र

"हे प्रभु, तेरे प्यार में बस दो ही बातें है। एक तो अपना कल्याण करूँ, दूसरा तुझ जैसा बन सबका कल्याण करूँ"

विषय- सूची

भाग-5 : पाँचवाँयुग : स्वर्णयुग/सत्ययुग

र. सार्वजनिक प्रमाणित पूर्ण प्रेरक अवतार

10. दसवाँ और अन्तिम कल्कि अवतार - विश्वभारत (मानक वैश्विक व्यक्ति चरित्र)

भाग-6 : 2020 - मन का नवीनीकरण

काल का द्वितीय और अन्तिम रूप - दृश्य काल

धर्म ज्ञान का अन्त - वर्तमान समय - इतिहास लौट चुका है

सन् 2016 ई0

सन् 2017 ई0

सन् 2018 ई0

सन् 2019 ई0

सन् 2020 ई0

वर्ष 2020 ई0 में खगोलिय घटना

वर्ष 2020 ई0 में प्राकृतिक घटना

वर्ष 2020 ई0 : सार्वभौम एकात्मता-मानवता का सन्देश

वर्ष 2020 ई0 का खगोलिय सन्देश

वर्ष 2020 ई0 का प्राकृतिक सन्देश

वर्ष 2020 ई0 का सार्वभौम सन्देश

वर्ष 2020 ई0 का अवतारी सन्देश

भाग-7 : समष्टि धर्म दृष्टि

अनिर्वचनीय कल्कि महाअवतार भोगेश्वर श्री लव कुश सिंह"विश्वमानव" का मानवों के नाम खुला चुनौती पत्र

अनिर्वचनीय कल्कि महाअवतार का काशी सत्यकाशी क्षेत्र से विश्व शान्ति का अन्तिग सत्य-सन्देश

भाग-8: परिवर्तन

सीधी समझ

नये भारत में, नये मनुष्य के उदय के लिए

व्यवस्था के परिवर्तन या सत्यीकरण का पहला प्रारूप और उसकी कार्य विधि

वे शब्द जिसके बिना युग परिवर्तन सम्भव नहीं

भाग-9: केन्द्र या मध्य (भारत) में पांचवां और अन्तिम सत्यकाशी पीठ

सत्यकाशी पीठ: स्थान

सत्यकाशी पीठ: इतिहास और उद्देश्य

पाँचवाँ और अंतिम शंकराचार्य पीठ: इसकी विशेषता

भाग-10: सत्यकाशी पीठ के कार्य

धारा-उद्धार: धर्म की पुनर्स्थापना
मनुष्य चेतना का रूपांतरण
साधना, दीक्षा और आध्यात्मिक अनुष्ठान
वैश्विक कार्य: मानवता के लिए संदेश
शिव-तत्व और कल्कि-तत्व का मिलन
"सार्वभौम सत्य-सिद्धान्त" पर आधारित "युग परिवर्तन श्रृंखला" के नवयुग के शास्त्र-साहित्य

मुख पृष्ठ की व्याख्या

यह आवरण चित्र "**अवतार – अन्तिम सत्य दिशा**" शीर्षक के अनुरूप एक ऐसे आध्यात्मिक भविष्य-दर्शन को प्रस्तुत करता है, जहाँ प्राचीन ज्ञान और आधुनिक चेतना एक-दूसरे में विलीन होते दिखाई देते हैं। कवर के केंद्र में एक दिव्य, नक्षत्रों से निर्मित मानव-मूर्ति ध्यानस्थ मुद्रा में विराजमान है-मानो सम्पूर्ण ब्रह्मांड उसी के भीतर धड़क रहा हो। उसके हृदय और मस्तिष्क से तेजस्वी प्रकाश-वृत्त निकलकर एक उच्चतर ऊर्जा-बिंदु की ओर प्रवाहित हो रहे हैं, जैसे वह स्वयं **अवतार-चेतना का उद्गम** हो।

मूर्ति के चारों ओर विभिन्न धर्म-चिन्हों का दैदीप्यमान मंडल है-ॐ, क्रॉस, दाऊद का सितारा, बुद्ध-मुद्राएँ, जैन प्रतीक, सूफ़ी संकेत-जो यह दर्शाता है कि अवतार किसी एक धर्म या मत की सीमित अवधारणा नहीं, बल्कि **विश्वचेतना का सार्वभौमिक सिद्धांत** है। उसके ऊपर मंडराता सुनहरा पिरामिड 'परम-सत्य' का प्रतीक है-ज्ञान का अंतिम संकलन, ब्रह्म का केंद्र।

पृष्ठभूमि के बाएँ भाग में प्राचीन मंदिर, ध्वस्त सभ्यताएँ और ऋषि-मुनियों की पंक्तियाँ दिखती हैं, जो मनुष्य की आध्यात्मिक यात्रा के हजारों वर्षों की परंपरा का स्मरण कराती हैं। वहीं दाएँ भाग में भविष्य के उच्च-तकनीकी शहर और आधुनिक मानव खड़े हैं, जो दिखाते हैं कि **अवतार का सत्य केवल अतीत नहीं, बल्कि आने वाले युग का भी केंद्र** है।

कमल के ऊपर स्थित दिव्य-पुरुष के नीचे **"सत्यकाशी पीठ"** और "**पाँचवां और अन्तिम शंकराचार्य पीठ**" शीर्षक स्वर्णिम अक्षरों में अंकित है, जो इस पुस्तक के आध्यात्मिक अधिकार, परंपरा-निष्ठा और दिव्य-उद्देश्य को स्पष्ट करता है।

समग्र रूप से यह आवरण एक **समग्र, सर्वधर्म-समन्वित, विश्वमानव-केंद्रित** संदेश देता है-कि अवतार किसी व्यक्ति का नाम नहीं, बल्कि चेतना के जागरण की वह अन्तिम दृष्टि है जो मानवता को अंधकार से प्रकाश की ओर ले जाती है।

भूमिका

मानव सभ्यता के इतिहास में "अवतार" केवल धार्मिक किंवदंती नहीं, बल्कि समय, चेतना और मानव-विकास की एक वैज्ञानिक-अध्यात्मिक प्रक्रिया के रूप में उभरता है। आपके द्वारा प्रस्तुत इस ग्रंथ *"अवतार – अन्तिम सत्य दृष्टि"* में अवतारों को किसी एक धर्म, एक परम्परा या एक मिथक तक सीमित नहीं किया गया है, बल्कि उन्हें मानवता की सामूहिक यात्रा, विकास और उत्कर्ष के क्रमिक पड़ावों के रूप में देखा गया है। यह ग्रंथ बताता है कि सृष्टि में होने वाला प्रत्येक अवतरण-मत्स्य से लेकर कल्कि तक-मानव चेतना के किसी न किसी चरण के परिवर्तन, उन्नयन और पुनर्संगठन का संकेत है। अवतार शारीरिक रूप से बदलते हैं, उनके युग बदलते हैं, उनकी परिस्थितियाँ बदलती हैं, परंतु उनका मूल उद्देश्य सदैव एक ही रहता है-मानव को उसके बेहतर रूप, बेहतर विकास और बेहतर सत्य की ओर ले जाना।

यह पुस्तक युगों की संरचना को अत्यंत वैज्ञानिक तरीके से प्रस्तुत करती है-सत्ययुग, त्रेतायुग, द्वापरयुग, कलियुग और अगला स्वर्णयुग-इन सभी को केवल पौराणिक क्रम न मानकर, बल्कि मानव के सामाजिक, मानसिक और आध्यात्मिक विकास के चरणों के रूप में समझाया गया है। आपके ग्रंथ में प्रत्येक अवतार को *व्यक्तिगत प्रमाणित, सार्वजनिक प्रमाणित, पूर्ण प्रत्यक्ष, अंश प्रत्यक्ष, पूर्ण प्रेरक* जैसे विशिष्ट श्रेणियों में विभाजित किया गया है-यह दृष्टि अत्यंत मौलिक है और अवतार-तत्व को पहली बार एक संगठित "विकास-मानचित्र" रूप में प्रस्तुत करती है। मत्स्य से वामन तक की प्राचीन चेतना, परशुराम से राम और कृष्ण तक की सामाजिक चेतना, बुद्ध से आधुनिक युग तक की मानसिक चेतना-इन सबके बीच से होकर मानवता कल्कि और आगे के स्वर्णयुग की दिशा में बढ़ती दिखाई देती है।

ग्रंथ का एक महत्त्वपूर्ण पहलू यह है कि इसमें अवतार को केवल चमत्कार-आधारित अवधारणा नहीं माना गया, बल्कि **एकात्म-कर्म**, **एकात्म-ध्यान**, और **एकात्म-प्रेम** के सिद्धांतों पर आधारित चेतना-प्रणाली के रूप में प्रस्तुत किया गया है। विष्णु को "एकात्मकर्म का अव्यक्त रूप" और लक्ष्मी को "एकात्मप्रेम" कहा जाना इस बात को स्पष्ट करता है कि अवतार किसी बाहरी अलौकिक शक्ति का अचानक हस्तक्षेप नहीं, बल्कि आत्मा, कर्म और प्रेम के अद्वितीय संतुलन का मूर्त रूप है। जब यह संतुलन असंतुलित संसार में प्रकट होता है, तो अवतार प्रकट होता है। यह दृष्टि अवतारों को भावनात्मक आस्था से उठाकर एक दार्शनिक और सृजनात्मक सत्य के रूप में स्थापित करती है।

ग्रंथ के आधार पर स्पष्ट होता है कि वर्तमान युग-विशेष रूप से 2016 से 2020 के बीच-मानव इतिहास के महत्वपूर्ण मोड़ का प्रतिनिधित्व करता है। इस अवधि में दुनिया के राजनीतिक, सामाजिक और आध्यात्मिक परिदृश्य में तीव्र परिवर्तन हुए, जिन्होंने संकेत दिया कि मानवता एक ऐसे बिंदु पर पहुँच चुकी है जहाँ पुराने ढाँचे ढह रहे हैं और एक नई चेतना का मार्ग खुल रहा है। इसी क्रम में पुस्तक बताती है कि कल्कि का अवतरण केवल भविष्य की प्रतीक्षा नहीं, बल्कि एक चल रही प्रक्रिया है, जो विश्व के ढाँचों, समाजों और व्यक्तियों के परिणामों में स्पष्ट रूप से दिखाई दे रही है।

ग्रंथ का दायरा अत्यंत व्यापक है-यह केवल अवतारों का इतिहास नहीं बताता, बल्कि विश्व की स्थिति, धर्म की स्थिति, समाज, परिवार, शासन, विज्ञान, व्यापार और व्यक्ति स्तर पर हो रहे परिणामों को भी विस्तार से रखता है। यह दिखाता है कि किस प्रकार कलियुग के अंतिम चरण में मानव जीवन के हर क्षेत्र में गहरे परिवर्तन हो रहे हैं, जो अंततः एक नए स्वर्णयुग, एक नए सत्ययुग का मार्ग प्रशस्त करेंगे।

इस ग्रन्थ का अंतिम और निर्णायक संदेश यह है कि कल्कि अवतार "किसी एक देश, धर्म या संप्रदाय का अवतार नहीं", बल्कि **विश्व–भारत** का अवतार है-एक वैश्विक चेतना, जो व्यक्तिगत, सामाजिक और ब्रह्मांडीय स्तर पर समन्वय स्थापित करेगी। यह अवतार किसी भी रूप-स्वरूप में दिखाई दे, परन्तु उसका उद्देश्य सदा स्पष्ट है-सत्य की पुनर्स्थापना, धर्म का पुनर्जागरण और मानवता का नवीनीकरण। यह पुस्तक अवतार को "भविष्यवाणी" नहीं, बल्कि **मानव-चेतना के विकास का अंतिम वैज्ञानिक अध्याय** घोषित करती है।

इस प्रकार "अवतार-अन्तिम सत्य दृष्टि" केवल एक धार्मिक-आध्यात्मिक ग्रंथ नहीं; यह समय, इतिहास और चेतना-चक्र की एक गहन विश्लेषणात्मक यात्रा है। यह पाठक को न केवल अवतारों की कथा से जोड़ता है, बल्कि उन्हें यह समझने में सक्षम बनाता है कि आज का मनुष्य किस बिंदु पर खड़ा है और आने वाला समय मानवता के लिए क्या लेकर आ रहा है। यह भूमिका पाठक को उस महान यात्रा के आरंभ में ले जाती है, जहाँ अवतार केवल कहानी नहीं-बल्कि विकास का नियम, परिवर्तन का विज्ञान, और सत्य का अंतिम रूप बनकर प्रकट होता है।

✍ लव कुश सिंह "विश्वमानव"

एक शोधक, चिंतक और मार्गदर्शक, जिन्होंने अपना जीवन *मानवता, आत्मा और नव-सृष्टि* के अध्ययन एवं लेखन को समर्पित किया है।

- प्रमुख ग्रंथ: *विश्वशास्त्र*
- दृष्टि: *नव-मनुष्य और नव-संसार का निर्माण*

प्रारम्भ के पहले दिव्य-दृष्टि

मेरे इस जीवन की एक अलग यात्रा में "दिव्य" शब्द का जो दर्शन हुआ वह इस प्रकार है। "दिव्य" शब्द का प्रयोग वेदों के समय से ही हो रहा है और वह दूसरे शब्दों के साथ मिलकर "दिव्य दृष्टि", "दिव्य रूप", "दिव्य दिन", "दिव्य वर्ष", "दिव्य युग" इत्यादि के रूप में हमारे सामने है। अनेक विद्वान व तत्वद्रष्टाओं ने इस दिव्य शब्द का अनेक-अनेक प्रकार से अर्थ बतायें हैं। यहाँ दिव्य शब्द के प्रयोग व उसके अर्थ को नीचे दिया जा रहा है जिससे हम सभी को उसके अर्थ के प्रति समझ बन सकें।

01. "महाभारत" का युद्ध और "गीता" ज्ञान का प्रारम्भ जिस दृश्य से होता है, वह है-"संजय" और "धृतराष्ट्र" के बीच वार्तालाप। जिसमें महर्षि व्यास द्वारा युद्ध को देखने व धृतराष्ट्र को उसका "जैसा हो रहा है वैसा ही हाल" सुनाने के लिए संजय को एक दृष्टि दी जाती है जिसे हम सभी "दिव्य दृष्टि" के नाम से जानते हैं।
02. "अखिल विश्व गायत्री परिवार" के संस्थापक, "युग निर्माण योजना" के संचालक व 3000 से भी अधिक पुस्तक-पुतिकाओं के लेखक पं0 श्रीराम शर्मा आचार्य (जन्म-20 सितम्बर, 1911, मृत्यु-2 जून, 1990), जिनके कई लाख समर्थक-सदस्य हैं, के अनुसार "दिव्य का अर्थ देवता नहीं हो सकता। ऋग्वेद (2,164.46) में कहा गया है-अग्नि रूपी सूर्य को इन्द्र मित्र वरूण कहते हैं। वही दिव्य सुपर गुरूत्मान है। निरूक्त दैवत काण्ड (7,18) में कहा गया है-जो दिवि में प्रकट होता है उसे दिव्य कहते हैं। दिवि, द्य को कहते हैं। नैघण्टुक काण्ड में दिन के 12 नाम लिखे हैं उनमें द्यु शब्द भी दिन का वाचक है। अब दिव्य का अर्थ हुआ कि-जो दिन में प्रकट होता है। और यह प्रत्यक्ष है कि दिन में सूर्य ही प्रकट होता है। अतः दिव्य सूर्य का नाम है। ऋग्वेद (1,16:3,10) के मन्त्र में कहा गया है कि-आग का घोड़ा (सूर्य) है। इसमें भी सूर्य का ही वर्णन है। वेद में दिव्य नाम सूर्य का है, देवता को दिव्य कदापि नहीं कहते। व्याकरण से भी दिव्य शब्द का अर्थ देवता नहीं बनता। दिव् धातु में स्वार्थेयत प्रत्यय लगाने से दिव्य शब्द बनता है। इसकी व्युत्पत्ति यह हुई-दिव भवं दिव्यन अर्थात् जो दिवि में प्रकट होता है। अतः दिव्य केवल सूर्य ही को कहते हैं। दिवि, द्यु को कहते हैं और द्यु दिन का नाम है। देवता शब्द दूसरें देवातल आदि सूत्रों से बनता है। इस कारण भी दिव्य और देवता शब्दों का आपस में कोई सम्बन्ध नहीं है। "दिव्य" शब्द और "देवता" शब्द बनाने के रूप ही अलग-अलग हैं।"
03. "ज्ञान व संस्कृति" और "बाबा भोलेनाथ" की नगरी काशी (वाराणसी, उ0प्र0, भारत) के बनारसी संस्कृति में दिव्य शब्द का अन्य शब्द के साथ प्रयोग कर "दिव्य निपटान", "दिव्य स्नान", "दिव्य आनन्द" की परम्परा है। इस परम्परा का वाहक काशी (वाराणसी) का अस्सी मुहल्ला है जिस पर प्रो0 काशी नाथ सिंह द्वारा पुस्तक "काशी की अस्सी" भी लिखा गया है और फिल्म भी बना है। काशी ज्ञान की नगरी है। यहाँ के लोगों का जन्म ही ज्ञान में होता है और ज्ञान में ही जीवन जीते है, ज्ञान ही बोलते हैं तथा ज्ञान में ही शरीर त्याग करते हैं। इनकी जीवन शैली और भाषा में सारा शास्त्र समाहित होता है। इसके उदाहरण को केवल "दिव्य निपटान" के अर्थ से ही जाना जा सकता है। सुबह हो या शाम, सामने गंगा बह रही हो, उपर खुला आकाश हो, भांग को गोला पेट में जा चुका हो, और जब किनारे पर निपटने (नित्य क्रिया) करने बैठते हैं तो बनारसी उसे "दिव्य निपटान" कहते हैं अर्थात् उस प्रकार से क्रिया जिसमें कुछ भी बनावटी न हो अर्थात् प्राकृतिक हो उसे "दिव्य" कहते हैं।

इस प्रकार आधुनिक सुविधाओं से युक्त शौचालय में नित्य क्रिया करना बनारसी ज्ञान में किसी भी स्थिति में "दिव्य निपटान" नहीं हो सकती। इसी प्रकार कपड़े पहनकर नहाना "दिव्य स्नान" नहीं और आधुनिक सुख-सुविधाओं से आनन्द में होना "दिव्य आनन्द" नहीं।

सन् 1893 से सन् 1993 के 100 वर्षों के समय में विश्व के बौद्धिक शक्ति को जिन्होंने सबसे अधिक हलचल दी वे हैं-धर्म की ओर से स्वामी विवेकानन्द और धार्मिकता की ओर से आचार्य रजनीश"ओशो"। दृष्टि के सम्बन्ध में इनके निम्न विचार हैं। स्वामी विवेकानन्द के अनुसार-"अनात्मज्ञ पुरूषों की बुद्धि एकदेश-दर्शिनी होती है। आत्मज्ञ पुरूषों की बुद्धि सर्वग्रासिनी होती है। आत्मप्रकाश होने से, देखोगे कि दर्शन, विज्ञान सब तुम्हारे अधीन हो जायेंगे।" (राम कृष्ण मिशन, विवेकानन्दजी के संग में, पृष्ठ-118) आचार्य रजनीश "ओशो" के अनुसार-"श्रीराम कितने ही बड़े हों, लेकिन इस मुल्क के चित्त में वे पूर्ण अवतार की तरह नहीं हैं, अंश हैं उनका अवतार। उपनिषद् के ऋषि कितने ही बड़े ज्ञानी हों, लेकिन अवतार नहीं हैं। श्रीकृष्ण पूर्ण अवतार हैं। परमात्मा अगर पृथ्वी पर पूरा उतरे तो करीब-करीब श्रीकृष्ण जैसा होगा। इसलिए श्रीकृष्ण इस मुल्क के अधिकतम मन को छु पाये हैं; बहुत कारणों से। एक तो पूर्ण अवतार का अर्थ होता है, मल्टी-डाइमेंन्सनल; जो मनुष्य के समस्त व्यक्तित्व को स्पर्श करता हो। श्रीराम वन-डाइमेंन्सनल है। अब तक श्रीकृष्ण को पूरा प्रेम करने वाला आदमी नहीं हुआ। क्योंकि पूरे श्रीकृष्ण को प्रेम करना तभी सम्भव है, जब वह आदमी भी मल्टी-डाइमेंन्सनल हो। हम आम तौर पर एक आयामी होते हैं। एक हमारा ट्रैक होता है व्यक्तित्व का, एक रेल की पटरी होती है, उस पटरी पर हम चलते है। जो एक गुरू बोल रहा है, वह अनन्त सिद्धों की वाणी है। अभिव्यक्ति में भेद होगा, शब्द अलग होंगे, प्रतीक अलग होंगे मगर जो एक सिद्ध बोलता है, वह सभी सिद्धों की वाणी है। इनसे अन्यथा नहीं हो सकता है। इसलिए जिसने एक सिद्ध को पा लिया, उसने सारे सिद्धों की परम्परा को पा लिया। क्योंकि उनका सूत्र एक ही है। कुंजी तो एक ही है, जिससे ताला खुलता है अस्तित्व का।"

उपरोक्त विचारों से यह स्पष्ट होता है कि "दिव्य" का अर्थ सीधा सा प्राकृतिक रूप अर्थात् "जैसा है ठीक वैसा ही" है तथा "दिव्य दृष्टि" का अर्थ सर्वग्रासिनी या बहुआयामी (मल्टी-डाइमेंन्सनल) दृष्टि होता है। इस प्रकार ब्रह्मा का "दिव्य रूप" चार सिर वाला, विष्णु का "दिव्य रूप" चार हाथ वाला और शिव-शंकर का "दिव्य रूप" पाँच सिर वाला पुराणों में प्रक्षेपित है। किसी भी वस्तु को एक दिशा से देखकर उसके वास्तविक रूप लम्बाई, चौड़ाई, ऊँचाई इत्यादि के साथ नहीं देख सकते। हम सभी अपनी आँखों से ही आँखों या पूरे शरीर को नहीं देख सकते। उसके लिए हमें दर्पण की आवश्यकता पड़ती है अर्थात् स्वयं से बाहर आकर ही पूरे को देखना सम्भव हो पाता है। इसी प्रकार पृथ्वी को देखने के लिए हमें पृथ्वी से बाहर जाना पड़ता है और सारी पृथ्वी के विकास के चिन्तन के लिए मन को पृथ्वी से बाहर ले जाना पड़ता है। "विश्वशास्त्र" ऐसे ही मन की स्थिति का परिणाम है। वर्तमान और भविष्य के समय के लिए सबसे सत्य दृष्टि तो यही है-

"एक गुण से देखना दृष्टि है,

अनेक गुणों से एक साथ देखना दिव्य दृष्टि है,

सिर्फ विद्वता को देखना दृष्टि दोष है"

और

"जो मन कर्म में न बदले, वह मन नहीं और व्यक्ति का अपना स्वरूप नहीं।"

सार्वभौम सत्य-सिद्धान्त के अनुसार काल, युग बोध एवं अवतार

सार्वभौम सत्य-सिद्धान्त के अनुसार काल और युग परिवर्तन और उसके माध्यम अन्तिम अवतार के सम्बन्ध में समय और रूप की व्याख्या निम्नवत् है।

विश्व-ब्रह्माण्ड के सर्वोच्च और अनन्त कार्यक्षेत्र का सार्वभौम दृश्य, विवादमुक्त, सार्वजनिक प्रमाणित सत्य-सिद्धान्त है- परिवर्तन। जिसे आदान-प्रदान (TRANSACTION) या क्रिया या व्यापार (TRADE) भी कहा जा सकता है। जिसे वैदिक साहित्य ने "सिद्धान्त", गीता ने "परिवर्तन", पुराण ने "शक्ति ", कपिलमुनि ने "क्रिया" कहा है। इसे ही प्राकृतिक- ब्रह्माण्डीय सत्य, कर्म, आदान-प्रदान, परिधि, व्यापार, काल, सर्वशक्तिमान भी कहा गया। इस सत्य की व्याख्या करने वाला शास्त्र-साहित्य सार्वजनिक प्रमाणित दृश्य समष्टि वेद, उत्पन्न नाम या शब्द को समष्टि ईश्वर नाम तथा नाम के अर्थ की व्याख्या करने वाले साहित्य को समष्टि उपनिषद् कहा जाता है।

उपरोक्त परिवर्तन जिस उत्प्रेरक की उपस्थिति में संचालित होता है उसे ही वैदिक साहित्य ने "ब्रह्म" या "आत्मा", गीता ने "मैं", पुराण ने "शिव "", कपिल मुनि ने "कारण", संतों ने "एक", हिन्दुओं ने "ईश्वर", सिखों ने "वाहे गुरू", इस्लाम ने "अल्ला" ईसाई ने "यीशु" इत्यादि कहा। इसे ही पूर्ण, धर्म, ज्ञान, सम, सार्वभौम, चौतन्य, केन्द्र, GOD, सत्य, अद्वैत, सर्वव्यापी, अनश्वर, अजन्मा, शाश्वत, सनातन इत्यादि भी कहा गया है। इस सत्य की व्याख्या करने वाला शास्त्र-साहित्य व्यक्तिगत प्रमाणित अदृश्य व्यष्टि वेद, उत्पन्न नाम या शब्द को व्यष्टि ईश्वर नाम तथा नाम के अर्थ की व्याख्या करने वाले साहित्य को व्यष्टि उपनिषद् कहा जाता है। इसी को सार्वभौम सत्य-सिद्धान्त में केन्द्र (CENTRE) कहा गया है।

वर्तमान पदार्थ विज्ञान भी यह स्वीकार कर चुका है कि इस ब्रह्माण्ड में कही भी कुछ भी स्थिर नहीं है। सभी का परिवर्तन या आदान-प्रदान हो रहा है। दृश्य पदार्थ विज्ञान के महान वैज्ञानिक आइन्सटाइन $E=MC^2$ से इसे सिद्ध भी किये है।

इस प्रकार विश्व-ब्रह्माण्ड को हम सर्वोच्च व्यापार केन्द्र (TRADE CENTRE) भी कह सकते हैं और विश्व-ब्रह्माण्ड के पर्यायवाची नाम के रूप में प्रयोग कर सकते हैं।

समस्त परिवर्तन या आदान-प्रदान मुख्यतः तीन बलो द्वारा ही संचालित होता है- मानवीय बल, प्राकृतिक बल व आत्मीय बल। और ये तीनो बल मूलतः तीन क्षेत्र के माध्यम से परिवर्तन लाता है। ये हैं- शारीरिक, आर्थिक व मानसिक। इस प्रकार हम देखते हैं कि यदि सर्वप्रथम मानवीय बल परिवर्तन लाने के लिए सक्रिय होता है तब वह पहले शारीरिक, फिर आर्थिक और अन्त में मानसिक कारण को माध्यम के रूप में प्रयोग करता है। इसी प्रकार प्राकृतिक बल और आत्मीय बल भी इसी क्रम से माध्यमों का प्रयोग करता है।

जब मानवीय बल और प्राकृतिक बल, आवश्यक परिवर्तन लाने में असफल हो जाता है तब सार्वाधिक शक्तिशाली व सर्वोच्च आत्मीय बल के प्रयोग का समय आ जाता है। चक्र रूप में मानवीय बल एक छोटा परिवर्तन, प्राकृतिक बल एक मध्यम स्तर का परिवर्तन तथा अन्तिम आत्मीय बल उस समय के सर्वोच्च स्तर का परिवर्तन लाता है जिस समय वह प्रभावी होता है।

यह आत्मीय बल ही अवतारों, पैगम्बरों, स्वर्गदूतों, धर्म प्रवर्तकों-स्थापकों के बल थे जो समयानुसार अपने-अपने क्षेत्रों में प्रयोग किये गये थे और जिसके कारण आज भी उनकी पहचान वर्तमान है। जब यह आत्मीय बल अंश रूप में अवतारों, पैगम्बरों, स्वर्गदूतों, धर्म प्रवर्तकों-स्थापकों द्वारा प्रयोग किये जाते हैं तब ये अंश अवतार, पैगम्बर, स्वर्गदूत, धर्म प्रवर्तक-स्थापक कहलाते हैं और जब यह आत्मीय बल पूर्ण रूप में अवतारों, पैगम्बरों, स्वर्गदूतों, धर्म प्रवर्तकों-स्थापकों द्वारा प्रयोग किये जाते हैं तब ये पूर्ण अवतार, पैगम्बर, स्वर्गदूत, धर्म प्रवर्तक-स्थापक कहलाते हैं।

वर्तमान समय में मानवीय बल व प्राकृतिक बल द्वारा परिवर्तन लाने के लिए शारीरिक, आर्थिक व मानसिक माध्यम का प्रयोग किया जा चुका है। साथ ही आत्मीय बल द्वारा भी परिवर्तन लाने के लिए शारीरिक व आर्थिक माध्यम का प्रयोग किया जा चुका है। अब केवल एक ही मार्ग आत्मीय बल द्वारा मानसिक माध्यम का प्रयोग बचा है। जो आने वाले समय में निश्चित रूप से होगा।

काल अर्थात् समय को समय से बांधा नहीं जा सकता। कोई भी व्यक्ति समष्टि के लिए किसी निश्चित दिन का दावा नहीं कर सकता कि इस दिन से किसी युग का परिवर्तन, किसी युग का अन्तिम दिन या किसी युग के प्रारम्भ का दिन है। क्योंकि हम दिन, दिनांक या कैलेण्डर का निर्धारण ब्रह्माण्डीय गतिविधि अर्थात् सूर्य, चाँद, ग्रह इत्यादि के गति को आधार बनाकर निर्धारित करते है। इसी प्रकार युग का निर्धारण पूर्णतया मानव मन की केन्द्रित स्थिति से निर्धारित होता है न कि किसी निर्धारित अवधि के द्वारा। मन की केन्द्रित स्थिति निम्न स्थितियों में होती है-

0 या 5. स्थिति - अदृश्य मार्ग से मन का आत्मीय केन्द्रित स्थिति।

1. **स्थिति** - व्यक्तिगत प्रमाणित अदृश्य मार्ग से मन का आत्मीय केन्द्रित स्थिति अर्थात् व्यक्तिगत प्रमाणित माध्यम द्वारा आत्मा पर केन्द्रित मन। यह स्थिति सतयुग की अन्तिम स्थिति है। इस युग में कुल 6 अवतार मत्स्य, कूर्म, वाराह, नृंसिंह, वामन और परशुराम हुये।

2. **स्थिति** -सार्वजनिक प्रमाणित अदृश्य मार्ग से मन का आत्मीय केन्द्रित स्थिति अर्थात् सार्वजनिक प्रमाणित माध्यम - प्रकृति व ब्रह्माण्ड द्वारा आत्मा पर केन्द्रित मन। यह स्थिति त्रेतायुग की अन्तिम स्थिति है। इस युग में सातवें अवतार श्री राम हुयें।

3. **स्थिति** - व्यक्तिगत प्रमाणित दृश्य मार्ग से मन का आत्मीय केन्द्रित स्थिति अर्थात् व्यक्तिगत प्रमाणित व्यक्ति व भौतिक वस्तु माध्यम द्वारा आत्मा पर केन्द्रित मन। यह स्थिति द्वापर युग की अन्तिम स्थिति है। इस युग में आँठवें अवतार श्री कृष्ण हुयें।

4. **स्थिति** - सार्वजनिक प्रमाणित दृश्य मार्ग से मन का आत्मीय केन्द्रित स्थिति अर्थात् सार्वजनिक प्रमाणित व्यक्ति व भौतिक वस्तु माध्यम द्वारा आत्मा पर केन्द्रित मन। यह स्थिति कलियुग की अन्तिम स्थिति है। इस युग में नवें अवतार बुद्ध हुये और दसवें और अन्तिम अवतार श्री लव कुश सिंह "विश्वमानव" व्यक्त हैं।

0 या 5. स्थिति - दृश्य मार्ग से मन का आत्मीय केन्द्रित स्थिति।

उपरोक्त स्थिति में स्थित मन से ही उस युग में शास्त्र-साहित्यों की रचना होती रही है। और उस अनुसार ही प्रत्येक व्यक्ति अपनी स्थिति का पता लगा सकता है कि वह किस युग में जी रहा है।

उपरोक्त में से कोई भी स्थिति जब व्यक्तिगत होती है तब वह व्यक्ति उस युग में स्थित होता है चाहे समाज या सम्पूर्ण विश्व किसी भी युग में क्यों न हो। इसी प्रकार जब उपरोक्त स्थिति में से कोई भी स्थिति में समाज या सम्पूर्ण विश्व अर्थात् अधिकतम व्यक्ति उस स्थिति में स्थित होते है तब समाज या सम्पूर्ण विश्व उस युग में स्थित हो जाता है।

युग परिवर्तन सदैव उस समय होता है जब समाज के सर्वोच्च मानसिक स्तर पर एक नया अध्याय या कड़ी जुड़ता है। और एक नये विचार से व्यवस्था या मानसिक परिवर्तन होता है। इस प्रकार यह आत्मसात् करना चाहिए कि सम्पूर्ण समाज इस समय चौथे युग-कलियुग के अन्त में है और जैसे-जैसे "विश्वशास्त्र" के ज्ञान से युक्त

होता जायेगा वह पाँचवे युग-स्वर्ण युग में प्रवेश करता जायेगा। और जब बहुमत हो जायेगा तब सम्पूर्ण समाज या विश्व पाँचवे युग-स्वर्ण युग में स्थित हो जायेगा।

सम्पूर्ण आध्यात्मिक सूक्ष्म एवं स्थूल सिद्धान्तों को व्यक्त करने का माध्यम मात्र मानव शरीर और कर्म क्षेत्र मात्र मानव समाज ही है। साथ ही उसका मूल्यांकनकर्ता मानव का अपना मन स्तर ही है। इसलिए अवतार सम्पूर्ण सिद्धान्तों को कालानुसार व्यक्त सगुण रूप मानव शरीर ही होता है। मूलरूप से अवतार शिव-आत्मा-ईश्वर-ब्रह्म अर्थात् सार्वभौम सत्य-सिद्धान्त के अवतार होते हैं परन्तु एकात्म ज्ञान अर्थात् ब्रह्मा और एकात्म ध्यान अर्थात् शंकर सार्वजनिक प्रमाणित दृश्य न हो सकने के कारण एकात्म कर्म-विष्णु के ही अवतार के रूप में जाना जाता है। क्योंकि एक मात्र कर्म ही मानव समाज में सार्वजनिक प्रमाणित होता है। इस एकात्म कर्म का कारण एकात्म प्रेम और एकात्म प्रेम का कारण मात्र एकात्म कर्म होता है।

विष्णु अर्थात् एकात्मकर्म का अव्यक्त रूप एकात्म प्रेम अर्थात् लक्ष्मी हैं। एकात्म कर्म का कारण एकात्म प्रेम तथा एकात्म प्रेम का कारण एकात्म कर्म होता है। वह कर्म जो आत्मा के लिए हो और वह प्रेम जो आत्मा के लिए हो अर्थात् समभाव और कर्म युक्त मानव शरीर ही विष्णु का अवतार है।

भगवान विष्णु के 24 अवतार (1. श्री सनकादि, 2. वाराह अवतार, 3. नारद मुनि, 4. नर-नारायण, 5. कपिल, 6. दत्तात्रेय, 7. यज्ञ, 8. ऋषभदेव, 9. पृथु, 10. मत्स्यावतार, 11. कूर्म अवतार, 12. धन्वन्तरि, 13. मोहिनी, 14. हयग्रीव, 15. नृसिंह, 16. वामन, 17. गजेन्द्रोधारावतार, 18. परशुराम, 19. वेदव्यास, 20. हन्सावतार, 21. राम, 22. कृष्ण, 23. बुद्ध, 24. कल्कि) का वर्णन श्री विष्णु पुराण एवं श्री भविष्य पुराण में स्पष्ट उल्लेख है। जिनमें मुख्य 10 अवतार (1. मत्स्य, 2. कूर्म, 3. वाराह, 4. नृसिंह, 5. वामन, 6. परशुराम, 7. राम, 8. कृष्ण, 9. बुद्ध, 10. कल्कि) ही माने जाते हैं।

ग्रन्थों में अवतारों की कई कोटि बतायी गई है जैसे अंशाशावतार, अंशावतार, आवेशावतार, कलावतार, नित्यावतार, युगावतार इत्यादि, जो भी सार्वभौम सत्य-सिद्धान्त को व्यक्त करता है वे सभी अवतार कहलाते हैं। व्यक्ति से लेकर समाज के सर्वोच्च स्तर तक सार्वभौम सत्य-सिद्धान्त को व्यक्त करने के क्रम में ही विभिन्न कोटि के अवतार स्तरबद्ध होते हैं। अन्तिम सार्वभौम सत्य-सिद्धान्त को व्यक्त करने वाला ही अन्तिम अवतार के रूप में व्यक्त होगा। अब तक हुये अवतार, पैगम्बर, ईशदूत इत्यादि को हम सभी उनके होने के बाद, उनके जीवन काल की अवधि में या उनके शरीर त्याग के बाद से ही जानते हैं। परन्तु भविष्य अर्थात् "आने वाले कल" के लिए कल्पित एक मात्र महाविष्णु के अवतार-कल्कि के आने से पूर्व ही जानने लगे हैं।

अदृश्य सत्य-सिद्धान्त से सार्वजनिक या ब्रह्माण्डीय प्रमाणित दृश्य सत्य-सिद्धान्त तक के व्यक्त होने की क्रिया में प्रयुक्त मानव शरीर ही अवतारों का शरीर है। इस क्रम में प्रत्येक अगला अवतार अपने पिछले अवतार का अगला चरण अर्थात् सामाजिक आवश्यकताओं की कालानुसार पूर्तिकर्ता सहित उसका पुर्नजन्म होता है। क्योंकि सत्य-सिद्धान्त को व्यक्त करने की इच्छा तब तक अवतारों में रहती है जब तक सत्य-सिद्धान्त पूर्णरूप से दृश्य सार्वजनिक या ब्रह्माण्डीय प्रमाणित रूप नहीं ले लेता। कोई भी मानव शरीर अवतारी ज्ञान, कर्म और ध्यान को रखते हुये भी यदि सम्पूर्ण सामाजिक या ब्रह्माण्डीय आवश्यकताओं का कालानुसार हल नहीं प्रस्तुत करता तो वह गुणों को रखते हुये भी अवतारी शरीर नहीं हो सकता। इस प्रकार प्रत्येक अगला अवतार, अपने पिछले अवतार का संग्रहणीय, संक्रमणीय, गुणात्मक रूप का प्रतीक होता है। अवतारों का स्थूल शरीर किसी भी स्थूल अटलनीय, अपरिवर्तनीय, प्राकृतिक नियम-परिवर्तन या आदान-प्रदान से मुक्त नहीं होता सिर्फ उनका सूक्ष्म शरीर और व्यक्त सत्य-सिद्धान्त ही उससे मुक्त और अप्रभावी होता है जिसे दुःख-सुख, जन्म-मृत्यु इत्यादि से मुक्त कहते हैं।

सत्य से सार्वभौम सत्य-सिद्धान्त तक का मार्ग अवतारों का मार्ग है। सार्वभौम सत्य-सिद्धान्त की अनुभूति ही अवतरण है। इसके अंश अनुभूति को अंश अवतार तथा पूर्ण अनुभूति को पूर्ण अवतार कहते हैं। अवतार मानव मात्र के लिए ही कर्म करते हैं न कि किसी विशेष मानव समूह या सम्प्रदाय के लिए। अवतार, धर्म, धर्मनिरपेक्ष व सर्वधर्मसमभाव से युक्त अर्थात् एकात्म से युक्त होते हैं। इस प्रकार अवतार से उत्पन्न शास्त्र मानव के लिए होते हैं, न कि किसी विशेष मानव समूह के लिए। उत्प्रेरक, शासक और मार्गदर्शक आत्मा सर्वव्यापी है।

इसलिए एकात्म का अर्थ संयुक्त आत्मा या सार्वजनिक आत्मा है। जब एकात्म का अर्थ संयुक्त आत्मा समझा जाता है तब वह समाज कहलाता है। जब एकात्म का अर्थ व्यक्तिगत आत्मा समझा जाता है तब व्यक्ति कहलाता है। अवतार, संयुक्त आत्मा का साकार रुप होता है जबकि व्यक्ति, व्यक्तिगत आत्मा का साकार रुप होता है। शासन प्रणाली में समाज का समर्थक दैवी प्रवृत्ति तथा शासन व्यवस्था प्रजातन्त्र या लोकतन्त्र या स्वतन्त्र या मानवतन्त्र या समाजतन्त्र या जनतन्त्र या बहुतन्त्र या स्वराज कहलाता है और क्षेत्र गणराज्य कहलाता है। ऐसी व्यवस्था सुराज कहलाती है। शासन प्रणाली में व्यक्ति का समर्थक असुरी प्रवृत्ति तथा शासन व्यवस्था राज्यतन्त्र या राजतन्त्र या एकतन्त्र कहलाता है और क्षेत्र राज्य कहलाता है ऐसी व्यवस्था कुराज कहलाती है। सनातन से ही दैवी और असुरी प्रवृत्तियों अर्थात् दोनों तन्त्रों के बीच अपने-अपने अधिपत्य के लिए संघर्ष होता रहा है। जब-जब समाज में एकतन्त्रात्मक या राजतन्त्रात्मक अधिपत्य होता है तब-तब मानवता या समाज समर्थक अवतारों के द्वारा गणराज्य की स्थापना की जाती है। या यूँ कहें गणतन्त्र या गणराज्य की स्थापना ही अवतार का मूल उद्देश्य अर्थात् लक्ष्य होता है शेष सभी साधन अर्थात् मार्ग।

अवतारों के प्रत्यक्ष और प्रेरक दो कार्य विधि हैं। प्रत्यक्ष अवतार वे होते हैं जो स्वयं अपनी शक्ति का प्रत्यक्ष प्रयोग कर समाज का सत्यीकरण करते हैं। यह कार्य विधि समाज में उस समय प्रयोग होता है जब अधर्म का नेतृत्व एक या कुछ मानवों पर केन्द्रित होता है। प्रेरक अवतार वे होते हैं जो स्वयं अपनी शक्ति का अप्रत्यक्ष प्रयोग कर समाज का सत्यीकरण जनता एवं नेतृत्वकर्ता के माध्यम से करते हैं। यह कार्य विधि समाज में उस समय प्रयोग होता है जब समाज में अधर्म का नेतृत्व अनेक मानवों और नेतृत्वकर्ताओं पर केन्द्रित होता है।

इन विधियों में से कुल दस अवतारों में से प्रथम सात (मत्स्य, कूर्म, वाराह, नृसिंह, वामन, परशुराम, राम) अवतारों ने समाज का सत्यीकरण प्रत्यक्ष विधि के प्रयोग द्वारा किया था। आठवें अवतार (श्रीकृष्ण) ने दोनों विधियों प्रत्यक्ष ओर प्रेरक का प्रयोग किया था। नवें (भगवान बुद्ध) और अन्तिम दसवें अवतार की कार्य विधि प्रेरक ही है।

जल-प्लावन (जहाँ जल है वहाँ थल और जहाँ थल है वहाँ जल) के समय मछली से मार्ग दर्शन (मछली के गतीशीलता से सिद्धान्त प्राप्त कर) पाकर मानव की रक्षा करने वाला ईश्वर (सार्वभौम सत्य-सिद्धान्त) का पहला अंशावतार मत्स्यावतार के बाद मानव का पुनः विकास प्रारम्भ हुआ। दूसरे कूर्मावतार (कछुए के गुण का सिद्धान्त), तीसरे- वाराह अवतार (सुअर के गुण का सिद्धान्त), चौथे- नृसिंह (सिंह के गुण का सिद्धान्त), तथा पाँचवें वामन अवतार (ब्राह्मण के गुण का सिद्धान्त) तक एक ही साकार शासक और मार्गदर्शक राजा हुआ करते थे और जब-जब वे राज्य समर्थक या उसे बढ़ावा देने वाले इत्यादि असुरी गुणों से युक्त हुए उन्हें दूसरे से पाँचवें अंशावतार ने साकार रुप में कालानुसार भिन्न-भिन्न मार्गों से गुणों का प्रयोग कर गणराज्य का अधिपत्य स्थापित किया।

ईश्वर (सार्वभौम सत्य-सिद्धान्त) के छठें अंश अवतार परशुराम के समय तक मानव जाति का विकास इतना हो गया था कि अलग-अलग राज्यों के अनेक साकार शासक और मार्गदर्शक राजा हो गये थे उनमें से जो भी राज्य समर्थक असुरी गुणों से युक्त थे उन सबको परशुराम ने साकार रुप में वध कर डाला। परन्तु बार-बार वध की समस्या का स्थाई हल निकालने के लिए उन्होंने राज्य और गणराज्य की मिश्रित व्यवस्था द्वारा एक व्यवस्था दी जो आगे चलकर "परशुराम परम्परा" कहलायी। व्यवस्था निम्न प्रकार थी-

1. प्रकृति में व्याप्त तीन गुण- सत्व, रज और तम के प्रधानता के अनुसार मनुष्य का चार वर्णों में निर्धारण। सत्व गुण प्रधान - ब्राह्मण, रज गुण प्रधान-क्षत्रिय, रज एवं तम गुण प्रधान-वैश्य, तम गुण प्रधान-शूद्र।
2. गणराज्य का शासक राजा होगा जो क्षत्रिय होगा जैसे-ब्रह्माण्डीय गणराज्य में प्रकृति जो रज गुण अर्थात् कर्म अर्थात् शक्ति प्रधान है।
3. गणराज्य में राज्य सभा होगी जिसके अनेक सदस्य होंगे जैसे-ब्रह्माण्डीय गणराज्य में प्रकृति के सत्व, रज एवं तम गुणों से युक्त विभिन्न वस्तु हैं।
4. राजा का निर्णय राज्यसभा का ही निर्णय है जैसे-ब्रह्माण्डीय गणराज्य में प्रकृति का निर्णय वही है जो सत्व, रज एवं तम गुणों का सम्मिलित निर्णय होता है।

5. राजा का चुनाव जनता करे क्योंकि वह अपने गणराज्य में सर्वव्यापी और जनता का सम्मिलित रुप है जैसे- ब्रह्माण्डीय गणराज्य में प्रकृति सर्वव्यापी है और वह सत्व, रज एवं तम गुणों का सम्मिलित रुप है।
6. राजा और उसकी सभा राज्यवादी न हो इसलिए उस पर नियन्त्रण के लिए सत्व गुण प्रधान ब्राह्मण का नियन्त्रण होगा जैसे- ब्रह्माण्डीय गणराज्य में प्रकृति पर नियन्त्रण के लिए सत्व गुण प्रधान आत्मा का नियन्त्रण होता है।

ईश्वर (सार्वभौम सत्य-सिद्धान्त) के सातवें अंश अवतार श्रीराम द्वारा इसी "परशुराम परम्परा" का ही प्रसार और स्थापना हुआ था।

ईश्वर (सार्वभौम सत्य-सिद्धान्त) के आठवें अवतार श्रीकृष्ण के समय तक स्थिति यह हो गयी थी राजा पर नियन्त्रण के लिए नियुक्त ब्राह्मण भी समाज और धर्म की व्याख्या करने में असमर्थ हो गये। क्योंकि अनेक धर्म साहित्यों, मत-मतान्तर, वर्ण, जातियों में समाज विभाजित होने से व्यक्ति संकीर्ण और दिग्भ्रमित हो गया था और राज्य समर्थकों की संख्या अधिक हो गयी थी परिणामस्वरुप मात्र एक ही रास्ता बचा था- "नवमानव सृष्टि"। इसके लिए उन्होंने सम्पूर्ण धर्म-साहित्यों और मत-मतान्तरों के एकीकरण के लिए आत्मा के सर्वव्यापी व्यक्तिगत प्रमाणित निराकार स्वरुप का उपदेश "गीता" व्यक्त किये और गणराज्य का उदाहरण "द्वारिका नगर" का निर्माण कर किये। उनकी गणराज्य व्यवस्था उनके जीवन काल में ही नष्ट हो गयी परन्तु "गीता" आज भी प्रेरक बनी हुई है।

ईश्वर (सार्वभौम सत्य-सिद्धान्त) के नवें अवतार भगवान बुद्ध के समय पुनः राज्य एकतन्त्रात्मक होकर हिंसात्मक हो गया परिणामस्वरुप बुद्ध ने अहिंसा के उपदेश के साथ व्यक्तियों को धर्म, बुद्धि और संघ के शरण में जाने की शिक्षा दी। संघ की शिक्षा गणराज्य की शिक्षा थी। धर्म की शिक्षा आत्मा की शिक्षा थी। बुद्धि की शिक्षा, प्रबन्ध और संचालन की शिक्षा थी जो प्रजा के माध्यम से प्रेरणा द्वारा गणराज्य के निर्माण की प्रेरणा थी।

ईश्वर (सार्वभौम सत्य-सिद्धान्त) के दसवें और अन्तिम अवतार के समय तक राज्य और समाज स्वतः ही प्राकृतिक बल के अधीन कर्म करते-करते सिद्धान्त प्राप्त करते हुए पूर्ण गणराज्य की ओर बढ़ रहा था परिणामस्वरुप गणराज्य का रुप होते हुए भी गणराज्य सिर्फ राज्य था और एकतन्त्रात्मक अर्थात् व्यक्ति समर्थक तथा समाज समर्थक दोनों की ओर विवशतावश बढ़ रहा था।

भारत में निम्लिखित रुप व्यक्त हो चुका था।

1. ग्राम, विकास खण्ड, नगर, जनपद, प्रदेश और देश स्तर पर गणराज्य और गणसंघ का रुप।
2. सिर्फ ग्राम व नगर स्तर पर राजा (ग्राम व नगर पंचायत अध्यक्ष) का चुनाव सीधे जनता द्वारा।
3. गणराज्य को संचालित करने के लिए संचालक का निराकार रुप- संविधान।
4. गणराज्य के तन्त्रों को संचालित करने के लिए तन्त्र और क्रियाकलाप का निराकार रुप-नियम और कानून।
5. राजा पर नियन्त्रण के लिए ब्राह्मण का साकार रुप- राष्ट्रपति, राज्यपाल, जिलाधिकारी इत्यादि।

विश्व स्तर पर निम्नलिखित रुप व्यक्त हो चुका था।

1. गणराज्यों के संघ के रुप में संयुक्त राष्ट्र संघ का रुप।
2. संघ के संचालन के लिए संचालक और संचालक का निराकार रुप- संविधान।
3. संघ के तन्त्रों को संचालित करने के लिए तन्त्र और क्रियाकलाप का निराकार रुप- नियम और कानून।
4. संघ पर नियन्त्रण के लिए ब्राह्मण का साकार रुप-पाँच वीटो पावर।
5. प्रस्ताव पर निर्णय के लिए सदस्यों की सभा।
6. नेतृत्व के लिए राजा- महासचिव।

जिस प्रकार आठवें अवतार द्वारा व्यक्त आत्मा के निराकार रुप "गीता" के प्रसार के कारण आत्मीय प्राकृतिक बल सक्रिय होकर गणराज्य के रुप को विवशतावश समाज की ओर बढ़ा रहा था उसी प्रकार अन्तिम अवतार द्वारा निम्नलिखित शेष समष्टि कार्य पूर्ण कर प्रस्तुत कर देने मात्र से ही विवशतावश उसके अधिपत्य की स्थापना हो जाना है।

1. गणराज्य या लोकतन्त्र के सत्य रुप- गणराज्य या लोकतन्त्र के स्वरुप का अन्तर्राष्ट्रीय/ विश्वमानक।

2. राजा और सभा सहित गणराज्य पर नियन्त्रण के लिए साकार ब्राह्मण का निराकार रुप- मन का अन्तर्राष्ट्रीय/ विश्वमानक।
3. गणराज्य के प्रबन्ध का सत्य रुप- प्रबन्ध का अन्तर्राष्ट्रीय/ विश्वमानक।
4. गणराज्य के संचालन के लिए संचालक का निराकार रुप- संविधान के स्वरुप का अन्तर्राष्ट्रीय/ विश्वमानक।
5. साकार ब्राह्मण निर्माण के लिए शिक्षा का स्वरुप- शिक्षा पाठ्यक्रम का अन्तर्राष्ट्रीय/ विश्वमानक।

इस समष्टि कार्य द्वारा ही काल व युग परिवर्तन होगा न कि सिर्फ चिल्लाने से कि "सतयुग आयेगा" , "सतयुग आयेगा" से। यह समष्टि कार्य जिस शरीर से सम्पन्न होगा वही अन्तिम अवतार के रूप में व्यक्त होगा। धर्म में स्थित वह अवतार चाहे जिस सम्प्रदाय (वर्तमान अर्थ में धर्म) का होगा उसका मूल लक्ष्य यही शेष समष्टि कार्य होगा और स्थापना का माध्यम उसके सम्प्रदाय की परम्परा व संस्कृति होगी।

जिस प्रकार केन्द्र में संविधान-संसद है, प्रदेश में संविधान-विधान सभा है उसी प्रकार ग्राम नगर में भी संविधान होना चाहिए जिस प्रकार केन्द्र और प्रदेश के न्यायालय और पुलिस व्यवस्था है उसी प्रकार ग्राम नगर के भी होने चाहिए, कहने का अर्थ ये है कि जिस प्रकार की व्यवस्थाये केन्द्र और प्रदेश की अपनी हैं उसी प्रकार की व्यवस्था छोटे रुप में ग्राम नगर की भी होनी चाहिए। संघ (राज्य) या महासंघ (केन्द्र) से सम्बन्ध सिर्फ उस गणराज्य से होता है प्रत्येक नागरिक से नहीं संघ या महासंघ का कार्य मात्र अपने गणराज्यों में आपसी समन्वय व सन्तुलन करना होता है उस पर शासन करना नहीं तभी तो सच्चे अर्थों में गणराज्य व्यवस्था या स्वराज-सुराज व्यवस्था कहलायेगी। यही राष्ट्रपिता महात्मा गाँधी की प्रसिद्ध युक्ति "भारत ग्राम (नगर) गणराज्यों का संघ हो" और "राम राज्य" का सत्य अर्थ है।

काल का प्रथम रूप

पूर्ण मनुष्य के निर्माण प्रक्रिया में निम्नलिखित दस चरण पूरे हुए हैं अर्थात् पूर्णता के लिए इन दस चरण में व्यक्त मुख्य-गुण सिद्धान्त का संयुक्त व्यक्तित्व ही पूर्ण मनुष्य के रूप में निर्मित होता है। विष्णु के निम्न दस अवतार के मुख्य-गुण सिद्धान्त निम्न प्रकार हैं-

अदृश्य काल

धर्म ज्ञान का प्रारम्भ

01. वैदिक धर्म-ऋषि-मुनि गण-ईसापूर्व 6000-2500

पहलायुग : सत्ययुग
02. ब्राह्मण धर्म-ब्राह्मण गण-ईसापूर्व 6000-2500

अ. व्यक्तिगत प्रमाणित पूर्ण प्रत्यक्ष अवतार

01. अदृश्य काल के व्यक्तिगत प्रमाणित काल में व्यक्तिगत प्रमाणित अदृश्य प्राकृतिक चेतना से युक्त सत्य आधारित सतयुग में विष्णु के प्रथम अवतार - मत्स्य अवतार

मुख्य-गुण सिद्धान्त - मछलियों के स्वभाव जल की धारा के विपरीत दिशा (राधा) में गति करने से ज्ञान (अर्थात् राधा का सिद्धान्त) प्रथम अवतार मत्स्य अवतार का गुण था जो अगले अवतार में संचरित हुई।

02. अदृश्य काल के व्यक्तिगत प्रमाणित काल में व्यक्तिगत प्रमाणित अदृश्य प्राकृतिक चेतना से युक्त सत्य आधारित सतयुग में विष्णु के द्वितीय अवतार - कूर्म या कच्छपावतार

मुख्य-गुण सिद्धान्त - एक सहनशील, शांत, धैर्यवान, लगनशील, दोनों पक्षों के बीच मध्यस्थ की भूमिका वाला गुण (समन्वय का सिद्धान्त) सहित प्रथम अवतार के गुण सहित वाला गुण द्वितीय अवतार कूर्म अवतार का गुण था जो अगले अवतार में संचरित हुई।

03. अदृश्य काल के व्यक्तिगत प्रमाणित काल में व्यक्तिगत प्रमाणित अदृश्य प्राकृतिक चेतना से युक्त सत्य आधारित सतयुग में विष्णु के तृतीय अवतार - बाराह अवतार

मुख्य-गुण सिद्धान्त - एक मेधावी, सूझ-बुझ, सम्पन्न, पुरूषार्थी, धीर-गम्भीर, निष्कामी, बलिष्ठ, सक्रिय, अहिंसक और समूह प्रेमी, लोगों का मनोबल बढ़ाना, उत्साहित और सक्रिय करने वाला गुण (प्रेरणा का सिद्धान्त) सहित द्वितीय अवतार के समस्त गुण से युक्त वाला गुण तृतीय अवतार वाराह अवतार का गुण था जो अगले अवतार में संचरित हुई।

04. अदृश्य काल के व्यक्तिगत प्रमाणित काल में व्यक्तिगत प्रमाणित अदृश्य प्राकृतिक चेतना से युक्त सत्य आधारित सतयुग में विष्णु के चौथे अवतार - नृसिंह अवतार

मुख्य-गुण सिद्धान्त - प्रत्यक्ष रूप से एका-एक लक्ष्य को पूरण करने वाले (लक्ष्य के लिए त्वरित कार्यवाही का सिद्धान्त) गुण सहित तृतीय अवतार के समस्त गुण से युक्त वाला गुण चतुर्थ अवतार नरसिंह अवतार का गुण था जो अगले अवतार में संचरित हुई।

05. अदृश्य काल के व्यक्तिगत प्रमाणित काल में व्यक्तिगत प्रमाणित अदृश्य प्राकृतिक चेतना से युक्त सत्य आधारित सतयुग में विष्णु के पाचवें अवतार - वामन अवतार

मुख्य-गुण सिद्धान्त - भविष्य दृष्टा, राजा के गुण का प्रयोग करना, थोड़ी सी भूमि पर गणराज्य व्यवस्था की स्थापना व व्यवस्था को जिवित करना, उसके सुख से प्रजा को परिचित कराने वाले गुण (समाज का

सिद्धान्त) सहित चतुर्थ अवतार के समस्त गुण से युक्त गुण पाँचवें अवतार का गुण था जो अगले अवतार में संचरित हुई।

ब. सार्वजनिक प्रमाणित अंश प्रत्यक्ष अवतार

06. अदृश्य काल के व्यक्तिगत प्रमाणित काल में व्यक्तिगत प्रमाणित अदृश्य प्राकृतिक चेतना से युक्त सत्य आधारित सतयुग में विष्णु के छठवें अवतार - परशुराम अवतार

मुख्य-गुण सिद्धान्त - गणराज्य व्यवस्था को ब्रह्माण्ड में व्याप्त व्यवस्था सिद्धान्तों को आधार बनाने वाले गुण और व्यवस्था के प्रसार के लिए योग्य व्यक्ति को नियुक्त करने वाले गुण (लोकतन्त्र का सिद्धान्त और उसके प्रसार के लिए योग्य उत्तराधिकारी नियुक्त करने का सिद्धान्त) सहित पाँचवें अवतार के समस्त गुण से युक्त वाला गुण छठें अवतार परशुराम का गुण था जो अगले अवतार में संचरित हुई।

दूसरायुग : त्रेतायुग

03. वैदिक धर्म-श्रीराम-ईसापूर्व 6000-2500

स. सार्वजनिक प्रमाणित पूर्ण प्रत्यक्ष अवतार

07. अदृश्य काल के सार्वजनिक प्रमाणित काल में सार्वजनिक प्रमाणित अदृश्य प्राकृतिक चेतना से युक्त यज्ञ (अदृश्य कर्म) आधारित त्रेता युग में विष्णु के सातवें अवतार - श्री राम अवतार- रामायण (मानक व्यक्ति चरित्र)

मुख्य-गुण सिद्धान्त - आदर्श चरित्र के गुण तथा छठें अवतार तक के समस्त गुण को प्रसार करने वाला गुण (व्यक्तिगत आदर्श चरित्र के आधार पर विचार प्रसार का सिद्धान्त) सातवें अवतार श्रीराम का गुण था जो अगले अवतार में संचरित हुई।

तीसरायुग : द्वापरयुग

04. वेदान्त अद्वैत धर्म-श्रीकृष्ण-ईसापूर्व 3000

द. व्यक्तिगत प्रमाणित पूर्ण प्रेरक अवतार

08. दृश्य काल के व्यक्तिगत प्रमाणित काल में व्यक्तिगत प्रमाणित पूर्ण दृश्य सत्य चेतना से युक्त भक्ति और प्रेम आधारित द्वापर युग में विष्णु के आठवें अवतार -योगेश्वर श्री कृष्ण अवतार महाभारत (मानक सामाजिक व्यक्ति चरित्र)

मुख्य-गुण सिद्धान्त - आदर्श सामाजिक व्यक्ति चरित्र के गुण, समाज में व्याप्त अनेक मत-मतान्तर व विचारों के समन्वय और एकीकरण से सत्य-विचार के प्रेरक ज्ञान को निकालने वाले गुण (सामाजिक आदर्श व्यक्ति का सिद्धान्त और व्यक्ति से उठकर विचार आधारित व्यक्ति निर्माण का सिद्धान्त) सहित सातवें अवतार तक के समस्त गुण आठवें अवतार श्रीकृष्ण का गुण था। जिससे व्यक्ति, व्यक्ति पर विश्वास न कर अपने बुद्धि से स्वयं निर्णय करें और प्रेरणा प्राप्त करता रहे। जो अगले अवतार में संचरित हुई।

चौथा युग: कलियुग

05. यहूदी धर्म
06 .पारसी धर्म-जरथ्रुस्ट-ईसापूर्व 1700
07. बौद्ध धर्म-भगवान बुद्ध-ईसापूर्व 1567-487
08. कन्फ्यूसी धर्म-कन्फ्यूसियश-ईसापूर्व 551-479

09. टोईज्म धर्म-लोओत्से-ईसापूर्व 604-518
10. जैन धर्म-भगवान महावीर-ईसापूर्व 539-467
11. ईसाइ धर्म-ईसा मसीह-सन् 33 ई0
12. इस्लाम धर्म-मुहम्मद पैगम्बर-सन् 670 ई0
13. सिक्ख धर्म-गुरु नानक-सन् 1510 ई0

य. सार्वजनिक प्रमाणित अंश प्रेरक अवतार

09. दृश्य काल के व्यक्तिगत प्रमाणित काल में सार्वजनिक प्रमाणित अंश दृश्य सत्य चेतना से युक्त संघ और योजना आधारित कलियुग के प्रारम्भ में विष्णु के नवें अवतार - बुद्ध अवतार

मुख्य-गुण सिद्धान्त - प्रजा को प्रेरित करने के लिए धर्म, संघ और बुद्धि के शरण में जाने की मूल शिक्षा देना नवें अवतार भगवान बुद्ध का गुण (धर्म, संघ और बुद्धि का सिद्धान्त) था। जो अगले अवतार में संचरित हुई।

काल का द्वितीय और अन्तिम रूप

दृश्य काल

धर्म ज्ञान का अन्त

पाँचवाँयुग : सत्ययुग/स्वर्णयुग

14. विश्व/सत्य/धर्मनिरपेक्ष/लोकतन्त्र धर्म-लव कुश सिंह "विश्वमानव"-सन् 2012 ई0

र. सार्वजनिक प्रमाणित पूर्ण प्रेरक अवतार

10. दृश्य काल के सार्वजनिक प्रमाणित काल में सार्वजनिक प्रमाणित पूर्ण दृश्य सत्य चेतना से युक्त संघ और योजना (दृश्य यज्ञ या कर्म) आधारित कलियुग के अन्त में विष्णु के दसवाँ और अन्तिम - भोगेश्वर श्री लव कुश सिंह "विश्वमानव" निष्कलंक कल्कि अवतार - विश्वभारत (मानक वैश्विक व्यक्ति चरित्र)

आदर्श वैश्विक व्यक्ति चरित्र सहित सभी अवतारों का सम्मिलित गुण व मन निर्माण की प्रक्रिया से निर्मित अन्तिम मन स्वामी विवेकानन्द के मन के गुण मिलकर दसवें अन्तिम अवतार श्री लव कुश सिंह "विश्वमानव" में व्यक्त हुआ।

मुख्य-गुण सिद्धान्त - विश्व धर्म / वेदान्त धर्म / अद्वैत धर्म / एकता धर्म / लोकतन्त्र धर्म / समष्टि धर्म / प्राकृतिक धर्म / सत्य धर्म / संयुक्तमन धर्म / ईश्वर धर्म / हिन्दू धर्म / सार्वजनिक धर्म / दृश्य धर्म / मानव धर्म / धर्मनिरपेक्ष धर्म - लव कुश सिंह "विश्वमानव" - सन् 2012 ई0 - पूर्ववर्ती सभी धर्मों व मतों का समन्वय व एकीकरण करते हुये निराकार आधारित लोकतंत्र व्यवस्था का वृक्ष शास्त्र विश्व-नागरिक धर्म का धर्मयुक्त धर्मशास्त्र-कर्मवेदः प्रथम, अन्तिम तथा पंचम वेदीय श्रृंखला विश्व-राज्य धर्म का धर्मनिपेक्ष धर्मशास्त्र- विश्वमानक-शून्यः मन की गुणवत्ता का विश्वमानक श्रृंखला, आदर्श मानक सामाजिक व्यक्ति चरित्र समाहित आदर्श मानक वैश्विक व्यक्ति चरित्र अर्थात् सार्वजनिक प्रमाणित आदर्श मानक वैश्विक व्यक्ति चरित्र का प्रस्तुतीकरण।

प्रारम्भ → / ← अन्त	**ईश्वर (सार्वभौम सत्य–सिद्धान्त)** एकात्म ज्ञान, वाणी, प्रेम, कर्म, ध्यान व समर्पण		अन्त → / ← प्रारम्भ
1. सत्व गुण (ब्रह्मा) *एकात्म ज्ञान व वाणी* *(मानक व्यक्तिगत पौराणिक व्यक्ति चरित्र)*			**3. तम गुण (शिव–शंकर / महेश)** *एकात्म ज्ञान, वाणी, प्रेम, कर्म, ध्यान व समर्पण* *(मानक वैश्विक पौराणिक व्यक्ति चरित्र)*
2. रज गुण (विष्णु) *एकात्म ज्ञान, वाणी, प्रेम व कर्म (मानक सामाजिक पौराणिक व्यक्ति चरित्र)*			
अदृश्य काल व अदृश्य विज्ञान		***दृश्य काल व दृश्य विज्ञान***	
व्यक्तिगत प्रमाणित (पूर्ण प्रत्यक्ष अवतार)	सार्वजनिक प्रमाणित (पूर्ण प्रत्यक्ष अवतार)	व्यक्तिगत प्रमाणित (पूर्ण प्रेरक अवतार)	सार्वजनिक प्रमाणित (पूर्ण प्रेरक अवतार)
ईश्वर के अंश अवतार ब्रह्मा के अंश अवतार विष्णु के अंश अवतार महेश के अंश अवतार *01. मत्स्य अवतार* *02. कूर्म / कच्छपावतार* *03. बाराह अवतार* *04. नृसिंह अवतार* *05. वामन अवतार*	ईश्वर के अंश अवतार ब्रह्मा के पूर्ण अवतार विष्णु के अंश अवतार महेश के अंश अवतार *07. श्री राम अवतार* *(मानक मानवीय व्यक्ति चरित्र)*	ईश्वर के अंश अवतार ब्रह्मा के पूर्ण अवतार विष्णु के पूर्ण अवतार महेश के अंश अवतार *08. श्री कृष्ण अवतार* *(मानक सामाजिक मानवीय व्यक्ति चरित्र)*	ईश्वर के पूर्ण अवतार ब्रह्मा के पूर्ण अवतार विष्णु के पूर्ण अवतार महेश के पूर्ण अवतार *10. कल्कि अवतार* *(मानक वैश्विक मानवीय व्यक्ति चरित्र)*
(सर्वजनिक प्रमाणित अंश प्रत्यक्ष अवतार) ईश्वर के अंश अवतार, ब्रह्मा के अंश अवतार विष्णु के अंश अवतार, महेश के अंश अवतार ***06. परशुराम अवतार***		(सार्वजनिक प्रमाणित अंश प्रेरक अवतार) ईश्वर के अंश अवतार, ब्रह्मा के अंश अवतार विष्णु के अंश अवतार, महेश के अंश अवतार ***09. बुद्ध अवतार***	
सतयुग *सत्य*	***त्रेतायुग*** *यज्ञ (अदृश्य कर्म)*	***द्वापरयुग*** *भक्ति और प्रेम*	***कलियुग*** *संघ और योजना (दृश्य कर्म)*

सुखसागर के अनुसार भगवान विष्णु चौबीस अवतार

ऐसा कहा जाता है कि जब जब पृथ्वी पर कोई संकट आता है तो भगवान अवतार लेकर उस संकट को दूर करते है। भगवान शिव और भगवान विष्णु ने अनेकों बार पृथ्वी पर अवतार लिया है। भगवान विष्णु के 24 अवतार (1. श्री सनकादि, 2. वराहावतार, 3. नारद मुनि, 4. नर-नारायण, 5. कपिल, 6. दत्तात्रेय, 7. यज्ञ, 8. ऋषभदेव, 9. पृथु, 10. मत्स्यावतार, 11. कूर्म अवतार, 12. धन्वन्तरि, 13. मोहिनी, 14. हयग्रीव, 15. नृसिंह, 16. वामन, 17.गजेन्द्रोधारावतार, 18. परशुराम, 19. वेदव्यास, 20. हन्सावतार, 21. राम, 22. कृष्ण, 23. बुद्ध, 24. कल्कि) का वर्णन श्री विष्णु पुराण एवं श्री भविष्य पुराण में स्पष्ट उल्लेख है। जिनमें मुख्य 10 अवतार (1. मत्स्य, 2. कूर्म, 3. वाराह, 4. नृसिंह, 5. वामन, 6. परशुराम, 7. राम, 8. कृष्ण, 9. बुद्ध, 10. कल्कि) ही माने जाते हैं। सुखसागर के अनुसार भगवान विष्णु चौबीस अवतार निम्न प्रकार हैं-

01. श्री सनकादि मुनि (Shri Sankadi Muni)

धर्म ग्रंथों के अनुसार सृष्टि के आरंभ में लोक पितामह ब्रह्मा ने अनेक लोकों की रचना करने की इच्छा से घोर तपस्या की। उनके तप से प्रसन्न होकर भगवान विष्णु ने तप अर्थ वाले सन नाम से युक्त होकर सनक, सनन्दन, सनातन और सनत्कुमार नाम के चार मुनियों के रूप में अवतार लिया। ये चारों प्राकट्य काल से ही मोक्ष मार्ग परायण, ध्यान में तल्लीन रहने वाले, नित्यसिद्ध एवं नित्य विरक्त थे। ये भगवान विष्णु के सर्वप्रथम अवतार माने जाते हैं।

02. वाराह अवतार (Varaha Avtar) - *मुख्य अवतार*

धर्म ग्रंथों के अनुसार भगवान विष्णु ने दूसरा अवतार वाराह रूप में लिया था। वाराह अवतार से जुड़ी कथा इस प्रकार है- पुरातन समय में दैत्य हिरण्याक्ष ने जब पृथ्वी को ले जाकर समुद्र में छिपा दिया तब ब्रह्मा की नाक से भगवान विष्णु वाराह रूप में प्रकट हुए। भगवान विष्णु के इस रूप को देखकर सभी देवताओं व ऋषि-मुनियों ने उनकी स्तुति की। सबके आग्रह पर भगवान वाराह ने पृथ्वी को ढूंढना प्रारंभ किया। अपनी थूथनी की सहायता से उन्होंने पृथ्वी का पता लगा लिया और समुद्र के अंदर जाकर अपने दांतों पर रखकर वे पृथ्वी को बाहर ले आए।

जब हिरण्याक्ष दैत्य ने यह देखा तो उसने भगवान विष्णु के वाराह रूप को युद्ध के लिए ललकारा। दोनों में भीषण युद्ध हुआ। अंत में भगवान वाराह ने हिरण्याक्ष का वध कर दिया। इसके बाद भगवान वाराह ने अपने खुरों से जल को स्तंभित कर उस पर पृथ्वी को स्थापित कर दिया।

03. नारद अवतार (Narad Avtar)

धर्म ग्रंथों के अनुसार देवर्षि नारद भी भगवान विष्णु के ही अवतार हैं। शास्त्रों के अनुसार नारद मुनि, ब्रह्मा के सात मानस पुत्रों में से एक हैं। उन्होंने कठिन तपस्या से देवर्षि पद प्राप्त किया है। वे भगवान विष्णु के अनन्य भक्तों में से एक माने जाते हैं। देवर्षि नारद धर्म के प्रचार तथा लोक-कल्याण के लिए हमेशा प्रयत्नशील रहते हैं। शास्त्रों में देवर्षि नारद को भगवान का मन भी कहा गया है। श्रीमद्भागवतगीता के दशम अध्याय के 26वें श्लोक में स्वयं भगवान श्रीकृष्ण ने इनकी महत्ता को स्वीकार करते हुए कहा है- देवर्षीणाम्चनारदरू। अर्थात देवर्षियों में मैं नारद हूं।

04. नर-नारायण (Nar-Narayan Avtar)

सृष्टि के आरंभ में भगवान विष्णु ने धर्म की स्थापना के लिए दो रूपों में अवतार लिया। इस अवतार में वे अपने मस्तक पर जटा धारण किए हुए थे। उनके हाथों में हंस, चरणों में चक्र एवं वक्षरूस्थल में श्रीवत्स के चिन्ह थे। उनका संपूर्ण वेष तपस्वियों के समान था। धर्म ग्रंथों के अनुसार भगवान विष्णु ने नर-नारायण के रूप में यह अवतार लिया था।

05. कपिल मुनि (Kapil Avtar)

भगवान विष्णु ने पांचवा अवतार कपिल मुनि के रूप में लिया। इनके पिता का नाम महर्षि कर्दम व माता का नाम देवहूति था। शरशय्या पर पड़े हुए भीष्म पितामह के शरीर त्याग के समय वेदज्ञ व्यास आदि ऋषियों के साथ भगवा कपिल भी वहां उपस्थित थे। भगवान कपिल के क्रोध से ही राजा सगर के साठ हजार पुत्र भस्म हो गए थे। भगवान कपिल सांख्य दर्शन के प्रवर्तक हैं। कपिल मुनि भागवत धर्म के प्रमुख बारह आचार्यों में से एक हैं।

06. दत्तात्रेय अवतार (Dattatraya Avtar)

धर्म ग्रंथों के अनुसार दत्तात्रेय भी भगवान विष्णु के अवतार हैं। इनकी उत्पत्ति की कथा इस प्रकार है-

एक बार माता लक्ष्मी, पार्वती व सरस्वती को अपने पातिव्रत्य पर अत्यंत गर्व हो गया। भगवान ने इनका अंहकार नष्ट करने के लिए लीला रची। उसके अनुसार एक दिन नारदजी घूमते-घूमते देवलोक पहुंचे और तीनों देवियों को बारी-बारी जाकर कहा कि ऋषि अत्रि की पत्नी अनुसूइया के सामने आपका सतीत्व कुछ भी नहीं। तीनों देवियों ने यह बात अपने स्वामियों को बताई और उनसे कहा कि वे अनुसूइया के पातिव्रत्य की परीक्षा लें। तब भगवान शंकर, विष्णु व ब्रह्मा साधु वेश बनाकर अत्रि मुनि के आश्रम आए। महर्षि अत्रि उस समय आश्रम में नहीं थे। तीनों ने देवी अनुसूइया से भिक्षा मांगी मगर यह भी कहा कि आपको निर्वस्त्र होकर हमें भिक्षा देनी होगी। अनुसूइया पहले तो यह सुनकर चौंक गई, लेकिन फिर साधुओं का अपमान न हो इस डर से उन्होंने अपने पति का स्मरण किया और बोला कि यदि मेरा पातिव्रत्य धर्म सत्य है तो ये तीनों साधु छः-छ: मास के शिशु हो जाएं।

ऐसा बोलते ही त्रिदेव शिशु होकर रोने लगे। तब अनुसूइया ने माता बनकर उन्हें गोद में लेकर स्तनपान कराया और पालने में झूलाने लगीं। जब तीनों देव अपने स्थान पर नहीं लौटे तो देवियां व्याकुल हो गईं। तब नारद ने वहां आकर सारी बात बताई। तीनों देवियां अनुसूइया के पास आईं और क्षमा मांगी। तब देवी अनुसूइया ने त्रिदेव को अपने पूर्व रूप में कर दिया। प्रसन्न होकर त्रिदेव ने उन्हें वरदान दिया कि हम तीनों अपने अंश से तुम्हारे गर्भ से पुत्र रूप में जन्म लेंगे। तब ब्रह्मा के अंश से चंद्रमा, शंकर के अंश से दुर्वासा और विष्णु के अंश से दत्तात्रेय का जन्म हुआ।

07. यज्ञ (Yagya Avatar)

भगवान विष्णु के सातवें अवतार का नाम यज्ञ है। धर्म ग्रंथों के अनुसार भगवान यज्ञ का जन्म स्वायम्भुव मन्वन्तर में हुआ था। स्वायम्भुव मनु की पत्नी शतरूपा के गर्भ से आकूति का जन्म हुआ। वे रूचि प्रजापति की पत्नी हुई। इन्हीं आकूति के यहां भगवान विष्णु यज्ञ नाम से अवतरित हुए। भगवान यज्ञ के उनकी धर्मपत्नी दक्षिणा से अत्यंत तेजस्वी बारह पुत्र उत्पन्न हुए। वे ही स्वायम्भुव मन्वन्तर में याम नामक बारह देवता कहलाए।

08. भगवान ऋषभदेव (Rishabh Avtar)

भगवान विष्णु ने ऋषभदेव के रूप में आठवां अवतार लिया। धर्म ग्रंथों के अनुसार महाराज नाभि की कोई संतान नहीं थी। इस कारण उन्होंने अपनी धर्मपत्नी मेरुदेवी के साथ पुत्र की कामना से यज्ञ किया। यज्ञ से प्रसन्न होकर भगवान विष्णु स्वयं प्रकट हुए और उन्होंने महाराज नाभि को वरदान दिया कि मैं ही तुम्हारे यहां पुत्र रूप में जन्म लूंगा। वरदान स्वरूप कुछ समय बाद भगवान विष्णु महाराज नाभि के यहां पुत्र रूप में जन्मे। पुत्र के अत्यंत सुंदर सुगठित शरीर, कीर्ति, तेल, बल, ऐश्वर्य, यश, पराक्रम और शूरवीरता आदि गुणों को देखकर महाराज नाभि ने उसका नाम ऋषभ (श्रेष्ठ) रखा।

09. आदिराज पृथु (Prithu Avtar)

भगवान विष्णु के एक अवतार का नाम आदिराज पृथु है। धर्म ग्रंथों के अनुसार स्वायम्भुव मनु के वंश में अंग नामक प्रजापति का विवाह मृत्यु की मानसिक पुत्री सुनीथा के साथ हुआ। उनके यहां वेन नामक पुत्र हुआ।

उसने भगवान को मानने से इंकार कर दिया और स्वयं की पूजा करने के लिए कहा। तब महर्षियों ने मंत्र पूत कुशों से उसका वध कर दिया। तब महर्षियों ने पुत्रहीन राजा वेन की भुजाओं का मंथन किया, जिससे पृथु नाम पुत्र उत्पन्न हुआ। पृथु के दाहिने हाथ में चक्र और चरणों में कमल का चिह्न देखकर ऋषियों ने बताया कि पृथु के वेष में स्वयं श्रीहरि का अंश अवतरित हुआ है।

10. मत्स्य अवतार (Matsya Avtar) - *मुख्य अवतार*

पुराणों के अनुसार भगवान विष्णु ने सृष्टि को प्रलय से बचाने के लिए मत्स्यावतार लिया था। इसकी कथा इस प्रकार है- कृतयुग के आदि में राजा सत्यव्रत हुए। राजा सत्यव्रत एक दिन नदी में स्नान कर जलांजलि दे रहे थे। अचानक उनकी अंजलि में एक छोटी सी मछली आई। उन्होंने देखा तो सोचा वापस सागर में डाल दूं, लेकिन उस मछली ने बोला- आप मुझे सागर में मत डालिए अन्यथा बड़ी मछलियां मुझे खा जाएंगी। तब राजा सत्यव्रत ने मछली को अपने कमंडल में रख लिया। मछली और बड़ी हो गई तो राजा ने उसे अपने सरोवर में रखा, तब देखते ही देखते मछली और बड़ी हो गई।

राजा को समझ आ गया कि यह कोई साधारण जीव नहीं है। राजा ने मछली से वास्तविक स्वरूप में आने की प्रार्थना की। राजा की प्रार्थना सुन साक्षात चारभुजाधारी भगवान विष्णु प्रकट हो गए और उन्होंने कहा कि ये मेरा मत्स्यावतार है। भगवान ने सत्यव्रत से कहा- सुनो राजा सत्यव्रत! आज से सात दिन बाद प्रलय होगी। तब मेरी प्रेरणा से एक विशाल नाव तुम्हारे पास आएगी। तुम सप्त ऋषियों, औषधियों, बीजों व प्राणियों के सूक्ष्म शरीर को लेकर उसमें बैठ जाना, जब तुम्हारी नाव डगमगाने लगेगी, तब मैं मत्स्य के रूप में तुम्हारे पास आऊंगा।

उस समय तुम वासुकि नाग के द्वारा उस नाव को मेरे सींग से बांध देना। उस समय प्रश्न पूछने पर मैं तुम्हें उत्तर दूंगा, जिससे मेरी महिमा जो परब्रह्म नाम से विख्यात है, तुम्हारे ह्रदय में प्रकट हो जाएगी। तब समय आने पर मत्स्यरूपधारी भगवान विष्णु ने राजा सत्यव्रत को तत्वज्ञान का उपदेश दिया, जो मत्स्यपुराण नाम से प्रसिद्ध है।

11. कूर्म अवतार (Kurm Avtar*) - मुख्य अवतार*

धर्म ग्रंथों के अनुसार भगवान विष्णु ने कूर्म (कछुए) का अवतार लेकर समुद्र मंथन में सहायता की थी। भगवान विष्णु के कूर्म अवतार को कच्छप अवतार भी कहते हैं। इसकी कथा इस प्रकार है- एक बार महर्षि दुर्वासा ने देवताओं के राजा इंद्र को श्राप देकर श्रीहीन कर दिया। इंद्र जब भगवान विष्णु के पास गए तो उन्होंने समुद्र मंथन करने के लिए कहा। तब इंद्र भगवान विष्णु के कहे अनुसार दैत्यों व देवताओं के साथ मिलकर समुद्र मंथन करने के लिए तैयार हो गए।

समुद्र मंथन करने के लिए मंदराचल पर्वत को मथानी एवं नागराज वासुकि को नेती बनाया गया। देवताओं और दैत्यों ने अपना मतभेद भुलाकर मंदराचल को उखाड़ा और उसे समुद्र की ओर ले चले, लेकिन वे उसे अधिक दूर तक नहीं ले जा सके। तब भगवान विष्णु ने मंदराचल को समुद्र तट पर रख दिया। देवता और दैत्यों ने मंदराचल को समुद्र में डालकर नागराज वासुकि को नेती बनाया। किंतु मंदराचल के नीचे कोई आधार नहीं होने के कारण वह समुद्र में डूबने लगा। यह देखकर भगवान विष्णु विशाल कूर्म (कछुए) का रूप धारण कर समुद्र में मंदराचल के आधार बन गए। भगवान कूर्म की विशाल पीठ पर मंदराचल तेजी से घुमने लगा और इस प्रकार समुद्र मंथन संपन्न हुआ।

12. भगवान धन्वन्तरि (Dhanwantari Avatar)

धर्म ग्रंथों के अनुसार जब देवताओं व दैत्यों ने मिलकर समुद्र मंथन किया तो उसमें से सबसे पहले भयंकर विष निकला जिसे भगवान शिव ने पी लिया। इसके बाद समुद्र मंथन से उच्चैश्रवा घोड़ा, देवी लक्ष्मी, ऐरावत हाथी, कल्प वृक्ष, अप्सराएं और भी बहुत से रत्न निकले। सबसे अंत में भगवान धन्वन्तरि अमृत कलश लेकर प्रकट हुए। यही धन्वन्तरि भगवान विष्णु के अवतार माने गए हैं। इन्हें औषधियों का स्वामी भी माना गया है।

13. मोहिनी अवतार (Mohini avatar)

धर्म ग्रंथों के अनुसार समुद्र मंथन के दौरान सबसे अंत में धन्वन्तरि अमृत कलश लेकर निकले। जैसे ही अमृत मिला अनुशासन भंग हुआ। देवताओं ने कहा हम ले लें, दैत्यों ने कहा हम ले लें। इसी खींचातानी में इंद्र का पुत्र जयंत अमृत कुंभ लेकर भाग गया। सारे दैत्य व देवता भी उसके पीछे भागे। असुरों व देवताओं में भयंकर मार-काट मच गई। देवता परेशान होकर भगवान विष्णु के पास गए। तब भगवान विष्णु ने मोहिनी अवतार लिया। भगवान ने मोहिनी रूप में सबको मोहित कर दिया किया। मोहिनी ने देवता व असुर की बात सुनी और कहा कि यह अमृत कलश मुझे दे दीजिए तो मैं बारी-बारी से देवता व असुर को अमृत का पान करा दूंगी। दोनों मान गए। देवता एक तरफ तथा असुर दूसरी तरफ बैठ गए। फिर मोहिनी रूप धरे भगवान विष्णु ने मधुर गान गाते हुए तथा नृत्य करते हुए देवता व असुरों को अमृत पान कराना प्रारंभ किया। वास्तविकता में मोहिनी अमृत पान तो सिर्फ देवताओं को ही करा रही थी, जबकि असुर समझ रहे थे कि वे भी अमृत पी रहे हैं। इस प्रकार भगवान विष्णु ने मोहिनी अवतार लेकर देवताओं का भला किया।

14. भगवान नृसिंह (Narsih Avatar) - *मुख्य अवतार*

भगवान विष्णु ने नृसिंह अवतार लेकर दैत्यों के राजा हिरण्यकशिपु का वध किया था। इस अवतार की कथा इस प्रकार है- धर्म ग्रंथों के अनुसार दैत्यों का राजा हिरण्यकशिपु स्वयं को भगवान से भी अधिक बलवान मानता था। उसे मनुष्य, देवता, पक्षी, पशु, न दिन में, न रात में, न धरती पर, न आकाश में, न अस्त्र से, न शस्त्र से मरने का वरदान प्राप्त था। उसके राज में जो भी भगवान विष्णु की पूजा करता था उसको दंड दिया जाता था। उसके पुत्र का नाम प्रह्लाद था। प्रह्लाद बचपन से ही भगवान विष्णु का परम भक्त था। यह बात जब हिरण्यकशिपु का पता चली तो वह बहुत क्रोधित हुआ और प्रह्लाद को समझाने का प्रयास किया, लेकिन फिर भी जब प्रह्लाद नहीं माना तो हिरण्यकशिपु ने उसे मृत्युदंड दे दिया।

हर बार भगवान विष्णु के चमत्कार से वह बच गया। हिरण्यकशिपु की बहन होलिका, जिसे अग्नि से न जलने का वरदान प्राप्त था, वह प्रह्लाद को लेकर धधकती हुई अग्नि में बैठ गई। तब भी भगवान विष्णु की कृपा से प्रह्लाद बच गया और होलिका जल गई। जब हिरण्यकशिपु स्वयं प्रह्लाद को मारने ही वाला था तब भगवान विष्णु नृसिंह का अवतार लेकर खंबे से प्रकट हुए और उन्होंने अपने नाखूनों से हिरण्यकशिपु का वध कर दिया।

15. वामन अवतार (Vaman Avatar) - *मुख्य अवतार*

सत्ययुग में प्रह्लाद के पौत्र दैत्यराज बलि ने स्वर्गलोक पर अधिकार कर लिया। सभी देवता इस विपत्ति से बचने के लिए भगवान विष्णु के पास गए। तब भगवान विष्णु ने कहा कि मैं स्वयं देवमाता अदिति के गर्भ से उत्पन्न होकर तुम्हें स्वर्ग का राज्य दिलाऊंगा। कुछ समय पश्चात भगवान विष्णु ने वामन अवतार लिया।

एक बार जब बलि महान यज्ञ कर रहा था तब भगवान वामन बलि की यज्ञशाला में गए और राजा बलि से तीन पग धरती दान में मांगी। राजा बलि के गुरु शुक्राचार्य भगवान की लीला समझ गए और उन्होंने बलि को दान देने से मना कर दिया। लेकिन बलि ने फिर भी भगवान वामन को तीन पग धरती दान देने का संकल्प ले लिया। भगवान वामन ने विशाल रूप धारण कर एक पग में धरती और दूसरे पग में स्वर्ग लोक नाप लिया। जब तीसरा पग रखने के लिए कोई स्थान नहीं बचा तो बलि ने भगवान वामन को अपने सिर पर पग रखने को कहा। बलि के सिर पर पग रखने से वह सुतललोक पहुंच गया। बलि की दानवीरता देखकर भगवान ने उसे सुतललोक का स्वामी भी बना दिया। इस तरह भगवान वामन ने देवताओं की सहायता कर उन्हें स्वर्ग पुनरू लौटाया।

16. हयग्रीव अवतार (Hayagreeva Avatar)

धर्म ग्रंथों के अनुसार एक बार मधु और कैटभ नाम के दो शक्तिशाली राक्षस ब्रह्माजी से वेदों का हरण कर रसातल में पहुंच गए। वेदों का हरण हो जाने से ब्रह्माजी बहुत दुरूखी हुए और भगवान विष्णु के पास पहुंचे। तब

भगवान ने हयग्रीव अवतार लिया। इस अवतार में भगवान विष्णु की गर्दन और मुख घोड़े के समान थी। तब भगवान हयग्रीव रसातल में पहुंचे और मधु-कैटभ का वध कर वेद पुनरू भगवान ब्रह्मा को दे दिए।

17. श्रीहरि अवतार (Shri Hari Avtar)

धर्म ग्रंथों के अनुसार प्राचीन समय में त्रिकूट नामक पर्वत की तराई में एक शक्तिशाली गजेंद्र अपनी हथिनियों के साथ रहता था। एक बार वह अपनी हथिनियों के साथ तालाब में स्नान करने गया। वहां एक मगरमच्छ ने उसका पैर पकड़ लिया और पानी के अंदर खींचने लगा। गजेंद्र और मगरमच्छ का संघर्ष एक हजार साल तक चलता रहा। अंत में गजेंद्र शिथिल पड़ गया और उसने भगवान श्रीहरि का ध्यान किया। गजेंद्र की स्तुति सुनकर भगवान श्रीहरि प्रकट हुए और उन्होंने अपने चक्र से मगरमच्छ का वध कर दिया। भगवान श्रीहरि ने गजेंद्र का उद्धार कर उसे अपना पार्षद बना लिया।

18. परशुराम अवतार (Parshuram Avatar) - *मुख्य अवतार*

हिंदू धर्म ग्रंथों के अनुसार परशुराम भगवान विष्णु के प्रमुख अवतारों में से एक थे। भगवान परशुराम के जन्म के संबंध में दो कथाएं प्रचलित हैं। हरिवंशपुराण के अनुसार उन्हीं में से एक कथा इस प्रकार है-

प्राचीन समय में महिष्मती नगरी पर शक्तिशाली हैययवंशी क्षत्रिय कार्तवीर्य अर्जुन(सहस्त्रबाहु) का शासन था। वह बहुत अभिमानी था और अत्याचारी भी। एक बार अग्निदेव ने उससे भोजन कराने का आग्रह किया। तब सहस्त्रबाहु ने घमंड में आकर कहा कि आप जहां से चाहें, भोजन प्राप्त कर सकते हैं, सभी ओर मेरा ही राज है। तब अग्निदेव ने वनों को जलाना शुरु किया। एक वन में ऋषि आपव तपस्या कर रहे थे। अग्नि ने उनके आश्रम को भी जला डाला। इससे क्रोधित होकर ऋषि ने सहस्त्रबाहु को श्राप दिया कि भगवान विष्णु, परशुराम के रूप में जन्म लेंगे और न सिर्फ सहस्त्रबाहु का नहीं बल्कि समस्त क्षत्रियों का सर्वनाश करेंगे। इस प्रकार भगवान विष्णु ने भार्गव कुल में महर्षि जमदग्नि के पांचवें पुत्र के रूप में जन्म लिया।

19. महर्षि वेदव्यास (Vyas Avatar)

पुराणों में महर्षि वेदव्यास को भी भगवान विष्णु का ही अंश माना गया है। भगवान व्यास नारायण के कलावतार थे। वे महाज्ञानी महर्षि पराशर के पुत्र रूप में प्रकट हुए थे। उनका जन्म कैवर्तराज की पोष्यपुत्री सत्यवती के गर्भ से यमुना के द्वीप पर हुआ था। उनके शरीर का रंग काला था। इसलिए उनका एक नाम कृष्णद्वैपायन भी था। इन्होंने ही मनुष्यों की आयु और शक्ति को देखते हुए वेदों के विभाग किए। इसलिए इन्हें वेदव्यास भी कहा जाता है। इन्होंने ही महाभारत ग्रंथ की रचना भी की।

20. हंस अवतार (Hans Avatar)

एक बार भगवान ब्रह्मा अपनी सभा में बैठे थे। तभी वहां उनके मानस पुत्र सनकादि पहुंचे और भगवान ब्रह्मा से मनुष्यों के मोक्ष के संबंध में चर्चा करने लगे। तभी वहां भगवान विष्णु महाहंस के रूप में प्रकट हुए और उन्होंने सनकादि मुनियों के संदेह का निवारण किया। इसके बाद सभी ने भगवान हंस की पूजा की। इसके बाद महाहंसरूपधारी श्रीभगवान अदृश्य होकर अपने पवित्र धाम चले गए।

21. श्रीराम अवतार (Ram Avatar) - *मुख्य अवतार*

त्रेतायुग में राक्षसराज रावण का बहुत आतंक था। उससे देवता भी डरते थे। उसके वध के लिए भगवान विष्णु ने राजा दशरथ के यहां माता कौशल्या के गर्भ से पुत्र रूप में जन्म लिया। इस अवतार में भगवान विष्णु ने अनेक राक्षसों का वध किया और मर्यादा का पालन करते हुए अपना जीवन यापन किया। पिता के कहने पर वनवास गए। वनवास भोगते समय राक्षसराज रावण उनकी पत्नी सीता का हरण कर ले गया। सीता की खोज में

भगवान लंका पहुंचे, वहां भगवान श्रीराम और रावण का घोर युद्ध जिसमें रावण मारा गया। इस प्रकार भगवान विष्णु ने राम अवतार लेकर देवताओं को भय मुक्त किया।

22. श्रीकृष्ण अवतार (Krishna Avatar) - *मुख्य अवतार*

द्वापरयुग में भगवान विष्णु ने श्रीकृष्ण अवतार लेकर अधर्मियों का नाश किया। भगवान श्रीकृष्ण का जन्म कारागार में हुआ था। इनके पिता का नाम वसुदेव और माता का नाम देवकी था। भगवान श्रीकृष्ण ने इस अवतार में अनेक चमत्कार किए और दुष्टों का सर्वनाश किया। कंस का वध भी भगवान श्रीकृष्ण ने ही किया। महाभारत के युद्ध में अर्जुन के सारथि बने और दुनिया को गीता का ज्ञान दिया। धर्मराज युधिष्ठिर को राजा बना कर धर्म की स्थापना की। भगवान विष्णु का ये अवतार सभी अवतारों में सबसे श्रेष्ठ माना जाता है।

23. बुद्ध अवतार (Buddha Avatar) - *मुख्य अवतार*

धर्म ग्रंथों के अनुसार बौद्धधर्म के प्रवर्तक गौतम बुद्ध भी भगवान विष्णु के ही अवतार थे परंतु पुराणों में वर्णित भगवान बुद्धदेव का जन्म गया के समीप कीकट में हुआ बताया गया है और उनके पिता का नाम अजन बताया गया है। यह प्रसंग पुराण वर्णित बुद्धावतार का ही है।

एक समय दैत्यों की शक्ति बहुत बढ़ गई। देवता भी उनके भय से भागने लगे। राज्य की कामना से दैत्यों ने देवराज इंद्र से पूछा कि हमारा साम्राज्य स्थिर रहे, इसका उपाय क्या है। तब इंद्र ने शुद्ध भाव से बताया कि सुस्थिर शासन के लिए यज्ञ एवं वेदविहित आचरण आवश्यक है। तब दैत्य वैदिक आचरण एवं महायज्ञ करने लगे, जिससे उनकी शक्ति और बढने लगी। तब सभी देवता भगवान विष्णु के पास गए। तब भगवान विष्णु ने देवताओं के हित के लिए बुद्ध का रूप धारण किया। उनके हाथ में मार्जनी थी और वे मार्ग को बुहारते हुए चलते थे।

इस प्रकार भगवान बुद्ध दैत्यों के पास पहुंचे और उन्हें उपदेश दिया कि यज्ञ करना पाप है। यज्ञ से जीव हिंसा होती है। यज्ञ की अग्नि से कितने ही प्राणी भस्म हो जाते हैं। भगवान बुद्ध के उपदेश से दैत्य प्रभावित हुए। उन्होंने यज्ञ व वैदिक आचरण करना छोड़ दिया। इसके कारण उनकी शक्ति कम हो गई और देवताओं ने उन पर हमला कर अपना राज्य पुन: प्राप्त कर लिया।

24. कल्कि अवतार (Kalki Avatar) - *मुख्य अवतार*

धर्म ग्रंथों के अनुसार कलयुग में भगवान विष्णु कल्कि रूप में अवतार लेंगे। कल्कि अवतार कलियुग व सतयुग के संधिकाल में होगा। यह अवतार 64 कलाओं से युक्त होगा। पुराणों के अनुसार उत्तर प्रदेश के मुरादाबाद जिले के शंभल नामक स्थान पर विष्णुयशा नामक तपस्वी ब्राह्मण के घर भगवान कल्कि पुत्र रूप में जन्म लेंगे। कल्कि देवदत्त नामक घोड़े पर सवार होकर संसार से पापियों का विनाश करेंगे और धर्म की पुनरूस्थापना करेंगे।

भगवान विष्णु के अब तक नौ अवतार हो चुके है, दसवां कल्कि अवतार होना अभी बाकी है। एक दृष्टि के अनुसार, ये अवतार जीवों के विकास की कहानी कहती है।-

01. **मत्स्यावतार-** 4000 लाख वर्ष पूर्व-बहुकोशकीय जीव की उत्पत्ति (Origin of multi cellular organism)

02. **कच्छप अवतार-** 2250 लाख वर्ष पूर्व-उभयचर के विकास (Evolution of Amphibious)

03. **बाराह अवतार-** 600 लाख वर्ष पूर्व-स्तनपायी जीव की उत्पत्ति (Origin of Mammals)

04. **नरसिंह अवतार-** 250 लाख वर्ष पूर्व-स्तनधारियों के प्रति स्तनधारी का विकास (बड़े मस्तिष्क के साथ स्तनधारियों के एक आदेश का सदस्य और मानव, वानर और बंदर सहित पूर्ण हाथ और पैर) (Evolution of Mammals towards primates (a member of an order of mammals with a large brain and complete hands and feet, including humans, apes and Monkeys))

05. **वामन अवतार-** 100 लाख वर्ष पूर्व-सबसे पुराना धर्माधिपति की उत्पत्ति (Origin of earliest primate)

06. **परशुराम अवतार-** 20 लाख वर्ष पूर्व-शिकार के प्रति आदमी का अनुकूलन (Adaptation of man towards hunting)

07. **राम अवतार-** 10 लाख वर्ष पूर्व-नेतृत्व के अधीन समुदाय का निर्माण (Formation of community under leadership)

08. **कृष्ण अवतार-** 1 लाख वर्ष पूर्व-नदी किनारे कृषि और पशुपालन (Agriculture and Animal husbandry on the bank of river)

09. **बुद्ध अवतार-** 50000 वर्ष पूर्व-मानव का शारीरिक से मानसिक विकास (Human development towards mental from physical)

10. **कल्कि अवतार-** वर्तमान और भविष्य-आधुनिक काल (Modern era)

भाग-1
पहलायुग : सत्ययुग

अ. व्यक्तिगत प्रमाणित पूर्ण प्रत्यक्ष अवतार

01. प्रथम अवतार : मत्स्य अवतार

02. द्वितीय अवतार : कूर्म / कच्छपावतार

03. तृतीय अवतार : बाराह अवतार

04. चतुर्थ अवतार : नृसिंह अवतार

05. पाँचवाँ अवतार : वामन अवतार

ब. सार्वजनिक प्रमाणित अंश प्रत्यक्ष अवतार

06. छठा अवतार : परशुराम अवतार

पहलायुग : सत्ययुग

व्यक्तिगत प्रमाणित अदृश्य मार्ग से मन का आत्मीय केन्द्रित स्थिति अर्थात्

व्यक्तिगत प्रमाणित माध्यम द्वारा आत्मा पर केन्द्रित मन।

यह स्थिति सतयुग की अन्तिम स्थिति है।

1. प्रथम अवतार : मत्स्य अवतार
व्यक्तिगत प्रमाणित अंश प्रत्यक्ष अवतार

2. द्वितीय अवतार : कूर्म / कच्छपावतार
व्यक्तिगत प्रमाणित अंश प्रत्यक्ष अवतार

3. तृतीय अवतार : वाराह अवतार
व्यक्तिगत प्रमाणित अंश प्रत्यक्ष अवतार

4. चतुर्थ अवतार : नृसिंह अवतार
व्यक्तिगत प्रमाणित अंश प्रत्यक्ष अवतार

5. पाँचवां अवतार : वामन अवतार
व्यक्तिगत प्रमाणित अंश प्रत्यक्ष अवतार

6. छठां अवतार : परशुराम अवतार
सार्वजनिक प्रमाणित अंश प्रत्यक्ष अवतार

पहला युग / पाँचवाँ युग : सत्ययुग/स्वर्ण युग
अ. व्यक्तिगत प्रमाणित पूर्ण प्रत्यक्ष अवतार
१. प्रथम अवतार : मत्स्य अवतार
व्यक्तिगत प्रमाणित अंश प्रत्यक्ष अवतार

ईश्वर के अंश अवतार शरीर धारण तिथि–
ब्रह्मा के अंश अवतार
विष्णु के अंश अवतार
महेश के अंश अवतार

मत्स्य-अवतार (प्रचलित कथा)

सृष्टिकर्ता ब्रह्मा ने सम्पूर्ण जगत् की सृष्टि करने के बाद अन्त में मनुष्यों के आदिपुरूष मनु को बनाया। मनु की सन्तान होने के कारण ही हम मानव कहलाते हैं। मानव ही विश्व का श्रेष्ठ जीव है।

मनु ने सन्तान के लिए कठोर तपस्या की। तपस्या के फलस्वरूप उनकी अनेक परम तेजस्वी सन्तानें हुई। उन लोगों ने विभिन्न विद्याओं का आविष्कार किया और तपस्या के द्वारा महाशक्ति प्राप्त की। इसके फलस्वरूप वे जीव-जगत के स्वामी होकर प्रकृति-राज्य के सभी प्रकार की सुख-सुविधाओं का भोग करने लगे। उनके आनन्द की सीमा न रही।

निश्चिन्त होकर मनु तपस्या में डूब गये। ध्यानयोग के द्वारा भूत-वर्तमान-भविष्य की थोड़ी झलक मिलने पर उन्हें पता चला कि थोड़े दिनों बाद ही सारी पृथ्वी पूर्ण रूप से जलमग्न हो जाएगी और इस प्रकार समस्त जीवों का विनाश हो जाएगा। अपनी इतनी तपस्या का फल समूल ध्वंस हो जाएगा - ऐसा जानकर मनु बड़े ही दुःखी हुए। यह विचार उनके लिए असह्य हो उठा। तपस्या के द्वारा ही जगत् की सृष्टि हुई है और तपस्या के द्वारा ही इसकी रक्षा करनी होगी - यह सोचकर वे सृष्टिकर्ता ब्रह्मा के ध्यान में निमग्र हो गये। पहाड़ की एक गुफा में शिला के आसन पर ध्यान करते हुए उनकी बाह्य-चेतना पूरी तौर से लुप्त हो गयी। उनका शरीर काठ की मूर्ति के समान अचल हो गया। मन ब्रह्ममय हो उठा। इस उग्र तपस्या पर प्रसन्न होकर ब्रह्मा ने उन्हें दर्शन दिया।

ब्रह्मा बोले, "वत्स, पृथ्वी तुम्हारे पुत्र-पौत्रों से भरी है। वे लोग सर्व प्रकार की भोग्य वस्तुएँ पाकर आनन्दपूर्वक हैं। फिर तुम क्यों ऐसा कठोर तप करके देहपात कर रहे हो?" इस पर मनु ने जब अपने मन का भाव व्यक्त किया, तो ब्रह्मा बोले, "वत्स, तुम इस विषय में निश्चिन्त रहो। जिन प्रेममय नारायण की इच्छा से मैंने इस जगत् की सृष्टि की है, उन्होंने ही अपने जीवों की रक्षा के लिए सुव्यवस्था की है।" यह कहकर उन्होंने मनु के मनश्चक्षुओं के समक्ष भविष्य की वह घटना प्रकट की। मनु ने प्रफुल्ल होकर उनके चरणों में प्रमाण किया और ब्रह्मा अन्तर्धान हो गये।

अनेक परिवर्तनों के बीच हो कर जगत चलता रहा। पृथ्वी धन-धान्य से पूर्ण थी; रूप, यौवन, स्वास्थ्य के साथ ही वार्धक्य, रोग तथा मृत्यु भी विद्यमान थे; तुच्छ बातों को लेकर झगड़ा-फसाद, क्षुद्र स्वार्थ के लिए रक्तपात; फिर स्नेह-प्रीति, दूसरों के लिए आत्मत्याग तथा सुख-दुःख, भरे-बुरे के चक्र के द्वारा मानव-जीवन में विविध प्रकार के भाव प्रस्फुटित होते रहे। मानव प्रकृति के विधान से काल के स्रोत में प्रवाहित होता रहा।

भोग के द्वारा मनुष्य का मन क्रमशः उन्मत्त हो उठा। शरीर के सुख-स्वाच्छन्द्य हो छोड़कर अन्तर की शान्ति को ढूँढ़ने की उसके मन में इच्छा नहीं हुई। निन्दा तथा विद्वेष क्रमशः कलह तथा हिंसा में परिणत हुए; तदुपरान्त हत्या, रक्तपात तथा अत्याचार का दौर चला। छल-कपट ने मानव-हृदय पर शासन करना आरम्भ कर दिया। साधुओं के उत्पीड़न तथा दुर्बलों के कातर क्रन्दन से श्रीहरि का आसन डोल उठा।

सुषमामयी प्रकृति के हास्यपूर्ण मुखमण्डल पर प्रचण्ड क्रोध की अभिव्यक्ति दीख पड़ी। शरत्कालीन निर्मल गगन में बिजली की कड़क सुनाई देने लगी, वसन्त के मलय-पवन के दौरान आँधी चलना आदि के द्वारा ऋतुओं में घोर उलट-फेर आरम्भ हुआ। अकाल तथा महामारी निर्दयतापूर्वक जीवों का ग्रास करने लगे आत्मरक्षा का कोई भी उपाय नहीं बचा। मनुष्य के दिन अत्यन्त अद्विग्नतापूर्वक बीतने लगे।

उन्हीं दिनों पृथ्वी पर द्रविड़ नामक एक राज्य था। परम धर्मपरायण सत्यव्रत वहाँ के राजा थे। प्रजा का कल्याण करने की बात ही सर्वदा उनके मन में बनी रहती थी। याग-यज्ञ तथा ध्यान-जप में ही उनके दिन बीतते थे। मनुष्य की दुर्दशा से व्यथित होकर वे जगत् के कल्याणार्थ दिन-पर-दिन भगवान से प्रार्थना करते रहते थे।

एक दिन सत्यव्रत तालाब के जल से पितरों का तर्पण कर रहे थे। सहसा क्रीड़ारत एक छोटी-सी मछली उनकी अंजलि में आ पड़ी। मछली को वे वापस तालाब में डालने को उद्यत हुए, तभी उसने मानवी भाषा तथा क्षीण वाणी में, "रक्षा करो, रक्षा करो" - कहकर चीत्कार करना आरम्भ कर दिया। राजा ने विस्मित होकर मछली को ऊपर उठाकर देखा। मछली पुनः बोली, "मैं बड़ी बड़ी मछलियों से अत्यन्त भयभीत हूँ। तुम मेरी रक्षा करो।" राजा तो यह सुनकर बिल्कुल ही अवाक् रह गये। मछली को कमण्डलु में रखने के बाद उन्होंने अपना तर्पण समाप्त किया। बाद में कमण्डलु को अपने भवन में लाकर उन्होंने एक किनारे रख दिया। राजा ने सोचा कि भगवान की इच्छा से घटित इस घटना में असम्भव जैसा कुछ भी नहीं है। सम्भव है कि इसमें उनका कोई गूढ़ अभिप्राय हो। भक्तगण इसी प्रकार प्रत्येक कार्य में भगवान के मुखापेक्षी रहते हैं।

अगले दिन प्रातःकाल राजा मछली की हालत देखने के लिए कमण्डलु के पास गये। उन्होंने पाया कि मछली के बढ़ जाने से कमण्डलु भर गया है। उन्हें देखते ही मछली बोल उठी, "राजा, देखो, मैं कितनी बड़ी हो गयी हूँ! तुम्हारे इस छोटे-से कमण्डलु में अँट नहीं पा रही हूँ। तुम यथाशीघ्र मुझे और भी बड़े स्थान में रखो।" राजा ने उसे एक हौज के पानी में रख दिया।

अगले दिन राजा ने देखा - वह मछली अद्भुत रूप से इतनी बड़ी हो गयी थी कि हौज में उसके हिलने-डुलने तक को स्थान न था। इस असाधारण घटना को देखकर राजा भगवान की महिमा के विषय में सोचने लगे। सामान्य लोगों के समान व उद्विग्न नहीं हुए। मछली मोटी आवाज में राजा से अपने को और भी बड़े जलाशय में ले जाने का अनुरोध करने लगी। मछली को अपने उद्यान के विशाल सरोवर में डालने के बाद राजा सोचने लगे कि अब तो उसे कोई परेशानी नहीं होगी।

परन्तु बड़े आश्चर्य के साथ अगले ही दिन राजा ने देखा कि मछली पूरे तालाब में फैल चुकी है। कहावत है - "गण्डूषजलमात्रेण सफरी फरफारायते" - सफरी नामक मछली चुल्लू भर पानी में ही उछल-कूद मचाया करती है। परन्तु यह सफरी तो इस बृहत् सरोवर में फरफराने की बात तो क्या, हिलने-डुलने तक में अक्षम है। यह घटना किसी के लिए अज्ञात नहीं रही। मछली की कण्ठध्वनि भी अत्यन्त मोटी हो गयी थी। अपनी उसी मोटी आवाज में वह राजा के साथ बातें करने लगी।

राजा ने सेनापति को आदेश दिया, "मछली को बिना कष्ट पहुँचाए नदी में डलवा दो।" सेनापति ने बहुत-सी रस्सियों को मछली के शरीर में लपेटा, हजारों लोगों तथा अनेक हाथियों की सहायता से उसे सौ बैलगाड़ियों पर चढ़ाया और बड़े कष्टपूर्वक उसे नदी तक ले गये। यह घटना लोगों के मुख से हजारों प्रकार से अतिरंजित होकर सम्पूर्ण भारत में फैल गयी। उन दिनों रोग, शोक, अकाल, भूकम्प, उल्कापात, वज्राघात आदि के फलस्वरूप पृथ्वी की अवस्था भयंकर थी और अब इस घटना से वह और भी भयावह हो उठी। जो मुठ्ठी भर लोग इन आपदाओं से बच गये थे, वे भी इस घटना को सुनकर भय से मरणासन्न हो गये। परन्तु राजा सत्यव्रत भगवान के चिन्तन में विभोर रहे।

मछली का शरीर नदी के अन्दर भी अत्यन्त तीव्र वेग से बढ़ता रहा और उसके कारण जल का प्रवाह अवरूद्ध हो गया। तटवर्ती ग्राम बहने लगे। द्रविड़ राज्य में हाहाकार मच गया। मृत्यु से बचे हुए, भय से अर्धमृत लोगों की सहायता से मछली को खींचकर समुद्र में ले जाया गया। समुद्र में पहुँचकर मछली ने यथेच्छा अपने अंगों का विस्तार किया और एक महाद्वीप का आकार धारण कर लिया।

राजा भगवद्बोध से मछली की स्तव-स्तुति करने लगे। राजा ने कहा, "हे हरि, तुम्हारे अतिरिक्त दूसरा कौन है, जो ऐसी अद्भूत लीला कर सके? पाप में डूबी मनुष्य-जाति तुम्हें भूलकर अहंकार में उन्मत्त हो उठी थी; उन्हें अब यथेष्ट दण्ड मिल चुका है, अब तुम प्रसन्न होओ। जो मनुष्य धरा को तुच्छ मानते थे, आज वे मछली के भय से डरे हुए है। मनु मछली का रूप धारण करके दाम्भिक मनुष्यों का दर्प चूर्ण कर दिया है। अब तुम प्रसन्न होओ।"

तभी चारों दिशाएँ आलोकित हो उठीं। मत्स्य का पूर्वार्ध नारायण के रूप में परिणत हुआ- कमल की पंखुड़ियों के समान दोनों नेत्र; चारों हाथों में शंख, चक्र, गदा व पद्म और प्रसन्न मुखमण्डल, जिसे देखते ही जगत् विस्मृत हो जाता था! उस प्रेममय रूप को देखकर राजा का शरीर रोमांचित हो उठा, कम्पन के साथ पसीना निकालने लगा, अश्रु से कपोल भीग गये और उनके अन्तर से रूदन निःसृत होने लगा। उनका कण्ठ अवरूद्ध हो गया; आनन्द की तरंगों के घात-प्रतिघात से उनका अंग-प्रत्यंग टूटने लगा। नारायण ने राजा के सिर, मुख तथा सीने पर हाथ फेरते हुए उन्हें शान्त करते हुए कहा, "बेटा सत्यव्रत, एक बार अपने पूर्वजन्म की बातों का स्मरण करो। तुम मनुष्यों के आदिपुरूष मनु हो। तुमने प्रलय-प्लावन के समय-मनुष्य-जाति की रक्षा के लिए कठोर तपस्या की थी। ब्रह्मा के वर से तुम्हारे द्वारा मनुष्य-सह समग्र जीव-जन्तुओं की रक्षा होगी।" राजा के मन में एक-एक कर पूर्वजन्म की सारी समृतियाँ जाग्रत होने लगीं।

श्रीहरि बोले, "अब से सात दिन बाद प्रलय आरम्भ होगा। तुम मानव आदि प्राणियों के एक-एक जोड़े तथा सभी वनस्पतियों के बीज जल्दी एकत्र कर लो। सात दिनों बाद देवताओं द्वारा निर्मित एक नौका तुम्हारे घाट पर आ लगेगी। तुम जीवों तथा वनस्पतियों-बीजों के साथ उसमें सवार हो जाना। जब समुद्र प्रलय-वायु से तरंगायित होकर पृथ्वी का ग्रास करेगा, तब मैं सींगधारी स्वर्ण-मत्स्य के रूप में पुनः आविर्भूत होऊँगा। तुम अपनी स्वर्ण-नौका को मेरे सींग से बाँध लेना।" फिर "माभैः माभैः" कहने के साथ ही साथ स्वप्न के समान नारायण-मत्स्य अन्तर्धान हो गये।

सात दिन बाद सचमुच ही एक स्वर्ण-नौका आ पहुँची। श्रीहरि की आज्ञा के अनुसार राजा सभी प्राणियों के जोड़े तथा वनस्पतियों के बीज सहित उसमें सवार हुए और नौका अपने आप ही समुद्र में जा पहुँची।

इसके बाद पृथ्वी पर भयानक घटनाएँ होने लगीं। सूर्य का तेज बारह गुना बढ़ गया। तालाब, सरोवर, नदी आदि सब सूख गये। पेड़-पौधे तथा लताएँ आदि कुछ भी नहीं बचे। पहले पक्षीगण और तदुपरान्त अन्य जीव-जन्तु मरकर समाप्त हो गये। मनुष्य ने विविध उपायों का सहारा लेकर बचे रहने का प्रयास किया, परन्तु सब कुछ व्यर्थ सिद्ध हुआ। जो कुछ अभागे लोग कंकालप्राय होकर बच गये, वे भी भूख-प्यास से पालग होकर सियाल-गिद्धों के समान घृणित रूप से सड़े मुर्दों के लिए छीना-झपटी करने लगे। तथापि जो लोग नहीं मरे, वे नंगे उन्मत्त पिशाच से भी अधिक जघन्यता से युक्त तथा पशुओं से भी बढ़कर हिंस्र हो उठे। रक्त पीकर प्यास बुझाने को वे एक-दूसरे की हिंसा करने लगे। कई लोग मिलकर किसी एक को मारकर उसके रक्त-मांस का भक्षण करते। इस प्रकार क्रमशः मानव-जाति का विनाश हो गया। नगर, ग्राम तथा अट्टालिकाएँ शून्य पड़ी रही; जगत् नीरव तथा निस्तब्ध हो गया। बारह सूर्यों का प्रखर तेज धू-धूकर जल रहा था और वायु हू-हू की आवाज के साथ बहते हुए मानो शोक व्यक्त कर रही थी।

पृथ्वी पर जीवन का चिन्ह तक नहीं बचा। असंख्य जीव-जन्तुओं की सूखी हुई लाखों तथा सूखी वृक्ष-लताओं से धरती पटी हुई थी। एक दिन दावाग्नि प्रज्जवलित हो उठी और प्रचण्ड धूप तथा प्रबल वायु की सहायता से वह क्रमशः सारी धरती पर फैल गयी, जिसके फलस्वरूप पृथ्वी एक अग्निगोलक के रूप में परिणत हो गयी। क्या ही भयानक दृश्य था!

जलते-जलते इंधन के साथ-ही-साथ अग्नि भी शान्त हुई; सम्पूर्ण धरातल राख से आच्छादित था। प्रबल वायु भीषण गर्जन के साथ निर्बाध गति से पृथ्वी पर प्रवाहित होने लगी। राख और धूल के उड़कर वायुमण्डल में छा जाने से सूर्य की किरणों का मार्ग अवरूद्ध हो गया।

रवि-रश्मियों के प्रचण्ड ताप से नद, नदियों तथा सरोवरों का जल भाप होकर आकाश में एकत्र हो चुका था; और अब वह मेघ में परिणत होकर पृथ्वी पर चारों ओर फैल गया। दिन और रात का भेद मिट गया।

असंख्य स्तरों में बिखरी मेघराशि के भीषण गर्जन से सभी पर्वत प्रतिध्वनित हो उठे। भूकम्प से धरातल के बारम्बार कम्पित होने के फलस्वरूप पहाड़ खण्डित होकर गिरने लगे, नदियों के गर्भ से पर्वत उठने लगे और समुद्र मरूभूमि में परिणत हुए।

तदुपरान्त मूसलाधार वर्षा होने लगी। वर्षा तथा शिलापात के फलस्वरूप ऊँची-नीची भूमि समतल क्षेत्रों में परिणत हुई; बड़े-बड़े पर्वत टूटकर जलप्रवाह में बहने लगे, सम्पूर्ण पृथ्वी जलमग्न हो गयी, पहाड़ तथा समतल समुद्र-सब एकाकार हो गये। उन्मत्त प्रलय-वायु से पर्वताकार तरंगें आकाश में उत्थित होकर सैकड़ों वज्रों की ध्वनि के साथ एक-दूसरे से टकराकर बिखर जाने लगीं। प्रलय मानों मूर्तिमान होकर पृथ्वी तल पर विचरण करने लगा।

राजा सत्यव्रत की स्वर्ण नौका जब उत्ताल तरंगों पर सवार होकर उत्थित और पतित होने लगी, तब भयभती होकर वे नारायण को पुकारने लगे। नारायण अनेक योजन में फैले स्वर्ण-सींगधारी मत्स्य के रूप में सागर के जल में आविर्भूत हुए। उनकी अंगज्योति से चारों दिशाएँ आलोकित हो उठीं। राजा निर्भयतापूर्वक अपनी स्वर्णनौका को श्रीहरि के सींग में बाँधकर निश्चिन्त हुए।

वर्षा करते-करते मेघ समाप्त हो गये। निर्मल आकाश में सूर्योदय हुआ। धरातल पर जल के अतिरिक्त और कुछ भी दृष्टिगोचर नहीं होता था। पवन स्थिर था और जल निस्तरंग था। सूर्य की किरणों से पृथ्वी एक काँच के गोलक के समान चमकने लगी। मनु की स्वर्ण नौका में स्थित जीवगण आश्वस्त हुए।

तरंगहीन सागर के जल में चन्द्र-सूर्य के रंगों का खेल देखकर द्रविड़ेश्वर राजा सौन्दर्याधार श्रीहरि के चिन्तन में डूब गये। ऊपर फैले निर्मल नील अनन्त आकाश तथा नीचे दिग्दिगन्त-व्यापी नील समुद्र ने उनके मन में भगवान के अनन्त भावों की स्मृति जगा दी। उन्हें लगा मानो वे एक आनन्दलोक में चिरमंगल के बीच बिहार कर रहे हो।

मत्स्यरूपी नारायण ने भावी मनुष्य के धर्म विषय पर मनु को अनेक वर्षों तक शिक्षा दी। अधर्म के विनाश तथा धर्म की स्थापना के लिए ही प्रयोजन के अनुसार वे विभिन्न रूप धारण किया करते हैं।

धीरे-धीरे पृथ्वी के भू-भाग से पानी नीचे उतर आया। राजा सत्यव्रत ने उस पर वनस्पतियों के बीज बिखेर दिये। जलप्लावन से धरती के अत्यन्त उर्वर हो जाने के कारण शीघ्र ही वह फल-फूल से आच्छादित हो उठी। मनु जीवों के साथ भूमि पर उतरे। देखते-ही-देखते पृथ्वी पुनः जीव-जन्तुओं से परिपूर्ण हो उठी।

सार्वभौम सत्य-सिद्धान्त अनुसार कथा

अदृश्य काल के व्यक्तिगत प्रमाणित काल में व्यक्तिगत प्रमाणित अदृश्य प्राकृतिक चेतना से युक्त सत्य आधारित सतयुग में प्रथम अवतार - मत्स्य अवतार का अवतरण उस समाजिक और मानव जाति के संकट के समय हुआ, जब प्राकृतिक नियम परिवर्तन या आदान-प्रदान के अधीन प्रलय द्वारा जहाँ जल है वहाँ थल और जहाँ थल है वहाँ जल होकर विनाश हुआ जिसके कारण ही थल से समुद्रों के अवशेष तथा समुद्रों से थल के अवशेष आज भी प्राप्त होते हैं। परिणामस्वरूप जल के बीच टापू पर कुछ स्त्री-पुरूष बच गये। उनमें से एक पुरूष, जो इस भयंकरतम् विपत्ति में भी नहीं घबराया और अपनी सूझ-बूझ को संयम में रखा अर्थात् उसकी आत्मा अदृश्य प्राकृतिक चेतना अर्थात् अदृश्य प्रकृति द्वारा निर्मित परिस्थितियों में प्राथमिकता से वर्तमान में कार्य करना, में स्थापित हो गयी। उसने देखा जल में मछलियाँ एक ओर ही भाग रही है। उसने मछलियों की प्रकृति जिधर से जल आता है उधर मछली भागती है। चाहे वहाँ जल का स्रोत हो या स्रोत समाप्ति की ओर हो, से प्रेरणा प्राप्त कर टापू पर बचे अन्य जनता के सहयोग से नाव बनाकर मानव जाति और समाज का विस्तार किया। मछलियों से मार्गदर्शन प्राप्त करने के कारण कालान्तर में उसे मत्स्यवतार कहा गया। उस पुरूष और सार्वभौम सत्य-सिद्धान्तों (मछली का सिद्धान्त) को धारण कर प्रयोग करने के कारण अवतार कहा गया।

पहला युग / पाँचवाँ युग : सत्ययुग/स्वर्ण युग
अ. व्यक्तिगत प्रमाणित पूर्ण प्रत्यक्ष अवतार
२. द्वितीय अवतार : कूर्म / कच्छपावतार
व्यक्तिगत प्रमाणित अंश प्रत्यक्ष अवतार

ईश्वर के अंश अवतार शरीर धारण तिथि–
ब्रह्मा के अंश अवतार
विष्णु के अंश अवतार
महेश के अंश अवतार

कूर्म अवतार (पूर्व कथा)

स्वर्ग के ऐश्वर्य का भोग करके एक बार देवताओं के मन में बड़ा गर्व हुआ। भोग-विलास में मत्त होकर उन लोगों ने सर्व प्रकार की तपस्याओं का परित्याग कर दिया। क्रमशः आलस्य और उसके फलस्वरूप शरीर-मन की दुर्बलताओं ने प्रकट होकर देवताओं का तेज नष्ट कर दिया। बचा रहा केवल उनके पूर्व गौरव का दम्भ, और कौन बड़ा है और कौन छोटा-यही लेकर उनके बीच निरन्तर कलह होने लगा।

दूसरी ओर पातालवासी असुरों के उद्यम का अन्त न था। शास्त्रपाठ, दान, ध्यान, कला, वाणिज्य, कृषि आदि समस्त कार्यों में उनका समान उत्साह था। देखते-ही-देखते वे लोग महा-शक्तिमान हो उठे। देवताओं की दुर्बलता उनकी दृष्टि में आयी। एक दिन दाम्भिक देवताओं ने पाया कि असंख्य असुर सेना ने उनके स्वर्ग पर आक्रमण कर दिया है। जिन दिनों वे भोग तथा आपसी कलह में व्यस्त थे, उसी अवधि में असुरगण धन-जन तथा विद्या-बुद्धि में उनसे आगे निकल गये थे। वैसे देवताओं ने बड़े जोर-शोर के साथ युद्ध आरम्भ किया और अकाट्य युक्तियों के साथ आपस में चर्चा करने लगे कि उनके बाणों से असुरों का ध्वंस होने में अधिक समय नहीं लगेगा। परन्तु परिणाम कुछ और ही हुआ। देवाताओं के बाण चाहे जितने भी तीक्ष्ण क्यों न रहे हों, परन्तु उन्हें चलाने के लिए जिस शक्ति की आवश्यकता थी, उसका देवशरीर में अभाव था। इधर असुरों का शरीर वज्रवत दृढ़ था। वे शारीरिक कष्ट तथा मृत्युभय की परवाह न करते हुए दल-के-दल देवसैन्य के भीतर प्रवेश करने लगे। उनकी "मारो-मारो"-"काटो-काटो" की आवाज, भीषण हुँकार तथा आत्मरक्षा का प्रयास किये बिना दोनों हाथों से उन्हें निर्भयतापूर्वक तलवारें चलाते देखकर देवताओं में महान आतंक फैल गया। देवतागण दैत्यों का तेज सहन नहीं कर सके और परास्त होने के बाद स्वर्ग छोड़कर भाग गये। असुरों ने स्वर्ग-राज्य पर अधिकार कर लिया।

असुरों का प्रहार ऐसा भयंकर था कि उनके अस्त्रों का आघात सहकर बचे रहने की अपेक्षा मृत्यु कहीं अधिक सुखकर होती। देवता अपना क्षत-विक्षत शरीर लेकर जिससे जहाँ भी हो सका, स्वर्ग-मत्र्य-पाताल के गिरि-गुफा आदि में अत्यन्त कष्टपूर्वक छिपे रहे। संयोगवश किसी-किसी को असुरों की निगाह में आकर और भी कठोर अपमान तथा प्रहार सहना पड़ा। देवताओं के उद्धार का कोई भी उपाय नहीं बचा। चिरकाल तक असुरों के हाथ अपमानित होने तथा चोट सहते हुए जीवित रहने के अतिरिक्त देवताओं के लिए दूसरा मार्ग ही क्या था? अहंकार और आलस्य का फल कितना विषमय होता है!

प्रजापति ब्रह्मा देवताओं के दुःख से बड़े ही व्यथित हुए। असुरगण चाहे जितने भी अच्छे कार्य, दान-ध्यान आदि करते रहे हों, परन्तु उनका उद्देश्य नाम-यश और इहलोक का भोग करना था। नाम-यश तथा भाग के लिए ये लोग सब कुछ करने को तैयार थे, परन्तु भगवान या धर्म की ओर उनका जरा भी आकर्षण न था। जो थोड़ा-बहुत धर्म उनमें दीख पड़ता था, वह भी केवल स्वार्थ-साधन का उपाय मात्र था। वे लोग भगवान को नहीं, अपितु भगवान से सुख-सुविधा चाहते थे। दूसरी ओर देवतागण सामयिक दुर्बलता के चलते दाम्भिक हो जाने पर भी

भगवान से सच्चा प्रेम करते थे और धर्म के लिए ही धर्म की साधना करते थे। बीच-बीच में उनके मन में भोग की कामनाएँ प्रबल हो जाने से उनमें कई प्रकार की दुर्बलताएँ आ जाती थीं, तथापि उनका मूल स्वभाव अच्छा था।

असुरगण स्वर्ग की शासक होकर आसुरी विधान के अनुसार ही वहीं का शासन चलाने लगे। धार्मिक और ज्ञानी लोगों का अब कोई मान नहीं रहा। धनबल, देहबल तथा बाह्य सौन्दर्य की महिमा अत्यन्त बढ़ गयी। विचार करना शौक मात्र रह गया। खाना-पानी और मौज करना ही सभ्यता हुई। हड़बड़ी, शोरगुल तथा दिखावे से देश उन्मत्त हो उठा। स्वार्थ के लिए झूठ का आश्रय लेना नित्यकर्म हुआ। संसार में घोर आसक्ति के फलस्वरूप मनुष्य का मन वासना की अग्नि में दग्ध होने लगा।

प्रजापति ने काफी प्रयास करके देवराज इन्द्र को ढूँढ़ निकाला और उन्हें लेकर वैकुण्ठपति श्रीहरि के सम्मुख उपस्थित हुए। वैसे तो श्रीहरि के लिए भूत-भविष्य-वर्तमान कुछ भी अज्ञात न था। देवताओं की दुर्दशा, असुरों का स्वर्ग-विजय आदि सब कुछ उन्हें विदित था, तथापि ब्रह्मा एवं इन्द्र के उन्हें प्रणाम करने के पश्चात् बैठने पर उन्होंने कुशलता पूछी। इन्द्र लज्जा के कारण अपना सिर ही नहीं उठा पा रहे थे। ब्रह्मा ने ही सारी बातें श्रीहरि से निवेदित की।

श्रीहरि ने देवताओं के कष्ट में सहानुभूति दिखायी और कहा कि उन्हें और भी पहले सूचित करने से अच्छा होता। विभिन्न बातें कहकर उन्होंने इन्द्र को उत्साहित किया। वे बोले, "देवराज, इस जीवन में उत्थान-पतन तो लगा ही रहता है। जय हो अथवा पराजय, पर देहधारी के लिए कर्म के अतिरिक्त दूसरा कोई मार्ग नहीं। कर्मों के फल से ही देवाताओं की दुर्दशा हुई है और कर्म ही दैत्यों के उत्थान का भी कारण है। कर्म के द्वारा ही कर्म का क्षय करना होगा। परन्तु जैसे-तैसे कर्म करने से ही काम नहीं होगा, सत्परामर्श की भी आवश्यकता है। तुम लोग जो मेरी सलाह लेने आये हो, इसी में देवताओं के उत्थान का बीज निहित है। जो ठीक ढंग से कार्य करना चाहता है, उसे सच्चे आदमी के परामर्श के अनुसार ही चलना पड़ता है। जब तुम मेरे पास आये हो, तो समझ लेना कि अब तुम्हारे संकट के दिन बीत चुके है। मैं सर्वदा अपने शरणागतों की रक्षा करता रहा हूँ।"

"मैं कर्मफल का दाता हूँ, असुरों ने जो कार्य किया है उसके फलभोग को रोकने की क्षमता किसी में नहीं है। तुम लोगों को अब कठोर परिश्रम के द्वारा उनके कर्म को पराजित करना होगा। इस समय युद्ध के द्वारा दैत्यों पर विजय प्राप्त करने की क्षमता देवताओं में नहीं हैं अतः तुम जाकर उन लोगों के साथ सन्धि कर लो। देव और असुर मिलकर क्षीरसागर का मन्थन करो, उससे अमृत निकलेगा। अमृत का पान करके तुम लोग अमर हो जाओगे, अनन्त तेज प्राप्त करोगे और तुममें दैत्यों पर विजय प्राप्त करने की क्षमता आ जायेगी।"

परन्तु यह कार्य आसान नहीं था। पहले तो पराजित होकर भागे हुए इन्द्र को दैत्यराज से सन्धि की भिक्षा माँगनी थी, तदुपरान्त एक समुद्र का मन्थन करना था और फिर अमृत मिलने पर असुरों को भी तो उनका भाग देना होगा। असुरों के अमृत पीकर अमर हो जाने से तो देवताओं की सारी आशा ही धूल में मिल जाती है। परन्तु श्री भगवान की वाणी पर इन्द्र का ऐसा विश्वास था कि उनके मन में किसी भी प्रकार के सन्देह का उदय नहीं हुआ। इसी को कहते है देवहृदय। इन्द्र जानते थे कि श्री विष्णु से बढ़कर उनका हितैषी दूसरा कोई नहीं है। सच्चे भक्त का यही लक्षण है।

देवराज के सिंहासन पर बैठकर असुरराज तीनों लोकों पर शासन कर रहे थे। आज देवेन्द्र राज्यहीन, मानहीन तथा अस्त्रहीन होकर दैत्यराज के सम्मुख सन्धि के प्रार्थी थे। इन्द्र की अपूर्व मुख्यकान्ति, उज्जवल वर्ण तथा निर्भीक पदक्षेपर देखकर द्वारपालों ने ससम्मान उनका मार्ग छोड़ दिया। इन्द्र ने सभा में प्रवेश किया और दैत्यराज के प्रति राजोचित सम्मान दिखाते हुए अपना परिचय दिया।

दैत्यराज अब तक ईर्ष्यापरायण होकर देवताओं तथा विशेषकर इन्द्र को दूर से ही देखते आये थे। परन्तु आज उनके बीच आकर इन्द्र ने अपनी अपूर्व अंगकान्ति से दैत्यसभा को म्लान कर दिया था। दैत्यगण सचमुच ही चकित होकर उनकी ओर आदर के साथ देखने लगे। उन्हें ऐसा लगा कि वस्तुतः यही व्यक्ति इस सिंहासन पर ठीक-ठीक जँचेगा। दैत्यराज भी चिरकाल से ही जिन इन्द्र को श्रेष्ठ मानते आये थे, पाताल में रहकर भी जिन इन्द्र के स्वर्गभोग को अपने स्वप्न राज्य की कल्पना के रूप में सोचते थे, आज वे ही इन्द्र विनीत भाव से उनके

सिंहासन के नीचे खड़े थे। वे किंकर्तव्यविमूढ़ हो गये। इस निस्तब्धता को भंग करते हुए इन्द्र बोले - "दैत्यराज, ईर्ष्या के कारण हम काफी समय से शत्रुता करते आये हैं, तथापि दैत्य और आदित्य (देवता)- हम एक ही पिता की सन्तान है। स्वर्ग के सिंहासन पर आपका और मेरा समान अधिकार है। देव-दैत्यों के आप भी भाई हैं और मैं भी भाई हूँ। भाई-भाई के बीच आपसी कलह, सिंहासन को लेकर छीना-झपटी- यह सब बड़े ही लज्जा की बात है। घर में झगड़ा हो तो बाहरी शत्रु का बल बढ़ता है। यदि मिलकर रहें, तो हम कश्यप-सन्तानों के लिए पितृगौरव की रक्षा करना कठिन नहीं होगा। मैं अब सिंहासन के लिए लालायित नहीं हूँ। दैत्यों और देवताओं के कल्याण हेतु इस घृणित भ्रातृकलह के निवारणार्थ मैं आपके पास सन्धि की प्रार्थना लेकर उपस्थित हुआ हूँ।"

गँवार और मूर्ख लोग मीठी बातों से सहज ही वश में आ जाते हैं। विशेषकर यदि कोई उनकी शरण ले, तो वे सचमुच ही पिघल जाते हैं। इन्द्र की इस मधुर प्रेमपूर्ण भाषा को सुनकर असुरगण बिल्कुल ही गद्गद हो गये। दैत्यपति ने इन्द्र को अपने सिंहासन के बगल में बैठकार उनके प्रति सम्मान दिखाया।

इन्द्र ने कहा, "मैं वैकुण्ठ में नारायण के पास गया था। उन्होंने सलाह दी कि हम भाई-भाई आपसी विवाद त्याग दें और एक साथ मिलकर क्षीरसागर का मन्थन करें। मन्थन से अमृत का उद्भव होगा और अमृत का गुण तो सर्वविदित ही है।"

दैत्यराज यह अद्भुत प्रस्ताव सुनकर आनन्द से उन्मत्त हो उठे। सभा में उपस्थित दैत्यगण अमृत का नाम सुनते ही हो-हल्ला करने लगे। असुर नेताओं ने बड़ी कठिनाई से उन्हें शान्त किया। सभी लोग सन्धि की बात पर सहमत हुए। इन्द्र को ही समुद्र-मन्थन का नेतृत्व सौंप दिया गया। इन्द्र सभी चीजों की व्यवस्था करने चले गये।

देवराज इन्द्र ने काफी ढूंढ़-तलाश करके समस्त देवताओं को एकत्र किया। श्री विष्णु की सलाह पर उन्होंने जो कुछ भी किया था, सभा में उन्होंने देवताओं के समक्ष वह सब कह सुनाया और समुद्र-मन्थन के बारे में उनके सुझाव माँगे। देवतागण मन्थन के लिए दण्ड तथा रस्सी की खोज में निकल पड़े। जगत् के समस्त पर्वतों से मन्थन-दण्ड होने का अनुरोध किया गया, परन्तु किसी ने भी इस गुरू कार्य में भाग लेने का साहस नहीं दिखाया। आखिरकार पाषाणकाय मन्दरगिरि ने इस कार्य के लिए अपनी स्वीकृति प्रदान की। सर्प तथा नागों में वासुकी भी अमृत के लोभ में जीवन को दाँव पर लगाकर मन्थन-रज्जु बनने को राजी हुए।

एक शुभ दिन देवों तथा असुरों की सेना ने महा-उत्साह के साथ मन्दरगिरि को उखाड़ा और उसे क्षीरसागर की ओर ले चले। परन्तु हाय! कुछ दूर हाते ही वे लोग इतने थक गये कि सबके मन में सन्देह उठा कि क्या इस पर्‌वत को सागर तक ले जाना सम्भव हो सकेगा? लज्जा से देवेन्द्र का मुख बिल्कुल ही उतर गया। देवतागण कातर होकर श्रीहरि का स्मरण करने लगे। सहसा आकाश में एक विशाल मेघखण्ड के समान गरूड़ का आविर्भाव हुआ। उनके ऊपर रवि-रश्मियों से उज्जवल अपने आलोक से जगत् को उद्भासित करते हुए जगन्नाथ श्रीहरि विराजमान थे। देवगण हर्षपूर्वक उनकी जय-जयकार करने लगे।

इस जयध्वनि से असुरों का हृदय सदा-सर्वदा कम्पित होता रहा है। आज इस असह्य उज्जवल ज्योति से उनके नेत्र अन्धे हो रहे थे और ऊपर से जयध्वनि सुनकर वे बड़े भयभीत होकर पलायन करने लगे। देवताओं ने बड़ी कठिनाई से उन्हें समझा-बुझाकर लौटाया। असुरों को भयभीत देखकर नारायण ने अपना तेज संवरण किया और प्रसन्न-मुख से सबको आश्वस्त करने लगे। उन लोगों को पर्वत वहन करने में असमर्थ देखकर नारायण ने एक साधारण-से मिट्टी के ढेले के समान उसे अपने हाथ से उठाकर गरूड़ की पीठ पर रख दिया। गरूड़ उसे ले जाकर समुद्र के बीच में रख आये। श्रीहरि के चिरभक्त देवगण तथा स्वार्थ के भक्त असुरगण उनके मधुर स्वभाव तथा मनोहर रूप को देख आनन्दित हुए। कोई विपत्ति पड़ने पर अपना स्मरण करने को कहकर वे अन्तर्धान हो गये। अमृतपान के लोभ में वासुकी नाग ने रस्सी के समान मन्दरगिरि को लपेट लिया और एक तरफ पूँछ तथा दूसरी ओर सिर बढ़ा दिया। अब इस बात को लेकर विवाद आरम्भ हुआ कि किस दल के लोग पूँछ पकड़कर खींचेंगे और किस दल के लोग सिर पकड़कर। देवताओं ने कहा, "हम ज्येष्ठ हैं, अतः हम साँप को सिर की ओर से पकड़ेंगे।" परन्तु दैत्यगण विजयी हुए थे, अतः वे लोग पूँछ पकड़ने को तैयार न थे। इस पर बुद्धिमान इन्द्र असुरों का दावा मानकर वासुकी की पूँछ पकड़ने चले गये। विवाद का सहज ही निपटारा हो गया। अहंकार के फलस्वरूप असुरों

का पतन आरम्भ हो गया है- यह जानकार इन्द्र मन-ही-मन प्रमुदित हुए। "हरि-हरि" की महाध्वनि के साथ अतीव उत्साहपूर्वक मन्थन आरम्भ हुआ।

थोड़ी-सी खींचा-तानी करते ही वासुकी गहरी साँस छोड़ने लगे और उनके विषाक्त निःश्वास से असुरगण दग्ध होने लगे। उन्होंने अहंकार के वशीभूत होकर स्वयं ही वासुकी का सिर पकड़ा था, अतः उनके लिए देवताओं के प्रति शिकायत व्यक्त करने का कोई मौका न था। फलतः उनका आपस में ही कलह आरम्भ हुआ। परन्तु देवताओं के सामने इसके प्रकट हो जाने पर वह लज्जा की बात होती, अतः उन्हें चुपचाप यह कष्ट सहन करना पड़ा।

इधर एक और विपत्ति आ खड़ी हुई। मन्दराचल घूमते-घूमते सागरतल के कीचड़ में धँसने लगा। देवताओं के इंजीनियर विश्वकर्मा ने बहुत बुद्धि लगायी, परन्तु सागर के गहरे कीचड़ में इस गुरूभार पर्वत को ऊपर उठाये रखना सम्भव नहीं हो सका। लगता था कि सारा उपक्रम मिट्टी में मिल जायेगा। असहाय होकर देव-असुर पूरे मन-प्राण से श्रीहरि को पुकारने लगे। भक्तवत्सल भगवान फिर प्रकट हुए। भक्तों पर आया संकट देखकर बहुरूपी नारायण स्वयं ही मन्थन-कार्य की व्यवस्था करने लगे और बहु योजन आकर के एक विशाल कूर्म के रूप में सागरतल में प्रविष्टि होकर मन्दराचल को उन्होंने अपनी पीठ पर धारण कर लिया। देव-असुरगण उनके उसी अत्यद्भुत भक्तवत्सल रूप का चिन्तन करते हुए दुगने उत्साह के साथ पुनः मन्थन-कार्य में जुट गये। देवताओं तथा असुरों की मिश्रित शक्ति से वह विशाल पर्वत कूर्मावतार की पीठ पर तीव्र वेग के साथ घूमने लगा। जल-आलोड़न की प्रचण्ड ध्वनि से ब्रह्माण्ड के समस्त जीव स्तम्भित रह गये, आकाश में द्रुत वेग से चल रहे ग्रह थर-थर काँपने लगे और देवों-असुरों के कान मानो फटने लगें। सहसा एक तीव्र गन्ध उठा, जिससे देवासुरों का सिर चकराने लगा। देखते-ही-देखते समुद्र के जल पर एक अत्यन्त काला पदार्थ उतराने लगा और उसकी काली आभा से सम्पूर्ण जगत् स्याह हो गया। इस तीव्र गन्ध से प्रायः सभी लोग मूर्छित हो गये। श्रीहरि ने देवराज से कहा, "इन्द्र, तुम तुरन्त कैलास जाओ। कैलासपति महायोगी शिव के अतिरिक्त अन्य किसी में इस कालकूट विष को पीने की क्षमता नहीं है।" इन्द्र ने तत्काल ही प्रस्थान किया।

कैलाशपति बिल्ववृक्ष के नीचे योगासन में बैठे समाधिमग्न थे। महामाया उनकी सेवा की व्यवस्था में लगी हुई थी। इन्द्र ने जगदम्बा के चरणों में प्रणाम किया और उन्हें सारी बातें कह सुनाई। करूणामयी गौरी ने महादेव के कानों में ओंकार-ध्वनि करके उनकी समाधि को भंग किया। देवताओं के संकट की बात सुनकर आशुतोष शिव ने हल्की-सी मुस्कान के साथ इन्द्र को आश्वस्त किया और बैल पर सवार होकर क्षीरसागर की ओर चल पड़े। कालकूट विष समुद्र के जल में मक्खन की भाँति तैर रहा था। शंकरजी वहाँ पहुँचे और प्रसन्नवदन उसे पी लिया। जगत् शीतल हुआ। देवताओं को होश आने लगा। भोलानाथ, श्रीहरि का दर्शन करके आनन्दविभोर हो उठे और हर्षातिरेक में डमरू बजाते हुए "बम बम" की ध्वनि के साथ नृत्य करने लगे। तीव्र कालकूट विष का पान करने से उनका कोई अनिष्ट नहीं हुआ। बस, विष के ताप से उनका कण्ठ सदा के लिए नीला हो गया। तभी से उनका नाम "नीलकण्ठ" भी पड़ा। शिवजी ने देव-असुरों को आशीर्वाद देकर बैल की सवारी करते हुए अपने कैला शधाम की यात्रा की। मन्थन का कार्य फिर आरम्भ हुआ। श्रीहरि सबको खूब उत्साहित करने लगे। सहसा जलराशि का भेदन करते हुए सुरभि नाम की एक अद्भुत गाय बाहर निकल आयी। उस गाय में ऐसी आश्चर्यजनक क्षमता थी कि वह बिना बछड़े के ही दूध देती थी। और वह थोड़ा-बहुत दूध नहीं देती थी - उसे दूहकर चाहे जितना दूध निकाला जा सकता था। श्री विष्णु की सलाह पर उसे यज्ञकर्ता ऋषियों को दान कर दिया गया।

सुरभि के बाद एक ऐरावत नाम का एक विशाल तथा सुन्दर श्वेत हाथी, उच्चैःश्रवा नामक घोड़ा आदि अनेक अद्भुत वस्तुएँ सागर से निकलने लगीं। नारायण ने प्रायः वे सभी इन्द्र को दे दीं। तदुपरान्त चारों दिशाओं को आलोकित करते हुए कौस्तुभ नाम की एक विशाल मणि निकली। नारायण ने उसे अपने गले में धारण कर लिया।

इसके बाद मन्थन के वेग से एक परम सुन्दरी युवती समुद्र के जल पर उतराने लगी। देव-असुरगण मुग्ध होकर उसकी ओर देखने लगे। देवी ने जल से बाहर आकर एक अम्लान पंकजमाला विष्णु के गले में पहनाकर उन्हें पति के रूप में वरण किया।

असुरगण, विष्णु के भय से यह सारा अन्याय देखकर भी चुप रहे। सम्भवतः उन लोगों ने सोचा, "विष्णु सर्वदा तो हम लोगों के साथ रहेंगे नहीं, अतः बाद में देवताओं से यह सब छीन लेना बड़ा ही सहज कार्य होगा। और इस समय झंझट खड़ा करने पर अमृत की प्राप्ति में बाधा पड़ सकती है। एक बार अमृत पा लिया जाय, उसके बाद देखा जाएगा।"

वैसे असुरों का इन सब में से आधी वस्तुओं पर दावा उचित ही था। पर यह सब पा लेने पर वे और भी अत्याचारी हो उठते, जगत् का और भी अनिष्ट करते। उन लोगों का यह सब न पाना क्या अच्छा नहीं हुआ?

दिन-पर-दिन और महीने-पर-महीना समुद्र-मन्थन चलता रहा। उस विशाल पर्वत को लेकर खींचातानी करते करते देव-असुर इतने थक गये कि अब उनके हाथ नहीं चलते थे, शरीर शिथिल हो गये और सिर चकराने लगे। विशेषकर वासुकी तो खून की उल्टी करते-करते बिल्कुल ही अचेत तथा मृतप्राय हो गये। असुरगण भी वासुकी के विषाक्त श्वास तथा मन्थन से प्राप्त वस्तुओं में हिस्सा न पाने के कारण अत्यन्त निरूत्साह हो गये थे। अब वे पूरी तौर से हताश होकर देवताओं के ऊपर नाराजगी प्रकट करने लगे। कहने लगे, "देवताओं का उद्देश्य कुछ अच्छा नहीं दीख पड़ता। लगता है कि उनके मन में कोई गहरा षड्यंत्र है।" इसी प्रकार उनके बीच तरह-तरह की कानाफूसी होती रही।

तभी अतीव शीतल और सुगन्धित वायु प्रवाहित होने लगी। सबका शरीर नवीन बल तथा नये उत्साह से चेतनामय हो उठा, अकारण ही आनन्द से रोमांच होने लगा। देखते-ही-देखते एक शीतल ज्योति फैल जाने से दिन का प्रकाश म्लान हो गया- मानों स्वर्ग से भी महान् तथा आनन्दमय किसी लोक का वैभव प्रकट हुआ हो। देव-असुरगण हर्ष-विभोर होकर अनजाने ही एक सुर में जयध्वनि कर उठे। वे समझ गये कि उनके सारे श्रम को सार्थक करते हुए अमृत प्रकट हो गया है।

हाथ में एक स्वर्ण-कलश लिए एक ज्योतिर्मय पुरूष बाहर आये। उनके नेत्र-मुख की भाव-भंगिमा अपूर्व थी। तरूण आयुवाले वे अमृतकुम्भ वहन करने के सर्वथा उपयुक्त थे। उन्हें "धन्वन्तरि" नाम दिया गया।

अमृत कुंभ के निकलते ही देवताओं के इशारे से इंद्रपुत्र जयंत अमृत-कलश को लेकर आकाश में उड़ गया। उसके बाद दैत्यगुरु शुक्राचार्य के आदेशानुसार दैत्यों ने अमृत को वापस लेने के लिए जयंत का पीछा किया और घोर परिश्रम के बाद उन्होंने बीच रास्ते में ही जयंत को पकड़ा। तत्पश्चात अमृत कलश पर अधिकार जमाने के लिए देव-दानवों में बारह दिन तक अविराम युद्ध होता रहा। इस परस्पर मारकाट के दौरान पृथ्वी के चार स्थानों (प्रयाग, हरिद्वार, उज्जैन, नासिक) पर कलश से अमृत बूँदें गिरी थीं। उस समय चंद्रमा ने घट से प्रस्रवण होने से, सूर्य ने घट फूटने से, गुरु ने दैत्यों के अपहरण से एवं शनि ने देवेन्द्र के भय से घट की रक्षा की। कलह शांत करने के लिए भगवान ने मोहिनी रूप धारण कर देवी के रूप में यथाधिकार सबको अमृत बाँटकर पिला दिया। इस प्रकार देव-दानव युद्ध का अंत किया गया।

अमृत के बँटवारे में सुर तथा असुर पंक्तियाँ बनाकर बैठ गये। देवी ने असुरों के साथ हास-परिहास आरम्भ किया। धीरे-धीरे असुर भी वाचाल हो उठे। उन लोगों ने देवी के साथ व्यंग-विनोद शुरू किया। देवी ने देवताओं के बीच अमृत का वितरण आरम्भ किया। परन्तु रूपमुग्ध अजितेन्द्रिय असुरगण रूप के मोह में भूले रहे। देवी का हास्यरस उन्हें अमृत से भी अधिक मधुर लग रहा था और हँसी के दौर चलते रहे, आनन्द के फुहारे छूटते रहे।

राहु नामक एक असुर बड़ा ही चतुर था। उसे भुवनमोहिनी के मनोभाव का थोड़ा आभास मिल गया था, अतः वह धीरे-से देवताओं की पंक्ति में जाकर चन्द्रमा तथा सूर्य के बीच बैठ गया। उसके हाथ में अमृत पड़ते-न-पड़ते, चन्द्रमा तथा सूर्य ने संकेत से विष्णु को उसके बारे में बताया। विष्णु ने तत्काल सुदर्शन-चक्र से राहु का सिर काट डाला। पर इसी बीच वह झटपट अमृत को मुख में डालकर थोड़ा-सा निगल चुका था। इसीलिए उसका सिर भी बच गया और धड़ भी बच गया। इस प्रकार वह असुर दो भागों में कटकर भी अमर हो गया। अमृत पी लेने के कारण वह देवताओं की एक निम्न श्रेणी- नवग्रह में शामिल हो गया। इसी कारण वह अभी भी बीच-बीच में चन्द्र अथवा सूर्य को निगलने का प्रयास करता है और इसके फलस्वरूप ग्रहण लग जाता है।

देवताओं को देते-देते ही अमृत समाप्त हो गया। सहसा इस ओर ध्यान जाने पर मोहिनी देवी चौंक उठी और अपूर्व लज्जापूर्ण भंगिमा के साथ असुरों से बोली, "अजी, बातों-बातों में ही मैंने तो सब समाप्त कर डाला। तुम्हीं लोगों ने तो हास्य-विनोद में लगाकर मेरे मन को भुला दिया था। अब क्या होगा?" उसने ऐसी करूण तथा असहाय दृष्टि से असुरों की ओर देखा कि वे लोग अमृत की बात बिल्कुल ही भूल गये। असुरों ने सोचा- चलो, थोड़े-से अमृत के लिए क्यों इसके मन को दुःखाया जाय? इसके सामने अमृत तो क्या, जीवन भी तुच्छ है!!

देवी ने देवताओं के समक्ष अपना प्रसन्ना, वराभयकरा मातृरूप प्रकाशित किया और आकाश में विलीन हो गयीं। अब असुरों की तन्द्रा भंग हुई। असंयम का फल हाथों-हाथ पाकर लज्जावश उनमें से कोई भी दृष्टि उठाकर दूसरे की ओर नहीं देख सका। दीर्घकाल तक इतना कष्ट उठाने का यही फल मिला। सामने ही अमृतपान से तृप्त-तेजदृप्त देवतागण थे। पाताल में निवास, पराजय, यहाँ तक कि मृत्यु भी इस अवस्था से बल्कि हजारों-गुना अच्छी थी।

देवताओं ने उच्च स्वर में मोहिनी-रूपधारी श्रीहरि की मायाशक्ति की जय-घोषणा की। इसकी ध्वनि से दैत्यों के हृदय को वज्र से भी अधिक चोट पहुँची। वंचित तथा अपमानित असुरों ने नाराजगी में देवताओं पर धावा बोल दिया, परन्तु खेद। उनके अच्छे दिन जा चुके थे। उनका सारा प्रयास व्यर्थ सिद्ध हुआ। असंयमी लोगों की शक्ति तथा विजय अल्प-कालिक होती है। शीघ्र ही मृत्यु से बचे हुए मुट्ठी भर असुरों ने पाताल के अन्धकार में भागकर अपने प्राण बचाये। देवराज इन्द्र ने स्वर्ग के सिंहासन पर आसीन होकर विश्व में शान्ति के साम्राज्य की स्थापना की। जगत् के अधीश्वर होकर भी श्रीहरि ने अपने आश्रित भक्तों के कल्याणार्थ एक कूर्म का शरीर धारण किया था। उनकी उसी असीम करूणा का स्मरण करते हुए हम लोग अब भी भक्तवत्सल कूर्म के रूप में उनकी पूजा किया करते हैं ।

अमृत प्राप्ति के लिए देव-दानवों में परस्पर बारह दिन तक निरंतर युद्ध हुआ था। देवताओं के बारह दिन मनुष्यों के बारह वर्ष के तुल्य होते हैं। अतएव कुंभ भी बारह होते हैं। उनमें से चार कुंभ पृथ्वी पर होते हैं और शेष आठ कुंभ देवलोक में होते हैं, जिन्हें देवगण ही प्राप्त कर सकते हैं, मनुष्यों की वहाँ पहुँच नहीं है। जिस समय में चंद्रादिकों ने कलश की रक्षा की थी, उस समय की वर्तमान राशियों पर रक्षा करने वाले चंद्र-सूर्यादिक ग्रह जब आते हैं, उस समय कुंभ का योग होता है अर्थात जिस वर्ष, जिस राशि पर सूर्य, चंद्रमा और बृहस्पति का संयोग होता है, उसी वर्ष, उसी राशि के योग में, जहाँ-जहाँ अमृत बूँद गिरी थी, वहाँ-वहाँ कुंभ पर्व होता है। कुंभ पर्व के आयोजन को लेकर दो-तीन पौराणिक कथाएँ प्रचलित हैं जिनमें से सर्वाधिक मान्य कथा देव-दानवों द्वारा समुद्र मंथन से प्राप्त अमृत कुंभ से अमृत बूँदें गिरने को लेकर है।

समुद्र मंथन से ये चौदह रत्न प्राप्त हुये थे- 1. कालकूट, 2. ऐरावत, 3. कामधेनु, 4. उच्चैःश्रवा, 5. कौस्तुभमणि, 6. कल्पवृक्ष, 7. रम्भाअप्सरा, 8. लक्ष्मी, 9. वारुणीमदिरा, 10. चन्द्रमा, 11. पारिजात, 12. शंख, 13. धन्वन्तरि और 14. अमृत।

सार्वभौम सत्य-सिद्धान्त अनुसार कथा

अदृश्य काल के व्यक्तिगत प्रमाणित काल में व्यक्तिगत प्रमाणित अदृश्य प्राकृतिक चेतना से युक्त सत्य आधारित सतयुग में द्वितीय अवतार - कूर्म या कच्छपावतार का अवतरण तब हुआ, जब मानव जाति का विकास हुआ और जनसंख्या बढ़ी तो लोग अपनी-अपनी तरह से अपनी व्यवस्था करने लगे और दो व्यवस्थाएँ बनी समाज या गणराज्य और राज्य। दोनों व्यवस्थाओं के समुदाय अपनी-अपनी व्यवस्था को श्रेष्ठ मानते थे और चाहते थे कि दूसरे भी उनकी व्यवस्था को स्वीकार करें। इस कारण दोनों में लड़ाई-झगड़े युद्ध होने लगे, जिनमें लोग मरने लगे परिणामस्वरूप मानव जाति की प्रगति रूक गई। उनमें से एक पुरूष जो इस भयंकर स्थिति को समझा और अपनी सहनशीलता, धैर्य, लगन व शान्ति से दोनों पक्षो को समझाया। अर्थात् उसकी आत्मा अदृश्य प्राकृतिक चेतना अर्थात् प्रकृति द्वारा निर्मित परिस्थितियों में प्राथमिकता से कार्य करना, में स्थापित हो गयी। परिणामस्वरूप दोनों पक्षों के बीच अपने-अपने विचारों का मंथन (समुद्र मंथन अर्थात् विचार समुद्र के भांति अनन्त है उसका मंथन) हुआ

और वह पुरूष दोनों के विचारों में एकता करते हुये चौदह मुख्य महत्व के विषयों (चौदह रत्नों) पर एकता स्थापित की जो दोनों पक्षों को मान्य थी चूँकि प्रथम अवतार को मछली के गुणों से प्रेरित नाम दिया गया था इसलिए इस अवतार का नाम कालान्तर में कछुए से तुलना कर कच्छपावतार या कूर्मावतार नाम दिया गया। उस पुरूष द्वारा सत्य-सिद्धान्त (कछुये का सामजस्य व समन्वय सिद्धान्त) की धारण कर प्रयोग होने के कारण कहा गया।

यहाँ ध्यान देने योग्य यह है कि अब तक का विकास जिस भूमि पर चल रहा था वही क्षेत्र पूर्वकाल का कूर्मांचल प्रदेश और अब का कुमाँयु है। यही मूल मानव जाति है जो आगे चलकर विभाजित हो जाती है। इसी कूर्मावतार और कूर्मांचल के नाम से कूर्मि जाति जानी जाती है। जो भारत का उत्तरी हिमालय क्षेत्र में स्थित कूर्मांचल से धीरे-धीरे जल के घटने से रिक्त भूमि मिलने पर दक्षिण की ओर विकास करती गयी। "विश्वशास्त्र " भी समुद्र रूपी विचारों के मंथन से निकला अन्तिम "अमृत कुम्भ " है जो देवता व दानव दोनों के लिए उपलब्ध है।

पहला युग / पाँचवाँ युग : सत्ययुग/स्वर्ण युग
अ. व्यक्तिगत प्रमाणित पूर्ण प्रत्यक्ष अवतार
३. तृतीय अवतार : वाराह अवतार
व्यक्तिगत प्रमाणित अंश प्रत्यक्ष अवतार

ईश्वर के अंश अवतार शरीर धारण तिथि–
ब्रह्मा के अंश अवतार
विष्णु के अंश अवतार
महेश के अंश अवतार

वाराह अवतार (पूर्व कथा)

ब्रह्मा ने सर्वप्रथम अपनी इच्छा के अनुरूप सनक आदि कई मुनियों की सृष्टि की। उन्हें ब्रह्मा का मानसपुत्र कहते हैं। वे भगवान के अतिरिक्त अन्य कुछ भी नहीं जानते। लज्जा, घृणा, भय अथवा कोई स्वार्थ उनमें नहीं था। वे लोग शिशु के समान सर्व बन्धनों से मुक्त होकर आनन्दपूर्वक तीनों लोकों में भ्रमण किया करते थे।

घूमते-घूमते एक दिन वे वैकुण्ठ-लोक में जा पहुँचे। वैकुण्ठ के बाहर की शोभा देखकर उनके शिशुवत् हृदय में बड़ा आनन्द हुआ। वे लोग भीतर प्रविष्ट होकर श्रीहरि का दर्शन करने चले। परन्तु वैकुण्ठ के द्वारपाल जय तथा विजय ने उनका रास्ता रोक दिया। बालक-स्वभाव मुनियों द्वारा बाधा को न मानकर भीतर जाने का प्रयास करने पर जय तथा विजय ने उन पर बेंत से प्रहार किया। उन लोगों ने बच्चों के समान नाराज होकर द्वारपालों को बुरा-भला कहा और अभिशाप दिया, "तुम दोनों वैकुण्ठ के द्वारपाल होने योग्य नहीं हो। तुम्हारा पतन हो।"

अभिमान से मन थोड़ा मलिन होने के बावजूद जय तथा विजय थे तो भगवान के ही द्वारपाल! मुनियों का शाप सुनते ही उन्हें होश आया। दोनों भयभीत होकर उनके चरणों में पड़ गये और क्षमा माँगने लगे। इसी बीच अन्तर्यामी श्रीहरि ऋषियों-अपने प्रिय भक्तों के अपमान की बात जानकर स्वयं ही बाहर निकल आये। उन्हें पाते ही मुनियों में से कोई उनके चरणों में जा पड़ा, किसी ने उनका हाथ पकड़ा और कोई उनकी गोद में चढ़ गया - मानों मातृहीन बच्चों को उनकी माँ मिल गयी हो। श्रीहरि उनका प्रेम देखकर, आनन्दपूर्वक अपने चारों हाथों से मुनियों के सिर सहलाने लगे। जय तथा विजय वैकुण्ठ से प्रताड़ित होने के भय से काँपने लगे। मुनियों के किंचित् शान्त होने पर श्रीहरि उन्हे स्नेहपूर्वक भीतर ले गये और बोले, "मेरे द्वापालों ने तुम्हारे साथ बड़ा ही अनुचित व्यवहार किया है। अपने पुण्यों के फल से वैकुण्ठ में आकर इन लोगों को बड़ा गर्व हो गया था और उसकी उपयुक्त सजा भी उन्हें मिल गयी है।"

साधु का क्रोध जल के दाग के समान होता है। अब तक मुनिगण अपने क्रोध की बात तो भूल चुके थे, परन्तु जय तथा विजय के दुःख से वे बड़े दुःखी हुए। श्री भगवान को छोड़कर पाप-ताप-मोहमय जगत् में लौट जाना- इससे बढ़कर दुःख की बात और क्या हो सकती है? परन्तु ऋषियों की वाणी को विफल करने का कोई उपाय नहीं। उन्हें वैकुण्ठ छोड़कर जाना ही पड़ेगा। मुनियों ने श्रीहरि से कहा, "प्रभो, ऐसी व्यवस्था कीजिए कि जिससे ये लोग शीघ्र ही आपके पास लौट आयें।" श्रीहरि ने कहा, "इन लोगों ने साधनाएँ तो बहुत की है, परन्तु अहंकार नहीं छोड़ सके हैं। और भी सात जन्म तपस्या किए बिना इनका यह अहंकार जाने वाला नहीं है।" सात जन्मों की बात सुनकर जय-विजय आकुल होकर रोने लगे। उनका दुःख देखकर मुनियों को भी रूलाई आ गयी। वे लोग कहने लगे, "प्रभो, एक बार जिसे तुम्हारे चरणों का आश्रय मिल चुका है, उसके लिए तुम्हारा विरह कितना कष्टदायी होगा, क्यों तुम नहीं समझ सकते? एक दिन, दो दिन नहीं, सात जन्मों तक तुम्हें छोड़कर रह पाना भक्त के लिए असम्भव है। तुम इच्छामय हो, इनकी सजा कम कर दो।" भगवान ने जय-विजय से कहा, "तुम लोग

शत्रुभाव लेकर मनुष्य-लोक में जाओ। शत्रुभाव बड़ा प्रबल होता है। लोग शत्रु के बारे में जितना सोचते हैं, उतना मित्र के बारे में नहीं सोचते। इस भाव से तीन जन्मों में तुम लोगों का अभिमान दूर हो जाएगा। प्रति बार में अपने हाथों से तुम्हारा वध करूँगा"

जय-विजय ने सत्ययुग में हिरण्याक्ष तथा हिरण्यकश्यपु, त्रेता में रावण तथा कुम्भकर्ण और द्वापर में शिशुपाल तथा दन्तवक्र के रूप में जन्म ग्रहण किया। श्रीहरि ने स्वयं ही लीलामय रूप धारण करके उनका वध किया।

महर्षि कश्यप की दिति तथा अदिति नाम की दो पत्नियाँ थीं। अदिति के गर्भ से आदित्य अर्थात् देवताओं ने और दिति के गर्भ से दैत्यों ने जन्म ग्रहण किया। दिति का स्वभाव ठीक नहीं था। उसकी दो जुड़वा सन्तानें हुई, जिनका हिरण्याक्ष तथा हिरण्यकश्यपु नाम रखा गया। ये दोनों बचपन से ही बड़े शैतान थे। उनके भय से मुहल्ले के लड़के घर से बाहर तक नहीं निकलते थे। वे दोनों बड़े क्रोधी तथा झगड़ालू थे। उनका शरीर लोहे के समान कठोर था। उनमें हाथी-सा बल था और नाराज हो जाने पर खून-खराबा कर बैठना उनके लिए आम बात थी। ज्यों-ज्यों उनकी उम्र बढ़ती गयी, त्यों-त्यों वे और भी भयंकर होते गये। दया-धर्म की तो बात ही नहीं, मार-काट ही उनका नित्यकर्म हो उठा। केवल अपने गाँव के लोगों को परेशान करके उन्हें तृप्ति नहीं हुई, अतः वे देश के लोगों पर अत्याचार करते हुए घूमने लगे। राज्य के सभी गुण्डे-बदमाश उनके साथ आ मिले। धीरे-धीरे उनका एक अच्छा-खासा दल तैयार हो गया और वे लोग सबके ऊपर यथेच्छा शासन चलाने लगे। अन्य राजाओं के राज्य छीनकर उन लोगों ने एक विराट् साम्राज्य की स्थापना की।

युद्ध में शरीर के क्षत-विक्षत हो जाने से युद्ध का मजा किरकिरा हो जाता है। इसीलिए हिरण्याक्ष अपने शरीर को अमर करने के लिए तपस्या में जुट गया। असुरगण सृष्टिकर्ता ब्रह्मा तथा संहारकर्ता शिव की शक्ति तो करते थे, परन्तु प्रेममय श्रीहरि के प्रति उनके मन में प्रीति न थी। हिरण्याक्ष ने ब्रह्मा की आराधना करके उन्हें सन्तुष्ट किया। ब्रह्मा के वर देने की इच्छा व्यक्त करने पर उसने अपना शरीर अमर कर देने का अनुरोध किया। परन्तु ब्रह्मा बोले, "शरीर भला कैसे अमर हो सकता है? यह तो पंचभूतों की समष्टि है। मैं तुम्हें यही वर देता हूँ कि किसी अस्त्र से तुम्हारे शरीर को चोट नहीं पहुँचेगा।" हिरण्याक्ष ने सोचा कि शरीर पर अस्त्र का चोट न पहुँचने पर, फिर तो युद्ध में पराजित होने का भय ही नहीं है; वह इसी के लिए तो अमर होना चाहता था। अतः यही वर पाकर उसकी खुशी का ठिकाना न रहा ।

हिरण्यकश्यपु अपने साम्राज्य के शासन में ही व्यस्त रहा। और हिरण्याक्ष भयानक गुण्डागर्दी करते हुए घूमने लगा। उसे जहाँ कहीं भी किसी बलवान आदमी के होने की सूचना मिलती, वह वहीं जा पहुँचता। उसका सामना करने की भला किसमें क्षमता थी! उसके साथ युद्ध करने वाले की मृत्यु निश्चित थी। किसी भी अस्त्र का चोट उसके शरीर पर नहीं लगता था, अतः अन्य लोग उसका कोई अनिष्ट नहीं कर पाते थे। इसी प्रकार मानवलोक पर विजय प्राप्त करने के बाद वह लोहे की एक भयानक गदा लिए हुए देवलोक जा पहुँचा। उसने सोचा था कि मनुष्य तो सहज ही मर जाते हैं, परन्तु देवता अमर हैं, अतः यहाँ पर उन लोगों के साथ युद्ध का थोड़ा-सा आनन्द ले सकूँगा। परन्तु बुद्धिमान देवताओं ने पहले से ही उसके सामने हथियार डालकर गदा के आघात से स्वयं को बचाया। ऐसे आदमी के साथ भी क्या युद्ध किया जा सकता है!

अब युद्ध के अभाव में हिरण्याक्ष की नसें ऐसी फड़कने लगीं कि युद्ध किये बिना उसका जीना दूभर हो गया। किसी ने उसे सुझाया, "तुम हिमालय के साथ युद्ध करो।" इसलिए वह हिमालय के शरीर पर अपनी गदा से आघात करके थोड़ा विश्राम करने लगा। गदा के आघात से पर्वत टूटकर चूर्ण-विचूर्ण होने लगे। तब हिमालय के अधिष्ठातृ-देवता ने बाहर आकर उससे कहा, "ओ दैत्य, काष्ठ-मिट्टी के साथ युद्ध करना भी क्या किसी वीर को शोभा देता है? तुम समुद्र में वरूण देवता के पास जाओ, वहाँ तुम्हारी युद्ध की पिपासा मिट जायेगी।"

हिरण्याक्ष तब हिमालय छोड़कर सागर के पास गया। हिरण्याक्ष के गदाघात से सागर का जल विक्षुब्ध हो उठा। मछलियाँ भयभीत होकर पलायन करने लगीं। सागर के राज्य में महा-हलचल मच गई। समुद्र के देवता वरूण सागरतल से बाहर आकर बोले, "अरे मूर्ख, तू क्यों व्यर्थ ही इन छोटी-मोटी मछलियों को भय दिखा रहा है?

यदि सचमुच ही तेरी युद्ध करने की साध है, तो तू पाताल में जा। वहाँ वाराहरूपी श्रीहरि के पास तेरा गर्व दूर हो जायेगा।"

श्रीहरि का नाम हिरण्याक्ष ने पहले भी सुन रखा था। जब भी वह किसी दुर्बल पर अत्याचार करता, तभी उसे कहते सुन पाता, "ठीक है जा, श्रीहरि तो है ही!" वह नाम सुनते ही उसके प्राण ईष्र्या से जल उठते और वह सोचता कि बस एक बार उसे पा जाऊँ, तो देख लूँगा। परन्तु अब तक उसे श्रीहरि का पता नहीं मिल पाया था, आज वरूण के मुख से वह पाकर उसका उत्साह प्रज्वलित हो उठा। उसे लगने लगा मानो श्रीहरि को उसने अभी पीस डाला है। वह उन्मादी के समान तत्काल पाताल की ओर दौड़ चला। पृथ्वी का उत्तर मेरू थोड़ा झुककर सूर्य के चारों ओर घूमता है। इसीलिए दक्षिण का समुद्र महासागर है और उत्तर का प्रदेश महादेश है। एक बार किसी कारणवश पृथ्वी का उत्तरी मेरू थोड़ा अधिक झुक गया। इसके फलस्वरूप सागर की जलराशि ने स्थल भाग को डूबा दिया। सभी जीव-जन्तुओं की मृत्यु हो गयी; केवल उच्च पर्वत शिखरों पर दो-चार मनुष्य बड़े कष्टपूर्वक बच रहे।

सृष्टिकर्ता ब्रह्मा ने अपने प्रधान इंजीनियर विश्वकर्मा की सहायता से पृथ्वी का उद्धार करने का बड़ा प्रयास किया, पर कोई फल नहीं हुआ। तब ब्रह्माजी ने श्रीहरि की शरण ली। श्रीहरि ने एक विराट् शूकर का रूप लेकर पृथ्वी को अपने विशाल दातों में फँसाकर धीरे-धीरे खींचा और उसे पूर्ववत् स्थापित कर दिया। तब सारा जल दक्षिणी महासागर में चला गया और उत्तर के ग्राम-नगर बाहर आ गये। श्वेत वाराह जलमग्न पृथ्वी का उद्धार करने के बाद पाताल में जाकर वहीं विचरण करने लगे।

हिरण्याक्ष हरि को ढूँढ़ते हुए पाताललोक जा पहुँचा। वहाँ विशाल दन्तवाले दीर्घकाय श्वेतवर्ण शूकर तथा उसके विशाल उज्जवल नेत्र देखकर प्रथमतः तो वह अवाक् रह गया और तत्पश्चात् युद्ध करने का एक अच्छा मौका हाथ आया देखकर उच्च स्वर में बोल उठा, "वाह! शूकर तो जल में चर रहा है।" उसकी आवाज सुनते ही वाराह इतनी तीव्र गर्जना कर उठे कि ग्रह-नक्षत्रों के साथ पूरा ब्रह्माण्ड कम्पित हो उठा। उनके दोनों नेत्रों से मानों आग की चिनगारियाँ निकलने लगी। उन्हें देखकर ऐसा लगता था मानो जगत् का सारा क्रोध मूर्तिमान हो उठा हो। हिरण्याक्ष को समझते देर न लगी कि उसकी इतने दिनों की युद्ध-पिपसा के दूर होने का सुअवसर आ पहुँचा है।

हिरण्याक्ष ने उछल कर अपनी बृहत् लौह-गदा शूकर के सिर पर चला दी। शूकर के थोड़ा पीछे हट जाने से उसकी गदा वाराह के दाँत से लगकर चूर-चूर हो गयी। अब दोनों के बीच धक्का-मुक्की आरम्भ हुई। उनके पदाघात से पृथ्वी दोलायमान हो उठी। नोंच-काटकर दोनों एक-दूसरे का रक्तपात करने लगे। उनके रक्त से भूतल पर कीचड़-ही-कीचड़ हो गया। इस कीचड़ से जहाँ शूकर को सुविधा हुई, वहीं हिरण्याक्ष को घोर असुविधा होने लगी।

हिरण्याक्ष को इस जन्म में अब तक बराबरी का योद्धा नहीं मिला था, परन्तु आज शूकर के समक्ष उसके जीतने की आशा कम थी। उसके शरीर का रक्त क्रोध से गरम होकर मानो उबलने लगा। सहसा वह विराट् शूकर उसके नाभि से होकर उसके शरीर के भीतर प्रविष्ट हो गया। इस पर क्रोध से हिरण्याक्ष की जो अवस्था हुई, उसका शब्दों में वर्णन नहीं किया जा सकता। मानो अपने हृत्पिण्ड को निकालकर ही उसे शान्ति मिलती! लीलामय भगवान इसी प्रकार अपने भक्त के साथ क्रीड़ा कर रहे थे।

वाराह (शूकर) के पुनः बाहर आने के बाद दोनों के बीच फिर घमासान युद्ध होने लगा। दोनों के शरीर से रक्त की धारा बह रही थी। लगता था कि दोनों के पदाघात से पृथ्वी अपने कक्षा से च्युत हो जायेगी और ऐसा होने पर निखिल ब्रह्माण्ड का ही ध्वंस हो जायेगा। अन्तरिक्ष में खड़े भयभीत देवतागण काँपने लगे। इधर संध्या भी हो चली थी। ब्रह्माजी ने चिल्लाकर कहा, "प्रभो, संध्या हो गयी है; संध्या के समय असुरों की शक्ति बढ़ जाती है। इसका अभी संहार कर डालिए।" तब वाराह ने अपने वज्रसम तीक्ष्ण दन्त से दैत्य का हृदय विदीर्ण कर डाला। रक्त की मानो नदी बह चली। काफी देर तक हाथ-पाँव पटकने के बाद असुर ठण्डा हो गया। स्वर्ग के देवता आदि वाराह की जयध्वनि के साथ पुष्पवृष्टि करने लगे।

पृथ्वी का उद्धार हुआ। बिना अस्त्र के ही हिरण्याक्ष का वध हुआ। देवतागण अपने-अपने स्थान पर चले गये। परन्तु श्रीहरि ने अपना शूकर रूप नहीं छोड़ा। वे कीचड़ में जाकर आनन्द करने लगे। एक शूकरी भी आकर उनके साथ रहने लगी। क्रमशः उनके बहुत-से बच्चे हुए और उनका एक बहुत बड़ा परिवार बन गया। वे अपने दल-बल के साथ लोकालोक पर्वत पर जाकर निवास करने लगे। इधर वैकुण्ठ में विश्वपति की अनुपस्थिति से समस्त कार्यों में बड़ी विश्रृंखला आ गयी। ब्रह्माजी उन्हें ढूंढ़ते हुए लोकालोक पर्वत पर पहुँचे और वहाँ का माजरा देखकर अवाक् रह गये। बड़े कष्टपूर्वक अपनी हँसी रोककर वे श्रीहरि की स्तुति करने लगे। परन्तु उन रक्तवर्ण चतुर्भुज हंसवाहन को देखकर श्रीहरि भयपूर्वक अपने बाल-बच्चों के साथ भागने लगे। ब्रह्माजी हँसते हुए शिव के पास गये। शिवजी ने सब कुछ सुनकर कहा, "यह तुम्हारे समान साधु व्यक्ति का कर्म नहीं है। चलो, मैं तुम्हें दिखाता हूँ।"

शिवजी ने हाथी के समान सूँड़ तथा दन्तधारी आठ पाँवों वाले एक विशेष जन्तु का रूप बनाया और लोकालोक पर्वत पर जाकर गर्जन करने लगे। इससे भड़ककर वाराह ने उन पर आक्रमण कर दिया। दोनों में खूब युद्ध हुआ। तब अष्टपदी (शिव) ने वाराह के शरीर में अपने दाँत घुसाकर उसे चीरकर दो टुकड़े कर डाला। इसके बाद श्रीहरि उस मृतदेह को त्यागकर शिवजी के साथ खिलखिला कर हँसते हुए स्वर्ग चले गये। अब भी पितृपुरूषों के श्राद्ध के अवसर पर घर-घर में उन्हीं आदि-वाराह के रूप में श्रीहरि की पूजा हुआ करती है।

सार्वभौम सत्य-सिद्धान्त अनुसार कथा

अदृश्य काल के व्यक्तिगत प्रमाणित काल में व्यक्तिगत प्रमाणित अदृश्य प्राकृतिक चेतना से युक्त सत्य आधारित सतयुग में तृतीय अवतार - वाराह अवतार तक मानव जाति का विकास और भूमि क्षेत्र बहुत बढ़ गयी थी। जिसमें राजाओं द्वारा राज्य व्यवस्था स्थापित की जा चुकी थी। उस समय एक राजा हिरण्याक्ष था जो अपनी एकतन्त्रीय राज्य व्यवस्था विशाल क्षेत्रों में प्रभावी कर चुका था परिणामस्वरूप समाज या गणराज्य व्यवस्था संकुचित हो विकास रूक गया था अर्थात् जलमग्न हो गया था। अब तब राज्य समर्थकों को असुर तथा समाज समर्थकों को देवता कहा जाने लगा था। असुरी राज्य स्थापित हो जाने पर पुनः ऐसे मेधावी, बुद्धि सम्पन्न, पुरूषार्थी, गम्भीर, अहिंसक, निष्कामी व्यक्ति की आवश्यकता समझी जाने लगी थी। तब इन गुणों से युक्त एक पुरूष की आत्मा अदृश्य प्राकृतिक चेतना अर्थात् अदृश्य प्रकृति द्वारा निर्मित परिस्थितियों से वर्तमान में कार्य करना, में स्थापित हो गयी। उसने लोगों का मनोबल बढ़ाया, उन्हें उत्साहित किया, सक्रिय किया। इस हेतु उसने अथक परिश्रम किया। परिणामस्वरूप लोग सक्रिय हुये और उन्होने अपने गणराज्य स्थापित किये। अन्ततः हिरण्याक्ष का राज्य खत्म हो गया। चूंकि मानव जाति में ऐसी गुण वाला कोई व्यक्ति नहीं होता था इसलिए उसके गुणों की तुलना शूकर अर्थात् वाराह से करते हुये पूर्व अवतारों के नामकरण की परम्परानुसार कालान्तर में उसे वाराह अवतार का नाम दिया गया।

पहला युग / पाँचवाँ युग : सत्ययुग/स्वर्ण युग
अ. व्यक्तिगत प्रमाणित पूर्ण प्रत्यक्ष अवतार
४. चतुर्थ अवतार : नृसिंह अवतार
व्यक्तिगत प्रमाणित अंश प्रत्यक्ष अवतार

ईश्वर के अंश अवतार	शरीर धारण तिथि–
ब्रह्मा के अंश अवतार	वैशाख शुक्ल पक्ष–चतुर्दशी
विष्णु के अंश अवतार	
महेश के अंश अवतार	

नृसिंह अवतार (पूर्व कथा)

श्रीहरि ने वाराह का रूप धारण करके हिरण्याक्ष का वध किया है - यह समाचार पाने के बाद हिरण्यकश्यपु शोक तथा क्रोध से अधीर हो उठा। विश्वविजयी छोटा भाई कभी किसी से पराजित हो सकेगा, यह बात उसने कभी सपने तक में नहीं सोची थी। उसके विचार में तो सम्पूर्ण जगत् उन दोनों भाइयों का लीलाक्षेत्र था। उनकी क्रिया-कलापों में बाधक होने वाला पूरे विश्व में कोई भी न था। और उसके भाई के कार्य में केवल बाधा ही नहीं डाली गयी थी, अपितु उसकी पूरी तौर से हत्या ही कर दी गयी थी। क्रोध से मानो उसका सारा शरीर ही जलने लगा। उसकी हुंकार तथा गर्जना से चारों दिशाएँ काँपने लगीं।

उसने ब्राह्मणों से पूछा, "यह श्रीहरि कौन है? कहाँ रहता है? और उसे सबक सिखाने का क्या उपाय है? " उन्होंने बताया, "वे इस विश्व के स्वामी हैं तथा सबके आराध्य हैं। वे वैकुण्ठ में रहते हैं और योग-यज्ञ आदि धर्म-कर्म सब उन्हीं के निमित्त किये जाते हैं। अपने भक्तों से वे बड़ा प्रेम करते हैं, अतः उन लोगों को कष्ट देने पर उन्हें भी कष्ट होगा।"

ब्राह्मणों की बात सुनकर दैत्यराज समझ गया कि केवल शारीरिक शक्ति के बल पर शत्रु का अनिष्ट करना सम्भव नहीं है। दैवबल से अमर हुए बिना उनके साथ शत्रुता करने पर मृत्यु निश्चित है, अतः पहाड़ की एक कन्दरा में जाकर उसने कठोर तपस्या आरम्भ की। वह अपने पाँव के अँगूठों पर खड़ा होकर इतने मनोयोगपूर्वक अपने इष्टदेव ब्रह्मा का ध्यान करने लगा कि उसकी चेतना लुप्त हो गयी, पूरा मन ब्रह्मामय हो उठा, शरीर है या नहीं - इसका भी बोध नहीं रहा। मच्छर, दीमक और चीटों ने मिलकर उसके शरीर को अपना भोजन बना डाला। केवल उसका अस्थि-पंजर ही गुफा के भीतर दण्डायमान रहा।

अब ब्रह्माजी उसे दर्शन दिये बिना नहीं रह सके। गुफा में आकर उन्होंने अपने कमण्डलु से जल छिड़का और उसके शरीर में रक्त-मांस की सृष्टि की। तत्पश्चात् उसके सिर पर हाथ रखकर उन्होंने उसका ध्यान भंग किया। ब्रह्मा बोले, "वत्स, मैं तुम्हारी तपस्या से सन्तुष्ट हूँ, बोलो, तुम कौन-सा वर चाहते हो?" उसने कहा, "प्रभो, मैं अमर होना चाहता हूँ।" ब्रह्मा बोले, "बेटा, भला ऐसा भी हो सकता है क्या? अमर करने की क्षमता तो मुझमें नहीं है" हिरण्यकश्यपु ने कहा, "तो फिर मुझे ऐसा वर दीजिए कि किसी अस्त्र अथवा आपके द्वारा सृष्ट किसी भी जीव के द्वारा जल, स्थल, अग्नि, वायु, दिन या रात में मेरी मृत्यु न हो" ब्रह्माजी ने "तथास्तु" कहा।

हिरण्यकश्यपु का मृत्युभय चला गया। अब वह श्रीहरि को मजा चखाने के उपाय सोचने लगा। अपनी असुर-सेना की सहायता से पहले तो उसने त्रिलोक पर विजय प्राप्त की। वह देवताओं को जीतकर ही चुप नहीं बैठा, बल्कि स्वयं ही स्वर्ग का राजा होकर उसने देवताओं को अपनी सेवा में नियुक्त किया। उसने स्वर्ग, मत्र्य तथा पाताल में यह घोषणा भी करा दी कि श्रीहरि की उपासना करने वाले शूली पर चढ़ा दिया जाएगा और उनके नाम का उच्चारण तक महान् अपराध माना जाएगा। अब से स्वयं उसी का ध्यान-भजन करना होगा, उसी के नाम पर यज्ञादि अनुष्ठान होंगे और उसी को जगदीश्वर कहा जाएगा। श्रीहरि को सबक सिखाने की यह क्या ही अद्भुत

व्यवस्था थी! साधु-भक्तों को इससे जो कष्ट हुआ, वह बताने की आवश्यकता नहीं। सच्चे ब्राह्मणों ने योग-यज्ञ करना छोड़ दिया और चाटुकारों ने असुरराज के नाम पर यज्ञ करना आरम्भ कर दिया। असुरगण साधु-सज्जनों पर अत्याचार करने में लग गए। धर्म का लोप हो गया और मानव-जाति पशुओं में परिणत हो गयी।

हिरण्यकश्यपु को एक बड़ा ही सुन्दर पुत्र हुआ। थोड़ा बड़े होते ही उसके मधुर आचरण ने सबका मन आकृष्ट कर लिया। वह बड़ा शान्त-शिष्ट था, अकेले ही खेलता, अपने आप में डूबा हुआ घूमता और सबसे प्रेम रखता था। उसका मुखमण्डल सुन्दर, कण्ठ मधुर तथा चाल-चलन मनोहर था। उसे प्रह्लाद नाम से सम्बोधित किया जाता था।

हिरण्यकश्यपु स्वभाव से असुर होने पर भी, था तो कश्यप का ही पुत्र! अतः वर्ण से वह ब्राह्मण था। पाँच वर्ष की आयु में प्रह्लाद को शिक्षा के लिए गुरू के घर भेजा गया। दैत्यगुरू शुक्रचार्य के शण्ड तथा अमार्क नामक दो पुत्र थे। वे दोनों ही प्रह्लाद के शिक्षक हुए। गुरू के गृह में अनेक समवयस्क बालकों को पाकर प्रह्लाद बड़े ही आनन्दित हुए और उन लोगों के साथ पढ़ना आरम्भ किया। स्वर वर्णों को तो उन्होंने सुनते ही सीख लिया, परन्तु जब व्यंजन वर्णों का पाठ आरम्भ हुआ, तो "क" अक्षर सुनते ही उनके मन में न जाने किस भाव का उदय हुआ कि वे लगातार रोने लगे। सभी अवाक् रह गये। कोई भी इसका कारण नहीं समझ सका। वे भी किसी प्रकार कुछ बता पाने में असमर्थ थे। दो-चार दिनों बाद अपना वह भाव थोड़ा कम होने पर उन्होंने बताया कि "क" अक्षर का उच्चारण करते ही उन्हें कृष्ण की याद आ जाती है। कृष्ण के प्रति उनके मन में इतना प्रेम था कि इस अक्षर का उच्चारण करते ही कृष्ण के लिए उनका मन अधीर हो उठता था। शिक्षकों ने शास्त्र तो पढ़ रखे थे, पर उन्होंने भक्त नहीं देखे थे। उन लोगों ने सोचा कि यह सब बचपना है; इतना छोटा बच्चा भला कृष्ण के बारे में क्या जानता होगा! थोड़े दिन खेलकूद करने से सब भूल जायेगा। प्रह्लाद ने भी खेल में मन लगाया। लड़कों को साथ लेकर हरिपूजा और हरिनाम-संकीर्तन में वे स्वयं भी उन्मत्त हो जाते और उन लोगों को भी मतवाला कर डालते। नाम लेते-लेते कभी-कभी वे अचेत हो जाते और उस समय समाधि की अवस्था में उन्हें श्रीहरि का दर्शन मिलता। लड़कों में से कइयों को इस प्रकार की समाधि होने लगी। पढ़ना-लिखना सब बन्द हो गया। हरिनाम की ध्वनि से चारों दिशाएँ गूँजने लगीं। उनके शिक्षक बड़ी कठिनाई में पड़े। प्रह्लाद के क्रिया-कलापों में एक ऐसा माधुर्य था कि सहसा उन्हें मना नहीं किया जा सकता था। विशेषकर राजपुत्र और वह भी हिरण्यकश्यपु के समान राजा के पुत्र की मनमानी में बाधा डालना - थोड़ा विचारणीय विषय था। यही सोचते-सोचते समस्या ने विराट् रूप धारण कर लिया।

अब शण्ड तथा अमार्क ने प्रह्लाद को नियंत्रित करने का प्रयास किया। उन्होंने समझाया, "हरि तुम्हारे पिता का शत्रु है, चाचा का हत्यारा है; अतः वह तुम्हारा भी शत्रु हुआ।" परन्तु प्रह्लाद ने तरह तरह की युक्तियों से दिखाया कि हरि सबके मित्र हैं, वे किसी के भी शत्रु हो ही नहीं सकते। परन्तु विषयी पण्डितगण कभी भी भक्तों की युक्ति नहीं समझ सकते। शिक्षकगण प्रह्लाद की बातों को बेकार की धृष्टता समझकर बड़े नाराज हुए। परन्तु प्रह्लाद और उनके मित्र किसी भी प्रकार वश में नहीं आये। वे दुगने उत्साह के साथ हरिनाम लेने लगे। पण्डितों ने भयभीत होकर राजा को इसकी सूचना दी।

राजा ने प्रह्लाद को बुलाकर पूछा, "बेटा प्रह्लाद, किसने तुम्हें हमारे परम शत्रु हरि के बारे में बताया है?" प्रह्लाद बड़े विनयपूर्वक बोले, "पिताजी, हरि की बात किसी को सिखानी नहीं पड़ती। हरि सबके भीतर विद्यमान हैं। मन के कामनाहीन और निर्मल होते ही श्रीहरि स्वयं प्रकट होते हैं। वे हमारी आत्मा हैं, प्राणों के प्राण हैं, वे भला शत्रु किस प्रकार हो सकते हैं?" बालक के मुख से ऐसी बुद्धिमत्तापूर्ण बातें सुनकर राजा हँस पड़े। उन्होंने सोचा कि जरूर ये सीखी-सिखाई बातें हैं, किसी दुष्ट ने इसे सिखा दी होंगी। उन्होंने प्रह्लाद को पुनः गुरू के घर भेज दिया। साथ ही उन्होंने गुरूगृह पर पहरा देने को सेना की एक टुकड़ी भी भेज दी, ताकि कोई अज्ञात अपरिचित व्यक्ति प्रह्लाद के पास न फटक सके।

प्रह्लाद जो कुछ भी एक बार सुन लेते, वह सदा के लिए उनके मन में अंकित हो जाता था। परन्तु वे भगवान के अतिरिक्त अन्य किसी विषय पर बिल्कुल भी मनोयोग नहीं करते थे। शिक्षकों ने उन्हें विभिन्न विषयों की

शिक्षा देने का प्रयास किया, परन्तु प्रह्लाद ने कृष्ण-कथा एवं कृष्ण-गुण-कीर्तन के अतिरिक्त अन्य किसी भी विषय पर ध्यान नहीं दिया। शण्ड और अमार्क ने बाध्य होकर पुनः यह बात राजा के कानों तक पहुँचाई।

ईष्र्या के समान कोई दूसरा विष नहीं होता। दैत्यराज ईष्र्या के विष से जलकर मरा जा रहा था। और फिर अपना ही पुत्र हरिभक्त हो - यह तो जले पर नमक के समान था। यह समाचार पाते ही उसका शरीर जल-भुन गया। और जलने की बात थी भी। जिसने तीनों लोकों से हरिनाम उठा दिया था, योग-यज्ञ, धर्म-कर्म आदि बन्द करा दिये थे, उसी के पुत्र के सिर पर आकर हरि सवार हो गये थे। पिता का शत्रु और चाचा का हत्यारा जानकर भी यह हरि की उपासना करता है। उसने समझ लिया कि निश्चय ही किसी महाशत्रु ने मेरे पुत्र के रूप में जन्म लिया है। यही सोचकर उसने जल्लाद को प्रह्लाद का सिर काट डालने का आदेश दिया।

जल्लाद ने प्रह्लाद को श्मशान में ले जाकर उसके गले में तलवार से प्रहार किया। प्रह्लाद कृष्ण के ध्यान में मग्न रहे और उनका सिर कटा नहीं। जल्लाद ने भय से काँपते हुए लौटकर यह बात राजा को बताई। राजा ने सैनिकों को आदेश दिया कि प्रह्लाद को भाले से छेदकर मार डाला जाय। निर्दय असुर सैनिक अपने भालों से बारम्बार प्रहार करके भी प्रह्लाद के शरीर पर चिन्ह तक नहीं बना सके। सैनिकों ने विस्मित होकर राजा को सूचित किया। राजा ने आदेश दिया, "जाओ, राज्य के सबसे विशाल हाथी के पाँवों के नीचे फेंककर इसे पीस डालो।" सैनिकों ने प्रह्लाद के हाथ-पाँव बाँधकर उन्हें मतवाले हाथी के पाँवों-तले फेंक दिया। परन्तु हाथी के हृदय में भी तो नारायण विद्यमान है। हाथी ने उन्हें पाँवों से कुचला नहीं, बल्कि सूँड़ से उठाकर अपनी पीठ पर चढ़ा लिया। प्रह्लाद हाथी की पीठ पर बैठे हरिनाम करने लगे।

राजा का हठ और असुरों का कौतूहल और भी बढ़ गया। उन लोगों ने करोड़ों जीवों की हत्या की थी, परन्तु इस कोमलजात बालक का वे बाल भी बाँका नहीं कर पा रहे थे। राजा का आदेश हुआ कि उसे जल में डुबाकर, आग में जलाकर, विष खिलाकर- चाहे जैसे भी हो, मार डालो। असुरों के हाथ में एक बड़ा ही मजेदार काम आ पड़ा। वे बालक की हत्या के लिए विविध उपाय सोचने लगे।

असुरों ने प्रह्लाद के हाथ-पाँव बाँधकर उन्हें पानी में डाला और बीस-पच्चीस लोगों ने एक पत्थर लाकर उनके ऊपर रखकर दबा दिया, परन्तु पत्थर पानी में न डूबकर कार्क के समान तैरने लगा और प्रह्लाद के हाथ-पाँव के सारे बन्धन अपने आप खुल गये। वे उसी पत्थर पर बैठकर हरिनाम का उच्चारण करने लगे।

भयानक सर्पों का विष लाकर उन लोगों ने प्रह्लाद को खाने के लिए दिया। श्रीहरि को निवेदित किये बिना तो वे कुछ खाते नहीं थे, अतः विष खाने के पहले उसे भी उन्होंने श्रीहरि को निवेदित किया। और इसके साथ ही विष अमृत में परिणत हो गया। प्रह्लाद उस अमृत का पान करके और भी तेजवान हो गये। उन्हें एक पहाड़ की चोटी पर ले जाकर वहाँ से फेंका गया, परन्तु वे पंख के समान हवा में तैरते हुए हरिनाम जपने लगें।

अब और क्या किया जाय! उन लोगों ने देखा कि अब उन्हें केवल अग्नि में झोंकना ही बाकी रह गया है। उसका भी प्रयोग एक बार करके देखना ही था। परन्तु बालक की लीला देखकर असुरों के पाषाणसम प्राणों में भी भय का संचार हो गया था, अतः सभी आपस में आगा-पीछा करने लगे। परन्तु राजा के आदेश का उल्लंघन भी खतरे में खाली न था। अतः उन लोगों ने प्रह्लाद को एक स्थान पर बिठाकर उनके ऊपर पर्वत के समान काष्टराशि चढ़ाने के बाद उसमें आग लगा दी। आग की लपटें धू-धूकर जलती हुई आकाश को छूने लगीं और कई दिनों बाद अंगारों में परिणत हुई। तब देखने में आया कि प्रह्लाद ज्वलन्त अंगारों के स्तूप के बीच प्रसन्नबदन योगासन में बैठे हैं और उनका एक बाल तक नहीं जला है।

ऐसी भयानक घटना न तो कभी किसी ने देखी और न सुनी ही थी। समाचार पाकर दैत्यराज पहले तो स्तम्भित रह गये। एक ओर तो शत्रु की याद से ईष्र्या की आग में उनका हृदय जला जा रहा था। दिन-रात उनकी तो एक ही चिन्ता व चर्चा थी कि हरि को कैसे सबक सिखाया जाय और बड़े लज्जा की बात तो यह थी कि उनका अपना पुत्र ही हरि का भक्त था! कहाँ तो पाँच साल का यह लड़का-और राज्य के समस्त योद्धा मिलकर भी उसे नहीं मार सके! क्या हरि इतने ही शक्तिमान हैं !!

हिरण्यकश्यपु चिन्ता करते-करते मानो उन्मत्त हो गया। उसका चेहरा इतना भयंकर हो उठा कि कोई उसके सामने जाने का साहस तक नहीं जुटा पाता था। ऐसा लगता था मानो वह पूरे जगत् को ही निगल डालेगा।

याज्ञिक ब्राह्मणों ने कहा, "महाराज, बालक को योग में महासिद्धि प्राप्त हो गयी है। अभिचार-क्रिया के बिना उसकी हत्या असम्भव है। अस्त्र या अग्नि आदि बाह्य वस्तुओं के द्वारा उसका कोई अनिष्ट नहीं हो सकता। दैव द्वारा ही उसकी दैवीशक्ति का नाश करना होगा।"

अभिचार के लिए विराट् आयोजन हुआ। एक विशाल धूनी जलाकर ब्राह्मण लोग उसमें मनों घी ढालते हुए तंत्र-मंत्र का पाठ करने लगे। यज्ञ के अन्त में पूर्णाहुति देते ही काले वर्ण के, लाल नेत्रोंवाले, पिंगल जटाधारी भैरवगण हाथ में त्रिशूल लिए यज्ञकुण्ड से बाहर निकलने लगे। ब्राह्मणों ने प्रह्लाद का विनाश करने के लिए उनका आह्वान किया था, परन्तु उन भैरवों ने भक्तद्वेषी असुरों पर ही आक्रमण कर दिया। पूरे राज्य में हो-हल्ला मच गया। प्रह्लाद से असुरों का कष्ट नहीं देखा गया। उनकी स्तुति पर भैरवगण अन्तर्धान हो गये। कैसी भयानक घटना थी वह! तो क्या यह बालक सर्वशक्तिमान है? तो क्या आखिरकार इसी के हाथों मरना होगा? हिरण्यकश्यपु पराजय का नाम तक नहीं जानता था। परन्तु यह तो पराजय से भी बड़ी बात थी। उसकी सारी चेष्टाएँ बेकार जा चुकी थीं। अब और क्या किया जाय ?

उसने प्रह्लाद को बुला भेजा। प्रह्लाद ने आकर पिता को साष्टांग प्रमाण किया और हाथ जोड़कर खड़े हो गये। हिरण्यकश्यपु ने उनसे पूछा, "तू जो इतना हरि-हरि करता है, बता तो, कहाँ रहता है वह?" प्रह्लाद ने कहा, "वे इस जगत् के ईश्वर हैं - सर्वत्र निवास करते हैं।"

हिरण्यकश्यपु - ये सब पहेलियाँ बुझाना छोड़। बोल, इस समय वह कहाँ है? प्रह्लाद - पिताजी, मैं तो सर्वत्र ही उन्हें देख रहा हूँ। हाँ पिताजी, ये रहे मेरे प्रभु ! "ये रहे" सुनकर हिरण्यकश्यपु काँप उठा। उसने तत्काल पूरी ताकत के साथ एक लात जमाकर खम्भे को तोड़ डाला।

खम्भा ज्योंही टूटा, त्योंही एक विकराल मूर्ति उसमें से गर्जन करते हुए बाहर निकली। उनका विशाल मस्तक सिंह के समान था। चारों हाथों में भयंकर नख थे। शरीर मनुष्य का-सा था। उनके हुँकार से पृथ्वी काँपने लगी। उनके साथ हिरण्यकश्यपु का भयानक युद्ध हुआ। अन्त में दिन-रात के सन्धि क्षण में उन अपूर्व जीव ने हिरण्यकश्यपु को अपने जंघे पर पटककर उसका हृदय फाड़ डाला। हिरण्यकश्यपु का वध करके भी उनका क्रोध शान्त नहीं हुआ। वे भयानक गर्जना करने लगे। ब्रह्मा आदि देवगण भयभीत हुए कि कहीं ये क्रोध के वशीभूत होकर जगत् का ही ध्वंस न कर डालें। परन्तु किसी को भी उनके सम्मुख जाने का साहस नहीं हुआ। उन लोगों ने प्रह्लाद को उनके पास जाकर स्तुति करने का उपदेश दिया। प्रह्लाद ने अपने दोनों नन्हे-नन्हे हाथ जोड़कर श्रीहरि का स्तुति आरम्भ किया। भक्त का मधुर कण्ठस्वर सुनकर भगवान का हृदय पिघल गया। वे प्रह्लाद को गोद में लकर उनका शरीर चाटने लगे।

शरीर नर के समान और सिर सिंह के समान होने के कारण ही भगवान की इस मूर्ति का नाम नरसिंह या नृसिंह है।

सार्वभौम सत्य-सिद्धान्त अनुसार कथा

अदृश्य काल के व्यक्तिगत प्रमाणित काल में व्यक्तिगत प्रमाणित अदृश्य प्राकृतिक चेतना से युक्त सत्य आधारित सतयुग में चौथे अवतार - नृसिंह अवतार का अवतरण उस समय हुआ जब हिरण्याक्ष के भाई हिरण्यकश्यपु जिसने पुनः अपना राज्य स्थापित कर लिया। विष्णु के द्वितीय- कूर्मावतार मे समुद्र अर्थात् विचार मंथन में हुये आपसी सहकार के कारण देव-दानव में जो सह- अस्तित्व की परम्परा चली थी उसे हिरण्यकश्यपु ने तोड़ डाला। हुआ यह कि हिरण्यकश्यपु का पुत्र प्रह्लाद समाजवादी अर्थात् समाज या गणराज्य समर्थक बन गया। हिरण्यकश्यपु को यह सहन नहीं हुआ। वह प्रह्लाद को तरह-तरह से कष्ट देने लगा जिससे वह एकतन्त्रवादी अर्थात् राज्यवादी हो जाये। यह देवों और असुरों में हुये सह-अस्तित्व अर्थात् एक-दूसरे को मान्य करना के समझौते का स्पष्ट उल्लघंन था परन्तु हिरण्यकश्यपु के सामने समाजवादी चुप थे। परिणामस्वरूप एक पुरूष की आत्मा अदृश्य

प्राकृतिक चेतना अर्थात् अदृश्य प्रकृति द्वारा निर्मित परिस्थितियों में प्राथमिकता से वर्तमान में कार्य करना, में स्थापित हो गई और उसने हिरण्यकश्यपु को मार डाला। और समाजवादी प्रह्लाद की रक्षा कर समाजवाद या गणराज्यवाद की रक्षा की। चूंकि प्रथम बार हिंसा मार्ग से समाजवाद की रक्षा की गई थी इसलिए उसके गुणों की तुलना सिंह से कर पूर्व अवतारों के नामकरण की परम्परानुसार कालान्तर में उसे नर-सिंह या नृसिंह अवतार का नाम दिया गया।

पहला युग / पाँचवाँ युग : सत्ययुग/स्वर्ण युग
अ. व्यक्तिगत प्रमाणित पूर्ण प्रत्यक्ष अवतार
५. पाचवां अवतार : वामन अवतार
व्यक्तिगत प्रमाणित अंश प्रत्यक्ष अवतार

ईश्वर के अंश अवतार
ब्रह्मा के अंश अवतार
विष्णु के अंश अवतार
महेश के अंश अवतार

शरीर धारण तिथि–
भाद्रपद शुक्ल पक्ष–द्वादशी

वामन अवतार (पूर्व कथा)

हिरण्यकश्यपु के वध के उपरान्त बालक प्रह्लाद दैत्यों के राजा हुए। अपने पुत्र विरोचन के बड़े हो जाने पर उसी को राज्यभार सौंपकर उन्होंने साधन-भजन में ही पूरा मनोनियोग किया। विरोचन बड़े वीर और दाता थे। दाता के रूप में उनमें बड़ा दम्भ था। इसीलिए देवताओं ने ब्राह्मण-वेष में आकर उनसे आयु की भिक्षा माँगी। विरोचन ने आयुदान करके देहत्याग किया। तब उनके पुत्र बलि राजा हुए।

बलि ने राजा हेकर धर्म-कर्म की ओर खूब ध्यान दिया। परन्तु वंशदोष के कारण उनका देवताओं से विरोध था। ईर्ष्र्या करने से ईर्ष्र्या बढ़ती गई। फिर उनका देवताओं के साथ युद्ध हुआ और बलि पराजित तथा अत्यन्त घायल हो गये।

भृगुवंश के ब्राह्मण बलि के पुरोहित थे। वे लोग बड़े तपस्वी थे। उन लोगों ने अपनी तपस्या के प्रभाव से बलि को स्वस्थ कर दिया और उनसे विश्वजित् यज्ञ का अनुष्ठान कराया। इस यज्ञ के फलस्वरूप उनमें जगत् जय करने की शक्ति उत्पन्न हुई। देवताओं के साथ उनका विवाद क्रमशः बढ़ता गया।

बलि ने पुनः स्वर्ग पर आक्रमण किया। देवगुरू बृहस्पति ने देवताओं से कहा, "भृगुवंशी ब्राह्मणों की सहायता से बलि ने महाशक्ति का संचय किया है। अब उसे हराना असम्भव है। अतः इस समय तुम लोग युद्ध से विरत हो, स्वर्ग छोड़कर चले जाओ। मत्र्यलोक में गोपनीयतापूर्वक रहते हुए आत्मरक्षा करो। कालक्रम से असुरों की शक्ति नष्ट हो जाने पर तुम लोग पुनः आकर स्वर्ग पर अधिकार कर लेना।"

देवतागण स्वर्ग छोड़कर चले गए। बलि स्वर्ग के राजा हुए। भृगुवंशी पुरोहित की सलाह पर वे सौ अश्वमेघ यज्ञों का अनुष्ठान पूराकर इन्द्र के समान हो उठे। बलि अपने वंशगौरव, स्वयं के गौरव तथा धर्मरक्षा के लिए दोनों हाथों से निर्धनों तथा ब्राह्माणों को दान करने लगे। दान करते-करते उनकी दान करने की इच्छा इतनी बढ़ गई कि वे "कल्पतरू" हो गए, अर्थात उन्होंने अपने पूरे राज्य में यह घोषणा करा दी कि उनसे कोई भी जो कुछ माँगेगा, वह उसे प्राप्त होगा। तीनों लोकों से निर्धनों का कष्ट चला गया। चारों दिशाओं में "बलि की जय" ध्वनि उठने लगी। असुरों का गौरव चरम सीमा तक जा पहुँचा।

सब दोषों में बड़ा है अहंकार। अहंकारी का इस दुनिया में कोई मित्र नहीं होता। बलि धार्मिक और दाता होने के अहंकार में फूल उठे थे। उनकी बात पर कुछ कहने वाला कोई भी न था। अहंकार से क्रमशः उनका मन मतवाला हो उठा। बलि जो जी में आए, करते हुए क्रमशः धर्मपथ से विचलित होने लगे। असुरगण भी बलि के गौरव से उन्मत्त होकर लोगों के ऊपर अत्याचार करते फिरने लगे। अपनी जाति के लोगों का मान बचाए रखने तथा उनके बीच अपना प्रभुत्व बनाए रखने के लिए बलि ने यह सब देखकर भी मानो नहीं देखा, सुनकर भी मानों नहीं सुना।

धर्म हृदय की चीज है। जो जितना अधिक धार्मिक होता है, उसके धर्म का दिखावा उतना ही कम होता है। धर्म की तड़क-भड़क रहने से लोगों के बीच सम्मान मिलता है। इसीलिए संसार में देखा जाता है कि गलत

उपायों से धन अर्जित करके दान करने पर लोगों को बड़ा धार्मिक माना जाता है। इसीलिए मान की इच्छा करने वाले अनुचित ढंग से धन एकत्र कर खूब दान तथा धूमधाम के साथ पूजा-अर्चना करते हैं। हिन्दू शास्त्र ऐसा करने वालों को असुर की संज्ञा देते हैं। स्वास्थ्य अच्छा रहे, आयु बढ़े, धन-दौलत में वृद्धि हो, खूब भोग हो, स्वर्ग में निवास हो आदि कामनाओं के साथ जो धर्म किया जाता है, उस धर्म के साथ भगवान का कोई सम्पर्क नहीं। ऐसे लोग भी धर्म करते हैं, परन्तु आवश्यकता पड़ी तो वे चाहे जैसे भी अनुचित उपायों के सहारे अपने गौरव की रक्षा करते हैं। भोग ही उनका उद्देश्य है, इसीलिए जहाँ धर्म के साथ भोग का विरोध होता है वहाँ पर वे अनायास ही धर्म का परित्याग कर देते हैं। केवल सम्मान, गौरव, शक्ति और भोग ही उनका लक्ष्य होता है। बलि और विशेषकर अन्य असुरगण इसी भाव के थे। तथापि बलि के शरीर में प्रह्लाद का रक्त था, अतः उनका धर्म से ही लगाव था। परन्तु अन्य असुरगण भोग के अतिरिक्त और कुछ नहीं चाहते थे।

कश्यप की पत्नी अदिति देवताओं की माता थीं। देवगण असुरों के भय से स्वर्ग छोड़कर छद्मावेश धारण किये बड़े कष्ट में दिन बिता रहे थे। इस कारण अदिति के मन में बड़ी पीड़ा थी। कश्यप तो दिन-रात तपस्या में मग्न रहते थे, अतः पुत्रों के मंगल-अमंगल की ओर उनका ध्यान न था। अतएव अदिति खिन्न मन के साथ भगवान से निरन्तर अपने पुत्रों के मंगल हेतु प्रार्थना करती रहती थी। अदिति की आकुलता देखकर कश्यप ने उन्हें तरह-तरह के व्रतों का उपदेश दिया। अदिति की तपस्या से नारायण सन्तुष्ट हुए और उनसे वर माँगने को कहा।

अदिति बोलीं, "प्रभो, अपने पुत्रों का दुःख अब मुझसे सहा नहीं जाता। उनके शत्रुओं का विनाश करके आप मुझे कृतार्थ करें।"

नारायण ने कहा, "उनके कर्मों का क्षय हुए बिना उनका विनाश असम्भव है। प्रतीक्षा करो। युगधर्म की स्थापना के लिए मैं तुम्हारे गर्भ से जन्म लूँगा और असुरों को स्वर्ग से भगा दूँगा। तुम अतीव पवित्र भाव से जीवन बिताओं। और यह बात किसी के सामने व्यक्त न करना।"

अदिति दिन-रात भगवान की आराधना में लगी रहीं। कुछ काल बाद उनकी कोख से एक ब्रह्मतेजोमय अपूर्व शिशु का जन्म हुआ। पाँच वर्ष का हो जाने पर बालक को बुद्धिमान तथा श्रुतिधर देखकर कश्यप ने उन्हें गायत्री मन्त्र की दीक्षा प्रदान की। थोड़े ही दिनांक में बालक समस्त विद्याओं में पारंगत हो गए। उनकी उमर बढ़ने पर भी शरीर पाँच वर्ष के बालक के समान ही रह गया। इसीलिए वे "वामन" नाम से परिचित हुए।

नर्मदा नदी के तट पर भृगुकच्छ नाम का एक रमणीय स्थान था। बलि ने वहाँ जाकर एक अश्वमेघ यज्ञ का अनुष्ठान किया। दैत्यों के कूटबुद्धि गुरू शुक्राचार्य यज्ञ के प्रधान परिचालक थे। जगत् के समस्त वेदज्ञ ब्राह्मण सभा में उपस्थित थे। विभिन्न दिशाओं से कितने ही ब्राह्मण और निर्धन लोग बलि के यज्ञ में आकर स्वेच्छानुसार दान ग्रहण कर उन्हें आशीर्वाद देते हुए लौटने लगे। अन्नदान, वस्त्रदान, भूमिदान, गोदान, स्वर्गदान - हर प्रकार का दान चल रहा था। जगत में दरिद्र दुःख को दूर करने का संकल्प लेकर बलि ने "कल्पतरू" का रूप लिया था। बलि की जय-जयकार से दसों दिशाएँ गूँज रही थीं।

एक दिन वामनदेव भी सिर के ऊपर छोटा-सा छाता लगाए हुए बलि की सभा में जा पहुँचे। उन ब्रह्मतेजोमय बालमूर्ति की अपूर्व मुखश्री ने बरबस ही सभा में उपस्थित सभी का ध्यान आकृष्ट कर लिया। धूप से उनका मुख लाल हो गया था। उनके मासूम मुखमण्डल पर थकान के चिन्ह देखकर सबके मन में स्नेहभाव का उदय हुआ। बलि ने अपने हाथ से आसन देकर उन्हें बैठाया; कितने दूर से आ रहे हैं, किसके पुत्र है आदि पूछते हुए उनके पाँव धुलाए, सिर पर अघ्र्य और खाने को मधुपर्क दिया। प्राचीन काल में किसी माननीय अतिथि के आने पर उनका इसी प्रकार स्वागत करने की प्रथा थी।

भिक्षार्थीगण जैसे दाता के यश का कीर्तन करते हैं, अधिक पाने की आशा से दाता को उत्तेजित करते हैं, वामनदेव भी वैसे ही बलि तथा उनके पुरखों की कीर्ति की विषय में अपने मधुर कण्ठ से व्याख्यान करने लगे। हिरण्यकशिपु की वीरता, प्रह्लाद की भक्ति, विरोचन की दानशीलता और बलि के यज्ञ, दान, विनय, सौजन्यता आदि का वे ऐसा अद्भुत वर्णन करने लगे कि सभा में उपस्थित सभी लोग मुग्ध हो गये। सबने सोचा, छोकरा आज कोई राज्य आदि लेकर ही मानेगा।

बलि अत्यन्त विनीत भाव से बोले, ""प्रभो, यदि आप इस दास से कोई दान ग्रहण करें, तो मैं कृतार्थ हो जाऊँ।" वामनदेव ने कहा, "हाँ, मैं एक छोटी-सी प्रार्थना लेकर ही आया हूँ; क्योंकि आप ही दाताओं में सर्वश्रेष्ठ हैं। मैं तीन पाँव के माप की भूमि चाहता हूँ।"

वामनदेव की प्रार्थना सुनकर सभा में उपस्थित कोई भी अपनी हँसी नहीं रोक सका। बलि ने कहा," प्रभो, आप बालक है, अपना स्वार्थ जरा भी नहीं समझते। लगता है आपने कभी किसी से कोई याचना नहीं की है, केवल कुतूहलवश ही मेरे पास आ पहुँचे हैं। मैं तीनों लोकों का स्वामी हूँ। आप मुझसे ऐसा कुछ माँगिए, जिससे फिर कभी माँगना न पड़े। "

वामन बोले, "यदि मन में तृप्ति न रहे, तो समुद्र सहित पृथ्वी का मालिक होकर भी अभाव दूर नहीं होते। इन्द्रियाँ मेरे वश में होने के कारण त्रिपाद भूमि मिल जाने से ही मैं सन्तुष्ट हो जाऊँगा। मैं इससे अधिक कुछ और नहीं चाहता।"

तब बलि तीन पाँव भूमि दान करने के लिए हाथ में जल लेने को उन्मुख हुए। शुक्राचार्य अब तक चुपचाप सारी बातें सुन रहे थे। वे भली-भाँति समझ गए थे कि ये ब्राह्मण बालक कोई छद्मवेशी देवता ही हैं। इसीलिए उन्होंने बलि को दान करने से मना किया। परन्तु अभिमानी तथा तेजस्वी राजा बलि एक बार "दूँगा" कहने के बाद भय के कारण फिर "नहीं दूँगा" कहने को किसी भी हालत में राजी नहीं हुए। शुक्राचार्य ने उन्हें बहुत समझाया। बलि ने कहा, "मैं प्रह्लाद का पौत्र और विरोचन का पुत्र हूँ। मेरे पितामह ने जिस सत्य के लिए अपने बाल्यकाल में इतने कष्ट सहे थे, पिता ने जिस सत्य के लिए देह त्याग किया था, मैं किसी भी कीमत पर उस सत्य को भंग नहीं कर सकता। ये छद्मवेशी देवता हों, तो भी मेरा क्या नुकसान होगा? सत्य का पालन करने के फलस्वरूप मेरी तो सद्गति ही होगी। जीवन के भय से सत्य को भंग करके मैं नरकगामी नहीं होना चाहता।" यह कहते हुए उन्होंने कमण्डलु को हाथ में उठा लिया। शुक्राचार्य युक्ति-तर्क के द्वारा उन्हें रोकने में असमर्थ होकर योगबल से कमण्डलु में घुस गए और भीतर से उसका मुख बन्द कर दिया। हाथ में जल लेकर ही दान का संकल्प किया जाता है। बलि ने कमण्डलु का मुख बन्द देखा तो वे कुश के द्वारा खोदकर जल का मार्ग खोल देने का प्रयास करने लगे। कुश के चोट से शुक्राचार्य की एक आँख फूट गई। उन्होंने कमण्डलु के भीतर से ही बलि को शाप दिया, "तू श्री से भ्रष्ट हो जाय।"

बलि ने वेदमंत्रों का उच्चारण कर वामनदेव को तीन पाँव भूमि का दान किया। सहसा वामनदेव का डीलडौल बदल गया। उन्होंने एक पाँव के द्वारा सम्पूर्ण पृथ्वी को आवृत्त कर लिया और दूसरे पाँव से आकाश को ढँक लिया। अब तीसरा पाँव रखने को स्थान ही न बचा। दोनों पाँवों के बीच से तीसरा पाँव बाहर निकालकर वे बलि से बारम्बार पूछने लगे कि उसे कहाँ रखें। सभा में उपस्थित सभी लोग आतंक से सिहर उठे। बलि किंकर्तव्यविमूढ़ हो गए और वामन उत्तेजित होकर कहने लगे, ''राजन्, तुम्हीं ने तो कहा था कि तुम मेरे सारे अभावों को दूर करने में समर्थ हो। मुझको तुमने अबोध शिशु कहा था; क्यों, अब तुम अपने वचन का पालन क्यों नहीं करते? अब सत्य को भंग करने के परिणामस्वरूप तुम नरक में जाने को तैयार हो जाओ।" यह कहकर देवदूतों का आह्वान करते ही उन लोगों ने आकर बलि को बाँध लिया। दैत्यों ने अपने राजा की ऐसी दुर्दशा देखकर मायावी वामनदेव के ऊपर आक्रमण कर दिया। परन्तु बलि ने उन लोगों को रोक दिया। पूरे राज्य में हाहाकार मच गया।

प्रह्लाद निर्जन स्थान में रहकर दिन-रात श्रीकृष्ण के ध्यान में मग्न रहते थे। संकट में पड़े हुए बलि उन्हीं का स्मरण करने लगे। उनके इष्टदेव का आविर्भाव होने के कारण उनकी समाधि टूटी। वे राजसभा में जा पहुँचे। नारायण की यह अद्भुत मूर्ति देखकर वे प्रेम में विह्वल होकर उनकी स्तुति करने लगे। वामनदेव ने तीव्र स्वर में प्रह्लाद से बलि के सत्यभंग की बात कही। प्रह्लाद बोले, "प्रभो, दाता के रूप में बलि को बड़ा अहंकार था। परन्तु इसके फलस्वरूप उसे योगियों के लिए भी दुर्लभ आपके श्रीचरणों का दर्शन हुआ। आपकी करूणा किसी हेतु के अधीन नहीं है। आप यज्ञफल के दाता हैं, दर्शन देकर आपने यज्ञ को पूरा किया। अब अपना तीसरा चरण बलि के मस्तक पर रखकर, आप सत्यभंग के पाप से इसकी रक्षा करें।"

अब बलि का सारा अहंकार चूर्ण हो चुका था। श्रीहरि की कृपा से उनकी दिव्यदृष्टि खुल गई थी। उन्होंने पूरे हृदय से वामनदेव के चरणों में आत्मसमर्पण किया। भक्तवत्सल प्रभु ने अपना तीसरा चरण बलि के

मस्तक पर रखकर उनके वचन की रक्षा की और प्रसन्न होकर बोले, "बलि, तुम असुरों के चिर-निकेतन-पाताल चले जाओ। आज से तुम अमर रहोंगे और मैं हाथ में गदा लिए तुम्हारे द्वारा दिये गये दान की रक्षा करूँगा।" आत्मसर्मपण के फलस्वरूप बलि भगवान की अनन्त कृपा पाकर कृतार्थ हुए। देवतागण पुनः स्वर्ग पर अपना अधिकार पाकर सुखी हुए।

बलि का गर्वहरण कर वामन ने युगधर्म का प्रचार किया। असुरों का प्रभाव दूर हुआ और धर्मप्राण लोगों को शान्ति की उपलब्धि हुई।

सार्वभौम सत्य-सिद्धान्त अनुसार कथा

अदृश्य काल के व्यक्तिगत प्रमाणित काल में व्यक्तिगत प्रमाणित अदृश्य प्राकृतिक चेतना से युक्त सत्य आधारित सतयुग में पाचवें अवतार - वामन अवतार में एक विचित्र स्थिति उत्पन्न हो गयी हुआ यह कि एक प्रतापी, धर्मपरायण, प्रजावत्सल, सेवाभावी, दानवीर, सौम्य, सरल यानी सर्वगुण सम्पन्न राजा हुआ-बलि। लोग इसके गुण गाने लगे और समाजवादी राज्यवादी होने लगे। राजा बलि का राज्य बहुत अधिक फैल गया। समाजवादियों के समक्ष यानी मानवजाति के समक्ष एक गम्भीर संकट पैदा हो गया कि अगर राज्य की अवधारणा दृढ़ हो गयी तो मनुष्य जाति को सदैव दुःख, दैन्य व दारिद्रय में रहना होगा क्योंकि अपवाद को छोड़कर राजा स्वार्थी होंगे, परमुखपेक्षी व पराश्रित होंगे। अर्थात अकर्मण्य व यथास्थिति वादी होंगे। यह भयंकर स्थिति होगी परन्तु समाजवादी असहाय थे। राजा बलि को मारना संभव न था और उसके रहते समाजवादी विचारधारा का बढ़ना सम्भव न था। ऐसी स्थिति में एक पुरूष की आत्मा अदृश्य प्राकृतिक चेतना द्वारा निर्मित परिस्थितियों में प्राथमिकता से वर्तमान में कार्य करना, में स्थापित हो गयी। वह राजा बलि से थोड़ी सी भूमि समाज या गणराज्य के लिए मांगा। चूँकि राजा सक्षम और निश्चिंत था कि थोड़ी भूमि में समाज या गणराजय स्थापित करने से हमारे राज्य पर कोई प्रभाव नहीं पड़ेगा। इसलिए उस पुरूष को राजा ने थोड़ी भूमि दे दी। जिस पर स्वतन्त्र, सुखी, स्वराज आधारित समाज-गणराज्य स्थापित किया और उसका प्रभाव धीरे-धीरे बढ़ता गया और वह राजा बलि के सुराज्य को भी समाप्त कर दिया और समाज या गणराज्य की स्थापना की गयी। चूँकि यह पुरूष बौना अर्थात् छोटे कद का तथा स्वभाव और ज्ञान में ब्राह्मण गुणों से युक्त था इसलिए कालान्तर में इसे वामन अवतार का नाम दिया गया। ध्यान देने योग्य है कि प्रथम अवतार-मत्स्य ने समाज की रक्षा शुद्ध रूप से साध्य अर्थात् गणराज्य या समाज को साधन अर्थात् जनता का सहयोग प्राप्त कर की थी। दूसरा और तीसरा अवतार -कूर्म और वाराह ने साध्य को साधन अर्थात् जनता के दोनों विचारों के समुदाय में समन्वय स्थापना कर की थी। चौथे- नृसिंह अवतार ने सीधे असुरों के राजा का वध कर ही साध्य अर्थात् गणराज्य या समाज की स्थापना की थी क्योंकि तब तक असुरों के एक राजा ही हुआ करते थे और राजा के वध के बाद नये राजा के अनुसार ही प्रजा का भी वही विचार होता था जो राजा का होता था। पाँचवें - वामन अवतार ने राजा के सहयोग से ही उसके सुराज्य को समाप्त करने के लिए साधन का प्रयोग कर साध्य की प्राप्ति की। राजा बलि द्वारा इस अवतार को दी गई भूमि का क्षेत्र ही वर्तमान का उ0प्र0 के मीरजापुर जनपद का चुनार क्षेत्र है। जिस पर इस अवतार के कार्य का प्रथम चरण प्रारम्भ हुआ था जिसके कारण ही चुनार का प्रचीन नाम "चरणाद्रिगढ़" था। जहाँ आज भी मूल मानव जाति कूर्मि का बाहुल्य हैं। पाँचवें अवतार तक अव्यक्त ऐकेश्वर वाद का ही अधिकतम प्रभाव समाज पर रहा।

पहला युग / पाँचवाँ युग : सत्ययुग/स्वर्ण युग
ब. सार्वजनिक प्रमाणित अंश प्रत्यक्ष अवतार
६. छठा अवतार : परशुराम अवतार

ईश्वर के अंश अवतार
ब्रह्मा के अंश अवतार
विष्णु के अंश अवतार
महेश के अंश अवतार

शरीर धारण तिथि–
वैशाख शुक्ल पक्ष–अक्षय तृतीया

परशुराम अवतार (पूर्व कथा)

समस्त जीव आत्मरक्षा के लिए कार्य करते है। मनुष्य कार्य भी करता है और विचार भी करता है। विचार के द्वारा मनुष्य अपनी उन्नति के विभिन्न उपाय ढूंढ़ निकालता है।

प्रारम्भ में सभी मनुष्य एक ही वर्ण के थे। क्रमशः मनुष्य के चिन्तन में विस्तार होने से उसके कार्यों में भी वृद्धि हुई। मनुष्यों के एक वर्ग ने समाज के मंगल हेतु केवल चिन्तन का ही कार्य अपनाया; वे लोग ब्राह्मण हुए। बाकी कार्यों का भार अन्य दो वर्गों ने उठा लिया। इनमें एक वर्ग खूब तेजस्वी तथा बुद्धिमान था; ये लोग समाज के हितरक्षक तथा दुष्ट लोगों के शासक क्षत्रिय हुए। एक अन्य वर्ग उतना बुद्धिमान न होने पर भी खूब कर्मकुशल थे। वे लोग समाज के धनवर्धक वैश्य हुए। स्थूलबुद्धि तथा हीन-स्वभाव लोगों ने परिश्रम का भार लिया और समाज सेवक शूद्र हुए। इस प्रकार एक ही मानवजाति चार वर्णों में विभक्त हो गई।

ब्राह्मण हुए समाज के मस्तिष्क, जो समाज के मंगल के उपाय सोचते हैं। क्षत्रिय हुए बाहु और वे उन उपायों के आधार पर समाज की उन्नति करते हैं। मस्तिष्क की जितनी आवश्यकता है, बाहुओं की भी उतनी ही आवश्यकता है। दोनों के सम्मिलित भाव से कार्य किये बिना समाज का कल्याण नहीं होता।

परन्तु वर्ग बनने पर विवाद भी सहज ही प्रकट हो जाते हैं। ब्राह्मणों तथा क्षत्रियों के बीच प्रायः विभिन्न विषयों पर विवाद खड़ा हो जाता था। बीच-बीच में उनमें युद्ध तक हो जाता। सम्भव है ब्राह्मणों ने साधना-तपस्या के द्वारा समाज में उपकार का कोई उपाय ढूंढ़ा, परन्तु क्षत्रियों ने उसे नहीं गाना। यथा, ब्राह्मणों ने कहा कि क्षत्रिय को बाल्यकाल में ब्राह्मण के पास वेदाध्ययन करना होगा, कठोरतापूर्वक ब्रह्मचर्य पालन करना होगा और सम्भव है क्षत्रियों ने सोचा, "हाँ, वेदाध्ययन तो अवश्य करना चाहिए, पर इतनी कठोरता तथा ब्राह्मण का शिष्यत्व आवश्यक नहीं। राजा का लड़का इतना सब करने क्यों जाएगा? " ब्राह्मण ने देखा कि जिनके हाथों में राज्य के शासन का भार होगा, वे भोगासक्त, अविनयी तथा गुरूसेवाहीन हो जाएँ, तो इसमें समाज का मंगल नहीं है। अतः विवाद शुरू हुआ और एक वर्ग के युद्ध में पराजित होकर दूसरे वर्ग की अधीनता स्वीकार न करने तक युद्ध जारी रहा।

इसी प्रकार एक बार क्षत्रियगण अपने ऐश्वर्य-गौरव से बड़ें अहंकारी हो उठे। देश का सारा धन तथा सभी मनुष्य उनके अधीन थे। ऐसी स्थिति में धर्म के नियम तथा ब्राह्मणों के आदेश पर चलना उनके लिए असह्य हो उठा। वे धर्म की नीतियों तथा धर्माचार्यों की अवज्ञा करने लगे।

प्राचीन भारत में भृगुवंशी ब्राह्मण बड़े प्रभावशाली थे। इस वंश में अनेक तेजस्वी योगी पुरूषों ने जन्म लिया। भृगु के पुत्र महर्षि ऋचिक न केवल विद्वान और तपस्वी थे अपितु वे युद्धविद्या में भी पारंगत थे। गाधि राजा की पुत्री महर्षि विश्वामित्र की बहन सत्यवती के साथ उन्होंने विवाह किया। सत्यवती भी उन्हीं के समान तपस्विनी एवं भक्तिमती थीं।

महर्षि ऋचिक ने धर्म के अधःपतन एवं अधर्म के उत्थान से व्यथित होकर जगत् के कल्याण हेतु बड़ी तपस्या की। आदर्श ब्राह्मण तथा आदर्श क्षत्रिय की सम्मिलित शक्ति के बिना मानव जाति का कल्याण असम्भव

जानकर उन्होंने एक महायज्ञ किया। उन्होंने यज्ञ के लिए दो चरू बनाए। यज्ञ में काम आने वाले खीर को चरू कहते हैं। उनमें से एक था अपनी सास के लिए क्षात्रतेजोमय चरू और दूसरा अपनी पत्नी के लिए ब्रह्मतेजोमय चरू। चरू पाकर गाधिपत्नी ने सोचा कि दामाद ने अवश्य ही अपनी पत्नी के लिए उत्कृष्ट चरू बनाया होगा। अतः उन्होंने अपनी पुत्री के समक्ष चरू बदलने अभिलाषा व्यक्त की, जिसे सरल हृदय सत्यवती ने तत्काल मान लिया। दोनों ने यथाविधि बदला हुआ चरू खा लिया।

महर्षि ऋचिक यह बात सुनकर बड़े नाराज हुए और पति के आदेश के अवहेलना के लिए सत्यवती को खरी-खोटी सुनाने के बाद उन्होंने दोनों चरूओं का भेद समझा दिया। यह सुनकर कि शान्त ब्राह्मण कुल में क्षत्रिय बालक जन्म लेगा, सत्यवती को बड़ा भय हुआ और चरू-भक्षण के फल का खण्डन करने के लिए वे ऋचिक से विनती करने लगीं। ऋचिक ने अपने तपोबल के द्वारा उस क्षत्रिय-शक्ति को अपने पुत्र से पौत्र में परिवर्तित कर दिया।

ऋचिक के पुत्र जदग्नि ने अपने पिता से शिक्षा पाकर शास्त्र, तपस्या तथा धनुर्विद्या में असाधारण योग्यता प्राप्त की और रेणुका नाम की एक गुणवती कन्या के साथ विवाह कर आदर्श गृहस्थ का जीवन बिताने लगे। उनके पाँच पुत्र हुए, जिनमें सबसे छोटे का नाम राम था।

राम में बाल्यकाल से ही असाधारण क्षात्रतेज दीख पड़ा। शास्त्रपाठ तथा तपस्या में उन्हें अरूचि न थी, परन्तु धनुर्विद्या से उनका विशेष लगाव था। कहीं भी अन्याय दृष्टिगोचर होने पर वे अपने बल से तत्काल उसका विरोध करते, व्यायाम, क्रीड़ा तथा शिकार में सदा उन्मत्त रहते। शिक्षा की समाप्ति के बाद उन्होंने कठोर तपस्या के द्वारा महादेव को प्रसन्न किया। महादेव ने उन्हें दो वर प्रदान किये - एक तो इच्छामृत्यु का अर्थात् अपनी इच्छा न हो तो रोग, अस्त्राघात अथवा बुढ़ापे से उनकी मृत्यु नहीं होगी; और दूसरा वर उन्हें एक परशु या कुठार के रूप में मिला। उसके हाथ में रहने पर युद्ध में कोई उनसे जीत नहीं सकता था। इस परशु की सहायता से उन्होंने सौ बार क्षत्रियकुल पर विजय प्राप्त की थी, इसीलिए उनका नाम "परशुराम" हो गया।

एक दिन जदग्नि किसी कारणवश रेणुका पर इतने क्रोधित हो गए कि उन्होंने अपने पुत्रों को बुलाकर रेणुका का सिर काट डालने का आदेश दिया। राम उस समय आश्रम में नहीं थें पुत्रगण पिता के इस भयानक आदेश का पालन न कर सके और पितृ-शाप के भय से बेहोश होकर धरती पर गिर पड़े। तभी राम ने घर लौटकर देखा कि पिता क्रोध से आग-बबूले और भ्रातागण भय से मूर्छित हैं। उन्हें जमदग्नि ने मातृवध का आदेश दिया। राम ने तत्काल पिता की आज्ञा का पालन किया। जमदग्नि ने प्रसन्न होकर चार वर देने की इच्छा व्यक्त करने पर राम ने माँगा -

1. उनकी माता पुनर्जीवित होकर हत्या की बात भूल जायँ।
2. भ्रातागण होश में आकर सब भूल जायँ।
3. युद्ध में कोई भी उन पर विजय न पा सके।
4. वे दीर्घजीवी हों।

हैहय नाम के एक प्रबल प्रतापी क्षत्रिय वीर ने नर्मदा नदी के किनारे अपने नाम पर एक राज्य स्थापित किया। सुप्रसिद्ध माहिष्मती नगरी उनकी राजधानी थी। हैहयवंश के ही कीर्तिवीर्य के पुत्र अर्जुन ने काफी तपस्या करके योगप्रभाव से एक हजार लोगों की शक्ति अर्जित की थी, इस कारण उन्हें सहस्त्रबाहु और कीर्तिवीर्य के पुत्र होने के कारण कार्तवीर्य-अर्जुन कहा जाता था। एक बार विश्वश्रवा मुनि का पुत्र रावण दिग्विजय करने बाहर निकला और युद्ध करते-करते नर्मदा नदी के तट पर पहुँचकर उसने हैहय राज्य में शिविर लगाया। अर्जुन की सैकड़ों पत्नियाँ थीं। वे अपनी पत्नियों के साथ नर्मदा में क्रीड़ा किया करते थे। पुराण में लिखा है कि एक बार अर्जुन ने अपने सहस्त्र बाहुओं के द्वारा नर्मदा का प्रवाह रोक दिया। रावण नदी के तट पर बैठा पूजा-पाठ कर रहा था। नदी में बाढ़ आ जाने से रावण के पूजा के उपकरण बह गए। इस बात पर दोनों के बीच युद्ध ठन गया। घमासान लड़ाई के बाद रावण पराजित और बन्दी हुआ। विश्वश्रवा मुनि यह समाचार पाकर स्वयं ही कार्तवीर्य के पास उपस्थित हुए और बड़ा अनुनय-विनय करके उन्होंने अपनी पुत्र रावण को छुड़ाया।

वैसे हमारा विश्वास है कि रावण का जन्म काफी काल बाद हुआ था और एक व्यक्ति के हजार हाथ होना भी सम्भव नहीं है। तथापि इसमें सन्देह नहीं कि कार्तवीर्य-अर्जुन एक महान वीर थे।

एक बार अर्जुन शिकार के निमित्त भ्रमण करते हुए अपनी सेना के साथ जमदग्नि के तपोवन में अतिथि हुए। जमदग्नि ने अत्यन्त आदर के साथ अर्जुन का स्वागत किया। वे एक महायोगी थे और उनके लिए कुछ भी असाध्य न था; एक निर्धन ब्राह्मण होकर भी उन्होंने अपने योगबल से राजा को हर प्रकार के भोजन आदि के द्वारा सन्तुष्ट किया। पर अहंकारी, लोभी, असुरस्वभाव अुर्जन कृतज्ञ होना तो दूर, ईष्र्या से दग्ध हो उठा। मुनि के पास एक कामधेनु गाय थी। राजा द्वारा उसे माँगने पर मुनि ने कहा, "मैं एक निर्धन ब्राह्मण हूँ। याग-यज्ञ के लिए घी-दूध की आवश्यकता पड़ती है और बहुत-सी गायें पालना मेरे लिए सम्भव नहीं है। इस एक गाय से ही मेरा काम चल जाता है, अतः मैं इस गाय को न दे सकूँगा।" इस निर्धन ब्राह्मण में इतना दुस्साहस! मैंने एक छोटी-सी चीज माँगी और इसने साफ इन्कार कर दिया! लोगों ने ब्राह्मणों को मान-सम्मान देकर सिर चढ़ा लिया है। मैं राजा हूँ, तथापि इसे मेरा आदेश अमान्य करते भय नहीं लगता। यह सोचकर अर्जुन बलपूर्वक गाय को ले जाने का प्रयास करने लगे। परन्तु योगबल के सामने दूसरो कोई बल नहीं चलता। राजा गाय का हरण करने में असमर्थ रहे और अपने राज्य को लौट गए।

प्रतिहिंसा की अग्नि से राजा का हृदय जलता रहा। उन्होंने एक बहुत बड़ी सेना लेकर ऋषि के आश्रम पर चढ़ाई की। ऋषि उस समय समाधि-मग्न थे। उनका सिर काटने के बाद राजा कामधेनु को लेकर चले गए।

राम उस समय किसी कार्यवश आश्रम के बाहर गए हुए थे। उन्होंने लौटकर देखा कि तपोवन तहस-नहस हो चुका है, आश्रमवासियों के रक्त से जमीन रँग गई है और महर्षि जमदग्नि योगासन में मृत पड़े हैं। क्या ही भयानक दृश्य था! धर्म की कैसी दुरवस्था हो चुकी थी! गाय के लोभ में ऋषिवध! ब्रह्मवध! धर्मरक्षक क्षत्रिय के लिए यह कितना बड़ा अन्याय था, इसका निर्णय नहीं किया जा सकता था। पिता का मृतदेह पड़ा था, परन्तु श्राद्ध-तर्पण की तो बात ही नहीं उठती थी। पहले इस पृथ्वी के भार, मानवता के शत्रु का संहार किये बिना अन्य कुछ सोचा भी नहीं जा सकता था। हाथ में कुठार (फरसा) लिए, प्रतिहिंसा की मूर्ति बने राम, माहिष्मती नगरी की ओर दौड़ पड़े। जब एक बार कर्तव्य निश्चित हो जाता है, तब मनुष्य के मन में सम्भव-असम्भव का प्रश्न ही नहीं उठता। एक ब्राह्मणपुत्र हाथ में एक कुठार लिए अकेले ही महावीर अर्जुन के हजारों सैनिकों द्वारा रक्षित माहिष्मती नगरी पर आक्रमण करने चल पड़ा।

नगर में प्रवेश करके राम ने उन्मत्त के समान लोगों को काटना शुरू किया। नागरिकगण भय के मारे इधर-उधर भागने लगे। कुठार के आघात से सिंहद्वार को तोड़ने के बाद राम ने राजपुरी में प्रवेश किया। सैनिकों के अस्त्राघात से उनका शरीर क्षत-विक्षत हो गया था, परन्तु कोई भी उन्हें रोक नहीं सका। सम्पूर्ण राजधानी को रक्त से प्लावित करते हुए उन्होंने अर्जुन पर आक्रमण किया और अपने अजेय कुठाराघात से उसका वध करके अपने आश्रम लौट आए।

जमदग्नि एवं अर्जुन के वध की कहानी लोगों के मुख से अतिरंजित होते हुए सारे भारत में फैल गई। एक गाय के लिए इतने बड़े तपस्वी ऋषि की हत्या पर ब्राह्मण तथा उनके पक्षधर अत्यन्त क्रोधित हुए। और दूसरी ओर एक सामान्य ब्राह्मणपुत्र ने अपने कुठार से इतने बड़े व विख्यात राजा वीर अर्जुन का वध कर डाला, यह समाचार क्षत्रियों के लिए असह्य हो उठा। पूरे देश में यही एक चर्चा चलने लगी। क्षत्रियगण राम को दण्डित करने का विपुल आयोजन करने लगे। तपस्वी ब्राह्मण जगत् के मंगल हेतु भगवान को पुकारने लगे। पुरोहित ब्राह्मणों ने क्षत्रियों के संहार के निमित्त रूद्र-यज्ञ आरम्भ किया। रजोगुणी ब्राह्मणों ने अस्त्र उठाकर राम के सेनापतित्व में विप्रसेना का गठन किया।

दोनों पक्षों के बीच घोर लड़ाई छिड़ गई। राम की अद्भुत वीरता के सामने क्षत्रियगण टिक न सके और बारम्बार पराजित होने लगे। राम अपना कुठार हाथ में लिए शत्रुओं की सेना में घुस गए और उन्हें गाजर-मूली की भाँति काटने लगे। अधिकांश वीर क्षत्रियों के हताहत हो जाने के बाद ही युद्ध थमा। परशुराम के नेतृत्व में ब्राह्मणगण सम्पूर्ण देश में धर्मस्थापना की व्यवस्था करने लगे।

कुछ वर्ष शान्तिपूर्वक बीते। परन्तु पराजित क्षत्रियगण चुप-चाप नहीं बैठ सके। बदला लेने की भावना से वे धीरे-धीरे अपनी सेना का गठन करने लगे, देखते-ही-देखते क्षत्रियकुल के बालक भी युवावस्था को प्राप्त हुए। उन्होंने पुनः ब्राह्मणों पर आक्रमण किया। भयानक रक्तपात एवं नरसंहार हुआ। क्षत्रियगण पुनः पराजित और हताहत हुए।

कुछ वर्ष और शान्तिपूर्वक बीते। ब्राह्मणों ने सोचा था कि अब क्षत्रियगण सिर नहीं उठा सकेंगे। परन्तु महातेजस्वी क्षत्रियगण प्रतिशोध लेने के प्रयास में लगे रहे। उनकी सेना एकत्र हो जाने पर पुनः युद्ध हुआ। ब्राह्मण-क्षत्रियों के मिश्रित रक्त की धाराएँ बह चलीं, मृत देहों से धरती पट गई। इस प्रकार कुल इक्कीस युद्ध हुए। द्वेषभाव बढ़ते हुए क्रमशः घोर निष्ठुरता में परिणत हुआ, न्याय-अन्याय का बोध न रहा; जिससे जैसे भी बन पड़ा शत्रु-संहार की चेष्टा करता रहा।

युद्ध करते-करते राम अत्यन्त क्रोधित हो उठे। क्रुद्ध होकर उन्होंने युद्ध में पराजित क्षत्रियों को पकड़कर बन्दी बना लिया; कुरूक्षेत्र के निकट स्थित समस्त-पंचक में उन्होंने पाँच गड्ढे खोदे और बन्दी क्षत्रियों का सिर काटकर उनके रक्त से उन्होंने उन गढ्ढो को भर दिया। उन्हीं गड्ढों में पितृ-तर्पण कर उन्होंने अपनी पिता की हत्या का प्रतिशोध लिया। क्षत्रिय कुल के बच्चों तक की कुठाराघात से हत्या करके उन्होंने क्षत्रियवंश को निर्मूल कर दिया; यहाँ तक कि गर्भवती नारियों के उदर चीरकर भी पुरूष भ्रूण मिलने पर उन्होंने उसे कुठाराघात से खण्डित कर दिया।

सम्पूर्ण भारत राम के भय से संत्रस्त हो उठा। बड़ा साहसी व्यक्ति भी उनके सम्मुख खड़ा होने में असमर्थ हो जाता था। लोगों ने उनके बारे में कितनी ही अलौकिक घटनाओं की कल्पना कर ली। उनके आने की सूचना पाकर लोग प्राणों के भय से छिप जाते। उनका नाम ही आतंक का एक पर्याय हो गया, किसी के सहसा "परशुराम" शब्द का उच्चारण कर देने मात्र से ही लोग सहम जाते।

अनवरत युद्ध के कारण देश से धर्मनीति उठ गई। ऋषिगण अब शान्त बैठ सके; उन्होंने राम से हिंसा त्याग देने का अनुरोध किया। और हिंसा करने योग्य कोई बचा भी नहीं था; क्षत्रिय वंश तो पहले ही निर्मूल हो चुका था। राम समझ गए कि अब उनका कर्तव्य पूरा हो चुका है, जीवन का उद्देश्य सिद्ध हो चुका है। अब उनमें ब्राह्मण-भाव जाग उठा। उनका एकमुखी मन हिंसा के आवेश में हजारों ओर दौड़कर उन्हें पीड़ित कर रहा था- वे ब्राह्मण का शान्त संयमित मन पाने को व्याकुल हुए। ऋषियों के हाथ में पृथ्वी-शासन का भार सौंपकर उन्होंने भारतवर्ष का पूरी तौर से परित्याग किया और हिन्द महासागर के महेन्द्र पर्वत नामक एक द्वीप में जाकर कठोर तपस्या में लग गए।

तब ब्राह्मणों ने धर्म के अनुसार देश के शासन की व्यवस्था की। कुछ क्षत्रिय-नारियाँ गर्भरक्षा के लिए राम के भय से पहाड़ों-जंगलों में छिपी हुई थीं। ब्राह्मणों ने काफी प्रयास करके उन्हें ढूँढ़ निकाला, उनसे उत्पन्न पुत्रों का यत्नपूर्वक पालन कर उन्हें उपयुक्त धर्मशिक्षा प्रदान की और बड़े होने पर राज्य-शासन का भार उन्हीं के हाथो सौंप दिया। इसके फलस्वरूप क्षत्रियगण, ब्राह्मणों के अनुगत हो गये और उन लोगों द्वारा प्रचारित धर्म के नियम मानकर चलने लगे। देश में धर्म व शान्ति की पुनः स्थापना हुई। ब्राह्मण और क्षत्रिय का विवाद सदा-सर्वदा के लिए मिट गया।

सार्वभौम सत्य-सिद्धान्त अनुसार कथा

अदृश्य काल के व्यक्तिगत प्रमाणित काल में व्यक्तिगत प्रमाणित अदृश्य प्राकृतिक चेतना से युक्त सत्य आधारित सतयुग में छठवें अवतार - परशुराम अवतार तक अनेक असुरी राजाओं द्वारा राज्यों की स्थापना हो चुकी थी परिणामस्वरूप ऐसे परिस्थिति में एक पुरूष की आत्मा अदृश्य प्राकृतिक चेतना द्वारा निर्मित परिस्थितियों में प्राथमिकता से वर्तमान में कार्य करना, में स्थापित हो गयी और उसने कई राजाओं का वध कर डाला और असुरों तथा देवों के सह-अस्तित्व से एक नई व्यवस्था की स्थापना की। जो एक नई और अच्छी व्यवस्था थी। इसलिए उस

पुरूष को कालान्तर में उनके नाम-रूप पर परशुराम अवतार से जाना गया तथा व्यवस्था "परशुराम परम्परा " के नाम से जाना गया जो साकार आधारित "लोकतन्त्र का जन्म" था, जो निम्न प्रकार थी।

1. प्रकृति में व्याप्त तीन गुण- सत्व, रज और तम के प्रधानता के अनुसार मनुष्य का चार वर्णों में निर्धारण। सत्व गुण प्रधान - ब्राह्मण, रज गुण प्रधान- क्षत्रिय, रज एवं तम गुण प्रधान- वैश्य, तम गुण प्रधान- शूद्र।
2. गणराज्य का शासक राजा होगा जो क्षत्रिय होगा जैसे- ब्रह्माण्डीय गणराज्य में प्रकृति जो रज गुण अर्थात् कर्म अर्थात् शक्ति प्रधान है।
3. गणराज्य में राज्य सभा होगी जिसके अनेक सदस्य होंगे जैसे- ब्रह्माण्डीय गणराज्य में प्रकृति के सत्व, रज एवं तम गुणों से युक्त विभिन्न वस्तु हैं।
4. राजा का निर्णय राजसभा का ही निर्णय है जैसे- ब्रह्माण्डीय गणराज्य में प्रकृति का निर्णय वही है जो सत्व, रज एवं तम गुणों का सम्मिलित निर्णय होता है।
5. राजा का चुनाव जनता करे क्योंकि वह अपने गणराज्य में सर्वव्यापी और जनता का सम्मिलित रुप है जैसे- ब्रह्माण्डीय गणराज्य में प्रकृति सर्वव्यापी है और वह सत्व, रज एवं तम गुणों का सम्मिलित रुप है।
6. राजा और उसकी सभा राज्यवादी न हो इसलिए उस पर नियन्त्रण के लिए सत्व गुण प्रधान ब्राह्मण का नियन्त्रण होगा जैसे- ब्रह्माण्डीय गणराज्य में प्रकृति पर नियन्त्रण के लिए सत्व गुण प्रधान आत्मा का नियन्त्रण होता है।

यहाँ यह ध्यान देने योग्य है कि चौथे अवतार की शैली में परशुराम ने साध्य अर्थात् गणराज्य की स्थापना के लिए राजाओं का वध करना प्रारम्भ किया परन्तु इससे क्षति सहित समाज या गणराज्य की स्थिरता न बने रहने के कारण को देखते हुये दूसरे और तीसरे अवतार को शैली में दोनों असुरों और देवों के विचारों में समन्वय स्थापित कर तथा द्वितीय अवतार की शैली में जनता के सहयोग के लिए राजा का चुनाव जनता से हो और निर्णय राज्यसभा में हो, देकर ही नई व्यवस्था दी। जिसे कालान्तर में "परशुराम परम्परा" के नाम से जाना जाता गया। यह अलग बात थी कि जनता राजा के वंश से ही राजा को चुन देती थी। यह व्यवस्था उस समय के लिए नई, कल्याणकारी और कालानुसार प्रभावकारी थी इसलिए वह त्रेता और द्वापर युग तक चलती रही चूंकि व्यवस्था द्वापर युग तक रही इसलिए परशुराम का अस्तित्व भी द्वापर युग तक रहा। मनुष्यों के वर्ण में देवताओं के सभी गुण-सत्व गुण युक्त ब्राह्मण में तथा असुरों के समस्त गुण-क्षत्रिय, वैश्य और शूद्र में विभाजित हो गये थे। रज-तम गुण प्रधान वैश्य और शूद्र को ज्ञान से दूर इसलिए रखा गया था कि वे ज्ञान व समझ में नियन्त्रण में रहने वाले अपनी प्रकृति के अनुसार ही नहीं थे। इसलिए उनका नियंत्रण शारीरिक बल, आज्ञा और कानून द्वारा किया गया था। ये चारों वर्ण मूल मानव जाति से जो छठें अवतार परशुराम सहित पूर्व के पाँच अवतारों तक थे उन्हीं से विभाजित थी अर्थात् परशुराम स्वयं ब्राह्मण वर्ण में हो गये थे परिणामस्वरूप एक नेतृत्व मन या विचार से दो नेतृत्व मन या विचार-असुर और देवता के उपरान्त चार नेतृत्व मन या विचार-ब्राह्मण, क्षत्रिय, वैश्य, शूद्र का निर्माण हो गया था।

कल्कि पुराण के अनुसार भगवान परशुराम, भगवान विष्णु के दसवें अवतार कल्कि के गुरू होंगे और उन्हें युद्ध की शिक्षा देगें। वे ही कल्कि को भगवान शिव की तपस्या करके दिव्य शस्त्र प्राप्त करने के लिए कहेंगे।

भाग-2
दूसरायुग : त्रेतायुग

स. सार्वजनिक प्रमाणित पूर्ण प्रत्यक्ष अवतार

07. सातवाँ अवतार : श्रीराम अवतार - रामायण (मानक व्यक्ति चरित्र)

दूसरायुगः त्रेतायुग

सार्वजनिक प्रमाणित अदृश्य मार्ग से मन का आत्मीय केन्द्रित स्थिति अर्थात्

सार्वजनिक प्रमाणित माध्यम – प्रकृति व ब्रह्माण्ड द्वारा आत्मा पर केन्द्रित मन।

यह स्थिति त्रेतायुग की अन्तिम स्थिति है।

7. सातवां अवतार : श्रीराम अवतार
(मानक व्यक्ति चरित्र–रामायण)
सार्वजनिक प्रमाणित पूर्ण प्रत्यक्ष अवतार

दूसरायुगः त्रेतायुग
स. सार्वजनिक प्रमाणित पूर्ण प्रत्यक्ष अवतार
७. सातवां अवतार : श्री राम अवतार
(मानक व्यक्ति चरित्र-रामायण)

ईश्वर के अंश अवतार
ब्रह्मा के पूर्ण अवतार
विष्णु के अंश अवतार
महेश के अंश अवतार

शरीर धारण तिथि–
चैत्र शुक्ल पक्ष–नवमी

श्रीराम का जन्म

वैज्ञानिक तथा प्लेनिटेरियम सॉफ्टवेयर के अनुसार राम जन्म 4 दिसम्बर 7,393 ई पूर्व हुआ था, यह गणना हिन्दू कालगणना से मेल खाता है। वाल्मीकि पुराण के अनुसार राम जन्म के दिन पाँच ग्रह अपने उच्च स्थान में स्थापित थे, नौमी तिथि चैत्र शुक्लपक्ष तथा पुनर्वसु नक्षत्र था। जिसके अनुसार सूर्य मेष में 10 डिग्री, मंगल मकर में 28 डिग्री, ब्रहस्पति कर्क में 5 डिग्री पर, शुक्र मीन में 27 डिग्री पर एवं शनि तुला राशि में 20 डिग्री पर था।

वाल्मीकि तथा तुलसीदास नें अपने ग्रंथों में लिखा है कि रामजन्म मध्यान्ह में हुआ था। शोधकर्ता डा0 पी. वी वर्तक के अनुसार वाल्मीकि रामायण जैसी परिस्थितियाँ राम जन्म के दिन दोपहर 12:25 बजे दृश्य थीं।

भगवान राम का जन्म कब हुआ था? पुराण इस बारे में कुछ और कहते हैं जबकि रामायण पर आधारित शोधानुसार नई बात निकलकर सामने आई है। इस शोधानुसार 5114 ईसा पूर्व 10 जनवरी को दिन के 12:05 पर भगवान राम का जन्म हुआ।

हालांकि कुछ शोधकर्ता मानते हैं कि भगवान राम का जन्म 7323 ईसा पूर्व हुआ था। चैत्र मास की नवमी को रामनवमी के रूप में मनाया जाता है। लेकिन असल में वैज्ञानिक शोधकर्ताओं अनुसार राम की जन्म दिनांक वाल्मीकि द्वारा बताए गए ग्रह-नक्षत्रों के आधार पर प्लैनेटेरियम सॉफ्टवेयर अनुसार 4 दिसंबर 7323 ईसा पूर्व अर्थात् आज से 9339 वर्ष पूर्व हुआ था।

वाल्मीकि के अनुसार श्रीराम का जन्म चैत्र शुक्ल नवमी तिथि एवं पुनर्वसु नक्षत्र में जब पांच ग्रह अपने उच्च स्थान में थे तब हुआ था। इस प्रकार सूर्य मेष में 10 डिग्री, मंगल मकर में 28 डिग्री, ब्रहस्पति कर्क में 5 डिग्री पर, शुक्र मीन में 27 डिग्री पर, शनि तुला राशि पर 20 डिग्री पर था। (बाल काण्ड-18, श्लोक 8-9)

शोधकर्ता डा0 पी. वी वर्तक के अनुसार ऐसी स्थिति 7323 ईसा पूर्व दिसम्बर में ही निर्मित हुई थी। लेकिन प्रो0 तोबियस के अनुसार जन्म के ग्रहों के विन्यास के आधार पर राम के जन्म का 7130 वर्ष पूर्व अर्थात् 10 जनवरी 5114 ई0 पूर्व हुआ था उनके अनुसार तब भी ऐसी ही स्थिति बनी थी। तब 12 बजकर 25 मिनट पर आकाश में ऐसा ही दृश्य था जैसा वाल्मिकि रामायण में वणित है।

श्रीराम अवतार (पूर्व कथा)

प्रभुत्व को लेकर ब्राह्मण-क्षत्रियों का आपसी विवाद समाप्त हो चुका था सब लोग समझ गये थे कि धर्मसाधना तथा भगवत्प्राप्ति ही मानव-जीवन का एकमात्र लक्ष्य है। समाज की रक्षा के लिए सम्पूर्ण मानव-जाति चार वर्णों में विभक्त हो चुकी थी; सभी वर्ण अपने-अपने कार्य को स्वधर्म मानकर श्रद्धापूर्वक सम्पन्न कर रहे थे। समाज में शान्ति विराज रही थी। साधुगण ईश्वर की प्राप्ति के लिए कठोर तपस्या में लगे थे। परन्तु भगवान की कृपा के बिना उनका दर्शन नहीं मिलता; भगवान यदि स्वयं गुरू रूप में धरा पर अवतीर्ण होकर शिक्षा न दें, तो केवल

शास्त्र तथा बुद्धि के द्वारा उन्हें पाने का मार्ग नहीं मिल सकता। अतएव मनुष्य व्याकुल होकर भगवान को पुकारने लगे।

पुलस्त्य-वंशीय विश्वश्रवा के पुत्र रावण, कुम्भकर्ण तथा विभीषण ब्राह्मणोचित शास्त्र आदि की शिक्षा प्राप्त करने के बाद कठोर तपस्या में लग गये। रावण तथा कुम्भकर्ण के मन में भगवत्प्राप्ति की इच्छा न होने के कारण तपस्या के फलस्वरूप उन्हें विभिन्न प्रकार की शक्तियाँ प्राप्त हुई। शक्तिलाभ के पश्चात् वे लंका द्वीप के राजा होकर भोगसुख में दिन बिताने लगे। राक्षसी प्रकृति के सभी लोग उनके पास आ जुटे। धन-जन की दृष्टि से वह सोने की लंका हो गई; परन्तु धर्मरूपी मानव-जीवन की सार-वस्तु वहाँ नहीं रही। रावण अहंकार में उन्मत्त होकर सबको तुच्छ समझता था। उसके अनुचर भारत में जाकर ऋषि-मुनियों पर अत्याचार करने लगे। दक्षिणी भारत में अत्याचार करते-करते वे लोग विंध्य-गिरि को पार कर उत्तरी भारत के तपस्वी ब्राह्मणों के योग-यज्ञ में भी बाधाएँ उत्पन्न करने लगे। रावण इतना शक्तिशाली था कि उसके भय से कोई भी राजा इस अत्याचार का प्रतिकार नहीं कर सका। असहाय, आर्त, उत्पीड़ितों तथा साधुओं की कातर प्रार्थना भगवान तक जा पहुँची।

सूर्यवंशी महाराज दशरथ भारतवर्ष के सर्वश्रेष्ठ राजा थे। उनकी राजधानी अयोध्या आज की किसी भी नगरी की अपेक्षा सौन्दर्य तथा स्वच्छता में हीन नहीं थी। देव-द्विज के प्रति उनमें अचल भक्ति थी। यथासमय सन्तान न होने पर उन्होंने अनेक योग-यज्ञ किये। इसके फलस्वरूप उनके चार पुत्र जन्में-कौशल्या के गर्भ से श्रीराम, सुमित्रा के गर्भ से लक्ष्मण तथा शत्रुधन और कैकेयी के गर्भ से भरत। श्रीराम आयु में बड़े तथा सौन्दर्य-बल-बुद्धि आदि सब विषयों में श्रेष्ठ थे। छोटे भाई उन्हें खूब मानते थे। उपयुक्त आयु होने पर राजा ने उनकी शास्त्र तथा अस्त्र-शिक्षा की समुचित व्यवस्था की। चारों भाई चन्द्रकला की नाईं बढ़ने लगे।

विश्वामित्र मुनि अपनी तपस्या के प्रभाव से सम्पूर्ण भारत में विख्यात थे, परन्तु राक्षसगण अहंकार में उन्मत्त हो उनके तपोवन में तरह तरह के उत्पात करने लगे; यहाँ तक कि उनके लिए यज्ञ करना भी कठिन हो गया था। विश्वामित्र अपने तपोबल से जान गए कि साधुओं के परित्राण तथा दुष्कर्मियों के विनाश हेतु श्रीहरि दशरथ के घर मानव-शरीर में अवतीर्ण हुये हैं। अतः वे राक्षसों के विनाश हेतु श्रीरामचन्द्र को लेने अयोध्या आए। श्रीराम तब बालक मात्र थे, परन्तु विश्वामित्र के भय से दशरथ ने अपनी अनिच्छा के बावजूद श्रीराम तथा लक्ष्मण को राक्षस-वध के लिए उनके साथ भेजा। श्रीराम-लक्ष्मण ने ताड़का, सुबाहु आदि राक्षसों का विनाश कर अद्भुत शक्ति का प्रदर्शन किया। मायावी मारीच को श्रीराम ने एक ऐसा बाण मारा कि वह आकाश में घूमता हुआ सागर में जा गिरा। तदुपरान्त विश्वामित्र श्रीराम-लक्ष्मण को गौतम मुनि के आश्रम में ले गये। गौतम ने किसी अपराध के कारण अपनी पत्नी को शाप देकर त्याग दिया था। श्रीरामचन्द्र के कृपापूर्वक उनका शापमोचन कर देने पर गौतम ने उन्हें पुनः स्वीकार किया। पतितों का उद्धार ही तो अवतार का कार्य है।

मिथिला का राज्य भी समीप ही था। मिथिला नरेश जनक की सीता नाम की एक कन्या थी। राजा जनक ने एक विशाल लौह धनुष बनवाकर यह घोषणा की कि जो भी इस धनुष पर डोरी चढ़ा देगा, वही सीता का पति होगा। अनेक राजा-महाराजा उस धनुष पर डोरी चढ़ाने को आकर लज्जित हो लौट गये थे। लंकेश्वर रावण भी आकर उस धनुष को थोड़ा-सा टेढ़ा भर कर सका था। विश्वामित्र श्रीराम-लक्ष्मण को मिथिला ले गये। उस धनुष पर डोर चढ़ाना तो सामान्य बात थी; श्रीराम ने धनुष को नचाकर तोड़ डाला। जनक की दो तथा उनके भाई की दो पुत्रियों के साथ श्रीराम आदि चारों भाईयों का विवाह हो गया।

राजा दशरथ अब वृद्ध हो चले थे। अतः राज्यभार उन्होंने ज्येष्ठ पुत्र श्रीराम को सौंपने की इच्छा व्यक्त की। अभिषेक का सारा आयोजन हो गया। सम्पूर्ण राज्य में उत्सव चल रहा था। परन्तु सहसा एक बाधा के कारण सारा आनन्द दारूण शोक में परिणत हो गया।

एक बार दशरथ युद्ध में अत्यन्त घायल हो गये थे। उस समय रानी कैकेयी के काफी प्रयास से उन्हें आरोग्यलाभ हुआ था। उस समय दशरथ द्वारा दो वर देने की इच्छा व्यक्त करने पर कैकेयी ने कहा था कि जब जरूरत होगी तो माँग लेंगी। अब उन्होंने अपने एक वर के द्वारा श्रीराम को चौदह वर्ष के लिए वनवास तथा दूसरे वर से भरत को राजा बनाने की इच्छा प्रकट की। अब सत्य की रक्षा करे या पुत्र की-दशरथ इसका निर्णय करने में

असमर्थ होकर बड़े कातर हुये। यह समाचार सुनते ही श्रीराम ने संन्यासी का वेश धारण किया और अयोध्या से निकल पड़े। उनके साथ सीता और लक्ष्मण भी गए। पुत्रशोक में दशरथ का देहावसान हो गया।

भरत उस समय मामा के घर थे। घर लौटकर यह भयानक समाचार पाते ही वे मर्माहत हुये। माता को खूब खरी-खोटी सुनाने के बाद वे श्रीराम को वापस लाने चले। राज्य की समस्त प्रजा भी उनके साथ श्रीराम को लौटा लाने गई। परन्तु श्रीराम किसी भी हालत में पिता का वचन भंग करने को तैयार नहीं हुये। आखिरकार भरत श्रीराम की एक जोड़ी खड़ाऊँ लेकर लौटे। उस खड़ाऊँ को सिंहासन पर रखकर वे संन्यासी के वेश में प्रतिनिधि के समान राज्य चलाने लगे।

श्रीराम ने पहले तो जाकर चित्रकूट पर्वत पर निवास किया और उसके बाद दस वर्ष दण्डकारण्य में शरभंग, सुतीक्ष्ण, अगस्त्य आदि सैकड़ों मुनियों के साथ धर्मचर्चा में बिताए। मुनिगण उनकी कृपा से ईश्वर का दर्शन पाकर कृतार्थ हुये। तदुपरान्त उन्होंने पंचवटी नामक एक अत्यन्त सुन्दर स्थान में अपने निवास हेतु एक कुटीर का निर्माण किया।

दण्डकारण्य में उन्होंने विराध आदि केवल दो-चार दुष्टों का ही संहार किया। वहाँ कोई विशेष युद्ध नहीं हुआ। शूपर्णखा नामक रावण की बहन ने पंचवटी में आकर श्रीराम तथा लक्ष्मण के समक्ष विवाह का प्रस्ताव रखा। तेजस्वी लक्ष्मण ने नाराज होकर शूपर्णखा के नाक व कान काट लिए। इसी पर उनका रावण के साथ मनोमालिन्य हुआ। रावण एक दिन छद्म वेश में आकर सीता को उठा ले गया।

वन में सीता को खोजते-खोजते श्रीराम-लक्ष्मण की सुग्रीव तथा हनुमान के साथ भेंट हुई। प्रथम दर्शन के बाद से ही सुग्रीव तथा हनुमान श्रीराम के बड़े अनुरागी हो गये। सुग्रीव के भाई बाली किष्किन्धा के राजा थे। किसी कारणवश विवाद हो जाने पर बाली ने सुग्रीव को राज्य से बाहर खदेड़ दिया था। सुग्रीव तभी से हनुमान आदि कुछ मित्रों के साथ वन-वन भटक रहे थे। श्रीराम के साथ उनकी मित्रता हो गई। श्रीराम ने प्रतिज्ञा की कि वे बाली को मारकर सुग्रीव को किष्किन्धा का राजा बनाएँगे और सुग्रीव ने प्रतिज्ञा की कि वे सीता की खोज कराकर उन्हें श्रीराम के पास पहुँचा देंगे।

श्रीराम ने बाली को मारकर सुग्रीव को किष्किन्धा का राजा बना दिया। सुग्रीव ने भी वानरकुल के सैकड़ों लोगों को सीता की खोज में चारों ओर भेजा। काफी तलाश के बाद हनुमान लंका द्वीप गए, सीता को देखा और लौटकर समाचार दिया। फिर श्रीराम, लक्ष्मण तथा सुग्रीव ने अपनी वानर सेना के साथ लंका पर आक्रमण कर दिया। वानर दक्षिणापथ की एक पर्वतीय जाति है। वे लोग धनुष के द्वारा युद्ध करना नहीं जानते थे, परन्तु उनके शरीर में प्रचण्ड बल था। वे लोग पत्थर तथा वृक्षों की डाल फेंककर शत्रुओं पर प्रहार करते थे। असंख्य वानरों ने लंका को घेर लिया। विभीषण बड़े धर्मपरायण थे। उन्होंने रावण को श्रीराम के साथ सन्धि कर लेने की सलाह दी। रावण इस बात पर बड़ा ही क्रुद्ध हुआ और उसने लात मारकर विभीषण को सभा से बाहर निकाल दिया। अपमानित होकर विभीषण श्रीराम की ओर जा मिले। दस महीनों तक युद्ध होने के बाद रावण के पक्ष में कोई भी पुरूष नहीं बचा। सीता का उद्धार हुआ। विभीषण लंका के राजा हुये।

चौदह वर्ष पूरा हो जाने पर श्रीराम अयोध्या लौट आए। अयोध्या में आनन्दोत्सव मनाया जाने लगा। अयोध्या नगरी स्वर्ग में परिणत हुई। अब भी लोग उसे "श्रीरामराज्य" कहते है। जब स्वयं भगवान ही राजा हों, तो वह राज्य ही तो वैकुण्ठ होगा।

परन्तु सुख के साथ दुःख भी लगा ही रहता है। दुष्ट लोग कहने लगे, जो स्त्री एक राक्षस के साथ चली गई थी, श्रीराम ने उसे फिर लाकर क्यों पटरानी बना दिया? यह बात श्रीराम के भी कानों तक पहुँची। श्रीराम ने प्रजा को सन्तुष्ट करने के लिए अपने प्राणों से भी प्रिय सती साध्वी सीता को वाल्मीकि के तपोवन में भेज दिया। उस समय सीता गर्भवती थी; तपोवन में उनके दो जुड़वे पुत्र हुये। वाल्मीकि ने उनका नाम कुश तथा लव रखा। वे बड़े यत्नपूर्वक इनका पालन करते हुये यथाविधि शिक्षा प्रदान करने लगे। वाल्मीकि मुनि ने श्रीराम के बारे में एक काव्य लिखा और लव-कुश को उसे सुरसहित गाना सिखा दिया।

इधर श्रीराम ने एक यज्ञ किया और उसी उपलक्ष्य में अयोध्या में एक बड़ा उत्सव हुआ। लव तथा कुश ने राजसभा में रामायण गाकर सबको मुग्ध कर लिया। उन दिनांक संगीतकला की उतनी उन्नति नहीं हुई थी। बालकों के मुख से रामायण गायन सुनकर उस समय के लोगों को बड़ा आश्चर्य हुआ। दोनों बालकों को लेकर हलचल मच गई। उनका परिचय अब छिपा न रह सका। श्रीराम ने सीता को वाल्मीकि के तपोवन से बुलवाया। श्रीराम का दर्शन करने के पश्चात् सीता समाधियोग से देहत्याग कर चली गई।

एक दिन एक तपस्वी ने आकर श्रीराम से कहा कि वे उन्हें एक गोपनीय बात बताना चाहते है; परन्तु किसी की उपस्थिति में वह बात नहीं हो सकती; बातचीत के दौरान यदि कोई आ पड़े, तो श्रीराम उसका वध या त्याग करने को राजी हों, तभी तपस्वी अपनी बात कहेंगे। श्रीराम इस पर सहमत हुये और लक्ष्मण को पहरे पर नियुक्त कर दिया। परन्तु दुर्भाग्यवश महाक्रोधी दुर्वासा मुनि ने उसी समय आकर श्रीराम से मिलने की इच्छा व्यक्त की। बड़ी समस्या थी। लक्ष्मण धर्मसंकट में पड़े-दुर्वासा नाराज हुये, तो सम्भव है कि राज्य भर को शाप दे दें। अतः "अपने को जो होना है हो"-यह सोचकर लक्ष्मण तपस्वी की बात पूरी होने के पूर्व ही श्रीराम के सम्मुख जा पहुँचे। अतः श्रीराम उनका त्याग करने को बाध्य हुये। लक्ष्मण सरयू नदी में प्रविष्ट होकर समाधियोग से वैकुण्ठ चले गए।

सीता और लक्ष्मण के शोक में श्रीराम, भरत तथा शत्रुधन सभी ने मानव-देह त्याग दिया। अयोध्या के लोगों का श्रीराम के साथ इतना लगाव था कि बहुत से लोग श्रीराम को छोड़कर नहीं रह सके और उनके चिन्तन में देह त्यागकर बैकुण्ठ चले गए, क्योंकि श्रीराम पूर्णब्रह्म भगवान थे।

सार्वभौम सत्य-सिद्धान्त अनुसार कथा

अदृश्य काल के सार्वजनिक प्रमाणित काल में सार्वजनिक प्रमाणित अदृश्य प्राकृतिक चेतना से युक्त यज्ञ आधारित त्रेता युग में विष्णु के सातवें अवतार-श्री राम अवतार तक वेद, सहिंता, ब्राह्मण, अरण्यक, मूल उपनिषद्, वेदांग अर्थात् सूत्र सहित्य: शिक्षा कल्प-व्याकरण-निरूक्त-छन्द-ज्योतिष, कल्प सूत्र साहित्य: श्रोत शुल्क-गृह्य-धर्म, व्यक्त बहुदेववाद; अव्यक्त ऐकेश्वरवाद तथा अधिकतम पुराण रचना ऋषि-मुनियों, क्षत्रिय राजाओं द्वारा कर्म करते-करते उत्पन्न व्यावहारिक ज्ञान और चिन्तन द्वारा ये साहित्य पूर्ण किये जा चुके थे। जिसमें व्यक्ति के पूर्ण जीवन के लिए चार आश्रम-ब्रह्मचर्य, गृहस्थ, वानप्रस्थ और सन्यास की भी व्यवस्था थी। समाज के पूर्णता के लिए परशुराम अवतार काल के वर्णाश्रम-ब्राह्मण, क्षत्रिय, वैश्य और शूद्र के अपने-अपने गुण व कर्म आधारित उपविभाग जातियों अर्थात् कई नेतृत्व मनों या विचारों में बँटना प्रारम्भ हो गया था। परन्तु तब तक ये समाज को अपना प्रभाव नहीं डाले थें। "परशुराम परम्परा" कुछ राजाओं द्वारा स्थापित किये जा चुके थे। कुछ इसे स्वीकार न करने के लिए दृढ़ हो गये थे। साहित्यों के पूर्ण स्थापित प्रभाव वाले क्षेत्र अयोध्या के राजा दशरथ के यहाँ राम का जन्म हुआ जो पूर्णतया आविष्कृत ज्ञान साहित्यों द्वारा ब्रह्मचर्य आश्रम में संस्कारित किये गये। राम के कर्तव्य पथ का समय होते ही श्रद्धेय श्रेष्ठ जनों माता-कैकेयी और पिता राजा दशरथ द्वारा चौदह वर्ष वनवास (साथ में पत्नी-सीता और भाई-लक्ष्मण स्वेच्छा से) के समय राजा बलि और राजा रावण के वध के उपरान्त लंका तक "परशुराम परम्परा" का प्रसार राम ने किया। साथ ही उन्होंने दो यज्ञ-आयोजनों की परम्परा स्थापित की। प्रथम-नये राजा के पद सम्भालने पर अन्य राजाओं के साथ विचार-विमर्श हेतु राजसूय यज्ञ। दूसरा-अश्वमेघ यज्ञ जो अपनी व्यवस्था की सर्वोच्चता की घोषणा का प्रतीक होता था। अश्वमेघ यज्ञ में सर्वोच्चता का प्रतीक घोड़ा छोड़ा जाता था जो घोड़ा पकड़कर युद्ध में पराजित कर देता था उसे राजा बना दिया जाता था। राम द्वारा छोड़े गये घोड़े को "लव" और "कुश" नाम के दो शुद्धात्मा बालक ने घोड़े के पकड़कर राम की सेना को लगभग हरा चुके थे। परन्तु बालकों की माता सीता जिन्हें राम द्वारा वर्णाश्रम विभाजित गुण एवं कर्मों पर आधारित जाति के प्रभाव में आकर वनगमन दिया गया था, की उपस्थिति द्वारा एक-दूसरे के पिता-पुत्र रूप में परिचय के उपरान्त यह युद्ध रूक गया।

ईश्वर के सातवें प्रत्यक्ष अंशावतार तथा ब्रह्मा (एकात्म ज्ञान व वाणी) के पूर्णावतार के रुप में व्यक्त श्रीराम का मुख्य गुण आदर्श पारिवारिक व्यक्ति का चरित्र तथा अवतारी गुण में "परशुराम परम्परा" का प्रसार था। "परशुराम परम्परा", ईश्वर के छठें प्रत्यक्ष अंशावतार श्री परशुराम द्वारा व्यक्तिवादी (असुर) और समाजवादी (सुर)

दोनों के मिश्रित व्यवस्था द्वारा दी गयी वह साकार शरीर आधारित व्यवस्था है। जिसके अनुसार श्रीराम के नाम को बेचने वाले सिर्फ उनके नाम से मन्दिर तथा चरित्र की बात करते हैं उनके मूल कार्य-"परशुराम परम्परा" का नाम ही नहीं लेते। श्रीराम की कार्य शैली पूर्णतः प्रकृति और व्यक्ति द्वारा निर्मित परिस्थितियों के अधीन थी।

यहाँ ध्यान देने योग्य यह है कि राम सार्वजनिक प्रमाणित अदृश्य प्राकृतिक चेतना अर्थात् दृश्य मानव निर्मित परिस्थितियों में प्राथमिकता के साथ वर्तमान में कार्य करना, से युक्त थे। क्योंकि उनका सम्पूर्ण कार्य उस समय पूर्ण हुआ जब उन पर उनके श्रद्धेय श्रेष्ठ जन का आज्ञा पालन उनकी विवशता बन गयी थी। चूंकि राम के पूर्व का युग, सतयुग और उनके श्रद्धेय श्रेष्ठजन भी सत्य रूप थे इसलिए उनका आदेश राम के लिए मानना आवश्यक बन गया। परिणामस्वरूप राम का मार्ग "आर्दश चरित्र" और "सत्य मार्ग" ही एक मात्र था। अर्थात् इस काल में श्रेष्ठजनों का प्रभाव पुत्रों या आश्रितों पर पड़ना शुरू हो गया था। मूल रूप से राम काल में रक्त-सम्बन्ध ठीक था सिर्फ राज्य सम्बन्ध ही खराब थे। नारी में अपने पराये का भाव कैकेयी द्वारा जन्म लेकर तथा धोबी के बातों से सीता के वनगमन द्वारा रिश्ता सम्बन्ध और समाज पर जाति के प्रभाव का बीज पड़ चुका था। राम काल में ही प्रेम और समर्पण आधारित भक्ति का बीज दास्य और सख्य प्रेम के रूप में पूर्ण व्यक्त हो चुका था। "परशुराम परम्परा" में भी अपूर्णता थी इसका प्रमाण शुद्धात्मा बालकों "लव और कुश" द्वारा अश्वमेघ यज्ञ में छोड़े गये घोड़े को पकड़ युद्ध करने से व्यक्त होता है। सीता का मन पूर्ण सुखमय गृहस्थ जीवन न पाने के कारण अपूर्ण रह गया था। लक्ष्मण का मन अपने बड़े भाई के कारण इच्छाओं के दमन के कारण अपूर्ण रह गया था। लक्ष्मण की पत्नी उर्मिला का मन पहले पति का साथ के लिए अपूर्ण रहा जो चौदह वर्ष बाद पूर्ण हुआ परन्तु लक्ष्मण की भाँति राम और सीता की सेवा के लिए अपूर्ण रह गया। "लव और कुश" की शुद्धात्मा मन भी "परशुराम-परम्परा" में सुधार के लिए अपूर्ण रह गया। राम और सीता के सानिध्य, प्रेम-सख्य व दास के लिए अनेकों नर-नारियों के मन भी अव्यक्त रहकर ही अपूर्ण हो गये थें।

राम का कार्य मुख्य रूप से गणराज्य व्यवस्था के प्रसार व स्थापना पर आधारित रहा जो उन्होंने अवतारी (सार्वभौम सत्य-सिद्धान्त से युक्त संयुक्त) कार्य के आगे कार्य किये इसलिए उन्हें अवतार कहा गया।

शासक और मार्गदर्शक आत्मा सर्वव्यापी है। इसलिए एकात्म का अर्थ संयुक्त आत्मा या सार्वजनिक आत्मा है। जब एकात्म का अर्थ संयुक्त आत्मा समझा जाता है तब वह समाज कहलाता है। जब एकात्म का अर्थ व्यक्तिगत आत्मा समझा जाता है तब व्यक्ति कहलाता है। व्यक्ति (अवतार) संयुक्त आत्मा का साकार रुप होता है जबकि व्यक्ति (पुनर्जन्म) व्यक्तिगत आत्मा का साकार रुप होता है। शासन प्रणाली में समाज का समर्थक दैवी प्रवृत्ति तथा शासन व्यवस्था प्रजातन्त्र या लोकतन्त्र या स्वतन्त्र या मानवतन्त्र या समाजतन्त्र या जनतन्त्र या बहुतन्त्र या स्वराज कहलाता है और क्षेत्र गण राज्य कहलाता है ऐसी व्यवस्था सुराज कहलाती है। शासन प्रणाली में व्यक्ति का समर्थक असुरी प्रवृत्ति तथा शासन व्यवस्था राज्यतन्त्र या राजतन्त्र या एकतन्त्र कहलाता है और क्षेत्र राज्य कहलाता है ऐसी व्यवस्था कुराज कहलाती है। सनातन से ही दैवी और असुरी प्रवृत्तियों अर्थात् दोनों तन्त्रों के बीच अपने-अपने अधिपत्य के लिए संघर्ष होता रहा है। जब-जब समाज में एकतन्त्रात्मक या राजतन्त्रात्मक अधिपत्य होता है तब-तब मानवता या समाज समर्थक अवतारों के द्वारा गणराज्य की स्थापना की जाती है। या यूँ कहें गणतन्त्र या गणराज्य की स्थापना-स्वस्थता ही अवतार का मूल उद्देश्य अर्थात् लक्ष्य होता है शेष सभी साधन अर्थात् मार्ग।

रावण राज्य, व्यक्ति का समर्थक असुरी प्रवृत्ति तथा शासन व्यवस्था राज्यतन्त्र या राजतन्त्र या एकतन्त्र था। रावण इस कारण ही असुर की श्रेणी में रखे गये न कि माँस-मदिरा के प्रयोग के कारण। तामसिक प्रवृत्ति से युक्त रावण एक ज्ञानी ब्राह्मण थे।

"परशुराम परम्परा (अवतारी परम्परा)" के प्रचार-प्रसार और स्थापना के लिए निकले श्रीराम जिसका माध्यम था-वनवास, के दौरान रावण की बहन सुपर्णखा से दुव्र्यवहार के कारण रावण ने श्रीराम की पत्नी सीता का हरण कर अपनी ताकत का प्रदर्शन किया था। इस कारण श्रीराम-रावण युद्ध हुआ और श्रीराम की विजय हुयी। फलस्वरूप रावण के राज्य लंका में "परशुराम परम्परा" की स्थापना हुयी।

हिन्दू धर्म में पुराणों के अनुसार शिवजी जहाँ-जहाँ स्वयं प्रगट हुए उन बारह स्थानों पर स्थित शिवलिंगों को ज्योतिर्लिंगों के रूप में पूजा जाता है। ये संख्या में 12 है। 12 ज्योतिर्लिंगों के नाम शिव पुराण (शतरुद्र संहिता, अध्याय 42/2-4) के अनुसार हैं। जिनकी अपनी-अपनी कथाएँ भी हैं। एक मतानुसार बारह ज्योतिर्लिंगों को बारह राशियों से जोड़कर भी देखा जाता है। ये राशियां इस प्रकार से हैं-1.मेष-सोमनाथ, 2.वृष-श्रीशैल, 3.मिथुन-महाकाल, 4.कर्क-अमलेश्वर, 5.सिंह-वैद्यनाथ, 6.कन्या-भीमशंकर, 7.तुला-रामेश, 8.वृश्चिक-नागेश, 9.धनु-विश्वेशं, 10.मकर-त्र्यम्बकं, 11. कुंभ-केदार, 12. मीन-घृष्णेशं। ये राशियां चंद्र राशि समझें।

साधारण भाषा व सार्वभौम परिभाषा के रूप में जिन शिवलिंगों की कथा पौराणिक या अवतारों की कथा से जुड़ी होती है सिर्फ वही ज्योर्तिलिंग की योग्यता रखते हैं।

श्रीवैद्यनाथ ज्योतिर्लिङ्ग-झारखंड देवघर जिला (झारखंड) राज्य के संथाल परगना क्षेत्र में जसीडीह स्टेशन के पास देवघर (वैद्यनाथधाम) नामक स्थान पर श्रीवैद्यनाथ ज्योतिर्लिङ्ग सिद्ध होता है, क्योंकि यही चिताभूमि है। महाराष्ट्र में पासे परभनी नामक जंक्शन है, वहां से परली तक एक ब्रांच लाइन गयी है, इस परली स्टेशन से थोड़ी दूर पर परली ग्राम के निकट श्रीवैद्यनाथ को भी ज्योतिर्लिङ्ग माना जाता है। परंपरा और पौराणिक कथाओं से देवघर स्थित श्रीवैद्यनाथ ज्योतिर्लिङ्ग को ही प्रमाणिक मान्यता है। जो रावण की एक कथा से सम्बन्धित है।

ज्योतिर्लिङ्ग के इतिहास में पहली बार ऐसा हुआ है कि श्रीराम-रावण की कथा में रावण को खलनायक पक्ष में रखने के बावजूद उनकी कथा से भी जुड़ा ज्योतिर्लिङ्ग है और वह श्रीराम के ज्योतिर्लिङ्ग से पहले ही स्थापित था। जो यह सिद्ध करता है कि रावण में कमी के रूप में उसका एकतन्त्रात्मक सोच और शासन थी। वर्तमान स्थिति में भी देखा जाये तो किसी की बहन के साथ दुर्व्यवहार का परिणाम ही तो युद्ध था।

शास्त्र रचना, मानव मन को सार्वभौम एकात्म करने के लिए लिखी जाती रहीं हैं। मानव मन के विभिन्न रूप ही उसके अलग-अलग पात्र होते हैं जो अन्य शरीर में स्थापित हो व्यक्त रहते हैं। रामायण, मानव मन के सर्वोच्च ज्ञानी मन के दो मूल रूप व्यक्तिवाद और सार्वभौमवाद के आधार पर स्थापित है। रावण, व्यक्तिवाद के और राम, सार्वभौमवाद के प्रतीक हैं जबकि ज्ञान में दोनों बराबर हैं। व्यक्तिवाद के कारण रावण खलनायक पक्ष में और सार्वभौमवाद के कारण राम नायक पक्ष में हैं। जबकि "सार्वभौम मैं (सार्वभौम आत्मा)" जो दोनों में विद्यमान है, वो या तो व्यक्तिवाद और सार्वभौमवाद से मुक्त है या बद्ध है, और वह नायक भी है, खलनायक भी है।

भाग-3
तीसरायुग : द्वापरयुग

द. व्यक्तिगत प्रमाणित पूर्ण प्रेरक अवतार

08. आठवाँ अवतार : श्रीकृष्ण अवतार - महाभारत (मानक सामाजिक व्यक्ति चरित्र)

तीसरायुग : द्वापरयुग

व्यक्तिगत प्रमाणित दृश्य मार्ग से मन का आत्मीय केन्द्रित स्थिति अर्थात्

व्यक्तिगत प्रमाणित व्यक्ति व भौतिक वस्तु माध्यम द्वारा आत्मा पर केन्द्रित मन।

यह स्थिति द्वापर युग की अन्तिम स्थिति है।

8. आठवां अवतार : श्रीकृष्ण अवतार
(मानक सामाजिक व्यक्ति चरित्र–महाभारत)
व्यक्तिगत प्रमाणित पूर्ण प्रेरक अवतार

तीसरायुगः द्वापरयुग
द. व्यक्तिगत प्रमाणित पूर्ण प्रेरक अवतार
८. आठवां अवतार : श्री कृष्ण अवतार
(मानक सामाजिक व्यक्ति चरित्र-महाभारत)

ईश्वर के अंश अवतार	शरीर धारण तिथि–
ब्रह्मा के पूर्ण अवतार	भाद्रपद कृष्ण पक्ष–अष्टमी
विष्णु के पूर्ण अवतार	
महेश के अंश अवतार	

श्रीकृष्ण अवतार (पूर्व कथा)

इस जगत् में कुछ भी ज्यादा दिन नहीं चलता। रामराज्य भी कुछ काल बाद स्वार्थ राज्य में परिणत हुआ। राजागण स्वेच्छाचारी हो गए और आपस में लड़-झगड़कर प्रजा का सर्वनाश करने लगे। शास्त्र के नियम उठ गये और उनका स्थान विभिन्न प्रकार के कुत्सित लोकाचारों ने ले लिया। लोग अन्धे के समान उन सब नियमों का पालन कर अधः पतित होने लगे; बड़े बड़े पण्डित तथा धार्मिक जन भी उन नियमों के हाथ से नहीं बच सके। समाज में, परिवार में और धर्म में मनुष्य को कोई स्वाधीनता नहीं रह गई।

युधिष्ठिर के समान धार्मिक व्यक्ति ने भी जुए के खेल में अपने भाई तथा पत्नी को धन-दौलत के समान दाँव पर लगा दिया था। भरी सभा में द्रौपदी के चीरहरण का प्रयास हुआ। भीष्म, द्रोण, भीम, अर्जुन-कोई भी प्रतिवाद करने का साहस नहीं दिखा सका, जबकि वे भारत-विख्यात वीर पुरूष थे। यदुवंशियों ने नशे की हालत में एक-दूसरे का वध कर डाला। इन सारी घटनाओं के द्वारा स्पष्ट रूप से समझा जा सकता है कि समाज कितने परिमाण में दुर्नीतियों का शिकार हो चुका था।

मनुष्य को शान्ति का पथ दिखाने के लिए इस बार श्रीहरि ने बलराम और कृष्ण रूप धारण किया। परन्तु केवल श्रीकृष्ण को ही अवतार कहा जाता है, बलराम की दशावतारों में गणना नहीं होती है। यद्यपि दोनों की लीला अभेद है, यथापि हम यथासाध्य प्रचलित मत का ही अनुसरण करेंगे।

भोजवंशीय अभिजित राजा के पुत्र आहुक बड़े प्रतापवान राजा थे। उनके दो पुत्र थे - देवक और उग्रसेन। कृष्ण की माता देवकी देवक की पुत्री थी। यदुवंशीय वसुदेव के साथ देवकी का विवाह हुआ। उग्रसेन का पुत्र कंस अपने पिता को बन्दी बनाकर स्वयं राजा हो गया। उसके दुराचार और अत्याचार से सभी त्रस्त थे। देवकी के विवाह के समय देववाणी हुई कि उनकी आठवीं सन्तान कंस का वध करेगी। कंस यह सुनते ही देवकी का वध करने को अद्यत हुआ। वसुदेव ने बड़ी कठिनाई से उसे इस हत्या से विरत किया और उसके सामने प्रतिज्ञा की कि देवकी के गर्भ से जन्मी प्रत्येक सन्तान वे कंस के हाथों सौंपते जाएँगे। इसके बावजूद कंस ने अपनी बहन तथा बहनोई को कारागार में बन्द करके रख दिया।

वसुदेव की रोहिणी नाम की एक अन्य पत्नी भी थी; वसुदेव कारागार में थे, अतः रोहिणी असहाय होकर अपने मित्र नन्द-गोप के यहाँ व्रज में निवास करने लगीं। देवकी के गर्भ से एक-एक कर छह सन्तानों ने जन्म लिया। कंस प्रत्येक नवजात शिशु की हत्या करता गया। सप्तम गर्भ की सन्तान दैवी उपाय से रोहिणी के पास पहुँच गई। सबको लगा कि सातवें मास देवकी का गर्भ नष्ट हो गया है। उसी से ये तीसरे राम - बलराम उत्पन्न हुए। देवकी के अष्टम गर्भ से श्रीकृष्ण ने जन्म लिया। वसुदेव ने बड़ी कुशलता से नन्द-पत्नी यशोदा की नवजात कन्या के साथ श्रीकृष्ण को बदल दिया। कंस ने उसी कन्या की हत्या करने के बाद अपनी बहन तथा बहनोई को मुक्त कर दिया।

बलराम और कृष्ण नन्द की सन्तानों के रूप में पलने लगे। शैशव काल से ही उनके चरित्र में असाधारण विशेषताएँ व्यक्त होने लगी थीं। कृष्ण का रंग साँवला और बलराम का वर्ण गोरा था। देखने में अत्यन्त

सुन्दर, अदम्य बलशाली और बुद्धि-व्यवहार में विज्ञ होने के कारण गोप-गोपिकाएँ उन्हें अपनी सन्तानों से भी अधिक स्नेह करते थे। व्रज के ग्वाल-बाल उन्हें छोड़कर क्षण भर भी नहीं रह पाते थे। गाय चराते समय वे नित्य नये खेल तथा मनोरंजन के उपाय निकालकर गोप-बालकों को आनन्दित करते थे। वन में विभिन्न प्रकार के हिंसक जन्तु थे, बलराम-कृष्ण ने उनका संहारकर व्रजभूमि को निरापद किया। दीर्घकाल तक निवास के फल-स्वरूप ब्रजभूमि में अच्छी घास का अभाव हो गया था। फिर उन दिनों लकड़बग्धों का भी उपद्रव बढ़ गया था। उन्होंने प्रस्ताव रखा, "यमुना के तट पर वृन्दावन नामक एक स्थान है। जैसा वह देखने में सुन्दर है, वैसे ही वहाँ घास की भी प्रचुरता है; वहाँ स्थानान्तरित हो जाने पर गोपवृन्द को हर प्रकार से सुविधा होगी।" बलराम-कृष्ण के उत्साहित करने पर ब्रजवासी वृन्दावन चले गए। इस प्रकार उन्होंने सभी विषयों में नवीनता और उन्नति का मार्ग दिखाकर गोप जाति में नवजीवन का संचार किया।

एक दिन गायें वन के भीतर चर रही थीं और ग्वाल-बाल खेल में मग्न थे। उसी समय जंगल में दावानल जल उठा। देखते-ही-देखते हवा के झोकों से आग चारों ओर फैल गयी। गायें भयभीत होकर इधर-उधर भागने लगीं और इस प्रकार संकट में और भी वृद्धि हो गयी। बलराम तथा कृष्ण असीम साहस और धैर्य का परिचय देते हुए गायों तथा गोपबालों को धीरे-धीरे एकत्र कर वन से बाहर ले आए।

वृन्दावन के निकट एक सरोवर था, जिसमें अनेक काले-काले विषधर साँप निवास करते थे और चरते-चराते किसी गाय या गोपबाल के उधर जाते ही उसे काट लेते थे। बाल-गोपालों की सहायता से बलराम-कृष्ण ने उन साँपों को मारकर असीम साहस दिखाया। प्रलम्ब तथा धेनुक नामक दो वन्य जन्तुओं को बलराम ने अकेले ही मार डाला। पुराणों में अनेक असुरों के वध की बातें हैं, पर वे इतनी अद्भुत तथा असम्भव लगती हैं कि उन पर विश्वास नहीं किया जा सकता। सार रूप में कहा जा सकता है कि बलराम-कृष्ण ने बाल्यकाल से ही ऐसे बल, बुद्धि एवं साहस का प्रदर्शन किया कि लोगों ने उनके विषय में अनेक असम्भव घटनाओं की कल्पना कर डाली थीं।

शान्त स्वभाव गोप कुल के नवजागरण तथा बलराम-कृष्ण की अपूर्व कीर्ति-कथा विभिन्न प्रकार से अतिरंजित होकर कंस के कानों में भी जा पहुँची। पश्चिमी भारत उसके प्रताप से कम्पित हो रहा था। अपने घर के पास ही गोपगण जाग उठे हैं - यह समाचार वह पचा नहीं सका। देवकी के सभी सन्तानों का तो वह अपने ही हाथों संहार कर चुका था, तो फिर ये दो बालक कहाँ से आ टपके! विभिन्न प्रकार की आशंकाओं से उसका मन आन्दोलित एवं ईर्ष्र्या से दग्ध हो उठा। गोपकुल का गर्व चूर किये बिना उसे शान्ति नहीं मिल सकती थी। परन्तु अपने पिता को उसने बन्दी बना लिया था, भानजों की हत्या कर डाली थी और सैकड़ों प्रकार से लोगों पर अत्याचार करने के कारण कोई भी उसका मित्र नहीं रह गया था। अत्याचारी का मान बड़ा दुर्बल होता है। उसे प्रकट रूप से गोपों के साथ शत्रुता करने का साहस नहीं हुआ। उसने एक चाल का सहारा लिया।

कंस एक यज्ञ का आयोजन करने लगा। वृन्दावन के गोपगण उसी की प्रजा थे, अतः उसने यज्ञ के उपलक्ष्य में करस्वरूप उन्हें दूध-दही लाने का आदेश दिया। अक्रूर को इस समाचार के साथ वहाँ भेजा गया। कंस ने अकेले में अक्रूर को बता दिया था कि छल-बल से या चाहे जैसे भी हो बलराम-कृष्ण को मथुरा ले आना होगा। अक्रूर भी कंस के मित्र न थे, उन्होंने सारी बातें बलराम-कृष्ण को बता दीं। उस समय दोनों भाइयों की आयु सोलह वर्ष से भी कम थी।

नन्द आदि गोपगण राजा का आदेश पाकर दूध-दही लिए मथुरा आये। बलराम-कृष्ण ने भी अपने ग्वाल-बाल मित्रों के साथ उत्सव देखने के निमित्त उनका अनुगमन किया। राजधानी में पहुँचकर वे लोग डकैतों के समान लूट-पाट करने लगे। उनका सौन्दर्य तथा साहस देखकर नागरिकों का ध्यान उनकी ओर आकृष्ट हुआ। माली विभिन्न प्रकार के पुष्प तथा मालाएँ लेकर राजमहल में जा रहा था। उन लोगों ने माली से वह सब छीनकर स्वयं पहन लिया और आनन्द मनाने लगे। धोबी राजा के पोशाक आदि लेकर जा रहा था, इन लोगों ने उसे लूटकर स्वयं धारण कर लिया। इन दो बालकों में क्या ही असीम साहस था! जिस कंस के भय से सभी संत्रस्त रहते थे, ये लोग उसी की राजधानी में उसी की वस्तुएँ छीन-झपट रहे थे। जैसा कि स्वाभाविक था, सारा समाचार कंस तक जा पहुँचा। कंस क्रोध में पागल-सा हो गया।

उत्सव के निमित्त राजसभा में भी विभिन्न प्रकार के आमोद-प्रमोद की व्यवस्था हुई थी। कंस ने कुवलयापीड़ नामक एक पागल हाथी को मुख्य द्वारा पर खड़ा कराने के बाद, बलराम तथा कृष्ण को उत्सव दिखाने के बहाने बुलावा देकर उसी रास्ते ले आने की व्यवस्था भी कर दी थी। महावत को बता दिया था कि वह उन्हें हाथी के पैरों तले रौंद डाले। यदि वे किसी प्रकार हाथी से बच भी निकले, तो फिर उन्हें मारने की एक अन्य व्यवस्था भी थी। उसकी सभा में अनेक पहलवान थे, जिसमें चाणूर तथा मुष्टिक सर्वप्रधान थे। कंस ने उन्हें बता रखा था कि बलराम-कृष्ण के दरबार में आते ही उन्हें कुश्ती लड़ने की चुनौती देकर मार डालना होगा। चौदह-पन्द्रह वर्ष के दो बालकों को मारने के लिए बड़ी पक्की ही व्यवस्था हुई थी।

बलराम-कृष्ण उत्सव देखने के लिए राजसभा की ओर चले। सिंहद्वार पर कुवलयापीड़ ने उन पर आक्रमण किया। असीम बलशाली राम क्षण भर में ही हाथी के पीछे जा पहुँचे और उसकी पूँछ पकड़कर खींचने लगे। हाथी के जी-जान से आगे बढ़ने का प्रयास करने पर बलराम ने अचानक ही उसे छोड़ दिया और साथ ही हाथी लुढ़ककर धरती पर गिर पड़ा। कृष्ण सामने ही थे। वे उछलकर उसके मस्तक पर चढ़ गए और पाद-प्रहार के द्वारा उसकी खोपड़ी का कचूमर निकाल दिया। इसी बीच बलराम भी दौड़कर आए और हाथी के दोनों दाँत उखाड़कर दोनों हाथों से उसे उसके शरीर में चुभोने लगे। हाथी भयानक स्वर में चीत्कार करने लगा। चारों ओर सैकड़ों लोग एकत्र होकर काफी शोरगुल मचाने लगे। हाथी के प्राण-पखेरू उड़ गए।

इसके पूर्व भी वे नगर में हलचल मचा चुके थे और इस घटना से राज्यसभा में उपस्थित सभी लोगों की दृष्टि उनकी ओर आकृष्ट हुई। सभी इन दोनों भाइयों को देखने दौड़े। सैकड़ों लोग उन्हें घेरकर तरह-तरह के प्रश्न पूछने लगे। एक साँवले तथा दूसरे गौर वर्ण होने पर भी दोनों भाई रक्त से लाल हो गए थे, हाथों में हाथी के दाँत थे, कपड़े से कमर कसे हुए थे - इसी अवस्था में सैकड़ों नागरिकों से घिरे हुए वे सभा में प्रविष्ट हुए। बालकों की मनोहर मूर्ति और भी मनोहर होकर सबके हृदय में स्नेह का संचार कर रही थी। पर दुष्ट कंस की दृष्टि में ये यम के समान भयंकर प्रतिभाव हुए। अपने कर्तव्य में अक्षम होकर वह स्तम्भित रह गया।

चाणूर ने कृष्ण को और मुष्टिक ने बलराम को द्वन्द्व-युद्ध की चुनौती दी। वे लोग भीमकाय और बदसूरत थे और बालक बलराम-कृष्ण कोमलजात तथा बड़े सुन्दर थे। अतः इस असमान द्वन्द्व-युद्ध में सबकी सहज सहानुभूति बलराम-कृष्ण के साथ ही रही। काफी देर तक युद्ध चलता रहा, परन्तु आखिरकार उन्होंने अद्‌भुत कुशलता के साथ चाणूर तथ मुष्टिक दोनों को मार डाला।

चाणूर और मुष्टिक के धराशायी हो जाने पर कंस भय से मरणासन्न हो गया। कृष्ण सहसा उछलकर मंच पर चढ़ गये और घूँसों के प्रहार से कंस के मस्तक से मुकुट को गिराकर उसके बाल पकड़कर सिंहासन के नीचे जमीन पर फेंक दिया और उस पर लात-घूँसों की भयंकर वर्षा करने लगे। सिंहासन के निकट कृष्ण को देखते ही कंस घबराकर जड़वत् हो गया था। इसके पूर्व हुई घटनाओं के द्वारा बलराम-कृष्ण ने सभा में उपस्थित सबके मन में अभूतपूर्व भाव का संचार किया था और अब इस अकल्पनीय घटना से सभी स्ताम्भित रह गये। किसी ने चूँ तक नहीं की। अन्त में कृष्ण के पाँव की भयानक ठोकर खाकर जब कंस खून की उल्टी करते हुए जीभ निकालकर मर गया और यह समाचार पाकर अन्तःपुर की नारियाँ भीषण चीत्कार करते हुए रूदन करने लगीं, तब मानो सबके होशो-हवास वापस लौटे। इसी बीच बलराम-कृष्ण ने वसुदेव के चरणों में प्रणाम किया और वे उनका आलिंगन करने के बाद अपने बाकी सगे-सम्बन्धियों के साथ उनका परिचय कराने लगे। अनेक सभासदों को इसके पूर्व ही बलराम-कृष्ण का परिचय प्राप्त हो चुका था। बलराम-कृष्ण द्वारा नगर में तरह-तरह के उपद्रव प्रारम्भ करने पर प्रायः सभी प्रमुख व्यक्ति समझ गये थे कि वसुदेव के इन दो पुत्रों द्वारा कुछ न कुछ होने वाला है। किसी को भी कंस से प्रेम न था। अतः अब सभी जी खोलकर बलराम-कृष्ण को आशीर्वाद देने लगे।

बलराम-कृष्ण ने राजा उग्रसेन को कारागार से मुक्त कर दिया। वे पुनः मथुरा के राजा हो गए। बलराम-कृष्ण अब तक गोपों के घर में थे। उनकी शारीरिक शिक्षा तो अच्छी हो चुकी थी, परन्तु अब तक क्षत्रियोचित उपनयन, वेदाध्ययन आदि नहीं हो सका था। वसुदेव ने महर्षि गर्ग के हाथों उनका उन्नयन संस्कार

कराकर उन्हें अवन्ती नगर में स्थित संदीपनी मुनि के पास वेदाध्ययन के लिए भेज दिया। वे श्रुतिधर थे, अतः अल्प काल में ही सर्व शास्त्रों में पारंगत होकर घर लौट आए।

उग्रसेन के राजा हो जाने पर भी, व्यवहार में बलराम और कृष्ण राज्य चलाने लगे। मगध का राजा जरासन्ध कंस का श्वसुर था। अपने दामाद के वध का बदला लेने के लिए उसने मथुरा को घेर लिया, परन्तु बलराम-कृष्ण की वीरता के सम्मुख पराजित होकर उसे पलायन करना पड़ा। बलराम-कृष्ण यदुवंशी युवकों को एकत्र कर उन्हे युद्ध की शिक्षा देने लगे। जरासन्ध ने भी उत्तरोत्तर बड़ी से बड़ी सेना लेकर बारम्बार मथुरा पर आक्रमण किया। इस प्रकार वह सत्रह बार युद्ध करने आया, परन्तु हर बार पराजित होकर लौट जाने को बाध्य हुआ।

बलराम-कृष्ण ने देखा कि जरासन्ध का सारा क्रोध उन्हीं दोनों पर है और उनके मथुरा रहते जरासन्ध युद्ध करने से बाज नहीं आएगा। यादवगण युद्ध करते-करते थक चुके थे, राजकोष खाली हो चला था और दुर्ग भी टूट गया था। ऐसी अवस्था में युद्ध जारी रखना सम्भव न था। अतः उन्होंने मथुरा में ठहरना उचित न मानकर दक्षिणापथ की राह ली।

उन दिनों रेलवे, टेलीग्राफ तथा समाचार पत्रों का अस्तित्व नहीं था। बड़े कष्ट से दूतों के द्वारा एक प्रदेश का समाचार दूसरे प्रदेशों में पहुँचा करता था। बलराम-कृष्ण ने सोचा कि जरासन्ध को अब उनका समाचार नहीं मिल सकेगा। परन्तु जरासन्ध और उसके दूत बड़े चालाक थे। दूतों ने बलराम-कृष्ण विषयक सारा समाचार संग्रहित कर जरासन्ध के पास पहुँचा दिया। जरासन्ध ने मित्र-राज्यों की सम्मिलित विशाल सेना के साथ दक्षिणापथ की ओर अभियान किया। बलराम-कृष्ण के मौसा चेदिपति यह सब खबर पाकर बड़े ही विचलित हुए और उनकी सहायता के लिए एक चुनिन्दे सैनिकों को लेकर स्वयं ही जरासन्ध के पीछे पीछे चल पड़े।

बलराम-कृष्ण गोमन्त (गोवा) नामक पर्वतीय क्षेत्र में थे। जरासन्ध ने उस राज्य पर आक्रमण किया। समतल क्षेत्रों के निवासी योद्धा के लिए पर्वतीय प्रदेश में युद्ध करना बड़ा कठिन होता है और स्थान अपरिचित हो तो इसे बिल्कुल ही असम्भव समझना चाहिए। परन्तु मूर्ख अहंकारी जरासन्ध ने अपनी सेना के साथ पर्वतीय प्रदेश में प्रवेश किया। बलराम-कृष्ण उस क्षेत्र से भली-भाँति परिचित हो चुके थे। चेदिपति की सहायता से उन्होंने जरासन्ध तथा उसके मित्र राजाओं को ऐसी शिक्षा दी कि उनमें से कइयों ने तो किसी प्रकार भागकर अपने प्राण बचाए; सेना, तम्बू, रथ, रसद, अस्त्र-शस्त्र कुछ भी लौटकर नहीं आया।

भागकर भी जरासन्ध से पीछा नहीं छुड़ाया जा सकता - यह देखकर बलराम-कृष्ण चेदिपति की सलाह पर पुनः मथुरा लौट आए। मथुरा नगरी समतल भूमि पर स्थित है, अतः उसे चारों ओर से घेरा जा सकता है। यदुवंश के योद्धाओं के साथ परामर्श करने के बाद वे लोग अपनी राजधानी समुद्रवेष्ठित द्वारावती (द्वारका) में ले आए और यादव वंश के युवकों को युद्धकला में प्रशिक्षित कर दिया। उनमें से श्रेष्ठ योद्धाओं की एक अजेय सेना का गठन करके, उसका नाम "नारायणी सेना" रख दिया गया। श्रीकृष्ण युद्ध-कौशल में बेजोड़ थे। और बलराम शत्रु-संहार में अजेय तथा गदा-युद्ध में भारत के सर्वश्रेष्ठ वीर थे। उन्होंने हल के आकार का एक भयानक अस्त्र बनवाया था। उसे लेकर जब वे शत्रुसेना में प्रवेश करते तो किसी की खैर न थी। उनके शरीर में इतना बल था कि लोगों ने उन्हें बल का देवता मानकर उन्हें 'बलदेव' तथा 'बलराम' का नाम दे दिया था। हल उनका प्रधान अस्त्र था, अतः हलधर अथवा हलीराम उनका एक और नाम हुआ।

कुशस्थली के राजा रेवत की एक अतीव रूपवती कन्या थी। राजा ने बलराम को उस कन्या का दान किया। विदर्भ के राजा भीष्मक की पुत्री रूक्मिणी का हरण करके उससे श्रीकृष्ण ने विवाह किया। रूक्मिणी के पुत्र प्रदुम्न ने अपने मामा की पुत्री शुभांगी के साथ विवाह किया। उन दिनों इसी प्रकार के विवाह की प्रथा थी। इस विवाह के उपलक्ष्य में बलराम ने कई दिन विदर्भ की राजधानी कुण्डिन में बिताए। उन दिनों राजाओं के बीच बाजी लगाकर पासा खेलने की प्रभा खूबे प्रचलित थी। इस खेल में जो जितना दक्ष होता, वह उतना ही सम्मानित होता और खेल न जानना बड़े लज्जा की बात मानी जाती थी। बलराम वीर पुरूष थे, इस तरह के बच्चों के खेल उन्हें बिल्कुल भी नहीं भाते थे।

विवाह के उपलक्ष्य में कुण्डिन में दक्षिणात्य के अनेक राजा आए थे। वे सभी धर्मज्ञानरहित, जुआड़ी, छली तथा कलहप्रिय थे। बलराम बड़े सरल व्यक्ति थे। उन लोगों ने राम को पासा खेलने के लिए पकड़ा। वे सहमत हुए। अमनोयोग के साथ खेलते हुए पहले तो वे खूब हारे। राजागण और विशेषकर रूक्मी उनकी खूब हँसी उड़ाने लगे। यह उपहास क्रमशः निन्दा एवं अभद्रता में परिणत हुआ। तब बलराम के सावधानीपूर्वक खेलने पर प्रतिपक्ष हार गया। परन्तु उन लोगों ने हार को स्वीकार नहीं किया और उपहास आदि अवज्ञा करके बलराम को इतना नाराज कर दिया कि उन्होंने रूक्मी को द्वन्द्व-युद्ध के लिए चुनौती दे दी। मूर्ख राजागण बलराम के शान्त, सरल एवं निरहंकार स्वभाव को देखकर उनकी वीरता के बारे में अनुमान नहीं लगा सके थे। परन्तु जब युद्धक्षेत्र में उन्होंने खेल-खेल में ही रूक्मी का वध करने के बाद अन्य राजाओं को चुनौती दे, तो भय से सभी भाग खड़े हुए।

कन्या का हरण करके विवाह करना क्षत्रियों के लिए बड़े गौरव की बात थी, क्योंकि इसमें वीरता को खूब अभिव्यक्ति मिलती थी। दुर्योधन ने अपनी पुत्री लक्षणा के विवाह हेतु एक स्वयंवर का आयोजन किया था। श्रीकृष्ण के पुत्र शाम्ब ने लक्षणा का हरण कर लिया। परन्तु राजाओं ने मिलकर शाम्ब को पकड़ लिया। बलराम जब शाम्ब को छुड़ाने गए, तो राजागण भय के मारे शाम्ब को मुक्त करने के लिए तैयार हो गए, परन्तु दुर्योधन उनसे सहमत नहीं हुआ। उनका बलराम के साथ युद्ध हो गया। बलराम जब अपनी गदा तथा हलास्त्र के साथ मैदान में उतरे, तो हस्तिनापुर की रक्षा करना कठिन हो उठा। सेना का संहार करने के बाद बलराम अपने हलास्त्र से किले की दिवारों को उखाड़ने लगे। दुर्योधन ने भयभीत होकर शाम्ब तथा लक्षणा को उनके हाथों सौंप दिया और गदा-युद्ध सीखने की अभिलाषा से वह उनका शिष्य बन गया। आशुतोष बलराम उस पर बड़े सन्तुष्ट हुए और पूरे हृदय के साथ उसे ऐसी शिक्षा दी कि दुर्योधन भी गदा-युद्ध में अपने गुरू के समान ही अजेय हो गया।

बलराम की सुभद्रा नाम की एक बहन थी। उन्होंने अपने प्रिय शिष्य दुर्योधन को ही कन्या प्रदान करने की इच्छा व्यक्त की। परन्तु कृष्ण उसे सुभद्रा के उपयुक्त नहीं मानते थे। एक बार अर्जुन ने अपने भ्रमण के दौरान कुछ दिन उन लोगों के साथ निवास किया। कृष्ण के संकेत पर एक दिन वे सुभद्रा को लेकर भाग गये। इस पर बलराम अत्यन्त क्रुद्ध हुए और यादवसेना को अर्जुन को पकड़ लाने का आदेश दिया। यादवों ने अर्जुन पर आक्रमण किया। परन्तु सुभद्रा को सारथी के रूप में अर्जुन का रथ हाँकते देखकर वे लोग युद्ध करने को अग्रसर नहीं हुए। इस विषय में कृष्ण की भी सहमति है, यह जानकार बलराम का क्रोध क्षण मात्र में चला गया। युद्ध का उपक्रम विवाहोत्सव में परिणत हुआ।

बलराम का हृदय बड़ा ही कोमल था। कृष्ण यह भली-भाँति जानते थे और इसीलिए बीच-बीच में उन्हें चिढ़ाकर मजा लिया करते थे। बलराम चाहे जितने भी नाराज हो जायँ पर किसी को कोई कष्ट होते देख तत्काल पिघल जाते। श्रीकृष्ण से उनका इतना लगाव था कि वे किसी विषय में उन्हें बिन्दु मात्र भी नाराज नहीं करना चाहते थे। जीवन भर युद्ध में बिताने पर भी उन्हें युद्ध से प्रेम न था; अन्याय का प्रतिकार क्षत्रियों का विशेष धर्म है, अतएव कर्तव्यबोध से उन्हें युद्ध करना पड़ता था।

कौरव-पाण्डवों के बीच युद्ध की सम्भावना जानकर बलराम अत्यन्त व्यथित हुए। कृष्ण विवाद का निपटारा कराने हस्तिनापुर गए। बलराम को आशा थी कि उनके ऐसे कुशल भाई अवश्य ही विवाद को मिटाकर लौटेंगे। परन्तु दुर्योधन युद्ध करने को बड़ा उत्सुक था, अतः वह किसी भी कीमत पर समझौता करने को राजी न हुआ। श्रीकृष्ण अपने उद्देश्य में विफल होकर लौट आए। दुर्योधन बलराम के सुयोग्य शिष्य थे, अतः उन्हें दुर्योधन से बड़ा लगाव था। परन्तु जब वह श्रीकृष्ण के कहने पर भी युद्ध से विरत नहीं हुआ, तब वे बड़े मर्माहत हुए। सामने रहकर यह आपसी कलह देखना उनके लिए सम्भव न था। अतः वे तीर्थयात्रा के बहाने देश छोड़कर भ्रमण को निकल पड़े।

तीर्थदर्शन करते हुए बलराम नैमिषारण्य जा पहुँचे। ऋषिगण वहाँ एक यज्ञ का अनुष्ठान कर रहे थे। उसी उपलक्ष्य में वे लोग सूतजातीय व्यास-शिष्य रोमहर्षण को व्यासपीठ पर बैठाकर पुराण-कथा सुन रहे थे। बलराम के वहाँ पहुँचने पर मुनियों ने उनका यथाविधि स्वावगत किया, परन्तु रोमहर्षण अपने आसन पर ही स्थिर बैठे रहे। बलराम ने उनका यह अहंकार देखकर क्रोध में उन पर एक आघात किया, जिससे उनकी तत्काल मृत्यु हो

गई। ऋषिगण हाय-हाय कर उठे। बलराम द्वारा कारण पूछने पर उन लोगों ने बताया कि व्यासपीठ पर आसीन होने के बाद किसी को अभिवादन न करने का नियम है। बलराम को बड़ा पश्चाताप हुआ और उन्होंने प्रायश्चित करने की इच्छा व्यक्त की। मुनियों ने उन्हें बताया कि उनसे ब्रह्महत्या का पाप हो गया है और भारतवर्ष के समस्त तीर्थों का भ्रमण ही इसका प्रायश्चित है।

विधाता के विधान को रोकने की किसी में सामथ्र्य नहीं है। कुरूक्षेत्र के युद्ध में जैसे अन्याय व निष्ठुरता का प्रदर्शन हुआ, बलराम के उपस्थित रहने से वैसा न हो पाता। परन्तु राजाओं का चरित्र यदि युद्ध के दौरान व्यक्त नहीं होता, तो मानव-जाति की शिक्षा नहीं हो पाती, क्षत्रिय कितने कलुषित हो चुके हैं- इसका पता नहीं चल पाता; भय के कारण दोनों पक्ष युद्ध से विरत हो जाते, परन्तु भीतर ही भीतर सारा पाप रह जाता। भगवान के करूणावतार बलराम के लिए इस युद्ध में भाग लेना सम्भव न था, इसीलिए भगवान ने उन्हें विशेष प्रयास से हटा दिया। उस समय कोई सोच भी नहीं सकता था कि इस युद्ध में पूरे भारत के राजा एकत्र होंगे और इतनी अल्प अवधि में ही सारा क्षत्रियकुल निर्मूल हो जायगा।

बलदेव तीर्थों का भ्रमण करने लगे, परन्तु थोड़े ही दिनों में युद्ध सम्बन्धी भयानक संवाद पाकर वे विचलित हो उठे। प्रथमतः तो युद्ध ही बड़ा भयानक एवं वीभत्स था और फिर उसका समाचार भी काफी अतिरंजित होकर उनके पास पहुँचा था। प्रभास तीर्थ तक पहुँचते-पहुँचते उनके सुनने में आया कि क्षत्रिय वर्ण का ध्वंस हो गया है, नारायणी सेना आदि सब समाप्त हो चुकी है, परन्तु दुर्योधन अब भी जीवित है। बलराम का मन आतंक से परिपूर्ण हो उठा और वे तीव्र गति से कुरूक्षेत्र आ पहुँचे। उस समय भीम तथा दुर्योधन, के बीच युद्ध चल रहा था।

बड़ा ही बीभत्स दृश्य था। भीम तथा दुर्योधन दोनों ही क्रोध से उन्मत्त होकर पशु के समान एक-दूसरे पर आक्रमण कर रहे थे। दोनों ही मरणासन्न हो रहे थे। दुर्योधन गदा-युद्ध में अद्वितीय थे, अतः भीम हारते जा रहे थे। तभी भीम ने दुर्योधन की जाँघ पर गदा से चोट की, जिसके फलस्वरूप जाँघ टूट गई और दुर्योधन धरती पर गिर पड़ा; भीम उसके सिर पर गदाघात करने लगे। गदा-युद्ध में नाभि के नीचे आघात करने का नियम नहीं था, और गिरे हुए शत्रु को अपमानित करना तो उससे भी बड़ा अन्याय समझा जाता था। बलराम क्रोध के आवेश में हाथ में हल उठाए भीम पर आक्रमण करने को दौड़े। कृष्ण ने उन्हे पकड़कर मना किया और पूर्व की घटनाएँ बताने लगे- "इसी दुर्योधन ने अपने ही कुल की रानी द्रौपदी को सभा के बीच नंगा करने का प्रयास किया था, बारम्बार उसे अपनी जाँघ पर बैठने को कहा था; इसीलिये भीम ने प्रतिज्ञा की थी कि एक दिन वह दुर्योधन की जाँघ तोड़ डालेगा। अपनी प्रतिज्ञा के पालनार्थ ही भीम ने उसकी जाँघ पर आघात किया है।" अब कुछ और कहने की आवश्यकता नहीं हुई। बलराम को सारी बातें स्मरण हो आई। वे समझ गए कि कुरूक्षेत्र के इस जटिल घटनाक्रम के बीच श्रीकृष्ण के अतिरिक्त अन्य किसी के लिए भी अपनी मति को स्थिर रखकर कर्तव्य का निर्धारण कर पाना सम्भव नहीं है। उस भयानक स्थान पर उन्हें क्षण भर भी ठहरने की इच्छा नहीं हुई और वे तत्काल ही कुरूक्षेत्र से चल पड़े।

कुरूक्षेत्र के युद्ध में श्रीकृष्ण अकेले ही युधिष्ठिर के पक्ष में सम्मिलित हुए थे। यदुवंश की सुशिक्षित वीर योद्धाओं की नारायणी सेना ने दुर्योधन का पक्ष लिया था। इसके फलस्वरूप यदुवंश के कई प्रमुख योद्धा कुरूक्षेत्र के युद्ध में भाग लेने से रह गए। बलराम-कृष्ण के साथ रहकर अनेकों बार युद्ध करने से इन लोगों को युद्धविद्या का असाधारण ज्ञान था। महाभारत युद्ध के बाद भारत में युद्ध की आवश्यकता नहीं रह गई थी और बिना युद्ध के यदुवंशी वीरों के लिए समय बिताना कठिन हो गया। मद्य-मांस उनका नित्य का आहार था, दम्भ-अहंकार उनके चरित्र का आभूषण था और मद्यपान कर दिन-रात तर्क-वितर्क, झगड़ा-टण्टा तथा जुआ खेलना उनका नित्यकर्म हो गया। कुरूक्षेत्र के समान एक महत्वपूर्ण युद्ध में भाग न ले पाने के कारण उन लोगों के मन में बड़ा खेद था। किसी युद्ध-विवाद के लिए वे लोग प्यासे हो उठे। कुरूक्षेत्र युद्ध के बाद बलराम-कृष्ण सभी विषयों में उदासीन हो चुके थे। तथापि उनके भय से ये लोग थोड़े शान्त रहते थे। अब उनकी निश्चेष्टता पर ये लोग और भी उन्मत्त हो उठे।

बलराम-कृष्ण ने देखा कि इस युद्धप्रिय जाति को सँभालकर रखना बड़ा कठिन है। उन्हें किसी प्रकार उत्सव-आमोद-प्रमोद में बहलाकर रखने के उद्देश्य से बलराम-कृष्ण ने उन्हें लेकर प्रभास तीर्थ जाने का निश्चय

किया और तदनुसार व्यवस्था करने का आदेश दिया। बड़े उत्साहपूर्वक सारा आयोजन होने लगा। मधु-मांस की भी खूब व्यवस्था हुई।

प्रभास पहुँचकर सबने बड़ा शान्त भाव दिखलाया। परन्तु ज्यों-ज्यों यथेच्छा मधुपान करने से उन पर नशा चढ़ने लगा, त्यों-त्यों वे अदम्य हो उठे। पहले तो उनके बीच हास-परिहास शुरू हुआ और तदुपरान्त क्रमशः झगड़ा, हाथा-पाई और मार-पीट भी होने लगी। बलराम-कृष्ण ने यह सोचकर अस्त्र धारण कर लिया कि ये लोग शायद भय से शान्त हो जाएँगे। परन्तु इस पर वे लोग और भी भड़क उठे और एक-दूसरे की हत्या करने लगे। एक अन्य कुरूक्षेत्र का दृश्य अभिनीत होने लगा। सबके भीषण रूप से घायल या मृत हो जाने के बाद ही युद्ध थमा। बलराम-कृष्ण ने खड़े-खड़े सब देखा। कोमल-हृदय बलराम इतना सब सहन नहीं कर सके और वहीं योगासान में बैठ समाधिमार्ग से वैकुण्ठ-लोक चले गए। यदुवंश के वृद्धों, नारियों तथा बालकों की रक्षा का भार दूत के मुख से अर्जुन को भेजने के बाद श्रीकृष्ण ने भी अपने ज्येष्ठ भ्राता का अनुसरण किया।

कृष्णभक्त वेदव्यास ने हिन्दू धर्म की रक्षा तथा प्रचार हेतु अनेक ग्रन्थ लिखे और श्रीकृष्ण-चरित्र के आदर्श के रूप में निष्काम कर्मयोग का भारत में प्रचार किया। इससे मानव-जाति को शान्ति की उपलब्धि हुई।

सार्वभौम सत्य-सिद्धान्त अनुसार कथा

दृश्य काल के व्यक्तिगत प्रमाणित काल में व्यक्तिगत प्रमाणित पूर्ण दृश्य सत्य चेतना से युक्त भक्ति और प्रेम आधारित द्वापर युग में क्षत्रिय जाति में जन्में और यादव जाति में पले विष्णु के आठवें अवतार - योगेश्वर श्री कृष्ण अवतार के जन्म तक वर्णाश्रम के चार नेतृत्व-मन खण्ड-खण्ड जन्म आधारित होकर अनेक नेतृत्व मनों जातियों में स्थापित हो चुकी थी। परिणामस्वरूप मूल मानव जाति उसमें खो चुकी थी। "परशुराम-परम्परा" टूट रही थी,जहाँ थी वहाँ भी ब्राह्मण धर्म-अर्धम की व्याख्या करने में असमर्थ, जनसंख्या और समस्याओं के बढ़ने के कारण एकतन्त्रात्मक विचार को स्वीकार न करने की ओर बढ़ रही थी। बहुदेववाद भी मनों को अलग कर रखा था। देश-सम्बन्ध, रिश्ता-सम्बन्ध पूर्ण रूप से टूटकर, रक्त सम्बन्ध टूटते हुये तेजी से प्रसार की ओर था। ऐसी स्थिति में कृष्ण की आत्मा व्यक्तिगत प्रमाणित सत्य-चेतना अर्थात् स्वयं द्वारा निर्मित परिस्थितियों में प्राथमिकता से भूतकाल का ज्ञान और भविष्य की आवश्यकतानुसार वर्तमान में कार्य करते हुये अपने उद्देश्यों को व्यक्तिगत रूप से उस समय व्यक्त करना जब उद्देश्य पूर्ण होने में कोई संदेह न हो, में स्थापित हो गयी। और वे कर्तव्य पथ पर अग्रसर हुये परिणामसवरूप श्रद्धेय श्रेष्ठजनों से श्रद्धा रखते हुये उनके प्रभाव से मुक्त रहकर कार्य करना, सम्पर्क में आये हुये सभी नर-नारियों को दास्य, संख्य, वात्सल्य, मधुर और अवैध प्रेम में स्वयं को मुक्त रखते हुये बाँध देना, अपने बड़े भाई बलराम को हल व मूसल धारण कराना, रूक्मिणी के स्वयंवर चुनने पर स्वयं अपना हरण करवा उसे प्रधानता देते हुये पूर्ण गृहस्थ सुख भोग करना, मानक गणराज्य या समाज के रूप में द्वारिका का निर्माण करना, साध्य (गणराज्य) को व्यक्त और साधन (प्रजा, सेना और गणराज्यों के राजा) दोनों का अव्यक्त प्रयोग या भोग करते हुये एकतन्त्रात्मक राजाओं के चरित्र का सार्वजनिक प्रदर्शन करवाकर उनका वध या पक्ष निर्धारण करना, सभी नेतृत्वकर्ता मनों अर्थात् जातियों के स्थायी एकीकरण सहित कर्म की ओर प्रेरित करने के लिए सम्पूर्ण उपनिषदों का सार-व्यक्तिगत प्रमाणित गीतोपनिषद् सहित अव्यक्त (निराकार) एवं व्यक्त (साकार) ऐकेश्वरवाद की स्थापना करने के लिए स्वयं को व्यक्तिगत प्रमाणित ईश्वर योगेश्वर रूप में प्रस्तुत करना इत्यादि सम्भव हो सका। कृष्ण का सम्पूर्ण जीवन विवशतावश हिंसात्मक प्रधान हो गणराज्य की स्थापना में लगा रहा और अन्त में उनके द्वारा स्थापित व्यवस्था उनके जीवन में ही नष्ट हो गयी।

ईश्वर के आठवें प्रत्यक्ष एवम प्रेरक व्यक्तिगत प्रमाणित पूर्णावतार श्री कृष्ण तथा विष्णु (एकात्व वाणी, ज्ञान ,कर्म व प्रेम) के पूर्णावतार के रुप में व्यक्त श्री कृष्ण का मुख्य गुण आर्दश सामाजिक व्यक्ति का चरित्र तथा अवतारी गुणों में साकार शरीर आधारित "परशुराम परम्परा" की असफलता को देखते हुये उसका नाश करके निराकार नियम आधारित "परशुराम परम्परा" को प्रारम्भ किये। जिसके लिऐ वे मानक सार्वभौम सत्य ज्ञान-गीतोपनिषद् व्यक्त किये।

श्रीकृष्ण का नाम बेचने वाले सिर्फ भक्ति में ही लीन हैं। उनके मूल कार्य मानक सार्वभौम सत्य ज्ञान तथा निराकार नियम आधारित "परशुराम परम्परा" का नाम ही नहीं लेते जबकि भारत तथा विश्वस्तर पर गणराज्य का स्वरुप निम्नलिखित रुप में व्यक्त हो चुका है।

भारत में निम्लिखित रुप व्यक्त हो चुका था।

1. ग्राम, विकास खण्ड, नगर, जनपद, प्रदेश और देश स्तर पर गणराज्य और गणसंघ का रुप।
2. सिर्फ ग्राम स्तर पर राजा (ग्राम व नगर पंचायत अध्यक्ष) का चुनाव सीधे जनता द्वारा।
3. गणराज्य को संचालित करने के लिए संचालक का निराकार रुप- संविधान।
4. गणराज्य के तन्त्रों को संचालित करने के लिए तन्त्र और क्रियाकलाप का निराकार रुप-नियम और कानून।
5. राजा पर नियन्त्रण के लिए ब्राह्मण का साकार रुप- राष्ट्रपति, राज्यपाल, जिलाधिकारी इत्यादि।

विश्व स्तर पर निम्नलिखित रुप व्यक्त हो चुका था।

1. गणराज्यों के संघ के रुप में संयुक्त राष्ट्र संघ का रुप।
2. संघ के संचालन के लिए संचालक और संचालक का निराकार रुप- संविधान।
3. संघ के तन्त्रों को संचालित करने के लिए तन्त्र और क्रियाकलाप का निराकार रुप- नियम और कानून।
4. संघ पर नियन्त्रण के लिए ब्राह्मण का साकार रुप-पाँच वीटो पावर।
5. प्रस्ताव पर निर्णय के लिए सदस्यों की सभा।
6. नेतृत्व के लिए राजा- महासचिव।

श्रीकृष्ण की दिशा से शेष कार्य मानक सार्वभौम कर्मज्ञान का प्रस्तुतीकरण द्वारा नियम आधारित "परशुराम परम्परा" को पूर्णता प्रदान करना है। जिसके लिए निम्नलिखित की आवश्यकता है-

1. गणराज्य या लोकतन्त्र के सत्य रुप- गणराज्य या लोकतन्त्र के स्वरुप का विश्वमानक।
2. राजा और सभा सहित गणराज्य पर नियन्त्रण के लिए साकार ब्राह्मण का निराकार रुप- मन का विश्वमानक।
3. गणराज्य के प्रबन्ध का सत्य रुप- प्रबन्ध का विश्वमानक।
4. गणराज्य के संचालन के लिए संचालक का निराकार रुप- संविधान के स्वरुप का विश्वमानक।
5. साकार ब्राह्मण निर्माण के लिए शिक्षा का स्वरुप- शिक्षा पाठ्यक्रम का विश्वमानक।

यहाँ ध्यान देने योग्य यह है कि कृष्ण के समय अधिकतम राज्य एकतन्त्रात्मक थी और उनका प्रसार भी तेजी से बढ़ रहा था। ऐसे में उन्हें ज्ञान द्वारा समझाकर गणराज्यों की स्थापना नहीं हो सकती थी। जो राज्य गणराज्य थे वहाँ भी राजाओं के नियन्त्रण के लिए नियुक्त ब्राह्मण भी धर्म-अधर्म की व्याख्या करने में असफल हो चुके थे। विवशतावश उनके समक्ष हिंसा का एक मात्र रास्ता ही शेष था। परिणामस्वरूप उन्होंने व्यक्तिगत रूप से मानसिक वध तथा सार्वजनिक रूप से शारीरिक वध की नीति अपनायी। कृष्ण जानते थे कि राजा के चरित्र का सार्वजनिक प्रदर्शन करा उनके प्रजा को अपनी ओर आकर्षित किया जा सकता है क्योंकि प्रजा, राजा के आदेश को वाध्यतावश मानती है, उनके अन्तरात्मा को आदेश द्वारा नियन्त्रित नहीं किया जा सकता। परिणास्वरूप प्रजा का अदृश्य रूप से आत्मबल मेरी ओर हो जायेगा। अर्थात् मानसिक वध हो जायेगा। सिर्फ शारीरिक बल ही उनकी ओर रहेगा, और आत्मबल ही मूल है। इस ज्ञान का लाभ व्यावहारिक जीवन में प्रयोग करते हुये वे एकतन्त्रात्मक राजाओं के समक्ष स्वयं परिस्थिति उत्पन्न कर या गणराज्यों के राजा द्वारा उसे उत्पन्न करवा उनके चरित्र का सार्वजनिक प्रदर्शन चरम सीमा तक होने देकर, आवश्यक समझने पर स्वयं वध करते थे या राजाओं द्वारा वध करवाते थे या भविष्य के लिए छोड़ देते थे जिससे सर्वोच्च और अन्तिम युद्ध-महाभारत में सभी कृष्ण विरोधी एक पक्ष में हो जाये। उनका सम्पूर्ण लक्ष्य उस समय के सबसे बड़े राज्य हस्तिनापुर से ही पूर्ण हो सकता था इसलिए वहाँ वे अपनी उपस्थिति बनाये रखने के लिए रिश्ता, मित्रता, गुरू, दूत इत्यादि विभिन्न चरित्रों से जुड़ गये थे। जब कौरव और पाण्डवों के बीच युद्ध निश्चित हो गया तब वे अपने एकात्मज्ञान और एकात्मध्यान शक्ति की अटलनीय सफलता को देखते हुये उन्होंने कौरवों पक्ष के माँगने पर अपनी सेना स्वेच्छा से यह जानते हुये दे दिये कि उनका

आत्मबल तो मेरे ही साथ है। और पाण्डव पक्ष के स्वयं उन्हें माँग लिये जाने पर शस्त्र न उठाने की प्रतिज्ञा के साथ अर्जुन का सारथी इसलिए बन गये कि पाण्डवों की मुख्य शक्ति अर्जुन में ही नीहित थी, जिसके कारण युद्ध में पराजय, पलायन और आत्मबल कमजोर पड़ सकता था, युद्ध न होने के इस अन्तिम कारण को भी वे वश में कर युद्ध की अटलनीयता को मजबूती प्रदान कर दिये थे। इस स्थिति तक लाने में पक्षों का विभाजन कृष्ण ने इस प्रकार कर रखा था कि शारीरिक-शक्ति दोनों पक्षों का लगभग बराबर हो और आत्मबल पाण्डव पक्ष में हो जिससे युद्ध लम्बी अवधि तक चलकर सम्पूर्ण एकतन्त्रात्मक राज्य का नाश किया जा सके और पुनः नये सिरे से मानव की सृष्टि गीता ज्ञान द्वारा एकीकरण एवम् निराकार एवम् साकार ऐकेश्वरवाद की स्थापना द्वारा किया जा सके। युद्ध और विजय की सुनिश्चितता इसलिए आवश्यक थी कि तब तक कृष्ण के सम्पूर्ण योजना को दोनों पक्ष समझने लगे थे और युद्ध न होने या पराजय की स्थिति में कृष्ण ही संकट में आ जाते और जीवन भर का परिश्रम और उद्देश्य भी सफल न हो पाता। परन्तु युद्ध क्षेत्र में अर्जुन के अन्दर मोह से उत्पन्न वैराग्य के कारण जो गीता ज्ञान सार्वजनिक रूप से युद्धोपरान्त व्यक्त करना चाहते थे उसे विवशतावश अर्जुन को कर्म अर्थात युद्ध की ओर प्रेरित करने के लिए व्यक्तिगत रूप से व्यक्त करना पड़ा। परिणामस्वरूप युद्धोपरान्त सार्वजनिक प्रजा ज्ञान की महत्ता स्वीकार करने में असमर्थ हो निष्क्रिय-निर्जिव-अपुरूषार्थी और असहाय हो गयी। परिणामस्वरूप उनकी व्यवस्था यहाँ तक कि स्वयं उनका यदुवंश भी नष्ट हो गया। और कृष्ण का सम्पूर्ण नीति या पूर्ण मन का कार्य गणराज्य व्यवस्था की सर्वोच्च स्थापना, सन्यास आश्रम, प्रजा को ज्ञान की शिक्षा, सार्वजनिक प्रमाणित साकार ऐकेश्वर ध्यान और मूल मानव जाति की स्थापना के लिए अपूर्ण रह गया। यहाँ ध्यान देने योग्य यह है कि कृष्ण का ज्ञान सहित कर्म की ओर प्रेरित करता गीतोपनिषद् सार्वजनिक रूप से निराकार ऐकेश्वरवाद को ही प्रमाणित करने में सफल रहा क्योंकि ज्ञान की प्रमाणिकता ध्यान अर्थात् काल चिन्तन की प्राथमिकता के साथ सार्वजनिक प्रमाणित हो जाती है। ध्यान अर्थात् काल चिन्तन के साथ ज्ञान की व्यावहारिकता कर्मज्ञान तो कृष्ण के जीवन में था जिसके कारण वे सफल जीवन पूर्णकर व्यक्तिगत रूप से साकार ऐकेश्वर सिर्फ अर्जुन के समझ ही प्रस्तुत किये। सार्वजनिक प्रमाणित साकार ऐकेश्वर के बिना निराकार ऐकेश्वर भी प्रमाणित नहीं हो पाता क्योंकि गुण ही निराकार के उपस्थिति का प्रमाण है। कृष्ण स्वयं को सार्वजनिक प्रमाणित साकार ऐकेश्वर सिद्ध नहीं कर पाये वे ऐसा कर भी नहीं सकते थे क्योंकि फिर वही ज्ञान से सर्वोच्च ध्यान अर्थात् काल चिन्तन, धर्म की लगातार उन्नति, ज्ञान युक्त अवस्था में कर्म तथा स्थायी-स्वस्थ्य सर्वोच्च गणराज्य व्यवस्था स्थापित हो जाती फिर शेष दो विष्णु अवतारों की क्या आवश्यकता रह जाती? कृष्ण "परशुराम-परम्परा" को ही सुधार के साथ स्थापित करना चाहते थे जो एकतन्त्रात्मक राज्यों के नाश के बाद पुनः नये मानव समाज सृष्टि से प्रारम्भ होती, जिसकी आवश्यकता रामावतार में शुद्धात्मा बालकों लव और कुश द्वारा चुनौती दे व्यक्त की जा चुकी थी। रामावतार में श्रद्धेय श्रेष्ठ जनों से प्रभावित जीवन उनके कृष्णावतार में बलराम, कृष्ण, रूक्मणि और सत्यभामा का श्रद्धा पूर्वक श्रद्धेय श्रेष्ठजनों के प्रभाव से मुक्त रहकर व्यतीत हुआ। सीता के मन की पूर्णता रूक्मणि के रूप में कृष्ण के संग सुखमय गृहस्थ जीवन व्यतीत होकर पूर्ण हुआ परन्तु पुत्र शोक के कारण नया उद्देश्य इच्छा उत्पन्न हो गया और उनका मन पुनः अपूर्ण रह गया। लक्ष्मण-बलराम रूप में कृष्ण से बड़े बनकर पूर्णता को प्राप्त हुये। उर्मिला, सत्यभामा रूप में कृष्ण और रूक्मणि की सेवा कर पूर्णता प्राप्त की, परन्तु रूक्मणि के स्थान पर आने की नयी इच्छा ने उसके मन को अपूर्ण कर दिया। जिसका कारण प्रेम में शंका करना था। सीता के सूक्ष्म शरीर के स्थूल शरीर को पहचानने के लिए कृष्ण ने तब तक प्रतीक्षा की जब तक कोई स्वयं उन्हें वर न चुन ले क्योंकि कृष्ण यह जानते थे कि अपूर्ण मन या सूक्ष्म शरीर की पूर्णता के लिए स्थूल शरीर धारण करता है और वह स्वयं वर चुनेगी क्योंकि बल बिना पूर्व जन्म के प्राप्त किये प्रकट नहीं किया जा सकता। यदि ऐसा न होता तो स्वयं कृष्ण प्रेमावतार होते हुये भी उन प्रेमिकाओं में से किसी को अपनी पत्नी रूप में नही चुने बल्कि सभी को व्यक्त सान्निध्य में रख अवैध प्रेम में बाँधकर अपूर्ण कर दिये। ये सभी वह अपूर्ण-मन के स्थूल शरीर थे जो रामावतार के समय अनेक नर-नारियों के मन अव्यक्त रूप से अपूर्ण थे। अनेकों जातियों में मूल मानव जाति के मिश्रित हो जाने से मूल मानव जाति के प्रतीक को उन्होंने यदुवंशी बलराम को हल व मूसल धारण करा अलग प्रस्तुत किया।

जिस प्रकार सीमित मस्तिष्क से असीम या अपने से अधिक मस्तिष्क की सही व्याख्या नहीं की जा सकती उसी प्रकार श्री कृष्ण के मस्तिष्क को समझने के लिए श्रीकृष्ण के मस्तिष्क के बराबर या अधिक स्तर के मस्तिष्क की आवश्यकता होगी। और श्रीकृष्ण ही एक मात्र ऐसे आठवें अवतार हुए जिन्हें समझे बिना मानव संसाधन का विकास असंभव है। यही कारण है कि श्रीकृष्ण जितना भक्ति के योग्य हैं उससे अनन्त गुना अधिक समझने के योग्य हैं। श्रीकृष्ण के मस्तिष्क के स्तर की व्याख्या करने वाले संबुद्ध सद्गुरु आचार्य रजनीश "ओशो" की सत्य दृष्टि संसार में प्रवाहित होने के बावजूद भी अधिकतम मानव का दुर्भाग्य है कि या तो वे उनकी सत्य दृष्टि से अनभिज्ञ हैं या वे समझने के लिए प्रयत्न ही नहीं करते और अपने व्यक्तित्व को संकुचित कर डालते हैं।

यहाँ ओशो द्वारा श्रीकृष्ण के लिए कुछ सत्य दृष्टि प्रस्तुत है ताकि एक मात्र शेष अन्तिम अवतार को पहचानने की दृष्टि निर्मित हो सके। और भविष्य के "मस्तिष्क के प्राथमिकता वाले युग" में जीने के लिए स्वयं को योग्य बना सकें।

1. अघोर का अर्थ होता है- सरल। किसी को "घोरी" कहो तो गाली हो सकती है घोर का अर्थ है- जटिल। अघोर का अर्थ होता है- सरल, बच्चे जैसा निर्दोष। अघोर तो सिर्फ थोड़े से बुद्धों के लिए उपयोग में लाया जा सकता है। गौतम बुद्ध-अघोरी, कृष्ण-अघोरी, क्राइस्ट-अघोरी, लोओत्सु-अघोरी। गोरख-अघोरी। सरल निर्दोष, सीधे-साधे। इतने सरल कि गणित जीवन में है ही नहीं। हिसाब किताब लगाने का भाव ही चला गया है।
2. कृष्ण वाममार्गी हैं। तुम बुद्ध से ज्यादा प्रभावित हो जाते हो क्योंकि वह राजमहल छोड़कर जाते हैं। तुम कृष्ण की अगर प्रशंसा भी करते हो तो थोड़े दबे-दबे कंठ से, थोड़े डरे-डरे, थोड़े भयभीत। अगर लोग कृष्ण की प्रशंसा भी करते हैं तो गीता वाले कृष्ण की करते हैं। पूरे कृष्ण को स्वीकार करने की हिम्मत बहुत कम लोगों की है। क्योंकि कृष्ण तो तुम्हारे जैसे मालूम पड़ते हैं बल्कि तुमसे भी आगे बढ़े हुये। तुम्हारा कृष्ण का स्वीकार अधूरा है। तुम कृष्ण में से बहुत सी बातें काट छांट कर डालना चाहोगे। तुम कृष्ण में संशोधन करने को सदा तत्पर हो। कृष्ण को लोग अपने-अपने हिसाब से मानते हैं। जितना मान सकते हैं उतना मान लेते हैं। बाकी छोड़ देते हैं। कृष्ण को पहचानने के लिए बड़ी गहरी आँखें चाहिए। कृष्ण को पहचानने के लिए जब तक भीतर की आँख न खुली हो, तब तक पहचानना मुश्किल है। क्योंकि वे वहीं खड़े हैं, भेद तो कुछ भी नहीं। उपर से भेद नहीं है भीतर से भेद है। तो जब तक भीतर देखने की क्षमता न हो, तब तक तुम कृष्ण को न समझ पाओगे।
3. उसके लिए सब हंसी खेल है, सब लीला है। इसलिए हमने कृष्ण को पूर्णावतार कहा। राम गम्भीर हैं छोटी-छोटी बात का हिसाब रखते हैं। नियम मर्यादा से चलते हैं- मर्यादा पुरूषोत्तम हैं। कृष्ण अमर्याद हैं न कोई नियम है न कोई मर्यादा। कृष्ण के लिए जीवन लीला है।
4. कृष्ण का महत्व अतीत के लिए कम भविष्य के लिए ज्यादा है। सच ऐसा है कि कृष्ण अपने समय से कम से कम पाँच हजार वर्ष पहले पैदा हुये। सभी महत्वपूर्ण व्यक्ति अपने समय से पहले पैदा होते हैं और सभी गैर महत्वपूर्ण व्यक्ति अपने समय के बाद पैदा होते हैं। बस महत्वपूर्ण और गैर महत्वपूर्ण में इतना फर्क है और सभी साधारण व्यक्ति अपने समय के साथ पैदा होते हैं, महत्वपूर्ण व्यक्ति को समझना आसान नहीं होता। उसका वर्तमान और अतीत उसे समझने में असमर्थता अनुभव करता है जब हम समझने योग्य नहीं हो पाते तब हम उसकी पूजा शुरू कर देते हैं या तो हम उसका विरोध करते हैं। दोनों पूजाएँ हैं एक मित्र की एक शत्रु की।
5. राम कितने ही बड़े हों, लेकिन इस मुल्क के चित्त में वे पूर्ण अवतार की तरह नहीं हैं, अंश है उनका अवतार। उपनिषद् के ऋषि कितने ही बड़े ज्ञानी हों, लेकिन अवतार नहीं हैं। कृष्ण पूर्ण अवतार हैं। परमात्मा अगर पृथ्वी पर पूरा उतरे तो करीब-करीब कृष्ण जैसा होगा। इसलिए श्रीकृष्ण इस मुल्क के अधिकतम मन को छु पाये हैं; बहुत कारणों से। एक तो पूर्ण अवतार का अर्थ होता है, मल्टी-डाइमेन्सनल; जो मनुष्य के समस्त व्यक्तित्व को स्पर्श करता हो। राम वन-डाइमेन्सनल हैं। अब तक कृष्ण को पूरा प्रेम करने वाला आदमी नहीं हुआ। क्योंकि पूरे कृष्ण को प्रेम करना तभी सम्भव है, जब वह आदमी भी मल्टी-डाइमेन्सनल हो। हम आम तौर पर एक

आयामी होते हैं। एक हमारा ट्रैक होता है व्यक्तित्व का, एक रेल की पटरी होती है, उस पटरी पर हम चलते हैं।

6. कृष्ण का व्यक्तित्व बहुत अनूठा है अनूठेपन की पहली बात तो यह है कि कृष्ण हुए तो अतीत में लेकिन हैं भविष्य के। मनुष्य अभी भी इस योग्य नहीं हो पाया है कि कृष्ण का सम-सामयिक बन सके। अभी भी कृष्ण मनुष्य के समझ से बाहर है। भविष्य में यह सम्भव हो पायेगा कि कृष्ण को हम समझ पाये। इसके कुछ कारण हैं। सबसे बड़ा कारण यह है कि कृष्ण अकेले ही ऐसे व्यक्ति हैं जो धर्म की परम गहराइयों और ऊँचाइयों पर होकर भी गम्भीर नहीं हैं, उदास नहीं हैं, रोते हुए नहीं हैं साधारण सन्त का लक्षण रोता हुआ होना है। जिन्दगी से उदास, हारा हुआ, भागा हुआ। कृष्ण अकेले ही इस समग्र जीवन को पूरा ही स्वीकार कर लेते हैं। जीवन की समग्रता की स्वीकृति उनके व्यक्तित्व में फलित हुई है। इसलिए इस देश में और सभी अवतारों को आंशिक अवतार कहा है। कृष्ण को पूर्ण अवतार कहा गया है राम भी अंश ही हैं परमात्मा के, लेकिन कृष्ण पूरे परमात्मा हैं और यह कहने का, यह सोचने का, ऐसा समझने का कारण है। और वह कारण यह है कि कृष्ण ने सभी कुछ आत्मसात् कर लिया है। कृष्ण अकेले हैं तो शरीर को उसकी समस्त में स्वीकार कर लेते हैं, "टोटलिटी" में। यह एक आयाम में नहीं सभी आयाम में सच है।
7. कृष्ण शान्तिवादी नहीं हैं, कृष्ण युद्धवादी नहीं हैं। असल में वाद का मतलब ही होता है कि दो में से हम एक चुनते हैं। एक अन्य वादी है। कृष्ण कहते हैं, शान्ति में शुभ फलित होता हो तो स्वागत है, युद्ध में शुभ फलित होता हो तो स्वागत है। कृष्ण जैसे व्यक्तित्व की फिर जरूरत है जो कहे कि शुभ को भी लड़ना चाहिए, शुभ को भी तलवार हाथ में लेने की हिम्मत चाहिए निश्चित ही शुभ जब हाथ में तलवार लेता है, तो किसी का अशुभ नहीं होता। अशुभ हो नहीं सकता क्योंकि लड़ने के लिए कोई लड़ाई नहीं है। लेकिन अशुभ जीत न पाये इसलिए लड़ाई है तो धीरे-धीरे दो हिस्सा दुनियाँ के बँट जायेंगे, जल्दी ही जहाँ एक हिस्सा भौतिकवादी होगा और एक हिस्सा स्वतंत्रता, लोकतन्त्र, व्यक्ति और जीवन के और मूल्यों के लिए होगा। लेकिन क्या ऐसे दूसरे शुभ के वर्ग को कृष्ण मिल सकते हैं? मिल सकते हैं। क्योंकि जब भी मनुष्य की स्थितियाँ इस जगह आ जाती हैं जहाँ कि कुछ निर्णायक घटना घटने को होती है, तो हमारी स्थितियाँ उस चेतना को भी पुकार लेती हैं, उस चेतना को भी जन्म दे देती है वह व्यक्ति भी जन्म जाता है। इसलिए मैं कहता हूँ कि कृष्ण का भविष्य के लिए बहुत अर्थ हैं।

भाग-4
चौथायुग : कलियुग

य. सार्वजनिक प्रमाणित अंश प्रेरक अवतार

09. नौवाँ अवतार : बुद्ध अवतार

चौथायुग : कलियुग

सार्वजनिक प्रमाणित दृश्य मार्ग से मन का आत्मीय केन्द्रित स्थिति अर्थात् सार्वजनिक प्रमाणित व्यक्ति व भौतिक वस्तु माध्यम द्वारा आत्मा पर केन्द्रित मन। यह स्थिति कलियुग की अन्तिम स्थिति है।

9. नौवां अवतार : बुद्ध अवतार
सार्वजनिक प्रमाणित अंश प्रेरक अवतार

चौथायुगः कलियुग
य. सार्वजनिक प्रमाणित अंश प्रेरक अवतार
९. नौवां अवतार : बुद्ध अवतार

ईश्वर के अंश अवतार
ब्रह्मा के अंश अवतार
विष्णु के अंश अवतार
महेश के अंश अवतार

बुद्ध अवतार (पूर्व कथा)

श्रीराम तथा श्रीकृष्ण के जीवन द्वारा प्रदर्शित आदर्शो पर चलकर भारत की खूब उन्नति हुई थी। लोगों ने समझ लिया था कि ईश्वर-प्राप्ति ही जीवन का उद्देश्य है, उसी में सुख-शान्ति है। इसीलिए वे लोग जीवन के सभी कर्म भगवान की प्राप्ति के लिए किया करते थे। इस प्रकार देश से पाप चला गया और सर्वत्र शान्ति की स्थापना हुई।

शान्ति के माहौल में लोग क्रमशः आराम-पसन्द होने लगे ईश्वर और धर्म केवल बातों में रह गए; मान-ऐश्वर्य तथा सांसारिक सुख ही जीवन का सार, है, यही भाव प्रबल होने लगा। धर्म-कर्म गौरव की वस्तु हो गयी, लोग भूल गये कि इसका उद्देश्य शान्ति है। अपने-अपने वर्ण का गौरव बढ़ाने के लिए ही लोग धर्म का आचरण करने लगे।

राजा-महाराजा अत्यन्त व्ययसाध्य योग-यज्ञ किया करते थे, परन्तु उसका उद्देश्य मान-यश हो गया। योगी तथा ब्राह्मण अत्यन्त कष्टसाध्य तपस्या करते हुए देहपात कर देते; परन्तु इस सबका एकमात्र उद्देश्य रह गया सम्मान, पूजाप्राप्ति तथा शिष्य बनाना। जाति का गौरव तथा सं ासारिक उन्नति को ही लेकर मानव भटक गया। देश से भगवान चले गये और धर्म का स्थान लोकाचार ने ग्रहण कर लिया। मनुष्य के प्राणों में सुख-शान्ति नहीं रही। जीवन भगवद्भक्ति-विहीन श्मशान में परिणत हुआ और उसमें धू-धूकर वासना की आग जलने लगी।

कपिलवस्तु नगरी में शुद्धोदन नाम के एक राजा थे। काफी आयु में उनकी एक सन्तान हुई। ज्योतिषियों ने गणना करके बताया, "यह बालक संसार में रहे तो चक्रवर्ती राजा बनेगा और संन्यासी होगा तो जगद्गुरू होगा।" उसका नाम सिद्धार्थ रखा गया। खूब सुन्दर, बुद्धिमान तथा धीर-स्थिर होने के कारण सबका उसके प्रति स्नेह था, बालसुलभ चपलता का उसमें अभाव था, यहाँ तक कि खेलकूद भी उसे पसन्द न था। आयु के साथ साथ उसकी गम्भीरता में भी वृद्धि होने लगी। राजा शुद्धोदन सर्वदा शंकित रहते कि बालक कहीं संन्यासी न हो जाय। इसीलिए वे सिद्धार्थ को सदा प्रफुल्ल रखने का प्रयास करते।

बाल्यकाल से ही उसके हृदय में सर्व जीवों के प्रति समान रूप से दयाभाव दीख पड़ता। एक दिन देवदत्त नामक शाक्त बालक ने एक जंगली हंस पर तीर चलाया। आकाश में तीर से घायल होकर हंस सिद्धार्थ के निकट आ गिरा। सिद्धार्थ ने हंस को गोद में उठा लिया और तीर निकालकर उसे स्वस्थ कर दिया। देवदत्त अपना शिकार लेने को दौड़ता हुआ आया, परन्तु सिद्धार्थ किसी भी हालत में हंस देने को राजी नहीं हुए। इसी बात को लेकर दोनों के बीच विवाद छिड़ गया। निपटारे के लिए वृद्धों के पास जाने पर उन लोगों ने कहा, "जो प्राणी की रक्षा करता है, उसी का उस पर अधिकार होता है।"

कपिलवस्तु नगर में एक कृषि-महोत्सव हुआ करता था। उस अवसर पर राजा, मंत्री आदि सभी खेतों में हल चलाते थे। इससे मिट्टी के भीतर से बहुत सारे कीट-पतंग बाहर निकल आते थे। उनमें से कुछ लोगों के पाँव-

तले आकर मर जाते और बाकी को पक्षी पकड़कर खा जाते। जीवों के इस भयानक कष्ट को सह पाने में असमर्थ होकर सिद्धार्थ ने अपने पिता से यह प्रथा बन्द कर देने का अनुनय-विनय किया।

गोपा (यशोधरा) नाम की एक रूप-गुणवती कन्या के साथ सिद्धार्थ का विवाह हुआ। उनके वैराग्यग्रसित मन को आमोद-प्रमोद में मग्न रखने के लिए राजा ने एक प्रमोद-उद्यान का निर्माण कराया, जिसमें प्रतिदिन नृत्य-गीत के आयोजन हुआ करते थे। सिद्धार्थ उनमें सम्मिलित होते, परन्तु अन्य लोगों के समान रस नहीं ले पाते।

मनुष्य के दुःखों का कोई अन्त नहीं; एक को दूर करने पर दूसरा दुःख स्वतः ही आकर प्रकट हो जाता है। किसी के जीवन में दुःख देखते ही सिद्धार्थ का मन द्रवीभूत हो जाता और उन्हें इच्छा होती कि प्राण देकर भी यदि हो सके तो उस दुःख का मोचन किया जाय। एक दिन नगर-भ्रमण को निकलने पर उन्होंने देखा कि एक व्यक्ति रोग की पीड़ा से बड़ा कष्ट पा रहा है। इसके साथ ही उनके चिन्तनशील मन में हलचल मच गई और भ्रमण वहीं स्थगित कर देना पड़ा।

एक अन्य दिन एक वृद्ध की दुर्दशा ने उनका ध्यान आकृष्ट किया। मानव-शरीर के इस सुनिश्चित परिणाम के विषय में सोचकर वे अधीर हो गए। दूसरे दिन एक अन्य दृश्य ने उन्हें और चंचल कर डाला। उन्होंने देखा कि एक मृत व्यक्ति को दाह करने हेतु श्मशान में लाया गया है और उसके स्त्री-पुत्र व्याकुल होकर रो रहे है। इस दृश्य ने सिद्धार्थ के मन में प्रबल वैराग्य का संचार किया। अहा! ऐसे अनित्य दुःखमय जीवन को लेकर हम लोग भूले हुए है! हो, तो फिर इस जीवन का मूल्य ही क्या है? सोचते-सोचते सिद्धार्थ इस विचार का कोई भी ओर-छोर न पा सके।

एक दिन एक शान्तमूर्ति संन्यासी का निर्विकार भाव देखकर उनके मन में एक नवीन विचार का उदय हुआ। उन्होंने सोचा - मैं भी ऐसा ही संन्यासी होकर तपस्या करके देखूँगा कि जरा-व्याधि-मृत्यु से छुटकारा पाने का कोई उपाय है या नहीं। उन्होंने पिता के समक्ष अपनी इच्छा व्यक्त की। राजा यह सुनकर बड़े विचलित हुए, किसी भी युक्ति पर उन्होंने पुत्र के संन्यास का अनुमोदन नहीं किया; बल्कि कहीं सिद्धार्थ बिना बताए ही चले न जायँ, इसलिए उन्होंने कड़े पहरे की भी व्यवस्था कर दी।

उन्हीं दिनों गोपा के एक पुत्र हुआ। सिद्धार्थ ने देखा कि वे क्रमशः संसार में उलझते जा रहे है; अतः अब देरी करना उचित न समझकर एक दिन आधी रात के समय उन्होंने राज्य छोड़कर प्रस्थान किया।

सिद्धार्थ त्यागी के वेश में तपस्वियों के पास जाकर योग की शिक्षा ग्रहण करने लगे। उन दिनों लोग भाँति-भाँति की कठोर तपस्या करते थे और थोड़ी-सी कुछ अनुभूति होते ही अपने को सिद्ध समझकर उसका प्रचार करने लगते थे। सिद्धार्थ ने इसी श्रेणी के अनेक योगियों का शिष्यत्व स्वीकार कर उनके धर्ममतों में सिद्धि प्राप्त की। परन्तु उन्होंने देखा कि ये अनुभूतियाँ मनुष्य को जरा-मरण के हाथ से नहीं बचा सकती। इस पर उनके मन की अशान्ति और बढ़ गई।

विभिन्न स्थानों पर घूमते-घूमते क्लान्त एवं निराश होकर सिद्धार्थ ने निश्चय किया कि वे स्वयं ही ध्यान-तपस्या आदि करके जरा-मरण के निवारण का उपाय ढूँढ़ निकालने का प्रयास करेंगे। अतः वे गया के निकट निरंजना नदी के तट पर स्थित ऊरूबिल्ब ग्राम के एक मनोहर स्थान पर योगासन में बैठकर ध्यान में डूब गए। पाँच अन्य साधक भी उनकी तपस्या एवं तेजस्विता पर मुग्ध होकर उनके शिष्य बन गये और सिद्धार्थ की सेवा में लग गए।

सिद्धार्थ आहार-निद्रा को त्यागकर दिन-रात एकासन में बैठे ध्यान करने लगे। उपवास के कारण उनका शरीर इतना दुर्बल हो गया कि एक दिन स्नान करके नदी के तट पर चढ़ते समय वे मूर्छित हो गए। शिष्यों ने सोचा कि उनकी मृत्यु हो गयी है। मूच्र्छा टूटने पर उन्होंने सोचा कि इस प्रकार कठोरता के द्वारा शरीर बरबाद करने से सिद्धिलाभ सम्भव नहीं है। अतः वे पुनः आहार ग्रहण करने लगे। उन दिनों लोगों की धारणा थी कि अन्न-पान में कठोरता बरतना ही साधना है। सिद्धार्थ के उस कठोरता का त्याग कर देने पर शिष्यों ने सोचा कि उनका पतन हो गया है, अतः वे उन्हें छोड़कर चले गये।

सिद्धार्थ का शरीर स्वस्थ एवं सबल हुआ। फिर ध्यान करते करते उनका मन निर्वाण-सागर में मिल गया और उन्हें बुद्धत्व की प्राप्ति हुई। आनन्द और शान्ति से उनका हृदय परिपूर्ण हो उठा।

सिद्धार्थ बाल्यकाल से ही जीवों के दुःख से कातर थे। बुद्धत्व की उपलब्धि के साथ ही वे दुःखमोचन का उपाय जान गये, परन्तु मुक्ति अथवा निर्वाण की बातें किसे सुनाते? सामान्य जन तो ये बातें समझ नहीं सकते थे। उन्हीं पाँच शिष्यों की बात उन्हें याद हो आई। खोजते-खोजते वे उन्हें काशी के निकट सारनाथ में मिले। उनके उपदेशों से निर्वाण प्राप्त कर शिष्यगण कृतार्थ हो गये। फूल खिलने पर भ्रमरों का अभाव नहीं रहता। सैकड़ों लोग उनसे धर्म की शिक्षा पाने को आ जुटने लगे। अनेक लोग सर्वस्व त्यागकर संन्यासी होने लगे।

शुद्धोदन अपने पुत्र के गौरव की बातें सुनकर बड़े आनन्दित हुए। उन्होंने बुद्धदेव को कपिलवस्तु ले आने को आदमी भेजा। बुद्धदेव का आगमन होने पर नगर के लोग उन्हें देखने को दौड़े आए। शुद्धोदन, गोपा आदि सबने निर्वाण-धर्म का उपदेश पाकर सुख-दुःख से मुक्ति पायी। शाक्यवंश के अनेक बालकों तथा युवकों ने संन्यास लेकर बुद्धदेव का अनुसरण किया; यहाँ तक कि बुद्धदेव का पुत्र राहुल भी संन्यासी हुआ।

बुद्धदेव उत्तरी भारत में सर्वत्र निर्वाण-धर्म का उपदेश देते हुए भ्रमण करने लगे। जो साधकगण कठोर तपस्या के उपरान्त भी अभीष्ट नहीं प्राप्त कर पा रहे थे, बुद्धदेव की कृपा से उन लोगों ने सिद्धिलाभ किया। संसार की ज्वाला में भुनकर मर रहे सहस्त्रों लोगों को भी बुद्धदेव के उपदेशों से शान्ति मिली। घृणित-पतित के रूप में जिन्हें समाज में हेय दृष्टि से देखा जाता था, बुद्धदेव ने शिष्य बनाकर उनका भी उद्धार किया। भारत में पुनः धर्मभाव जाग उठा, लोगों के मन में शान्ति का संचार हुआ।

अस्सी वर्ष की आयु में बुद्धदेव ने महानिर्वाण प्राप्त किया।

सार्वभौम सत्य-सिद्धान्त अनुसार कथा

दृश्य काल के व्यक्तिगत प्रमाणित काल में सार्वजनिक प्रमाणित अंश दृश्य सत्य चेतना से युक्त संघ और योजना आधारित कलियुग के प्रारम्भ में नवें अवतार - बुद्ध अवतार के समय तक एकतन्त्रात्मक राज्यों का विकास, विभिन्न नेतृत्व मनों आधारित जातियों, हिंसा, कर्म का प्राथमिता का विकास हो उसकी दिशा प्रसार की ओर ही थी। कृष्ण के अंश अपूर्ण मन अर्थात् अंश सूक्ष्म शरीर के स्थूल शरीर ही बुद्ध थे परिणामस्वरूप वे स्वयं को पहचानकर कालानुसार आवश्यक मुख्य कार्य अर्थात् जनता द्वारा लोक धर्म शिक्षा और गणराज्य की स्थापना का शुभारम्भ का कार्य कर्मयोगी-वैरागी-सन्यासी की भाँति पूर्ण किये। लोकधर्म शिक्षा के अन्तर्गत वे व्यक्तिगत कर्म के लिए - सत्यपात्र को दान नैतिकता के नियमों का पालन, अपने पुण्य का भाग दूसरों को देना, दूसरे द्वारा दिये गये पुण्य के भाग को स्वीकारना अपने त्रुटियों का सुधार, सम्यक-सिद्धान्त का श्रवण और प्रसार: सम्यक सिद्धान्त के अन्तर्गत - अन्धविश्वास तथा भ्रम रहित सम्यक दृष्टि, उच्च तथा बुद्धियुक्त सम्यक संकल्प, नम्रता-उत्सुकतता-सत्यनिष्ठ युक्त सम्यक वचन, शान्तिपूर्ण-निष्ठापूर्ण-पवित्रता युक्त सम्यक कर्म, अहिंसा युक्त सम्यक आजीवन, आत्म निग्रह और आत्म प्रशिक्षण युक्त सम्यक व्यायाम, सक्रीय सचेतन मन युक्त सम्यक स्मृति, जीवन की यर्थाथता पर गहन अध्ययन युक्त सम्यक समाधि तथा यह लोक धर्म शिक्षा अनवरत चलती रहे इसलिए लोक शिक्षकों के रूप में साधुओं और भिक्षुओं का निर्माण सहित "बुद्धं शरणं गच्छामि" अर्थात् बुद्धि या प्रबुद्धों के शरण में जाओ और "धर्मम् शरणं गच्छामि" अर्थात् धर्म के शरण में जाओ का उपदेश देने का कार्य किये। गणराज्य स्थापना के शुभारम्भ के अन्तर्गत ग्राम, सभा, संघ या पंचायत से जुड़ने के लिए "संघ शरणं गच्छामि" का उपदेश देने का कार्य किये।

यहाँ ध्यान देने योग्य यह है कि कृष्णावतार के समय गणराज्य स्थापना के लिए व्यक्तिगत प्रमाणित दृश्य सत्य चेतना द्वारा अदृश्य मन में तय की गई सम्पूर्ण नीति का वह हिस्सा अर्थात् वह अपूर्ण मन जो कृष्ण पूर्ण नहीं कर पाये थे उसके कुछ प्राथमिक अंश जैसे -सन्यास, लोकधर्म, ध्यान अर्थातृ काल चिन्तन और गणराज्य व्यवस्था का बीज जो मानव समाज का नये सिरे से सृष्टि का प्रथम चरण था वही कार्य बुद्धावतार में पूर्व कृष्णावतार से प्राप्त कर्मयोगी मन द्वारा ही बुद्ध ने पूर्ण किया था। बुद्ध द्वारा दिया गया "सम्यक " शब्द एकात्म ध्यान अर्थात् समभाव युक्त काल चिन्तन का ही बीज था जो कृष्ण के जीवन में समाहित था और गीतोपनिषद् में अव्यक्त रहा। चूंकि एकात्म ध्यान, भगवान शिव-शंकर का स्वरूप है इसलिए वे अगले अवतार की दृष्टि रखते हुये अपने प्रचार का समस्त केन्द्र शिव-शंकर से जुड़ी स्थली के निकट ही रखें। बुद्ध अपने समस्त कार्यों को स्वयं जानते हुये कोई

दार्शनिक आधार इसलिए नहीं दिये कि दार्शनिक आधार देने पर वह गीतोपनिषद् और कृष्ण में समाहित हो जाता परिणामस्वरूप कृष्ण का विवशतावश ही सही हिंसक जीवन और हिंसा कर्म की प्रधानता की ओर बढ़ते समाज में अहिंसा आधारित नये मानव समाज की सृष्टि कार्य असफल हो जाता। बुद्ध की कार्यप्रणाली दार्शनिक न होकर व्यावहारिक थी जो कर्मज्ञान अर्थात् कर्मवेद का सूक्ष्म बीज था। जिसकी व्यापकता के लिए उन्होंने हिंसक राजा सम्राट अशोक को अपने शरण में कर आन्दोलन का रूप दिये जो उस समय तक का दार्शनिक दृष्टि से पूर्णमुक्त सबसे बड़ा धर्मिक आन्दोलन था जो उनके महानिर्वाण के बाद इमारतों, मन्दिरों और बौद्ध धर्म में परिणत हो गया। बुद्ध का पूर्व नाम "सिद्धार्थ" अर्थात् "वह जिसने अपना उद्देश्य पूर्ण कर लिया हो।" बुद्ध, मन की एक व्यावहारिक अवस्था अर्थात् बुद्धि है जो ज्ञान के साथ काल चिन्तन के संयोग से उत्पन्न होती है। छः वर्षो की साधना उन्होनें उम्र की परिपक्वता, सामाजिक विश्वसनीयता, कालानुसार कार्य और कार्यनीति के निर्धारण के लिए की थी। चूंकि सत्य चेतना के अन्तर्गत ही प्राकृतिक चेतना समाहित होती है इसलिए प्राकृतिक चेतना के अन्तर्गत कृष्णावतार में रूक्मणि का अपूर्ण मन अर्थात् सूक्ष्म शरीर यशोधरा के स्थूल शरीर द्वारा व्यक्त हो सिद्धार्थ से पुत्र प्राप्त कर पूर्ण हो गया। यदि बुद्ध व्यक्तिगत प्रमाणित दृश्य सत्य चेतना युक्त कृष्ण के अपूर्ण मन न होते तो वे बाह्य कारणों से प्रेरित होकर निष्काम कर्म की ओर बढ़ते परन्तु वे तो स्वयं अन्तः कारणों से प्रेरित थे जो उनमे कृष्ण के अपूर्ण मन का अंश था, से स्वयं अहैतुक कार्य के लिए कर्मयोगी बने थे। अब तब जो मन इस दैवी श्रृंखला विष्णु के अन्तिम दसवें अवतार के साथ पूर्ण होने के लिए अपूर्ण थे वे थे रामावतार के समय "लव और कुश" का संयुक्त एक मन, उर्मिला का अपूर्ण मन जो कृष्णावतार में सत्यभामा के रूप में पुनः अपूर्ण रह गया था। तथा कृष्णावतार में ही वे सभी नर-नारियों के अपूर्ण मन जो दास, संख्य, वात्सल्य, मधुर और अवैध प्रेम में बधकर संयुक्त एक अपूर्ण मन में परिवर्तित थे।

दृश्य काल के सार्वजनिक प्रमाणित दृश्य काल में सार्वजनिक प्रमाणित दृश्य सत्य चेतना से युक्त संघ और योजना आधारित कलियुग में दसवें अवतार के समय तक विश्व की स्थिति और विवाद मुक्त परिणामों का विवरण आगे है।

भाग-5
पाँचवाँयुग : स्वर्णयुग/सत्ययुग

र. सार्वजनिक प्रमाणित पूर्ण प्रेरक अवतार

10. दसवाँ और अन्तिम कल्कि अवतार - विश्वभारत (मानक वैश्विक व्यक्ति चरित्र)

पाँचवाँयुग : स्वर्णयुग / सत्ययुग

सार्वजनिक प्रमाणित दृश्य मार्ग से मन का आत्मीय केन्द्रित स्थिति अर्थात्

सार्वजनिक प्रमाणित व्यक्ति व भौतिक वस्तु माध्यम द्वारा आत्मा पर केन्द्रित मन।

यह स्थिति कलियुग की अन्तिम स्थिति है।

10. दसवाँ और अन्तिम अवतार : कल्कि महाअवतार
श्री लव कुश सिंह "विश्वमानव"
सार्वजनिक प्रमाणित पूर्ण प्रेरक अवतार
(मानक वैश्विक व्यक्ति चरित्र – विश्वभारत)

विस्तार के लिए "विश्वशास्त्र" अध्याय–दो देखें

पाँचवाँ युग/पहला युग : स्वर्ण युग/सत्ययुग
सार्वजनिक प्रमाणित पूर्ण प्रेरक अवतार
१०. दसवाँ और अन्तिम अवतार
श्री लव कुश सिंह "विश्वमानव"
(मानक वैश्विक व्यक्ति चरित्र-विश्वभारत)

ईश्वर के पूर्ण अवतार
ब्रह्मा के पूर्ण अवतार
विष्णु के पूर्ण अवतार
महेश के पूर्ण अवतार

शरीर धारण तिथि–
आश्विन, शुक्ल पक्ष–त्रयोदशी, रेवती नक्षत्र
16 अक्टुबर, 1967, सोमवार, समय–02.00 बजे

ग्रन्थों में अवतारों की कई कोटि बतायी गई है जैसे अंशाशावतार, अंशावतार, आवेशावतार, कलावतार, नित्यावतार, युगावतार इत्यादि। जो भी सार्वभौम सत्य-सिद्धान्त को व्यक्त करता है वे सभी अवतार कहलाते हैं। व्यक्ति से लेकर समाज के सर्वोच्च स्तर तक सार्वभौम सत्य-सिद्धान्त को व्यक्त करने के क्रम में ही विभिन्न कोटि के अवतार स्तरबद्ध होते हैं। अन्तिम सार्वभौम सत्य-सिद्धान्त को व्यक्त करने वाला ही अन्तिम अवतार के रूप में व्यक्त होगा। अब तक हुये अवतार, पैगम्बर, ईशदूत इत्यादि को हम सभी उनके होने के बाद, उनके जीवन काल की अवधि में या उनके शरीर त्याग के बाद से ही जानते हैं। परन्तु भविष्य अर्थात् आने वाले कल के लिए कल्पित महाविष्णु के 24 अवतारों (1. सनकादि ऋषि (ब्रह्मा के चार पुत्र), 2. नारद, 3. वाराह, 4. मत्स्य, 5. यज्ञ (विष्णु कुछ काल के लिये इंद्र रूप में), 6.नर-नारायण, 7. कपिल, 8. दत्तात्रेय, 9. हयग्रीव, 10. हंस पुराण, 11. पृष्णिगर्भ, 12. ऋषभदेव, 13. पृथु, 14. नृसिंह, 15. कूर्म, 16. धनवंतरी, 17. मोहिनी, 18. वामन, 19. परशुराम, 20. राम, 21. व्यास, 22. कृष्ण, बलराम, 23. गौतम बुद्ध (कई लोग बुद्ध के स्थान पर बलराम को कहते हैं, अन्यथा बलराम शेषनाग के अवतार कहलाते हैं), 24. कल्कि) में एक मात्र शेष 24वाँ तथा प्रमुख 10 अवतारों (1.मत्स्य, 2.कूर्म, 3.वाराह, 4.नृसिंह, 5.वामन, 6.परशुराम, 7.राम, 8.श्रीकृष्ण, 9.बुद्ध और 10.कल्कि) में एक मात्र शेष दसवाँ और अन्तिम कल्कि अवतार, के विषय में जो परिकल्पना है, वह निम्नलिखित रूप से है जिसे समझना आवश्यक है -

प्राचीन कथा

बुद्धकाल के पश्चात् लोग पुनः धर्म की बातें भूल गये। तब भगवान ने शंकराचार्य के रूप में नरदेह धारणकर जीवों को धर्म-शिक्षा दी। इसी प्रकार मानव जाति के मंगल हेतु रामानुज, चौतन्य और रामकृष्ण आदि अवतार भी आविर्भूत हुए। परन्तु दशावतारों में बुद्धदेव के बाद कल्कि-अवतार का ही उल्लेख हुआ है। कल्कि का अर्थ है - जो आएँगे।

कलियुग के अन्त में मनुष्य ज्ञानहीन हो भगवान को भूल जाएगा। पापाचार के फलस्वरूप उसकी आकृति तथा आयु छोटी हो जाएगी। धूर्तता, कपटता आदि सभी नीच प्रवृत्तियाँ उसके स्वभाव का अंग हो जाएँगी, सूदखोर ब्राह्मणों का मान होगा और दुष्ट लोग संन्यासी का वेश धारण करके लोगों को ठगेंगे। भाई-बन्धु को लोग पराया समझेंगे, परन्तु साले-सम्बन्धियों को परम आत्मीय मानेंगे। झगड़ा-विवाद नित्यकर्म हो जायेगा। केशविन्यास व वेशभूषा का चलन ही सभ्यता कहलाएगा। कुल मिलाकर मनुष्यों के मन में बुद्धि-विवेक का लेष तक न रह जाएगा।

दानवी प्रकृति के लोग छल-बल से देश के राजा होकर प्रजा का अर्थशोषण करेंगे। दुष्ट लोग राजाओं के अनुगत होकर लोगों का हित करने के नाम पर अपना ही स्वार्थसाधन करेंगे। रोग, महामारी, अनावृष्टि, अकाल आदि प्राकृतिक उपद्रवों से निरन्तर लोकक्षय होगा।

शम्भल नामक ग्राम में विष्णुयश नाम के एक ब्राह्मण निवास करेंगे, जो सुमति नामक स्त्री के साथ विवाह करेंगें दोनों ही धर्म-कर्म में दिन बिताएँगे। कल्कि उनके घर में पुत्र होकर जन्म लेंगे और अल्पायु में ही वेदादि शास्त्रों का पाठ करके महापण्डित हो जाएँगे। बाद में वे जीवों के दुःख से कातर हो महादेव की उपासना करके अस्त्रविद्या प्राप्त करेंगे।

उसी देश के राजा विशाखयूप कल्किदेव के माहात्म्य से अवगत होकर उनका शिष्यत्व स्वीकार कर उन्हीं के उपदेशानुसार राज्य-शासन चलाएँगे। कल्किदेव की कृपा से उनकी प्रजा धर्म परायण हो उठेगी।

सिंहल द्वीप में बृहद्रथ नाम के एक राजा होंगे। उनकी रानी कौमुदी के गर्भ से एक अपूर्व लावण्यमी कन्या का जन्म होगा। उसका नाम होगा पद्मा। पद्मा बाल्यकाल से ही श्रीहरि की परम भक्त होंगी और उन्हें पति रूप में प्राप्त करने के लिए महादेव की आराधना करेंगी। शंकर-पार्वती प्रसन्न होकर उन्हें वर देंगे कि श्रीहरि उन्हें पति रूप में प्राप्त हों और कोई भी पुरूष उनकी ओर पत्नीभाव से देखने पर तत्काल नारी रूप धारण करेगा।

पुत्री पद्मादेवी की आयु विवाह-योग्य हो जाने पर राजा बृहद्रथ उसके विवाह हेतु एक स्वयंवर सभा बुलाएँगे। राजागण असाधारण रूपवती पद्मा का रूप देख मोहित होकर उन्हें पत्नी के रूप में पाने की इच्छा करते ही तत्काल पद्मा के समान ही युवती हो जाएँगे। लज्जा के कारण वे अपने राज्य को न लौटकर पद्मादेवी के सखी-रूप में उन्हीं के साथ निवास करने लगेंगे। कल्किदेव यह समाचार पाकर अश्वारोहण करते हुए सिंहल द्वीप जाएँगे। पद्मादेवी जलविहार करते समय उन्हें देखते ही पहचान कर उनके प्रति अनुरक्त हो जाएँगी। बृहद्रथ यह जानकर काफी धन आदि के साथ अपनी कन्या कल्किदेव को समर्पित कर देंगे। जो समस्त राजा नारी रूप में परिणत हो गए थे, वे सभी कल्किदेव का दर्शन करते ही अपने पूर्व रूप में आकर कृतज्ञ हृदय के साथ स्वदेश लौट जाएँगे।

इधर देवराज इन्द्र के आदेश पर उनके वास्तुकार विश्वकर्मा शम्भल ग्राम में एक अपूर्व पुरी का निर्माण करेंगे। कल्किदेव अपनी पत्नी तथा हाथी-घोड़े, धन-रत्न आदि के साथ स्वदेश लौटकर वहीं निवास करेंगे। कुछ काल बाद उनके जय-विजय नामक दो महा बलशाली पुत्र जन्मेंगे।

विष्णुयश एक अश्वमेध यज्ञ करने का संकल्प करेंगे। पुत्र पिता की इच्छा पूर्ण करने हेतु दिग्विजय हेतु बाहर निकलेंगे। क्योंकि चक्रवर्ती राजा हुए बिना अश्वमेध यज्ञ नहीं किया जा सकता।

भगवान कल्कि सर्वप्रथम कीटक देश में बौद्ध नामधारी असुर-प्रकृति लोगों के राज्य पर हमला करेंगे। बौद्धगण आमने-सामने के युद्ध में हारकर तरह-तरह की माया का आश्रय लेंगे, परन्तु कल्किदेव उनका सारा प्रयास विफल कर देंगे। तदुपरान्त वे लोग बहुत बड़ी म्लेच्छ सेना बनाकर कल्कि-सेना पर आक्रमण करेंगे। भीषण युद्ध के बाद बौद्ध तथा म्लेच्छ-गण समाप्त हो जाएँगे। उनके रक्त की नदियाँ बहेंगी, जिसमें हाथी, घोड़े रथ आदि घड़ियाल के समान तैरेंगे, मृतदेहों का पहाड़ बन जाएगा।

पति-पुत्रों के निधन से क्रोधान्ध होकर बौद्ध तथा म्लेच्छ नारियाँ युद्धवेश में सज्जित होकर कल्कि सेना पर आक्रमण करेंगी। स्त्रियों को मारने से पाप तथा अपयश मिलता है और युद्ध में उन्हें परास्त करके भी गौरव नही मिलता- यह सोचकर कल्किदेव एक माया का आश्रय लेंगे। नारियों द्वारा अस्त्र चलाने पर वह जड़ हो जाएगा और बाणादि बार-बार लौटकर उन्हीं के हाथों में आ जाएँगे। इससे उन महिलाओं के भाव में परिवर्तन आएगा। कल्किदेव को भगवान समझकर वे उनकी शरण लेंगी। वे उन्हें ज्ञानोपदेश के द्वारा मुक्ति प्रदान करेंगे।

उसी समय चक्रतीर्थ में बालखिल्य नाम के अति लघुकाय ऋषिगण कल्किदेव से निवेदन करेंगे कि कुथोदरी नामक एक मायाविनी राक्षसी के उपद्रव से उनकी तपस्या में बड़ा विघ्न पड़ रहा है। कल्किदेव उस राक्षसी को सबक सिखाने सेना के साथ हिमालय की ओर प्रस्थान करेंगे।

हिमालय पर्वत पर अपना सिर और निषध पर्वत पर पैर रखकर अनेक योजन स्थान में सोकर कुथोदरी अपने पुत्र विकंजन को स्तन पिलायेगी। स्तन से दूध झरने पर एक नदी की सृष्टि होगी। राक्षसी के निःश्वास के वेग से वन्य हाथी दूर फिक जाएँगे, गुफा समझकर सिंह उसके कर्णकुहरों में और हिरण उसके रोमकूपों में निवास करेंगे। इस अद्‌भुत राक्षसी को देखकर कल्किदेव की सेना मूर्छित हो जाएगी। कल्किदेव द्वारा आक्रमण किये जाने पर वह

उन्हें सेना समेत निगल जाएगी। वे खड्ग लिए राक्षसी का पेट फाड़कर बाहर निकलेंगे। विराट् पर्वतमाला के समान धरती पर गिरकर चारों ओर रक्त से प्लावित करती हुई कुथोदरी प्राण त्याग देगी।

मरू तथा देवापि नामक दो भक्त राजा कल्किदेव के शिष्य बन जाएँगे। विशाखयूप, मरू, देवापि आदि से युक्त अपनी विराट् सैन्यवाहिनी के साथ कल्किदेव विशसन नामक प्रदेश पर आक्रमण करेंगे। पूर्ववत् ही भयानक युद्ध के पश्चात् अधर्माचारीगण नष्ट हो जाएँगे। कोक तथा विकोक नामक दो मायावी विभिन्न प्रकार की माया का अवलम्बन करेंगे, परन्तु कल्किदेव उनकी माया को व्यर्थ करते हुए उनका वध कर डालेंगे।

इसके बाद कल्कि भल्लाट नगर पर आक्रमण करेंगे। भल्लाट के महायोद्धा तथा हरिभक्त राजा शशिध्वज और उनकी भक्तिमती पत्नी सुशान्ता योगबल से कल्किदेव को पहचान लेंगे। सुशान्ता अपने पतिदेव को अनेक प्रकार से समझाएगी कि वे शत्रुभाव को त्यागकर श्रीहरि के चरणों में शरण लें, परन्तु शशिध्वज बिल्कुल भी राजी न होकर अपने पुत्र आदि समस्त सम्बन्धियों तथा सेना के साथ कल्किदेव पर आक्रमण करेंगे। शशिध्वज की वीरता से विशाखयूप आदि सभी पराजित होंगे। उनके अस्त्रघात से कल्किदेव के मूर्छित हो जाने पर राजा शशिध्वज उन्हें सीने से लगाकर राजपुरी ले जाएँगे।

सुशान्ता एवं उनकी सखियाँ श्रीहरि को पा आनन्दपूर्वक उन्हें घेरकर नृत्य-गीत करती रहेंगी। चेतना लौटने पर कल्किदेव उनका भक्तिभाव देखकर सन्तुष्ट होंगे तथा आत्समर्पण कर देंगे। शशिध्वज अपनी कन्या रमा को कल्किदेव के हाथों सौंपकर उन्हें दामाद के रूप में वरण करेंगे। इस अवसर पर उस विराट् सैन्यसंघ में महा-महोत्सव होगा।

भगवान कल्कि भारत के समस्त अत्याचारी असुरस्वभाव राजाओं का संहार करेंगे। दुष्ट लोक उनके भय से सन्मार्ग का आश्रय लेंगे। दिग्विजय करके वे सम्पूर्ण भारत के चक्रवर्ती राजा होंगे और पिता द्वारा संकल्पित अश्वमेध तथा अन्य प्रकार के यज्ञों का सम्पादन करके वैदिक धर्म का पुनरूद्धार करेंगे। उनके असाधारण कृतित्व देखकर तथा उनके शासनाधीन रहने से लोग निरन्तर उन्हीं के चरित्र का चिन्तन करते हुए पवित्र हो जाएँगे। सर्वदा उनके आदर्शानुसार धम-कर्म में लगे रहकर वे लोग परम शान्ति प्राप्त करेंगे। यथासमय अच्छी वर्षा होगी। भूमि के उर्वर हो जाने से यथेष्ट मात्रा में अन्न उपजेगा। रोक-शोक कुछ भी नहीं रह जाएगा।

इस प्रकार पुनः सतयुग का आविर्भाव हो जाने पर कल्किदेव अपना अवतार देह त्यागकर गोलोक में विचरण करेंगे।

कल्कि पुराण

कल्कि पुराण हिन्दुओं के विभिन्न धार्मिक एवं पौराणिक ग्रन्थों में से एक है। इस पुराण में भगवान विष्णु के दसवें तथा अन्तिम अवतार की भविष्यवाणी की गयी है और कहा गया है कि विष्णु का अगला अवतार (महाअवतार)-"कल्कि अवतार" होगा। इसके अनुसार 4,320 वीं शती में कलियुग का अन्त के समय कल्कि अवतार लेंगें।

इस पुराण में प्रथम मार्कण्डेय जी और शुकदेव जी के संवाद का वर्णन है। कलियुग का प्रारम्भ हो चुका है जिसके कारण पृथ्वी देवताओं के साथ, विष्णु के सम्मुख जाकर उनसे अवतार की बात कहती है। भगवान के अंश रूप में ही सम्भल गाँव (मुरादाबाद, उ0प्र0 के पास) में कल्कि भगवान का जन्म होता है। उसके आगे कल्कि भगवान की दैवीय गतिविधियों का सुन्दर वर्णन मन को बहुत सुन्दर अनुभव कराता है। भगवान कल्कि विवाह के उद्देश्य से सिंहल द्वीप जाते हैं। वह जलक्रिड़ा के दौरान राजकुमारी पद्मावती से परिचय होता है। देवी पद्मिनी का विवाह कल्कि भगवान के साथ ही होगा, अन्य कोई भी उसका पात्र नहीं होगा, प्रयास करने पर वह स्त्री रूप में परिणत हो जायेगा। अंत में कल्कि व पद्मिनी का विवाह सम्पन्न हुआ और विवाह के पश्चात् स्त्रीत्व को प्राप्त हुए राजागण पुनः पूर्व रूप में लौट आये। कल्कि भगवान पद्मिनी को लेकर सम्भल गाँव में लौट आये। विश्वकर्मा के द्वारा उसका अलौकिक तथा दिव्य नगरी के रूप में निर्माण हुआ। हरिद्वार में कल्कि जी ने मुनियों से मिलकर सूर्यवंश का और भगवान राम का चरित्र वर्णन किया। बाद में शशिध्वज का कल्कि से युद्ध और उन्हें अपने घर ले

जाने का वर्णन है, जहाँ वह अपनी प्राणप्रिय पुत्री रमा का विवाह कल्कि भगवान से करते हैं। उसके बाद इसमें नारद जी आगमन, विष्णुयश का नारद जी से मोक्ष विषयक प्रश्न, रूक्मिणी व्रत प्रसंग और अंत में लोक में सतयुग की स्थापना के प्रसंग को वर्णित किया गया है। वह शुकदेव जी के कथा का गान करते हैं। अंत में दैत्यों के गुरू शुक्राचार्य की पुत्री देवयानी व समिष्ठा की कथा है। इस पुराण में मुनियों द्वारा कथित श्री भगवती गंगा स्तव का वर्णन भी किया गया है। पाँच लक्षणों से युक्त यह पुराण संसार को आनन्द प्रदान करने वाला है। इसमें साक्षात् विष्णु स्वरूप भगवान कल्कि के अत्यन्त अद्‌भुत क्रियाकलापों का सुन्दर व प्रभावपूर्ण चित्रण है।

नाम रूप

कल्कि पुराण हिन्दुओं के विभिन्न धार्मिक एवं पौराणिक ग्रन्थों में से एक है। इस पुराण में भगवान विष्णु के दसवें तथा अन्तिम अवतार की भविष्यवाणी की गयी है और कहा गया है कि विष्णु का अगला अवतार (महाअवतार)-"कल्कि" होगा। जबकि खुर्शीद अहमद प्रभाकर, दर्वेश, कादियान, जिला-गुरदासपुर, पंजाब, भारत द्वारा लिखित पुस्तक "कल्कि अवतार-हिन्दुओं के धार्मिक ग्रन्थों में (पुस्तक मिलने का पता-नजारत नश्रो इशाअत, सदर अन्जुमन अहमदिया, कादियान, जि.गुरदासपुर, पंजाब, भारत, पिन-143516 और इन्टरनेट द्वारा) के अनुसार- "संसार भर के विभिन्न धर्मों के आधारभूत ग्रन्थों में कलियुग में प्रकट होने वाले कल्कि अवतार का उल्लेख मिलता है। साथ ही उसके सुन्दर, सुनहरे, श्रेष्ठ और महत्वपूर्ण कारनामों और कामों का उल्लेख मिलता है। उसके "अहमद" नाम होने में हिन्दुओं तथा मुसलमानों के पुस्तकों में सहमति पायी जाती है। पुस्तक के अनुसार-"चारो वेदो में "अहमद" शब्द 31 बार आया है। वेदों में आये इस "अहमद " शब्द को हिन्दू भाष्यकारों ने "मैं " के अर्थ में तथा मुस्लिम भाष्यकारों ने उसी अर्थ "अहमद" के अर्थों में लिया है।

मेरा मानना है कि सामान्य व्यावहारिक रूप में भविष्य में जन्म लेने वाले किसी भी व्यक्ति का नाम निश्चित करना असम्भव है। अगर अवतार के उदाहरण में देखें तो सिर्फ उस समय की सामाजिक आवश्यकताओं के अनुसार उसके गुण की ही कल्पना की जा सकती है या उसके हो जाने के उपरान्त उसके नाम को सिद्ध करने की कोशिश की जा सकती है। इसलिए उस अवतार का जो भी नाम कल्पित है वह केवल गुण को ही निर्देश कर सकता है। इस प्रकार "कल्कि" जो "कल की" अर्थात् "भविष्य की" के अर्थों में रखा गया है। "मैं", उसके "सार्वभौम मैं" का गुण है। "अहमद", उसके अपने सार्वभौम सत्य-सिद्धान्त पर अतिविश्वास होने के कारण अंहकार का नशा अर्थात् अहंकार के मद से युक्त अहंकारी जैसा अनुभव करायेगा। उसका कोई गुरू नहीं होगा, वह स्वयं से प्रकाशित स्वयंभू होगा जिसके बारे में अथर्ववेद, काण्ड 20, सूक्त 115, मंत्र 1 में कहा गया है कि "ऋषि-वत्स, देवता इन्द्र, छन्द गायत्री। अहमिद्धि पितुश्परि मेधा मृतस्य जग्रभ। अहं सूर्य इवाजिनि।।" अर्थात् "मैं परम पिता परमात्मा से सत्य ज्ञान की विधि को धारण करता हूँ और मैं तेजस्वी सूर्य के समान प्रकट हुआ हूँ।" जबकि सबसे प्राचीन वंश स्वायंभुव मनु के पुत्र उत्तानपाद शाखा में ब्रह्मा के 10 मानस पुत्रों में से मन से मरीचि व पत्नी कला के पुत्र कश्यप व पत्नी अदिति के पुत्र आदित्य (सूर्य) की चौथी पत्नी छाया से दो पुत्रों में से एक 8वें मनु - सावर्णि मनु होंगे जिनसे ही वर्तमान मनवन्तर 7वें वैवस्वत मनु की समाप्ति होगी। ध्यान रहे कि 8वें मनु - सावर्णि मनु, सूर्य पुत्र हैं।

जन्म रूप

कल्कि पुराण में "कल्कि" अवतार के जन्म व परिवार की कथा इस प्रकार कल्पित है-"सम्भल नामक ग्राम में विष्णुयश नाम के एक ब्राह्मण निवास करेंगे, जो सुमति नामक स्त्री के साथ विवाह करेंगें दोनों ही धर्म-कर्म में दिन बिताएँगे। कल्कि उनके घर में पुत्र होकर जन्म लेंगे और अल्पायु में ही वेदादि शास्त्रों का पाठ करके महापण्डित हो जाएँगे। बाद में वे जीवों के दुःख से कातर हो महादेव की उपासना करके अस्त्रविद्या प्राप्त करेंगे जिनका विवाह बृहद्रथ की पुत्री पद्मादेवी के साथ होगा।"

जिस प्रकार सामान्य व्यावहारिक रूप में भविष्य में जन्म लेने वाले किसी भी व्यक्ति का नाम निश्चित करना असम्भव है उसी प्रकार उसके माता-पिता, जन्म स्थान और पत्नी को भी निश्चित करना असम्भव है। ध्यान देने

योग्य यह है कि सभी अवतार, पैगम्बर, ईशदूत इत्यादि राजतन्त्र व्यवस्था काल में आये थे। जब कल्कि पुराण लिखा गया होगा तब राजतन्त्र व्यवस्था थी इसलिए भविष्य के कल्कि की कथा पूर्णतया उसी शैली में ही है जिस शैली में अन्य अवतारों की कथा है। विश्वमन के अंश की अनुभूति किसी भी व्यक्ति से व्यक्त हो सकती है जिसका प्रक्षेपण या प्रस्तुतिकरण उस समय और व्यक्ति की अपनी संस्कृति के माध्यम से ही होता है। फिर भी कल्कि कथा के भी कुछ न कुछ अर्थ तो अवश्य है।

सम्भल

कल्कि अवतार के कलियुग में हिन्दुस्तान के सम्भल में होने पर सभी हिन्दू सहमत हैं परन्तु सम्भल कहाँ है इसमें अनेक मतभेद हैं। कुछ विद्वान सम्भल को उड़ीसा, हिमालय, पंजाब, बंगाल और शंकरपुर में मानते हैं। कुछ सम्भल को चीन के गोभी मरूस्थल में मानते हैं जहाँ मनुष्य पहुँच ही नहीं सकता। कुछ वृन्दावन में मानते हैं। कुछ सम्भल को मुरादाबाद (उ0प्र0) जिले में मानते हैं जहाँ कल्कि अवतार मन्दिर भी है। विचारणीय विषय ये है कि "सम्भल में कल्कि अवतार होगा या जहाँ कल्कि अवतार होगा वही सम्भल होगा।" सम्भल का शाब्दिक अर्थ समान रूप से भला या शान्ति करना या शान्ति होना अर्थात् जहाँ शान्ति व अमन हो या शान्ति फैलाने वाला हो, होता है। कल्कि पुराण में सम्भल में 68 तीर्थों का वास बताया गया है। कलियुग में केवल सम्भल ही एक मात्र ऐसा तीर्थ स्थान होगा जो कल्याण दायक और शान्ति प्रदान करने वाला होगा। तीर्थ का अर्थ- पवित्र स्थान, दर्शन, दिल, मन, हृदय, घाट, तालाब, पानी का स्थान, अमर जीवन दाता जल, लोगों के आने जाने और जमघट के स्थान के अर्थ में होता है।

ब्राह्मण पिता विष्णुयश और माता सुमति

कल्कि पुराण के अनुसार कल्कि अवतार के पिता व माता का नाम विष्णुयश व सुमति होगा, जो नाम नहीं बल्कि गुणों को निर्देशित करता है। ब्राह्मण अर्थात् जो वेद, पुराण और शुद्ध परम चौतन्य को जानता हो। विष्णु अर्थात् परमेश्वर, सर्वव्यापक ईश जो सब स्थानों में उपस्थित है, ब्रह्माण्ड को पैदा करने वाला सृष्टा। यश अर्थात् स्तुति या प्रशंसा करने वाला। इस प्रकार पिता विष्णुयश का अर्थ हुआ, ऐसा पिता जो सर्वव्यापक परमात्मा की स्तुति एवं प्रशंसा करने वाला व सबका भला करने वाला हितैषी है। इसी प्रकार सुमति का अर्थ होता है- सुन्दर या अच्छा मत या विचार रखना।

कल्कि अवतार की पत्नी

कल्कि पुराण में "कल्कि" अवतार के विषय में कहा गया है कि- "उनका विवाह बृहद्रथ की पुत्री पद्मादेवी के साथ होगा।" परन्तु कटरा-जम्मू (भारत) में वैष्णों देवी की कथा के सम्बन्ध में बिकने वाली पुस्तिका, इन्टरनेट पर उपलब्ध कथा और गुलशन कुमार कृत "माँ वैष्णों देवी" प्रदर्शित फिल्म पर आधारित कथा के अनुसार "त्रिकुटा ने श्रीराम से कहा- उसने उन्हें पति रूप में स्वीकार किया है। श्रीराम ने उसे बताया कि उन्होंने इस अवतार में केवल सीता के प्रति निष्ठावान रहने का वचन लिया है लेकिन भगवान श्रीराम ने उसे आश्वासन दिया कि कलियुग में वे कल्कि के रूप में प्रकट होंगे और उससे विवाह करेगें।" श्रीरामचरितमानस के किष्किन्धाकाण्ड में एक देवी का वर्णन मिलता है। इन्होंने श्रीहनुमानजी तथा अन्य वानर वीरों को जल व फल दिया था तथा उन्हें गुफा से निकालकर सागर के तट पर पहुँचाया था। ये देवी स्वयंप्रभा हैं। यही देवी माता वैष्णव के रूप में प्रतिष्ठित हैं। कलयुग के अंतिम चरण में भगवान का कल्कि अवतार होगा। तब ये कल्कि भगवान दुष्टों को दण्डित करेंगे और धरती पर धर्म की स्थापना करेंगे। तथा देवी स्वयंप्रभा से श्रीरामावतार में दिए गए वचनानुसार विवाह करेंगे। अर्थात् वैष्णों देवी जो युगों से पिण्ड रूप में हैं उन्हें कल्कि अवतार एक साकार रूप प्रदान करेंगे जो "माँ वैष्णों देवी" के साकार रूप "माँ कल्कि देवी" होंगी। (पूर्ण विवरण के लिए देखें-माता वैष्णों देवी श्राइन बोर्ड पब्लिकेशन)

शरीर रूप

महर्षि व्यास रचित और ईश्वर के आठवें अवतार श्री कृष्ण के मुख से व्यक्त श्रीमद्भगवद्गीता में भी अवतार के होने का प्रमाण मिलता है-

यदा-यदा हि धर्मस्य ग्लानिर्भवति भारतः।
अभियुत्थानम् धर्मस्य तदात्मानं सृजाम्यहम्।।

(श्रीमद्भगवद्गीता, अध्याय-4, श्लोक-7)

अर्थात् है भारत! जिस काल में धर्म की हानि होती है, और अधर्म की अधिकता होती है। उस काल में ही मैं अपनी आत्मा को प्रकट करता हूँ। इस प्रकार कल्कि अवतार का शरीर मानव का ही होगा जिससे आत्मा का रूप प्रकट होगा और कृष्ण रूप होगा।

कर्म रूप

कल्कि महाअवतार सफेद घोड़े पर सवार होकर हाथ में तलवार लेकर समस्त बुराईयों का नाश करेंगे। किसी भी धर्म शास्त्रों में विचारों के निरूपण के लिए प्रतीकों का प्रयोग किया जाता रहा है क्योंकि विचार की कोई आकृति नहीं होती। इस प्रकार कल्कि अवतार के अर्थ को स्पष्ट करने पर हम पाते हैं कि सफेद घोड़ा अर्थात् शान्ति का प्रतीक या अहिंसक मार्ग, तलवार अर्थात् ज्ञान अर्थात् सार्वभौम सत्य-सिद्धान्त जिससे सभी का मानसिक वध होगा। अगर हम इन प्रतीकों को उसी रूप में लें तो क्या आज के एक से एक विज्ञान आधारित शस्त्र अर्थात् औजार के युग में तलवार से कितने लोगों का वध सम्भव है और वह व्यक्ति कितना शारीरिक शक्ति से युक्त होगा, यह विचारणीय विषय है? परिणाम सिर्फ एक है केवल मानसिक वध जो मात्र सार्वभौम सत्य-सिद्धान्त से ही सम्भव है। और पिछले अवतारों द्वारा शारीरिक व आर्थिक कारणों का प्रयोग कर धर्म स्थापना हो चुका है। कल्कि पुराण कथा रचनाकार तब ये सोच भी नहीं पाये होंगे कि भविष्य में दृश्य पदार्थ विज्ञान आधारित दृश्य काल और निराकार संविधान आधारित एक नई व्यवस्था भी आ जायेगी और उस वक्त राजा और राजतन्त्र नहीं होगा तब कल्कि अवतार किसका वध करेगें? ध्यान रहे कि अवतारों के विकास का मार्ग पूर्ण प्रत्यक्ष से पूर्ण प्रेरक की ओर होता है। व्यक्तिगत प्रमाणित से सार्वजनिक प्रमाणित की ओर होता है।

दिव्य या विश्व रूप

कल्कि अवतार के गुणों के अनुसार कर्म करने के सत्य रूप को एक कदम बढ़ाते हुये तथा अनेक कर्म के प्रतीक अनेक हाथों वाला दिखाया गया है। इससे यह स्पष्ट होता है कि कल्कि अवतार द्वारा एक कर्म सम्पन्न होगा और उसके कारण अनेक हाथों से कर्म होने लगेगें अर्थात् वे यह कहने में सक्षम होंगे कि "मैं अनेक हाथों से कर्म कर रहा हूँ और सभी मेरे ही कर्मज्ञान से कर्म को कर रहे हैं। "सार्वभौम सत्य ज्ञान के शास्त्र गीता" के बाद सार्वभौम कर्मज्ञान के शास्त्र की आवश्यकता है जो कल्कि अवतार के कार्यों का ही एक चरण है।

ज्ञान रूप

अन्तिम सार्वभौम सत्य-सिद्धान्त का ज्ञान ही अन्तिम अवतार का ज्ञान रूप होगा, जिसके निम्न कारण होंगे।

1. प्रकृति के तीन गुण- सत्व, रज, तम से मुक्त होकर ईश्वर से साक्षात्कार करने के "ज्ञान" का शास्त्र "श्रीमदभगवद्गीता या गीता या गीतोपनिषद्" उपलब्ध हो चुका था परन्तु साक्षात्कार के उपरान्त कर्म करने के ज्ञान अर्थात् ईश्वर के मस्तिष्क का "कर्मज्ञान" का शास्त्र उपलब्ध नहीं हुआ था अर्थात् ईश्वर के

साक्षात्कार का शास्त्र तो उपलब्ध था परन्तु ईश्वर के कर्म करने की विधि का शास्त्र उपलब्ध नहीं था। मानव को ईश्वर से ज्यादा उसके मस्तिष्क की आवश्यकता है।

2. प्रकृति की व्याख्या का ज्ञान का शास्त्र "श्रीमदभगवद्गीता या गीता या गीतोपनिषद्" तो उपलब्ध था परन्तु ब्रह्माण्ड की व्याख्या का तन्त्र शास्त्र उपलब्ध नहीं था।
3. समाज में व्यष्टि (व्यक्तिगत प्रमाणित) धर्म शास्त्र (वेद, उपनिषद्, गीता, बाइबिल, कुरान इत्यादि) तो उपलब्ध था परन्तु समष्टि (सार्वजनिक प्रमाणित) धर्म शास्त्र उपलब्ध नहीं था जिससे मानव अपने-अपने धर्मों में रहते और दूसरे धर्म का सम्मान करते हुए राष्ट्र धर्म/समष्टि धर्म को भी समझ सके तथा उसके प्रति अपने कर्तव्य को जान सके।
4. शास्त्र-साहित्य से भरे इस संसार में कोई भी एक ऐसा मानक शास्त्र उपलब्ध नहीं था जिससे पूर्ण ज्ञान की उपलब्धि हो सके साथ ही मानव और उसके शासन प्रणाली के सत्यीकरण के लिए अनन्त काल तक के लिए मार्गदर्शन प्राप्त हो सके।
5. ईश्वर (सार्वभौम सत्य-सिद्धान्त) को समझने के अनेक भिन्न-भिन्न प्रकार के शास्त्र उपलब्ध थे परन्तु अवतार को समझने का शास्त्र उपलब्ध नहीं था।

कल्कि अवतार के गुरू

कल्कि पुराण के अनुसार "भगवान परशुराम, भगवान विष्णु के दसवें अवतार कल्कि के गुरू होंगे और उन्हें युद्ध की शिक्षा देगें। वे ही कल्कि को भगवान शिव की तपस्या करके दिव्य शस्त्र प्राप्त करने के लिए कहेंगे।" अदृश्य काल के व्यक्तिगत प्रमाणित काल में व्यक्तिगत प्रमाणित अदृश्य प्राकृतिक चेतना से युक्त सत्य आधारित सतयुग में छठवें अवतार -परशुराम अवतार तक अनेक असुरी राजाओं द्वारा राज्यों की स्थापना हो चुकी थी परिणामस्वरूप ऐसे परिस्थिति में एक पुरूष की आत्मा अदृश्य प्राकृतिक चेतना द्वारा निर्मित परिस्थितियों में प्राथमिकता से वर्तमान में कार्य करना, में स्थापित हो गयी और उसने कई राजाओं का वध कर डाला और असुरों तथा देवों के सह-अस्तित्व से एक नई व्यवस्था की स्थापना की। जो एक नई और अच्छी व्यवस्था थी। इसलिए उस पुरूष को कालान्तर में उनके नाम पर परशुराम अवतार से जाना गया तथा व्यवस्था "परशुराम परम्परा" के नाम से जाना गया जो साकार आधारित "लोकतन्त्र का जन्म" था, इसी साकार आधारित लोकतन्त्र व्यवस्था का श्रीराम द्वारा प्रसार हुआ था और इसी के असफल हो जाने पर द्वापर युग में श्रीकृष्ण ने महाभारत युद्ध के द्वारा समाप्त कर निराकार लोकतन्त्र व्यवस्था की नींव डाली थी जो भगवान बुद्ध द्वारा मजबूती पायी और वर्तमान में निराकार संविधान आधारित लोकतन्त्र सामने है। इसी व्यवस्था की पूर्णता के लिए कल्कि अवतार होंगे। जो मात्र शिव तन्त्र की समझ से ही हो सकता है अर्थात् यही शिव का अस्त्र है तथा लोकतन्त्र को समझने के कारण परशुराम कल्कि के गुरू होंगे।

कल्कि अवतार मन्दिर

महाविष्णु के 24 अवतारों में 24वाँ तथा प्रमुख अवतारों में दसवाँ और अन्तिम कल्कि अवतार ही एक मात्र ऐसे अवतार हैं जिनके अवतरण से पूर्व ही सिद्धपीठों में मूर्तियाँ स्थापित हो रही है। यूँ तो जहाँ-जहाँ विष्णु के अवतारों को मन्दिर में स्थान दिया गया है वहाँ-वहाँ अन्य अवतारों के साथ कल्कि अवतार की भी प्रक्षेपित (अनुमानित) मूर्ति प्रतिष्ठित है। परन्तु विशेष रूप से निम्न स्थानों पर कल्कि भगवान का मन्दिर निर्मित है।

1. सम्भल (मुरादाबाद, उत्तर प्रदेश, भारत) में जहाँ कल्कि अवतार होना है, वहाँ पर कल्कि भगवान का मन्दिर 300 वर्ष पूर्व से ही निर्मित है। जहाँ प्रत्येक वर्ष अक्टुबर-नवम्बर माह में "कल्कि महोत्सव" भी धूम-धाम से मनाया जाता है।
2. गुलाबी नगरी-जयपुर (राजस्थान, भारत) की बड़ी चौपड़ से आमेर की ओर जानेवाली सड़क हवा महल के सामने भगवान कल्कि का प्राचीन मन्दिर अवस्थित है। जयपुर के संस्थापक सवाई जयसिंह ने पुराणों में वर्णित

कथा के आधार पर कल्कि भगवान के मन्दिर का निर्माण सन् 1739 ई. में दक्षिणायन शिखर शैली में कराया था। संस्कृत विद्वान आचार्य देवर्षि कलानाथ शास्त्री के अनुसार, सवाई जय सिंह संसार के ऐसे पहले महाराजा रहें हैं जिन्होंने जिस देवता का अभी तक अवतार हुआ नहीं, उसके बारे में कल्पना कर कल्कि भगवान की मूर्ति बनवाकर मन्दिर में स्थापित करायी। सवाई जयसिंह के तत्काली दरबारी कवि श्रीकृष्ण भट्ट "कलानिधि" ने अपने "कल्कि काव्य" में मन्दिर के निर्माण और औचित्य का वर्णन किया है, तदनुसार ऐसा उल्लेख है कि सवाई जय सिंह ने अपने पौत्र "कल्कि प्रसाद" (सवाई ईश्वरी सिंह के पुत्र) जिसकी असमय मृत्यु हो गई थी, उसकी स्मृति में मन्दिर स्थापित कराया। श्वेत अश्व की प्रतिमा संगमरमर की खड़े रूप में है जो बहुत ही सुन्दर, आकर्षक और सम्मोहित है। अश्व के चबूतरे पर लगे बोर्ड पर अंकित है-"अश्व श्री कल्कि महाराज-मान्यता-अश्व के बाएँ पैर में जो गड्ढा सा घाव है, जो स्वतः भर रहा है, उसके भरने पर ही कल्कि भगवान प्रकट होंगे।"

3. मथुरा (उत्तर प्रदेश, भारत) के गोवर्धन स्थित श्री गिरिराज मन्दिर परिसर में कल्कि भगवान का मन्दिर स्थापित है जहाँ के बोर्ड पर कलियुग की समाप्ति की सूचना अंकित है साथ ही श्रीकृष्ण को कल्कि का ही अवतार बताया गया है।
4. अन्य स्थानों पर सन् 1964 में श्री कल्कि जी नारायण मन्दिर, बी-211-ए, गिरीश रोड, लिलुआह, हावड़ा, कोलकाता (प0बं0), सन् 1968 में श्री कल्कि मन्दिर, रूक्मणि माई धर्मशाला, जीवनमई लेन, ऋषिकेश (उत्तराखण्ड), श्री कल्कि विष्णु मन्दिर, 815, चौक श्री कल्कि मन्दिर, कुण्डेवालान, अजमेरी गेट, दिल्ली, सन् 1982 में श्री वैद्यनाथ धाम, पटना (बिहार), सन् 1985 में श्री लक्ष्मी नारायण संस्थान, वसन्त क्लब के पास, बसन्त विहार, नई दिल्ली, सन् 1987 में योगमाया मन्दिर, महरौली, कुतुब मीनार के पास, नई दिल्ली, सन् 1996 श्री राम मन्दिर, सी-ब्लाक, सूर्य नगर, नई दिल्ली, सन् 1997 में श्री कल्कि मन्दिर, श्री रघुनाथ मन्दिर, मिल्क लेन, महरौली, नई दिल्ली, श्री महामाया देवी मन्दिर, चौक कसेरूवालान, पहाड़गंज, नई दिल्ली, सन् 1998 में श्री कल्कि मन्दिर, चौक सुखदेव मुनि, चौक शाह मुबारक, श्री कल्कि मार्ग, अजमेरी गेट, दिल्ली, सन् 1999 में सनातन धर्म संस्थान, विद्युत परिसर, राजपुर रोड, ट्रांसपोर्ट अथारीटी के आगे, दिल्ली-54, सन् 2001 में श्री हनुमान वाटिका, रामलीला मैदान, आसफ अली रोड, नई दिल्ली, श्री कल्कि विष्णु मन्दिर, मनोकामना तीर्थ, पूर्वी कोट, सम्भल, मुरादाबाद (उ0प्र0), सन् 2001 में श्री कल्कि मन्दिर, श्री राम मन्दिर, 85, त्रिलोक अपार्टमेन्ट, पटपड़गंज, दिल्ली-92, श्री कल्कि नारायण मन्दिर, पंचायती धर्मशाला, कूँचापतिराम, दिल्ली-6, श्री कल्कि विष्णु नारायण मन्दिर, प्राचीन शिव मन्दिर, जी-88, जगतपुरी, दिल्ली-92, सन् 2002 में श्री कल्कि मन्दिर, काली मन्दिर, नई दिल्ली-1, सन् 2004 में श्री कालकाजी मन्दिर, लोटस टेम्पल के सामने, नेहरू प्लेस के पास, नई दिल्ली-65, सन् 2005 में श्री शिव मन्दिर, श्री गुलशन कुमार लंगर के पास, बाण गंगा, कटरा, जम्मू, सन् 2006 में श्री कल्कि मन्दिर, सेक्टर-26, नोएडा-201301, श्री रघुनाथ मन्दिर, लाल क्वार्टर के पास, कृष्णा नगर, दिल्ली, वैष्णों देवी मन्दिर, गुलाबी बाग, शास्त्री नगर के पास, शक्ति नगर, दिल्ली, सन् 2007 में अमृत परिसर, शिवगंगापुरम्, बृजघाट (हरियाणा)-245205, काली मन्दिर, ए.जी. ब्लाक, साल्ट लेक, कोलकाता - 64, श्री कल्कि मन्दिर, शिव मन्दिर, गुरू अंगद नगर एक्सटेंशन, लक्ष्मी नगर, दिल्ली-92, सन् 2008 में श्री गौरी शंकर मन्दिर, चाँदनी चौक, लाल किला के सामने, दिल्ली-6, प्राचीन पाण्डव कालीन शिव मन्दिर, पश्चिम पंजाबी बाग, दिल्ली-26, सन् 2009 में श्री कल्कि मन्दिर, चन्दौसी (उ0प्र0), श्री कल्कि मन्दिर, श्री दुर्गा प्रेमी मन्दिर, सब्जी मण्डी, घंण्टाघर, दिल्ली, विष्णुपाद मन्दिर, गया धाम, गया (बिहार), श्री शिवशक्ति मन्दिर, दिल्ली दरबार गली, भजनपुरा, दिल्ली, सन् 2010 में माँ ललिता मन्दिर, नैमिष्यारण्य तीर्थ, सीतापुर (उ0प्र0) प्राचीन शिव मन्दिर, बिड़ला मिल, द्वारका रेस्टोरेण्ट के सामने, कमला नगर, दिल्ली, सन् 2011 में श्री कल्कि हनुमान मन्दिर, चन्दौसी (उ0प्र0) श्री हनुमान मन्दिर, कनाट प्लेस, नई दिल्ली, माँ राणीसती मन्दिर, काकुरगाछी, कोलकाता (प0बं0), श्री रघुनाथ मन्दिर, दयानन्द विहार, दिल्ली, श्री गौरीशंकर मन्दिर, करावल नगर, दिल्ली, श्री हनुमान मन्दिर, दिल्ली विश्वविद्यालय, दिल्ली, मन्दिर गिड़ोदियान अग्रवाल, सदर बाजार, दिल्ली, वैष्णों देवी मन्दिर, शुभमूर्ति माँ छत्ताशाहजी, दिल्ली, श्री महाशक्ति दुर्गा मन्दिर, गगन विहार, दिल्ली-

12, काली घाट, कोलकाता (प0बं0), सन् 2012 में श्री दुर्गा मन्दिर परिसर, दुर्गा कुण्ड, वाराणसी (उ0प्र0), श्री हनुमान मन्दिर सभा, गेट नं0-6, फिल्मीस्तान के सामने, माडल बस्ती, दिल्ली-5, श्री राधा मन्दिर, श्रीनिवासपुरी, आश्रम चौक, नई दिल्ली, तीस हजारी, सिवील लाइन्स, भार्गव लेन, दिल्ली, श्री हनुमान मन्दिर, मेट्रो गेट नं0-2 के सामने, ग्रीन पार्क, नई दिल्ली, श्री सनातन धर्म मन्दिर, गीता भवन, बी-1, यमुना विहार, दिल्ली-53, सन् 2013 में श्री हनुमान मन्दिर, पासवान लेन, चरखेवालान, दिल्ली-6, माँ चामुण्डा मन्दिर, हल्लु सराय, सम्भल (उ0प्र0), शिव मन्दिर, 2330, चिप्पीवड़ा, धर्मपुरा, दिल्ली-6, श्री कल्किधाम मन्दिर, बहादुरगढ़ (हरियाणा), श्री श्यामबाबा मन्दिर, गल्ला मण्डी, रूद्रपुर (उत्तराखण्ड), श्री शिव-हनुमान मन्दिर, आर.टी.ओ. रोड, कुसुमखेड़ा, हल्द्वानी (उत्तराखण्ड), ओमश्री महाकालेश्वर शक्तिपीठ, 56-बी, न्यू लायलपुर एक्सटेन्सन, नई दिल्ली, श्री सनातन धर्म सभा, शिव मन्दिर, ग्रीन पार्क, के-ब्लाक, नई दिल्ली, श्री लक्ष्मी नारायण मन्दिर, गंगोरीवाला, नेहरिया बाजार, सिरसा (हरियाणा)-125055, अग्रोहाधाम, हिसार (हरियाणा), अन्न क्षेत्र, काशी, वाराणसी (उ0प्र0), बड़ी शीतला माँ, दशाश्वमेध घाट, काशी, वाराणसी (उ0प्र0), मुक्तेश्वर, नैनीताल (उत्तराखण्ड), शोवा बाजार, कोलकाता (प0बं0), वराही मन्दिर, गोण्डा (उ0प्र0), सन् 2014 में सर्वदर्शन सेवाश्रम, भूपतवाला रोड, ललिताश्रम के पास, हरिद्वार (उत्तराखण्ड), महेस्तला शिव मन्दिर, मजेरहाट ब्रिज के पास, अलीपुर, कोलकाता (प0बं0), नागेश्वर महादेव मन्दिर, अयोध्या (उ0प्र0), श्री शिव मन्दिर सेवा समिति, ऊँचागाँव, शामली (उ0प्र0), श्री संकटमोचन धाम, सेक्टा-6, आर.के.पुरम्, नई दिल्ली-66, श्री गौरीशंकर मन्दिर, डी-147, श्याम पार्क एक्सटेंशन, साहिबाबाद (उ0प्र0), माता मन्दिर, महिला कालोनी, झील चौक के आगे, गाँधी नगर, दिल्ली-31, श्री कल्कि नारायण मन्दिर, चटिला, राष्ट्रीय राज मार्ग नं0-5, कटक (उड़ीसा), गोलूदेव महाराज मन्दिर, घोड़ाखाल रोड, भुवाली (उत्तराखण्ड), श्री कल्कि मन्दिर, वसुन्धरा, कल्कि चौक, धाप्सी गवीस-9, काठमाण्डु (नेपाल), माता वैष्णों देवी मन्दिर, दिवान हाल रोड, पुरानी लाजपतराय मार्केट, दिल्ली-6, श्री काशी विश्वनाथ मन्दिर, वटवृक्ष, वाराणसी (उ0प्र0), बाबा भूतनाथ आश्रम, भूतनाथ मन्दिर, सेक्टर-बी, इन्दिरा नगर, लखनऊ (उ0प्र0), प्राचीन शिव मन्दिर, साढ़े पाँच पुस्ता, भजनपुरा गावड़ी, सिग्नेचर ब्रिज के पास, नई दिल्ली, झण्डेवाली माता मन्दिर, 447/बी, गली नं.-2, रामनगर, रघुपुरा मेन रोड, गाँधी नगर, दिल्ली-31, श्री कल्कि नारायण मन्दिर, ग्राम वल्लभ, तहसील महाम, रोहतक (हरियाणा), राज सिंह नगर, श्री गंगानगर (राजस्थान), श्री भारतमाता मन्दिर, हरिद्वार (उत्तराखण्ड), श्री कल्कि मन्दिर, बिड़ला मन्दिर, बेलीगंज, कोलकाता (प0बं0), वात्सल्य मन्दिर, रोहीणी, सेक्टर-7, नई दिल्ली, श्री कल्कि विशाल मन्दिर, दिल्ली-जयपुर हाइवे रोड, मानेसर, (गुड़गाँव, हरियाणा) इत्यादि में भी कल्कि अवतार की मूर्ति स्थापित की गई है जो निरंतर जारी है।

5. श्री कल्कि मन्दिर वसुंधरा, कल्कि चौक, धापासी गाविस, 9, काठमाण्डु और सम्भलपुरी कल्कि तीर्थ धाम, नेपाल प्रजापति अंचल, प्यूठान सारी गाविस, 1, नेपाल में भी कल्कि भगवान की मूर्ति स्थापित हो चुकी है। कल्कि भगवान के नाम पर नेपाल में विश्व का पहला सरकारी बैंक "श्री कल्कि बैंक" खुल चुका है।
6. कल्कि अवतार व कल्कि माता से सम्बन्धित वर्तमान समय में कथा, गीत, कल्कि चालीसा, कल्कि गायत्री मन्त्र, कल्कि मन्त्र-यन्त्र-तन्त्र, स्तुति, फिल्म इत्यादि भी बन चुके हैं। "कल्कि पीठ", "कल्कि पीठाधीश्वर", "कल्कि अवतार फाउण्डेशन इण्टरनेशनल", "श्री कल्कि बाल वाटिका" इत्यादि की भी स्थापना भिन्न-भिन्न व्यक्तियों/संस्थाओं द्वारा की जा चुकी है।
7. राजस्थान, मध्यप्रदेश और गुजरात की त्रिवेणी संगम स्थल राजस्थान के वांगड़ अंचल (दक्षिण में जनजाति बहुल बांसवाड़ा एवं डूंगरपुर जिले में) के डूंगरपुर जिले के साबला गांव में हरि मंदिर है जहां कल्कि अवतार की पूजा हो रही है। हरि मंदिर के गर्भगृह में श्याम रंग की अश्वारूढ़ निष्कलंक मूर्ति है, जो लाखों भक्तों की श्रद्धा और विश्वास का केंद्र है। भगवान के भावी अवतार निष्कलंक भगवान की यह अद्भुत मूर्ति घोड़े पर सवार है। इस घोड़े के तीन पैर भूमि पर टिके हुए हैं जबकि एक पैर सतह से थोड़ा ऊँचा है। मान्यता है कि यह पैर धीरे-धीरे भूमि की तरफ झुकने लगा है। जब यह पैर पूरी तरह जमीन पर टिक जाएगा तब दुनिया में परिवर्तन का दौर आरंभ हो जाएगा। संत मावजी रचित ग्रंथों एवं वाणी में इसे स्पष्ट किया गया है। यहां बाकायदा कई मंदिर बने

हुए हैं, जिनमें विष्णु के भावी अवतार कल्कि की मूर्तियां स्थापित हैं और इनकी रोजाना पूजा-अर्चना भी होती है। संत मावजी महाराज के अनुयायी पिछले पौने तीन सौ वर्षों से ज्यादा समय से इस भावी अवतार की प्रतीक्षा में जुटे हुए हैं। संत मावजी महाराज लाखों लोगों की आस्थाओं से जुडे बेणेश्वर धाम के आद्य पीठाधीश्वर रहे हैं। भक्तों की मान्यता है कि वे जिस देवता की पूजा कर रहे हैं वे ही कलयुग में भगवान विष्णु के कल्कि अवतार के रूप में अवतरित होंगे और पृथ्वी का उद्धार करेंगे। इन्हीं निष्कलंक अवतार के उपासक होने से संत मावजी के भक्त अपने उपास्य को प्रिय ऐसी ही श्वेत वेश-भूषा धारण करते हैं। निष्कलंक सम्प्रदाय के विश्व पीठ हरि मंदिर सहित वागड़ अंचल और देश के विभिन्न हिस्सों में स्थापित निष्कलंक धामों में भी इसी स्वरूप की पूजा-अर्चना जारी है। देश के विभिन्न हिस्सों में फैले लाखों माव भक्तों द्वारा अपने उपास्य के रूप में इन्हीं निष्कलंक भगवान का पूजन-अर्चन किया जाता रहा है। विभिन्न निष्कलंक धाम मंदिर के स्वरूप में हैं जबकि निष्कलंक सम्प्रदाय के विश्व पीठ हरि मंदिर पर न तो कोई गुम्बद है और न ही मंदिर की आति, बल्कि यह गुरु आश्रम के रूप में ही अपनी प्राचीन शैली में बना हुआ है। निष्कलंक सम्प्रदाय के मंदिर साबला, पुंजपुर, वमासा, पालोदा, शेषपुर, बांसवाड़ा, फतेहपुरा, घूघरा, पारडा, इटिवार, संतरामपुर आदि गांवों में अवस्थित हैं। इन सभी मंदिरों में शंख, चक्र, गदा, पद्म सहित श्वेत घोड़े पर सवार भावी अवतार निष्कलंक भगवान की चतुर्भुज मूर्तियां हैं। मावजी की पुत्रवधू जनकुंवरी ने ही बेणेश्वर धाम पर सर्वधर्म समभाव के प्रतीक विष्णु मंदिर का निर्माण करवाया। इसके बारे में मावजी की वाणी में स्पष्ट कहा गया है-सब देवन का डेरा उठसे, निष्कलंक का डेरा रहेसे, अर्थात् मंदिर, मस्जिद, गिरजाघर आदि सब टूट जाएंगे, लेकिन कलियुग में अवतार लेने वाले निष्कलंक भगवान का एक मंदिर रहेगा जहाँ सभी धर्मों के लोगों को आश्रय प्राप्त होगा। सभी लोग इसे प्रेम से अपना मानेंगे।

8. मावजी महाराज का जन्म साबला गाँव में विक्रम संवत् 1771 में माघ शुक्ल पंचमी को हुआ। इसके बाद लीलावतार के रूप में मावजी का प्राकट्य संवत् 1784 में माघ शुक्ल एकादशी को हुआ। उन्हें भगवान श्रीकृष्ण का लीलावतार माना जाता है। संत मावजी की स्मृति में आज भी बांसवाड़ा एवं डूंगरपुर जिलों के बीच माही, सोम एवं जाखम नदियों के बीच विशाल टापू पर बेणेश्वर में हर साल माघ पूर्णिमा पर दस दिन का विशाल मेला लगता है। इसे आदिवासियों का महाकुंभ भी कहा जाता है। स्वयं मावजी महाराज की भविष्यवाणी के अनुसार "संतन के सुख करन को, हरन भूमि को भार, ह्वै हैं कलियुग अन्त में निष्कलंक अवतार" अर्थात् सज्जनों को सुख प्रदान करने और पृथ्वी के सिर से पाप का भार उतारने के लिए कलियुग के अंत में भगवान का निष्कलंक अवतार होगा। संत मावजी महाराज ने स्पष्ट लिखा है-"श्याम चढ़ाई करी आखरी गरुड़ ऊपर असवार, दुष्टि कालिंगो सेंधवा असुरनी करवा हाण, कलिकाल व्याप्यो घणो, कलि मचावत धूम, गौ ब्राह्मण नी रक्षा करवा बाल स्त्री करवा प्रतिपाल...। " मावजी की वाणी में कहा गया है कि निष्कलंक अवतार के साथ एक चौतन्य पुरुष रहेगा जो दैत्य-दानवों व चौदह मस्तकधारी कालिंगा का नाश कर चारों युगों के बंधनों को तोड़ कर सतयुग की स्थापना करेगा। इस पुरुष की लम्बाई 32 हाथ लिखी हुई है। यह अवतार गौ, ब्राह्मण प्रतिपाल होगा तथा धर्म की स्थापना करेगा। इसके बाद सर्वत्र शांति, आनन्द और समृद्धि का प्रभाव होगा। निष्कलंक अवतार के स्वरूप में बारे में संत मावजी के चौपड़ों में अंकित है-"धोलो वस्त्र ने धोलो शणगार, धोले घोडीले घूघर माला, राय निकलंगजी होय असवार...बोलो देश में नारायण जी नु निष्कलंकी नाम, क्षेत्र साबला, पुरी पाटन ग्राम।" इसमें साबला पुरी पाटन ग्राम का नाम अंकित है।

कल्कि महाअवतार एवं अन्य स्वघोषित कल्कि अवतार

कल्कि अवतार के इस पद पर अनेक स्वघोषित दावेदार हैं जो समय-समय पर भविष्यवाणियों के अनुसार स्वयं को सिद्ध करने की कोशिश और कल्कि अवतार के सम्बन्ध में अनेक भविष्यवाणी करते रहते हैं जिन्हें इन्टरनेट (google.com, youtube.com इत्यादि) पर "कल्कि अवतार (KALKI AVATAR)" सर्च कर देखा जा

सकता है परन्तु यह जानना चाहिए कि काल और युग परिवर्तन से परिचय कराने के लिए युगानुसार आत्मतत्व को व्यक्त करना पड़ता है। उसी सार्वभौम सत्य को युगानुसार योग कराया जाता है केवल भीड़ इकट्ठा हो जाने से कुछ भी नहीं होता। अवतारों को पहचानने के लिए सबसे मूल विषय यह होता है कि वह नया क्या दे रहा है जो उस समय के समाज के बहुमत मानव के शान्ति, एकता, स्थिरता व विकास को प्रभावित करता हो। सार्वभौम सत्य को व्यक्त करने वाला प्रत्येक मानव शरीरधारी अवतार ही है परन्तु युग के सर्वोच्च स्तर के सार्वभौम सत्य को व्यक्त करने वाला ही युगावतार कहलाता है।

कल्कि अवतार महाअवतार क्यों?

सत्य से सार्वभौम सत्य-सिद्धान्त तक का र्मांग अवतारों का मार्ग है। सार्वभौम सत्य-सिंद्धान्त की अनुभूति ही अवतरण है। इसके अंश अनुभूति को अंश अवतार तथा पूर्ण अनुभूति को पूर्ण अवतार कहते है। अवतार मानव मात्र के लिए ही कर्म करते हैं न कि किसी विशेष मानव समूह या सम्प्रदाय के लिए। ग्रन्थों में अवतारों की कई कोटि बतायी गई है जैसे अंशाशावतार, अंशावतार, आवेशावतार, कलावतार, नित्यावतार, युगावतार इत्यादि, जो भी सार्वभौम सत्य-सिद्धान्त को व्यक्त करता है वे सभी अवतार कहलाते हैं। व्यक्ति से लेकर समाज के सर्वोच्च स्तर तक सार्वभौम सत्य-सिद्धान्त को व्यक्त करने के क्रम में ही विभिन्न कोटि के अवतार स्तरबद्ध होते है। अन्तिम सार्वभौम सत्य-सिद्धान्त को व्यक्त करने वाला ही अन्तिम अवतार के रूप में व्यक्त होगा। अब तक हुये अवतार, पैगम्बर, ईशदूत इत्यादि को हम सभी उनके होने के बाद, उनके जीवन काल की अवधि में या उनके शरीर त्याग के बाद से ही जानते हैं। परन्तु भविष्य अर्थात् आने वाले कल के लिए कल्पित एक मात्र महाविष्णु के अवतार के आने से पूर्व ही जानने लगे हैं।

हम सभी के मोटर वाहनों में, वाहन कितने किलोमीटर चला उसे दिखाने के लिए एक यंत्र होता है। यदि इस यंत्र की अधिकतम 6 अंकों तक किलोमीटर दिखाने की क्षमता हो तब उसमें 6 अंक दिखते है। जो प्रारम्भ में 000000 के रूप में होता है। वाहन के चलते अर्थात् विकास करते रहने से 000001 फिर 000002 इस क्रम से बढ़ते हुए पहले इकाई में, फिर दहाई में, फिर सैकड़ा में, फिर हजार में, फिर दस हजार में, फिर लाख में, के क्रम में यह आगे बढ़ते हुये बदलता रहता है। एक समय ऐसा आता है जब सभी अंक 999999 हो जाते हें फिर क्या होगा? फिर सभी 000000 के अपने प्रारम्भ वाली स्थिति में आ जायेगें। इन 6 अंक के प्रत्येक अंक के चक्र में 0 से 9 अंक के चक्र होते है। जो वाहन के चलने से बदलकर चले हुये किलोमीटर को दिखाते है। यही स्थिति भी इस सृष्टि के काल चक्र की है। सृष्टि चक्र में पहले काल है जिसके दो रूप अदृश्य और दृश्य हैं। फिर इन दोनों काल में 5 युग हैं। 4 अदृश्य काल के 1 दृश्य काल के। और इन दोनों काल में 14 मनवन्तर और मनु हैं। 7 अदृश्य काल के 7 दृश्य काल के। फिर इन युगों में युगावतार अवतार होते हैं। फिर व्यास व शास्त्र होते हैं। ये सब वैसे ही है जैसे अंक गणित में इकाई, दहाई, सैकड़ा, हजार, दस हजार, लाख इत्यादि होते हैं। उपर उदाहरण दिये गये यंत्र में जब सभी अंक 999999 हो जाते हैं तब विकास के अगले एक बदलाव से इकाई, दहाई, सैकड़ा, हजार, दस हजार, लाख सभी बदलते हैं।

वर्तमान सृष्टि चक्र की स्थिति भी यही हो गयी है कि अब अगले अवतार के मात्र एक विकास के लिए सत्यीकरण से काल, मनवन्तर व मनु, अवतार, व्यास व शास्त्र सभी बदलेगें। इसलिए देश व विश्व के धर्माचार्यें, विद्वानों, ज्योतिषाचार्यों इत्यादि को अपने-अपने शास्त्रों को देखने व समझने की आवश्यकता आ गयी है क्योंकि कहीं श्री लव कुश सिंह "विश्वमानव" और "आध्यात्मिक सत्य" आधारित कार्य "विश्वशास्त्र" वही तो नहीं है? और यदि नहीं तो वह कौन सा कार्य होगा जो इन सबको बदलने वाली घटना को घटित करेगा?

शनिवार, 22 दिसम्बर, 2012 से प्रारम्भ हो चुका है-

1. काल के प्रथम रूप अदृश्य काल से दूसरे और अन्तिम दृश्य काल का प्रारम्भ।

2. मनवन्तर के वर्तमान 7वें मनवन्तर वैवस्वत मनु से 8वें मनवन्तर सांवर्णि मनु का प्रारम्भ।
3. अवतार के नवें बुद्ध से दसवें और अन्तिम अवतार-कल्कि महावतार का प्रारम्भ।
4. युग के चौथे कलियुग से पाँचवें युग स्वर्ण युग का प्रारम्भ।
5. व्यास और द्वापर युग में आठवें अवतार श्रीकृष्ण द्वारा प्रारम्भ किया गया कार्य "नवसृजन" के प्रथम भाग "सार्वभौम ज्ञान" के शास्त्र "गीता" से द्वितीय अन्तिम भाग "सार्वभौम कर्मज्ञान", "पूर्णज्ञान का पूरक शास्त्र", लोकतन्त्र का "धर्मनिरपेक्ष धर्मशास्त्र" और आम आदमी का "समाजवादी शास्त्र" द्वारा व्यवस्था सत्यीकरण और मन के ब्रह्माण्डीयकरण और नये व्यास का प्रारम्भ।

कल्कि अवतार और लव कुश सिंह "विश्वमानव"

जिस प्रकार पुनर्जन्म केवल मानसिक आधार पर ही सिद्ध हो पाता है उसी प्रकार अवतार भी केवल मानसिक आधार पर ही पहचाने जाते हैं। वे अपने से पिछले अवतार के गुण से युक्त तो होते हैं परन्तु पिछले अवतार की धर्मस्थापना की कला से अलग एक नई कला का प्रयोग करते हैं और वह प्रयोग कर देने के उपरान्त ही मानव समाज को ज्ञात होता है अर्थात् प्रत्येक अवतार का शरीर अलग-अलग व समाज के सत्यीकरण की कला अलग-अलग होती है। इस सम्बन्ध में आचार्य रजनीश "ओशो" का कहना है कि - "एक तरह का सिद्ध एक ही बार होता है, दोबारा नहीं होता। क्योकि जो सिद्ध हो गया, फिर नही लौटता। गया फिर वापस नहीं आता। एक ही बार तुम उसकी झलक पाते हो- बुद्ध की, महावीर की, क्राइस्ट की, मुहम्मद की, एक ही बार झलक पाते हो, फिर गये सो गये। फिर विराट में लीन हो गये। फिर दोबारा उनके जैसा आदमी नहीं होगा, नहीं हो सकता। मगर बहुत लोग नकलची होंगे। उनको तुम साधु कहते हो। उन नकलीची का बड़ा सम्मान है। क्योंकि वे तुम्हारे शास्त्र के अनुसार मालूम पड़ते हैं। जब भी सिद्ध आयेगा सब अस्त व्यस्त कर देगा सिद्ध आता ही है क्रान्ति की तरह ! प्रत्येक सिद्ध बगावत लेकर आता है, एक क्रान्ति का संदेश लेकर आता है एक आग की तरह आता है- एक तुफान रोशनी का! लेकिन जो अँधेरे में पड़े हैं। उनकी आँखे अगर एकदम से उतनी रोशनी न झेल सके और नाराज हो जाय तो कुछ आश्चर्य नहीं। जो एक गुरू बोल रहा है, वह अनन्त सिद्धों की वाणी है। अभिव्यक्ति में भेद होगा, शब्द अलग होंगे, प्रतीक अलग होंगे मगर जो एक सिद्ध बोलता है, वह सभी सिद्धों की वाणी है। इनसे अन्यथा नहीं हो सकता है। इसलिए जिसने एक सिद्ध को पा लिया, उसने सारे सिद्धों की परम्परा को पा लिया। क्योंकि उनका सूत्र एक ही है। कुंजी तो एक ही है, जिसमें ताला खुलता है अस्तित्व का।"

जिस प्रकार सुबह में कोई व्यक्ति यह कहे कि रात होगी तो वह कोई नई बात नहीं कह रहा। रात तो होनी है चाहे वह कहे या ना कहे और रात आ गई तो उस रात को लाने वाला भी वह व्यक्ति नहीं होता क्योंकि वह प्रकृति का नियम है। इसी प्रकार कोई यह कहे कि "सतयुग आयेगा, सतयुग आयेगा" तो वह उसको लाने वाला नहीं होता। वह नहीं भी बोलेगा तो भी सतयुग आयेगा क्योंकि वह अवतारों का नियम है। सुबह से रात लाने का माध्यम प्रकृति है। युग बदलने का माध्यम अवतार होते हैं। जिस प्रकार त्रेतायुग से द्वापरयुग में परिवर्तन के लिए वाल्मिकि रचित "रामायण" आया, जिस प्रकार द्वापरयुग से कलियुग में परिवर्तन के लिए महर्षि व्यास रचित "महाभारत"आया। उसी प्रकार प्रथम अदृश्य काल से द्वितीय और अन्तिम दृश्य काल व चौथे युग-कलियुग से पाँचवें युग-स्वर्णयुग में परिवर्तन के लिए शेष समष्टि कार्य का शास्त्र "विश्वशास्त्र" सत्यकाशी क्षेत्र जो वाराणसी-विन्ध्याचल-शिवद्वार-सोनभद्र के बीच का क्षेत्र है, से भारत और विश्व को अन्तिम महावतार श्री लव कुश सिंह "विश्वमानव" द्वारा मानवों के अनन्त काल तक के विकास के लिए व्यक्त किया गया है।

कारण, अन्तिम महावतार श्री लव कुश सिंह "विश्वमानव" और "आध्यात्मिक सत्य" आधारित क्रिया "विश्वशास्त्र" से उन सभी ईश्वर के अवतारों और शास्त्रों, धर्माचार्यों, सिद्धों, संतों, महापुरूषों, भविष्यवक्ताओं, तपस्वीयों, विद्वानों, बुद्धिजिवीयों, व्यापारीयों, दृश्य व अदृश्य विज्ञान के वैज्ञानिकों, सहयोगीयों, विरोधीयों, रक्त-

रिश्ता-देश सम्बन्धियों, उन सभी मानवों, समाज व राज्य के नेतृत्वकर्ताओं और विश्व के सबसे बड़े लोकतन्त्र के संविधान को पूर्णता और सत्यता की एक नई दिशा प्राप्त हो चुकी है जिसके कारण वे अधूरे थे। इस प्रकार अन्तिम महावतार के रूप में "विश्वशास्त्र" के द्वारा स्वयं को स्थापित करने वाले श्री लव कुश सिंह "विश्वमानव" पूर्णतया योग्य सिद्ध होते हैं और शास्त्रों व अनेक भविष्यवक्ताओं के भविष्यवाणीयों को पूर्णतया सिद्ध करते हैं। भविष्यवाणीयों के अनुसार ही जन्म, कार्य प्रारम्भ और पूर्ण करने का समय और जीवन है। जिन्हें इन्टरनेट पर लव कुश सिंह "विश्वमानव", सत्यकाशी, विश्वशास्त्र, विश्वमानव (LAVA KUSH SINGH "VISHWMANAV", SATYAKASHI, VISHWSHASTRA, VISHWMANAV) इत्यादि से सर्च कर पाया जा सकता है।

व्यक्तिगत प्रमाणित अदृश्य सार्वभौम सत्य-सिद्धान्त से सार्वजनिक या ब्रह्माण्डीय प्रमाणित दृश्य सार्वभौम सत्य-सिद्धान्त तक व्यक्त होने की पूर्ण प्रक्रिया में- विष्णु के प्रथम छः अवतार एकात्म कर्म की प्रधानता लेकर प्रत्यक्ष अंशावतार के रुप में, सातवां- एकात्म ज्ञान की प्रधानता लेकर प्रत्यक्ष अंशावतार के रुप में, आठवां- एकात्म-ज्ञान और एकात्म-कर्म की प्रधानता लेकर अदृश्य व्यक्तिगत प्रमाणित प्रत्यक्ष एवं प्रेरक पूर्णावतार के रुप में, नौवां- एकात्म कर्म और एकात्म ध्यान की प्रधानता लेकर आठवें अवतार के प्रेरक अंशावतार के रुप में। ब्रह्मा अर्थात् एकात्म ज्ञान के अनेक अवतार तथा शंकर अर्थात् एकात्म-ध्यान के 21 अवतार अदृश्य व्यक्तिगत प्रमाणित काल मानव समाज के वर्तमान श्रृंखला के समक्ष व्यक्त हो चुके हैं। दृश्य सार्वजनिक प्रमाणित काल में मानव समाज के वर्तमान श्रृंखला के समक्ष-ब्रह्मा अर्थात् एकात्म-ज्ञान के अन्तिम, विष्णु अर्थात् एकात्म कर्म के दसवें अन्तिम निष्कलंक कल्कि तथा शंकर अर्थात् एकात्म ध्यान के बाइसवें अन्तिम भोगेश्वर सहित शिव-आत्मा-ईश्वर-ब्रह्म के दृश्य सार्वजनिक या ब्रह्माण्डीय प्रमाणित सिद्धान्त से युक्त पूर्ण दृश्य सार्वजनिक या ब्रह्माण्डीय प्रमाणित प्रथम एवं अन्तिम प्रेरक पूर्ण अवतार या दृश्य शिव-आत्मा-ईश्वर-ब्रह्म व्यक्त हो चुके हैं। इस प्रकार ईश्वर और ईश्वर के अवतारों की श्रृंखला समाप्त होती है। और अब सम्पूर्ण मानव जाति को शिवमय होकर इस ब्रह्माण्ड को स्वर्ग में परिवर्तित करने की ओर कर्म द्वारा अग्रसर होना है। यही उसके कल्याण का अन्तिम मार्ग है।

व्यक्तिगत प्रमाणित अदृश्य सार्वभौम सत्य-सिद्धान्त से सार्वजनिक या ब्रह्माण्डीय प्रमाणित दृश्य सार्वभौम सत्य-सिद्धान्त तक व्यक्त होने का मार्ग ही अवतार का मार्ग है जो अलग-अलग समय में एक या एक ही समय में अनेक भी हो सकते हैं। प्रत्येक अवतार का मूल समष्टि धर्म की स्थापना रहा है। व्यष्टि धर्म (व्यक्ति-परिवार) केन्द्रित धर्म, सदैव अवतारों द्वारा या आत्मीय/प्राकृतिक बल द्वारा अवनति को प्राप्त होते रहते हैं।

अदृश्य काल के व्यक्तिगत प्रमाणित अदृश्य काल में प्रमाणित प्राकृतिक चेतना से युक्त विष्णु के प्रथम छः मत्स्य, कर्म, वाराह, नृसिंह, वामन और परशुराम अंशावतार एकात्म कर्म से युक्त होकर व्यक्त के सार्वजनिक प्रमाणित अदृश्य काल के सार्वजनिक प्रमाणित प्राकृतिक चेतना से विष्णु के सातवें-श्रीराम अंशावतार एकात्मज्ञान से युक्त हुये। दृश्य काल के व्यक्तिगत प्रमाणित दृश्य काल में व्यक्तिगत प्रमाणित सत्य चेतना से युक्त विष्णु के आठवें- श्रीकृष्ण व्यक्तिगत प्रमाणित पूर्णावतार एकात्मज्ञान और एकात्मकर्म से तथा नवें-बुद्ध श्रीकृष्ण के अंशावतार एकात्मकर्म अैर एकात्मध्यान से युक्त हुये। सार्वजनिक या ब्रह्माण्डीय प्रमाणित वर्तमान सार्वजनिक प्रमाणित सत्य चेतना से विष्णु के दसवें और अन्तिम निष्कलंक कल्कि-श्री लव कुश सिंह "विश्वमानव" एकात्म ज्ञान, एकात्मकर्म, एकात्मध्यान से युक्त पूर्ण दृश्य पूर्णावतार के रूप में व्यक्त हुये हैं।

श्री विष्णु पुराण (तृतीय अंश, अध्याय-दो) में लिखा है कि-स्थितिकारक भगवान विष्णु चारों युगों में इस प्रकार व्यवस्था करते हैं-समस्त प्राणियों के कल्याण में तत्पर वे सर्वभूतात्मा सत्ययुग में कपिल आदिरूप धारणकर परम ज्ञान का उपदेश करते हैं। त्रेतायुग में वे सर्वसमर्थ प्रभु चक्रवर्ती भूपाल होकर दुष्टों का दमन करके त्रिलोक की रक्षा करते हैं। तदन्तर द्वापरयुग में वे वेदव्यास रूप धारण कर एक वेद के चार विभाग करते हैं और सैकड़ों शाखाओं में बाँटकर बहुत विस्तार कर देते हैं। इस प्रकार द्वापर में वेदों का विस्तार कर कलियुग के अन्त में भगवान कल्किरूप धारणकर दुराचारी लोगों को सन्मार्ग में प्रवृत्त करते हैं। इसी प्रकार, अनन्तात्मा प्रभु निरन्तर इस सम्पूर्ण जगत् के उत्पत्ति, पालन और नाश करते रहते हैं। इस संसार में ऐसी कोई वस्तु नहीं है जो उनसे भिन्न हो।

श्री विष्णु पुराण (तृतीय अंश, अध्याय-तीन) में लिखा है कि-वेद रूप वृक्ष के सहस्त्रों शाखा-भेद हैं, उनका विस्तार से वर्णन करने में तो कोई भी समर्थ नहीं है अत-संक्षेप यह है कि प्रत्येक द्वापरयुग में भगवान विष्णु व्यासरूप से अवतीर्ण होते हैं और संसार के कल्याण के लिए एक वेद के अनेक भेद कर देते हैं। मनुष्यों के बल, वीर्य और तेज को अलग जानकर वे समस्त प्राणियों के हित के लिए वेदों का विभाग करते हैं। जिस शरीर के द्वारा एक वेद के अनेक विभाग करते हैं भगवान मधुसूदन की उस मूर्ति का नाम वेदव्यास है।

सार्वभौम आत्मा पर केन्द्रित प्रवृत्ति मार्गी अवतारों का कार्य सकारात्मक व नकारात्मक दोनों के मनों को सार्वभौम आत्मीय केन्द्रित करना होता है। सकारात्मक मन बार-बार पुर्नजन्म लेकर सार्वभौम आत्मीय केन्द्र की ओर गति करता है। इस प्रकार जो भी अन्तिम अवतार होगा व सकारात्मक मन से आये सर्वोच्च अन्तिम मन का पुनर्जन्म भी होगा और अवतारों की श्रृंखला की अगली कड़ी भी होगा। साथ ही सर्वोच्च नकारात्मक मन की अगली कड़ी भी होगा। अर्थात् सकारात्मक मन की ओर से आये वर्तमान तक के अन्तिम सार्वभौम मन स्वामी विवेकानन्द हैं इसलिए अन्तिम कल्कि अवतार उनका पुनर्जन्म भी होगा। सार्वभौम आत्मा पर केन्द्रित प्रवृत्ति मार्ग की ओर से आये अन्तिम अवतार श्री कृष्ण हैं इसलिए अन्तिम कल्कि अवतार उनकी अगली कड़ी भी होगा। नकारात्मक मन की ओर से आये वर्तमान तक के अन्तिम रावण है इसलिए अन्तिम कल्कि अवतार उनकी अगली कड़ी भी होगा।

इसी प्रकार काल (समय) के दो रूप हैं- अदृश्य काल और दृश्य काल। अदृश्य काल व्यक्तिगत प्रमाणित आध्यात्म विज्ञान पर आधारित केन्द्रित मन है तो दृश्य काल सार्वजनिक प्रमाणित पदार्थ विज्ञान पर आधारित केन्द्रित मन है। दूसरे रूप में जब व्यक्ति का मन अन्तः विषयों पर केन्द्रित रहता है तब वह अदृश्य काल में तथा जब बाह्य विषय पर केन्द्रित रहता है तब वह दृश्य काल में स्थित रहता है। इस प्रकार अन्तिम अवतार का सम्बन्ध काल चक्र और पुनर्जन्म चक्र से निम्न प्रकार होगा-

प्रकृति चक्र

02. सत् मार्ग के श्रीकृष्ण
03. रज मार्ग के स्वामी विवेकानन्द
04. तम मार्ग के रावण

पुर्नजन्म चक्र

01. सत्व मार्ग से-श्रीकृष्ण और अन्तिम कल्कि अवतार
02. तम मार्ग से-रावण और अन्तिम कल्कि अवतार
03. रज मार्ग से-स्वामी विवेकानन्द और अन्तिम कल्कि अवतार

काल चक्र

01. प्रथम भाग-अदृश्य काल में विश्वात्मा का प्रथम जन्म-योगेश्वर श्रीकृष्ण
02. द्वितीय भाग-दृश्य काल में विश्वात्मा के जन्म का पहला भाग-स्वामी विवेकानन्द
03. द्वितीय भाग-दृश्य काल में विश्वात्मा के जन्म का अन्तिम भाग- अन्तिम कल्कि अवतार

जो भी अपने आप को कल्कि अवतार के रूप में व्यक्त करेगा वह उपरोक्त सार्वभौम सत्य-सिद्धान्त सम्बन्ध से युक्त होना चाहिए। यदि श्री लव कुश सिंह "विश्वमानव" कल्कि अवतार हैं तो उपरोक्त सम्बन्ध अवश्य होंगे और इसका विवरण "विश्वशास्त्र" में विस्तार से दिया गया है। सम्पूर्ण शास्त्र का संगठन इस पर ही आधारित है।

मनुष्य "पाने" में अधिक विश्वास करता है इसके लिए वह "दर्शन", "दान" इत्यादि का कार्य कर सब-कुछ पा लेना चाहता है जबकि जो "हो जाने या बन जाने" में विश्वास करते हैं वहीं अवतार, महापुरूष इत्यादि के रूप में व्यक्त होते हैं। शरीर प्राप्त कर, उसका पालन और संसाधन प्राप्त करना तथा पीढ़ी बढ़ाना ये सामान्य सी

जैविक प्रक्रिया है, मनुष्य का शरीर पाने के कारण यह जीवन का एक अनिवार्य कर्म तो है ही परन्तु लक्ष्य नहीं। किसी अवतार, महापुरूष या कालानुसार प्रसिद्ध व्यक्ति का दर्शन या उनसे मिल लेने से कोई लाभ नहीं होता जब तक कि मनुष्य उन जैसा बनने का प्रयत्न ना करे या उनके द्वारा निर्धारित कार्य न करे।

उपरोक्त मुख्य मूल आविष्कार के उपरान्त अनेक आविष्कार पर आविष्कार होते गये और मनुष्य आविष्कारक के जीवन, ज्ञान व कर्म से सम्बन्धित व्यापार से अपने जीवन को विकास की ओर ले जा रहा है। कोई भी विचारधारा (आविष्कार) चाहे उसकी उपयोगिता कालानुसार समाज को हो या न हो, यदि वह संगठन का रूप लेकर अपना आय स्वयं संचालित करने लगती है तो उसके साथ व्यक्ति जीवकोपार्जन, श्रद्धा व विश्वास से जुड़ता है न कि ज्ञान के लिए।

अनिर्वचनीय कल्कि महाअवतार भोगेश्वर श्री लव कुश सिंह "विश्वमानव" के अवतरण से पुनः पूर्वानुसार उनके जीवन, कर्म व ज्ञान से अनेक दिशाओं में व्यष्टि व समष्टि केन्द्रित नये आविष्कार व व्यापार को दिशा मिली है।

सभी प्रकार के सत्व, रज और तम से युक्त मन और उनसे व्यक्त मनु, अवतार, संत, महापुरूष के मनों से युक्त अर्थात् "विश्व मन से युक्त आत्मा - एक पूर्ण मानव", विश्वात्मा मैं (लव कुश सिंह "विश्वमानव") ही हूँ।

भगवान श्री रामकृष्ण ने नरेन्द्र नाथ दत्त (स्वामी विवेकानन्द का पूर्व नाम) को सर्वस्व त्याग द्वारा पूर्णज्ञान दिये। नरेन्द्र नाथ दत्त द्वारा रामकृष्ण परमहंस से शरीर त्याग के अन्तिम दिनों में पूछे जाने पर कि आप कौन हैं। उन्होंने कहा- "जो राम है, जो कृष्ण है, अब दोनों ही इस शरीर में है" अर्थात् "जो एकात्म ज्ञान है, जो एकात्म ज्ञान सहित एकात्म कर्म है अब दोनों ही इस शरीर में है"। (स्वामी विवेकानन्द के संग में, पृष्ठ संख्या-54) तथा फिल्म "स्वामी विवेकानन्द" में फिल्मांकन भी किया गया है। स्वामी विवेकानन्द इस पूर्णज्ञान को 100 वर्ष पूर्व ही प्राप्त कर चुके थे लेकिन उसकी स्थापना नहीं कर सकते थे क्योंकि उस वक्त न तो भारत स्वतन्त्र था न ही समष्टि आधारित विश्व स्तरीय संगठन - संयुक्त राष्ट्र संघ का ही जन्म हुआ था परिणामस्वरूप उस समय के लिए जितना कार्य आवश्यक था पूर्ण करके अन्तिम इच्छा, सूक्ष्म शरीर के रूप में रही और समयानुसार आत्मा के दृश्य रूप और बहुरूप में प्रकाशित एक सत्ता- श्री लव कुश सिंह "विश्वमानव" के रूप में अब व्यक्त हुई है।

स्वामी विवेकानन्द के ये दो कथन - "सम्भव है काल के प्रवाह में, कभी कभी ऐसा भास होता है कि वेदान्त का महाप्रकाश अब बुझा और जब ऐसी स्थिति आती है, तब भगवान मानवदेह धारण कर, पृथ्वी पर आते है और फिर धर्म में पुनः एक ऐसी शक्ति ऐसे जीवन का संचार हो जाता है कि वह फिर एकाध युग तक अदम्य उत्साह से आगे बढ़ता जाता है। आज वही शक्ति और जीवन उसमें फिर आ गया है। (विवेकानन्द जी के सन्निध्य में, पृष्ठ संख्या-6) और मुझे अपनी मुक्ति की इच्छा अब बिल्कुल नहीं। सांसारिक भोग तो मैंने कभी चाहा नहीं। मुझे सिर्फ अपने यन्त्र को मजबूत और कार्योपयोगी देखना है और फिर निश्चित रूप से यह जानकर कि कम से कम भारत में मैंने मानव जाति के कल्याण का एक ऐसा यंत्र स्थापित कर दिया है, जिसका कोई शक्ति नाश नहीं कर सकती, मैं सो जाउँगा और आगे क्या होने वाला है, इसकी परवाह नहीं करूँगा। मेरी अभिलाषा है कि मैं बार बार जन्म लूँ और हजारों दुःख भोगता रहूँ, ताकि मैं उस एक मात्र सम्पूर्ण आत्माओं के समिष्टरूप ईश्वर की पूजा कर सकूँ जिसकी सचमुच सत्ता है और जिसका मुझे विश्वास है। सबसे बढ़कर सभी जातियों और वर्गों के पापी और दरिद्र रूपी ईश्वर ही मेरा विशेष उपास्य है।" (स्वामी विवेकानन्द का मानवतावाद, पृष्ठ संख्या-38) स्वंय प्रमाण है।

भविष्यवाणीयों के अनुसार ही आज विश्व में घटनाएँ घट रही हैं। युग परिवर्तन प्रकृति का अटल सिद्धान्त है। वैदिक दर्शन के अनुसार चार युगों- सतयुग, त्रेतायुग, द्वापरयुग और कलियुग की व्यवस्था है। जब पृथ्वी पर पापियों का एक छत्र साम्राज्य हो जाता है, तब भगवान पृथ्वी पर मानव रूप में प्रकट होते हैं। मानवता के इस पूर्ण विकास का कार्य अनादि काल से भारत ही करता आया है। इसी पुण्य भूमि पर अवतारों का अवतरण अनादि काल से होता रहा है। लेकिन कैसी बिडम्बना है कि ऋषि-मुनियों, महापुरूषों व अवतारों के जीवन काल में उनके अधिकतम उपयोग के लिए उस समय के शासन व्यवस्था व जनता ने उनकी दिव्य बातों व आदर्शों पर ध्यान नहीं दिया और उनके अन्त्रतध्यान होने पर दुगने उत्साह से उनकी पूजा शुरू कर पूजने लग गये। यह भी एक बिडम्बना

ही है कि हम जीवन व समय रहते उनकी नहीं मानते अपितु उनका विरोध व अपमान ही करते रहते हैं। कुल मिलाकर "कारवाँ गुजर गया, गुबार पूजते रह गये" वाली स्थिति मनुष्यों की रहती है।

सार्वभौम सत्य-सिद्धान्त अनुसार कथा

सार्वजनिक प्रमाणित दृश्य काल के समष्टि दृश्य काल में दृश्य सत्य चेतना के पूर्ण रुप से युक्त संघ और योजना आधारित कलियुग में ब्रम्हा के अन्तिम, विष्णु के दसवें और अन्तिम निष्कलंक कल्कि, शंकर के बाइसवें और अन्तिम भोगेश्वर तथा शिव के अन्तिम दृश्य सार्वजनिक अर्थात् ब्रह्माण्डीय प्रमाणित पूर्णावतार लव कुश सिंह "विश्वमानव" के अवतरित होने तक सर्वाधिक क्रान्ति वाले समाज में सभी विषय विकसित अवस्था को प्राप्त हो रहे थे। साथ ही अवनति, दुरुपयोग और विनाश की ओर भी बढ़ रहे थे।

विस्तार के लिए "विश्वशास्त्र" पढ़ें

भाग-6

2020 - मन का नवीनीकरण

काल का द्वितीय और अन्तिम रूप - दृश्य काल

धर्म ज्ञान का अन्त - वर्तमान समय - इतिहास लौट चुका है

सन् 2016 ई0

सन् 2017 ई0

सन् 2018 ई0

सन् 2019 ई0

सन् 2020 ई0

वर्ष 2020 ई0 में खगोलिय घटना

वर्ष 2020 ई0 में प्राकृतिक घटना

वर्ष 2020 ई0 : सार्वभौम एकात्मता-मानवता का सन्देश

वर्ष 2020 ई0 का खगोलिय सन्देश

वर्ष 2020 ई0 का प्राकृतिक सन्देश

वर्ष 2020 ई0 का सार्वभौम सन्देश

वर्ष 2020 ई0 का अवतारी सन्देश

काल का द्वितीय और अन्तिम रूप

दृश्य काल

धर्म ज्ञान का अन्त

पाँचवाँयुगः स्वर्णयुग/सत्ययुग के धर्म
14. विश्व/सत्य/धर्मनिरपेक्ष/लोकतन्त्र धर्म-लव कुश सिंह "विश्वमानव"-सन् 2012 ई0

र. सार्वजनिक प्रमाणित पूर्ण प्रेरक अवतार

10. दृश्य काल के सार्वजनिक प्रमाणित काल में सार्वजनिक प्रमाणित पूर्ण दृश्य सत्य चेतना से युक्त संघ और योजना (दृश्य यज्ञ या कर्म) आधारित कलियुग के अन्त में विष्णु के दसवाँ और अन्तिम - भोगेश्वर श्री लव कुश सिंह "विश्वमानव" निष्कलंक कल्कि अवतार - विश्वभारत (मानक वैश्विक व्यक्ति चरित्र)

आदर्श वैश्विक व्यक्ति चरित्र सहित सभी अवतारों का सम्मिलित गुण व मन निर्माण की प्रक्रिया से निर्मित अन्तिम मन स्वामी विवेकानन्द के मन के गुण मिलकर दसवें अन्तिम अवतार श्री लव कुश सिंह "विश्वमानव" में व्यक्त हुआ।

मुख्य-गुण सिद्धान्त - विश्व धर्म / वेदान्त धर्म / अद्वैत धर्म / एकता धर्म / लोकतन्त्र धर्म / समष्टि धर्म / प्राकृतिक धर्म / सत्य धर्म / संयुक्तमन धर्म / ईश्वर धर्म / हिन्दू धर्म / सार्वजनिक धर्म / दृश्य धर्म / मानव धर्म / धर्मनिरपेक्ष धर्म - लव कुश सिंह "विश्वमानव" - सन् 2012 ई0 - पूर्ववर्ती सभी धर्मो व मतों का समन्वय व एकीकरण करते हुये निराकार आधारित लोकतंत्र व्यवस्था का वृक्ष शास्त्र विश्व-नागरिक धर्म का धर्मयुक्त धर्मशास्त्र-कर्मवेदः प्रथम, अन्तिम तथा पंचम वेदीय श्रृंखला विश्व-राज्य धर्म का धर्मनिपेक्ष धर्मशास्त्र- विश्वमानक-शून्यः मन की गुणवत्ता का विश्वमानक श्रृंखला, आदर्श मानक सामाजिक व्यक्ति चरित्र समाहित आदर्श मानक वैश्विक व्यक्ति चरित्र अर्थात् सार्वजनिक प्रमाणित आदर्श मानक वैश्विक व्यक्ति चरित्र का प्रस्तुतीकरण।

वर्तमान समय - इतिहास लौट चुका है

मंगलवार, 17 फरवरी, 2015 ई0
(महाशिवरात्रि)

श्री लव कुश सिंह "विश्वमानव" द्वारा भारत सरकार को लिखा गया पत्र जिसे पंजीकृत डाक द्वारा काशी (वाराणसी), उत्तर प्रदेश, भारत से दिनांक - बुधवार, 25 फरवरी, 2015 को प्रेषित किया गया। जिसका विषय था –

"वर्तमान समय में पूर्व के सभी ईश्वर के अवतारों और शास्त्रों, धर्माचार्यों, सिद्धों, संतों, महापुरूषों, भविष्यवक्ताओं, तपस्वीयों, विद्वानों, बुद्धिजिवीयों, व्यापारीयों, दृश्य व अदृश्य विज्ञान के वैज्ञानिकों, सहयोगीयों, विरोधीयों, रक्त-रिश्ता-देश सम्बन्धियों, उन सभी मानवों, समाज व राज्य के नेतृत्वकर्ताओं के विचारों के एकीकरण व समावेश द्वारा विश्व के सबसे बड़े लोकतन्त्र के संविधान की पूर्णता और सत्यीकरण के लिए "सार्वभौम आध्यात्मिक सत्य" आधारित एक नई अनन्त विकासशील दिशा प्राप्त हो चुकी है जिसके कारण वे अधूरे थे। जो "काशी-सत्यकाशी" को राष्ट्रगुरू और भारत को जगतगुरू बनाने सहित नागरिक व लोकतन्त्र की स्वस्थता व पूर्णता सम्बन्धित स्थापना स्तर पर शासनिक प्रक्रियानुसार अन्तिम मार्ग है। भविष्यवाणीयों के अनुसार ही जन्म, कार्य प्रारम्भ और पूर्ण करने का समय और जीवन है। ऋषि परम्परानुसार राज्य कार्य में अनावश्यक हस्तक्षेप न करते हुये भारत सरकार को इस आविष्कार - मन (मानव संसाधन) का विश्व मानक (WS-0) श्रृंखला एवं पूर्ण मानव निर्माण की तकनीकी – WCM-TLM-SHYAM.C की उपलब्धता की सूचना देना मेरा कर्तव्य है जिससे जब भी राष्ट्र को उसकी आवश्यकता हो, उसे समर्पित किया जा सके। जिसका विस्तृत विवरण वेबसाइट www.moralrenew.com पर उपलब्ध है।

देश के हजारों विश्वविद्यालय और अन्य बुद्धि शक्ति जिस दिशा की पहचान व कार्य को पूर्ण नहीं कर पा रहे थे वह एक ही व्यक्ति द्वारा स्वयं के संसाधन, इच्छा व नागरिक कर्तव्य की भावना से पूर्ण किया जा चुका है जो अनेक पुरस्कारों के भी पूर्णतः योग्य है। ऋषि प्रणाली अनुसार इस आविष्कार को पुनर्निर्माण - सत्य शिक्षा का राष्ट्रीय तीव्र मार्ग (RENEW – Real Education National Express Way) कार्यक्रम द्वारा सर्वसाधारण तक पहुँचाने का प्रयत्न जारी है जो अपने वानप्रस्थ जीवन (उम्र 50 वर्ष पूर्णता के बाद) में प्रवेश करने के दिनांक 16 अक्टुबर 2017 तक चलेगा, उसके उपरान्त यह पूर्णतः नागरिकों व राष्ट्र पर इसकी आवश्यकता व उपयोगिता निर्भर रहेगी। क्योंकि वानप्रस्थ आश्रमानुसार बिना माँगे अपने विचार देने का प्राविधान नहीं है। जब स्वयं की शान्ति, इच्छा व आवश्यकता बाधित हो तो आन्दोलन की जा सकती है परन्तु ज्ञान के इस युग की ऐसी स्थिति में जब नागरिक और राष्ट्र की शान्ति, इच्छा व आवश्यकता बाधित हो तब आविष्कार और दिशा की उपलब्धता की सूचना मात्र ही दी जा सकती है। जिसकी शान्ति, इच्छा व आवश्यकता बाधित हो आन्दोलन वही कर सकता है। मेरी शान्ति, इच्छा व आवश्यकता केवल इस आविष्कार को उपलब्ध कराने में ही थी। नागरिकों को पूर्ण ज्ञान चाहिए तो वे पुनर्निर्माण - सत्य शिक्षा का राष्ट्रीय तीव्र मार्ग द्वारा आयें और भारत को विश्वगुरू बनने की इच्छा हो तब उसे आविष्कार की स्थापना पर कार्य करना चाहिए।

इस क्रम में भारत सरकार के माध्यम से इस आविष्कार - मन (मानव संसाधन) का विश्व मानक (WS-0) श्रृंखला एवं पूर्ण मानव निर्माण की तकनीकी – WCM-TLM-SHYAM.C पर देश सहित विश्व के बुद्धिशक्ति का ध्यान केन्द्रित कर उस पर निर्णय करना आवश्यक है जिससे हम सभी आने वाली पीढ़ी को एक सुरक्षित व बौद्धिक विकासशील विश्व दे सकें।"

- लव कुश सिंह "विश्वमानव"

111 वर्ष पूर्व 4 जुलाई, 1902 ई0 को आम आदमी के रूप में नरेन्द्र नाथ दत्त और विचार से सर्वोच्च विश्वमानव के रूप में स्वामी विवेकानन्द ब्रह्मलीन हुये थे। उन्होंने कहा था -"मन में ऐसे भाव उदय होते हैं कि यदि जगत् के दुःख दूर करने के लिए मुझे सहस्त्रों बार जन्म लेना पड़े तो भी मैं तैयार हूँ। इससे यदि किसी का तनिक भी दुःख दूर हो, तो वह मैं करूंगा और ऐसा भी मन में आता है कि केवल अपनी ही मुक्ति से क्या होगा। सबको साथ

लेकर उस मार्ग पर जाना होगा।" (पृ0-67, विवेकानन्द जी के संग में, राम कृष्ण मिशन प्रकाशन) वर्तमान में उनके तीन रूप व्यक्त हो चुके हैं जो निम्नलिखित हैं-

1. भारत के सर्वोच्च पद पर सुशोभित श्री प्रणव मुखर्जी, राष्ट्रपति, भारत, उनके संस्कृति को लेकर।
2. भारत के सर्वोच्च अधिकार के पद पर सुशोभित श्री नरेन्द्र मोदी, प्रधानमंत्री, भारत, उनके नाम को लेकर।
3. भारत के आम आदमी के रूप में श्री लव कुश सिंह "विश्वमानव", काशी-सत्यकाशी क्षेत्र, भारत, उनके विचार "विश्व-बन्धुत्व" एवं "वेदान्त की व्यावहारिकता" की स्थापना के लिए शासनिक प्रणाली के अनुसार स्थापना स्तर तक की प्रक्रिया को लेकर।

भारत सरकार व उसके अनेक मंत्रालयों द्वारा अन्तर्राष्ट्रीय मानकीकरण संगठन के प्रमाण पत्र आई.एस.ओ-9000 (ISO-9000) गुणवत्ता का प्रमाण पत्र प्राप्त करने की प्रक्रिया प्रारम्भ।

श्री लव कुश सिंह "विश्वमानव" द्वारा नागरिकों व संस्था (व्यष्टि व समष्टि) के गुणवत्ता का विश्वमानक - 0 (WS-0) श्रृंखला आविष्कृत।

"भारत विश्व गुरू कभी हुआ करता था लेकिन अब नहीं है। इसका सबसे बड़ा प्रमाण यह है कि भारत वैश्विक सिद्धान्तों से प्रभावित है। भारत उस दिन वर्तमान युग में पुनः विश्व गुरू बन जायेगा जब वह अपने सार्वभौम सिद्धान्तों से विश्व को प्रभावित व संचालित करने लगेगा। काशी-सत्यकाशी क्षेत्र इस दृश्य काल में मतों (वोटों) से नहीं बल्कि शिव-तन्त्र के शास्त्र से किसी का हो सकता है। सार्वभौम सत्य - आत्म तत्व के आविष्कार से भारत विश्व गुरू तो है ही परन्तु दृश्य काल में विश्व गुरू बनने के लिए सार्वभौम सत्य-सिद्धान्त चाहिए जिससे विश्व संविधान व लोकतन्त्र को मार्गदर्शन मिल सके। शिक्षा द्वारा मानव मन को सत्य से जोड़ने, काशी को राष्ट्र गुरू और भारत को जगत गुरू बनाने और ज्ञान को सबके द्वार पर पहुँचाने का कार्य आप सभी की इच्छानुसार प्रारम्भ किया जा रहा है। आपने कहा हमने शुरू किया।" **- श्री लव कुश सिंह "विश्वमानव"**

पुत्र श्री धीरज नारायण सिंह
रचनाकर्ता - लक्ष्य पुनर्निर्माण व उसकी प्राप्ति के लिए पाठ्यक्रम व कार्य योजना
आविष्कारकर्ता - मन (मानव संसाधन) का विश्व मानक एवं पूर्ण मानव निर्माण की तकनीकी
दावेदार - भारत सरकार का सर्वोच्च नागरिक सम्मान "भारत रत्न"

श्री लव कुश सिंह "विश्वमानव" के संक्षिप्त विचार

1. दो या दो से अधिक माध्यमों से उत्पादित एक ही उत्पाद के गुणता के मापांकन के लिए मानक ही एक मात्र उपाय है। सतत् विकास के क्रम में मानकों का निर्धारण अतिआवश्यक कार्य है। उत्पादों के मानक के अलावा सबसे जरुरी यह है कि मानव संसाधन की गुणता का मानक निर्धारित हो क्योंकि राष्ट्र के आधुनिकीकरण के लिए प्रत्येक व्यक्ति के मन को भी आधुनिक अर्थात् वैश्विक-ब्रह्माण्डीय करना पड़ेगा। तभी मनुष्यता के पूर्ण उपयोग के साथ मनुष्य द्वारा मनुष्य के सही उपयोग का मार्ग प्रशस्त होगा। उत्कृष्ट उत्पादों के लक्ष्य के साथ हमारा लक्ष्य उत्कृष्ट मनुष्य के उत्पादन से भी होना चाहिए जिससे हम लगातार विकास के विरुद्ध नकारात्मक मनुष्यों की संख्या कम कर सकें। भूमण्डलीकरण सिर्फ आर्थिक क्षेत्र में कर देने से समस्या हल नहीं होती क्योंकि यदि मनुष्य के मन का भूमण्डलीकरण हम नहीं करते तो इसके लाभों को हम नहीं समझ सकते। आर्थिक संसाधनों में सबसे बड़ा संसाधन मनुष्य ही है। मनुष्य का भूमण्डलीकरण तभी हो सकता है जब मन के विश्व मानक का निर्धारण हो। ऐसा होने पर हम सभी को मनुष्यों की गुणता के मापांकन का पैमाना प्राप्त कर लेंगे, साथ ही स्वयं व्यक्ति भी अपना मापांकन भी कर सकेगा। जो विश्व मानव समाज के लिए सर्वाधिक महत्व का विषय होगा। विश्व मानक शून्य श्रृंखला मन का विश्वमानक है जिसका निर्धारण व प्रकाशन हो चुका है जो यह निश्चित करता है कि समाज इस स्तर का हो चुका है या इस स्तर का होना चाहिए। यदि यह सार्वभौम सत्य-सिद्धान्त आधारित होगा तो निश्चित ही अन्तिम मानक होगा।

2. भारत का प्रत्येक नागरिक अपने जीवकोपार्जन के मार्ग व संघर्ष में अपने विषय का जानकार व अनुभव तो प्राप्त कर रहा है परन्तु कुछ पाने के क्रम में कुछ छूट भी जाता है इसलिए प्रत्येक नागरिक को अपने अहंकार को भूलकर यह स्वीकार करना होगा कि वह अपने विषय से हटकर अन्य विषय के विषय में कम या नहीं जानता है। अतः एक आदर्श नागरिक बनने के क्रम में न्यूनतम ज्ञान सभी को एक समान रूप से चाहिए, पुननिर्माण वहीं कार्य है।
3. तुम पूरे जीवन कुत्ते के पूँछ को सीधी करने की कोशिश करो, नहीं हो पायेगी परन्तु तुम पूँछ सीधी करने का रेकार्ड बनाकर विश्व में पहला स्थान पा सकते हो ऐसे रेकार्ड आजकल गिनीज बुक आफ वर्ल्ड रेकार्ड में लिखे जाते हैं। यही बात समाज के बारे में भी है समाज वहीं रहता है सुधार कार्य करने वाले महान हो जाते हैं।
4. भारत को विश्व गुरू बनाना व अच्छे दिन लाना, यह फल है जिसका जड़ व्यक्ति के मस्तिष्क और गाँव में है। जड़ को मजबूत करने से भारत नामक वृक्ष से अपने आप फल निकलने लगेंगे। पुनर्निर्माण व्यक्ति के मस्तिष्क को मजबूत करने का ही कार्यक्रम है। शेष व्यक्ति व शासन मिलकर पूरा कर लेंगे इसका हमें विश्वास है।
5. जो मन कर्म में न बदले, वह मन नहीं और व्यक्ति का अपना स्वरूप नहीं।
6. राष्ट्र निर्माण का हमारा कार्य राष्ट्रपति श्री प्रणव मुखर्जी द्वारा प्रस्तुत किये गये मार्गदर्शक बिन्दुओं का सम्मिलित रूप है। नये शहर के रूप में वाराणसी के दक्षिण थ्री इन वन "सत्यकाशी नगर" की योजना उस क्षेत्र के विकास पर आधारित है तो आध्यात्मिक एवं दार्शनिक विरासत के आधार पर एक भारत-श्रेष्ठ भारत के सपने को साकार करने के लिए पुनर्निर्माण - सत्य शिक्षा का राष्ट्रीय तीव्र मार्ग (RENEW-Real Education National Express Way) के द्वारा भारत देश के समाजवाद पर आधारित आम आदमी के लिए प्रस्तुत है। किसी व्यक्ति के बौद्धिक विकास के लिए आवश्यक है कि उसे भोजन, स्वास्थ्य और निर्धारित आर्थिक आय को सुनिश्चित कर दिया जाय और यह यदि उसके शैक्षिक जीवन से ही कर दिया जाय तो शेष सपने को वह स्वयं पूरा कर लेगा। यदि वह नहीं कर पाता तो उसका जिम्मेदार भी वह स्वयं होगा, न कि अभिभावक या ईश्वर। पुनर्निर्माण, इसी सुनिश्चिता पर आधारित है।
7. मानव एवं संयुक्त मानव (संगठन, संस्था, ससंद, सरकार इत्यादि) द्वारा उत्पादित उत्पादों का धीरे-धीरे वैश्विक स्तर पर मानकीकरण हो रहा है। ऐसे में संयुक्त राष्ट्र संघ को प्रबन्ध और क्रियाकलाप का वैश्विक स्तर पर मानकीकरण करना चाहिए। जिस प्रकार औद्योगिक क्षेत्र अन्तर्राष्ट्रीय मानकीकरण संगठन (ISO-International Standardization Organisation) द्वारा संयुक्त मन (उद्योग, संस्थान, उत्पाद इत्यादि) को उत्पाद, संस्था, पर्यावरण की गुणवत्ता के लिए ISO प्रमाणपत्र जैसे-ISO-9000, ISO-14000 श्रृंखला इत्यादि प्रदान किये जाते है उसी प्रकार संयुक्त राष्ट्र संघ को नये अभिकरण विश्व मानकीकरण संगठन (WSO-Standardization Organisation) बनाकर या अन्तर्राष्ट्रीय मानकीकरण संगठन को अपने अधीन लेकर ISO/WSO का प्रमाण पत्र योग्य व्यक्ति और संस्था को देना चाहिए जो गुणवत्ता मानक के अनुरूप हों। भारत को यही कार्य भारतीय मानक ब्यूरो (BIS-Bureau of Indian Standard) के द्वारा IS श्रृंखला द्वारा करना चाहिए। भारत को यह कार्य राष्ट्रीय शिक्षा प्रणाली (NES-National Education System) व विश्व को यह कार्य विश्व शिक्षा प्रणाली (WES-World Education System) द्वारा करना चाहिए। जब तक यह शिक्षा प्रणाली भारत तथा संयुक्त राष्ट्र संघ द्वारा जनसाधारण को उपलब्ध नहीं हो जाती तब तक यह "पुनर्निर्माण" द्वारा उपलब्ध करायी जा रही है जो और राष्ट्र निर्माण का प्रथम व अन्तिम ब्लूप्रिन्ट है।
8. विश्वशास्त्र से आपको मिलता है मनोरंजन को छोड़ कर, आपके शारीरिक-आर्थिक-मानसिक विकास के लिए सभी साधन। जहाँ आप भारतीयता के साथ पायेंगे आज के युग के अनुसार विकास करने का न्यूनतम आवश्यक ज्ञान। हम आपको, आपके विकास के मुख्य-धारा में लाना चाहते हैं क्योंकि सबके लिए 24 घण्टे का ही दिन है। मौज कर लो या अपने लक्ष्य के लिए काम कर लो।
9. "रत्न" उसे कहते हैं जिसका अपना व्यक्तिगत विलक्षण गुण-धर्म हो और वह गुण-धर्म उसके न रहने पर भी प्रेरक हो। पद पर पीठासीन व्यक्तित्व का गुण-धर्म मिश्रित होता है, वह उसके स्वयं की उपलब्धि नहीं रह

जाती। भारत के रत्न वही हो सकते हैं जो स्वतन्त्र भारत में संवैधानिक पद पर न रहते हुये अपने विलक्षण गुण-धर्म द्वारा भारत को कुछ दिये हों और उनके न रहने पर भी भारतीय नागरिक प्रेरणा प्राप्त करता हो। इस क्रम में "भारत रत्न" का अगला दावेदार मैं हूँ और नहीं तो क्यों? इतना ही नहीं नोबेल पुरस्कार के साहित्य और शान्ति के संयुक्त पुरस्कार के लिए भी योग्य है जो भारत के लिए गर्व का विषय है।

10. किसी देश का संविधान, उस देश के स्वाभिमान का शास्त्र तब तक नहीं हो सकता जब तक उस देश की मूल भावना का शिक्षा पाठ्यक्रम उसका अंग न हो। इस प्रकार भारत देश का संविधान भारत देश का शास्त्र नहीं है। संविधान को भारत का शास्त्र बनाने के लिए भारत की मूल भावना के अनुरूप नागरिक निर्माण के शिक्षा पाठ्यक्रम को संविधान के अंग के रूप में शामिल करना होगा। जबकि राष्ट्रीय संविधान और राष्ट्रीय शास्त्र के लिए हमें विश्व के स्तर पर देखना होगा क्योंकि देश तो अनेक हैं राष्ट्र केवल एक विश्व है, यह धरती है, यह पृथ्वी है। भारत को विश्व गुरू बनने का अन्तिम रास्ता यह है कि वह अपने संविधान को वैश्विक स्तर पर विचार कर उसमें विश्व शिक्षा पाठ्यक्रम को शामिल करे। यह कार्य उसी दिशा की ओर एक पहल है, एक मार्ग है और उस उम्मीद का एक हल है। राष्ट्रीयता की परिभाषा व नागरिक कर्तव्य के निर्धारण का मार्ग है। जिस पर विचार करने का मार्ग खुला हुआ है।

अपने-अपने धर्म शास्त्र-उपनिषद्-पुराण इत्यादि का अध्ययन करें कहीं ऐसा तो नहीं कि-

1. काल के प्रथम रूप अदृश्य काल से दूसरे और अन्तिम दृश्य काल का प्रारम्भ।
   इसलिए कि अधिकतम व्यक्ति व समाज का मन दृश्य विषयों पर केन्द्रित है।
2. मनवन्तर के वर्तमान 7वें मनवन्तर वैवस्वत मनु से 8वें मनवन्तर सावर्णि मनु का प्रारम्भ।
   इसलिए कि सावर्णि मनु के "सार्वभौम" गुण का प्रयोग कर श्री लव कुश सिंह "विश्वमानव" व्यक्त हैं।
3. अवतार के नवें बुद्ध से दसवें और अन्तिम अवतार-कल्कि महावतार का प्रारम्भ।
   इसलिए कि आधुनिक युग के लिए एकीकरण व मानकीकरण के सभी प्रणाली व्यष्टि व समष्टि के लिए संयुक्त एवं अन्तिम रूप से व्यक्त हैं।
4. युग के चौथे कलियुग से पाँचवें युग स्वर्ण युग का प्रारम्भ।
   इसलिए कि युग परिवर्तन के लिए कल्कि अवतार का आगमन हो चुका है।
5. व्यास और द्वापर युग में आठवें अवतार श्रीकृष्ण द्वारा प्रारम्भ किया गया कार्य "नवसृजन" के प्रथम भाग "सार्वभौम ज्ञान" के शास्त्र "गीता" से द्वितीय अन्तिम भाग "सार्वभौम कर्मज्ञान", पूर्णज्ञान का पूरक शास्त्र", लोकतन्त्र का "धर्मनिरपेक्ष धर्मशास्त्र" और आम आदमी का "समाजवादी शास्त्र" द्वारा व्यवस्था सत्यीकरण और मन के ब्रह्माण्डीयकरण और नये व्यास का प्रारम्भ।

\- इसलिए कि नया और अन्तिम शास्त्र "विश्वशास्त्र" प्रकाशित हो चुका है।

यदि ऐसा नहीं तो -

1. तुम्हारे शास्त्रों में दिये वचन और शास्त्र झूठे हो जायेंगे।
2. तुम्हारे भविष्यवक्ताओं की भविष्यवाणीयाँ झूठी हो जायेंगी।
3. तुम्हारे युग और काल गणना झूठे हो जायेंगे।
4. तुम्हारे अवतार-ईशदूत-ईशपुत्र-पुनर्जन्म सिद्धान्त झूठे हो जायेंगे।
5. तुम्हारे ईश्वर सम्बन्धी अवधारणा झूठे हो जायेंगे।

पी.एम. बना लो या सी.एम या डी.एम,
शिक्षा पाठ्यक्रम कैसे बनाओगे?
नागरिक को पूर्ण ज्ञान कैसे दिलाओगे?
राष्ट्र को एक झण्डे की तरह,
एक राष्ट्रीय शास्त्र कैसे दिलाओगे?
ये पी.एम. सी.एम या डी.एम नहीं करते,
राष्ट्र को एक दार्शनिक कैसे दिलाओगे?
वर्तमान भारत को जगतगुरू कैसे बनाओगे?
सरकार का तो मानकीकरण (ISO-9000) करा लोगे,
नागरिक का मानक कहाँ से लाओगे?
सोये को तो जगा लोगे,
मुर्दों में प्राण कैसे डालोगे?
वोट से तो सत्ता पा लोगे,
नागरिक में राष्ट्रीय सोच कैसे उपजाओगे?
फेस बुक पर होकर भी पढ़ते नहीं सब,
भारत को महान कैसे बनाओगे?

निर्णय आपके पास, एकता का प्रयास या अनेकता का विकास

आस्था कहीं भी लगा लो लेकिन क्षमता से अधिक उम्मीद मत करो।

मानने से वस्तु में गुण नहीं आते लेकिन व्यापार विकसित हो जाता है।

क्या मनुष्य का व्यक्तिगत लक्ष्य के अलावा कोई सामूहिक लक्ष्य भी होता है? इस पर भी विचार करना आवश्यक है। सनातन और पुनर्जन्म सिद्धान्त से इस संसार की सभी गति तंरगाकार होते हुए भी एक चक्र में चल रहा है। इस प्रकार उस चक्र में मनुष्य का क्षणिक जीवन एक कड़ी मात्र है। ये शरीर जो दिख रहा है उसे स्थूल शरीर कहा जाता है और मृत्यु के उपरान्त इच्छा युक्त मन को सूक्ष्म शरीर तथा इच्छा मुक्त मन को आत्मीय शरीर कहते हैं। आत्मीय शरीर केन्द्र है और सूक्ष्म व स्थूल उसके चक्र हैं। मनुष्य योनि का विकास उध्व गति की ओर हुआ है अर्थात् जल से थल, थल से शरीर, फिर संसाधन/अर्थ, फिर मानसिक, और पूर्ण और अन्तिम में आध्यात्मिक केन्द्रित मन। यही वह पैमाना है जिससे स्वयं की तुलनाकर जाना जा सकता है कि मैं कितना सफल हुँ? ये वह मार्ग है जिसे तय करने का सार्वभौम नियम है चाहे मनुष्य को इसका ज्ञान हो या न हो। जो जितना इस मार्ग में बढ़ता है

वह उतना ही सफल है और जो नीचे गिरता है वह उतना ही असफल होता है। सफल होने से ही अच्छे समाज का विकास और असफल होने से खराब समाज का विकास होता है क्योंकि पुनर्जन्म तो सूक्ष्म शरीर का ही होता है। शरीर पालना और पीढ़ी आगे बढ़ाना तो सभी जीवों का काम है। फिर उनमें और मनुष्य में क्या अन्तर? अगर ऐसी बात नहीं तो पं0 दीनदयाल उपाध्याय जी के इस विचार - "मनुष्य पशु नहीं है केवल पेट भर जाने से वह सुखी और संतुष्ट हो जायेगा। उसकी जीवन यात्रा "पेट" से आगे "परमात्मा" तक जाती है। उसके मन उसकी बुद्धि और उसकी आत्मा का भी कुछ तकाजा है।" का क्या अर्थ होगा?

जिस प्रकार वर्तमान व्यावसायिक-समाजिक-धार्मिक इत्यादि मानवीय संगठन में विभिन्न पद जैसे प्रबन्ध निदेशक, प्रबन्धक, शाखा प्रबन्धक, कर्मचारी, मजदूर इत्यादि होते हैं और ये सब उस मानवीय संगठन के एक विचार जिसके लिए वह संचालित होता है, के अनुसार अपने-अपने स्तर पर कार्य करते हैं और वे उसके जिम्मेदार भी होते हैं। उसी प्रकार यह सम्पूर्ण ब्रह्माण्ड एक ईश्वरीय संगठन है जिसमें सभी अपने-अपने स्तर व पद पर होकर जाने-अनजाने कार्य कर रहें हैं। यदि मानवीय संगठन का कोई कर्मचारी दुर्घटनाग्रस्त होता है तो उसका जिम्मेदार उस मानवीय संगठन का वह विचार नहीं होता बल्कि वह कर्मचारी स्वयं होता है। इसी प्रकार ईश्वरीय संगठन में भी प्रत्येक व्यक्ति की अपनी बुद्धि-ज्ञान-चेतना-ध्यान इत्यादि गुण ही उसके कार्य का फल देती है जिसका जिम्मेदार वह व्यक्ति स्वयं होता है न कि ईश्वरीय संगठन का वह सार्वभौम सत्य-सिद्धान्त। मानवीय संगठन का विचार हो या ईश्वरीय संगठन का सार्वभौम सत्य-सिद्धान्त यह दोनों ही कर्मचारी के लिए मार्गदर्शक नियम हैं। जिस प्रकार कोई मानवीय संगठन आपके पूरे जीवन का जिम्मेदार हो सकता है उसी प्रकार ईश्वरीय संगठन भी आपके पूरे जीवन का जिम्मेदार हो सकता है। जिसका निर्णय आपके पूरे जीवन के उपरान्त ही हो सकता है परन्तु आपके अपनी स्थिति के जिम्मेदार आप स्वयं हैं। जिस प्रकार मानवीय संगठन में कर्मचारी समर्पित मोहरे की भाँति कार्य करते हैं उसी प्रकार ईश्वरीय संगठन में व्यक्ति सहित मानवीय संगठन भी समर्पित मोहरे की भाँति कार्य करते हैं, चाहे उसका ज्ञान उन्हें हो या न हो। और ऐसा भाव हमें यह अनुभव कराता है कि हम सब जाने-अनजाने उसी ईश्वर के लिए ही कार्य कर रहें हैं जिसका लक्ष्य है- ईश्वरीय मानव समाज का निर्माण जिसमें जो हो सत्य हो, शिव हो, सुन्दर हो और इसी ओर विकास की गति हो।

सोमवार, 2 मार्च, 2015 ई0

भारत पूरी दुनिया को शान्ति की राह दिखाने में संक्षम है। शस्त्र विध्वंशकारी होता है तो शास्त्र पशुता से मानवतावाद की ओर ले जाता है। आज आवश्यकता केवल शिक्षित होने की नहीं बल्कि सुशिक्षित हाने की है। केवल भौतिक विकास को सर्वांगिण विकास नहीं कहा जा सकता। भारत की प्रकृति व यहाँ के ज्ञान के खजाने को ढूढ़ने में पूरी दुनिया लगी है। हमसे दुनियाँ ने बहुत कुछ सिखा है। आज भी उसे शान्ति का रास्ता भारत ही दिखा सकता है। साभार - दैनिक जागरण, वाराणसी, दि0 2 मार्च, 2015 **-श्रीमती प्रतिभा पाटिल पूर्व राष्ट्रपति, भारत**

शुक्रवार, 20 मार्च, 2015 ई0

सूर्य ग्रहण है जो भारत में दिखाई नहीं देगा।

शनिवार, 4 अप्रैल, 2015 ई0

-चंद्रग्रहण

-हिंदू माह के अनुसार दोनों ग्रहण एक ही माह में पड़ रहे हैं। सूर्य ग्रहण अमावस्या को और चंद्र ग्रहण पूर्णिमा को है। शास्त्रों में कहा गया है कि एक माह में दो ग्रहण हों तो राजा को हानि होती है। इस ग्रहण से किसी शीर्ष नेता या देश की सेना को हानि हो सकती है।

सोमवार, 27 जुलाई 2015 ई0

ए.पी.जे. अब्दुल कलाम की मृत्यु (ब्रह्मलीन)

इनके सार्वभौम विचार

"अच्छी शिक्षा व्यवस्था ही प्रबुद्ध नागरिक पैदा करती है, बच्चों को नैतिक शिक्षा प्रदान की जाय और रोजगार के नये अवसर पैदा किये जायें, राष्ट्रीय शान्ति व सार्वभौमिक सद्भाव के लिए सभी धर्म आध्यात्मिक आन्दोलन में शामिल हो जायें" साभार - दैनिक जागरण, सम्पादकीय, वाराणसी, दि0 8 दिसम्बर 2002

-श्री ए.पी.जे, अब्दुल कलाम, पूर्व राष्ट्रपति, भारत

सोमवार, 28 सितंबर, 2015 ई0

चंद्र ग्रहण

मंगलवार, 17 नवम्बर 2015 ई0

अशोक सिंघल की मृत्यु (ब्रह्मलीन)

इनके सार्वभौम विचार

"हिन्दू-बौद्ध एकता से विश्व में बढ़ते ईसाइयों और इस्लाम के विस्तारवादी मनोवृत्ति को रोकने में निश्चित रूप से सफलता" (लुम्बीनी में आयोजित सभा में) साभार - दैनिक जागरण, वाराणसी दि- 20-01-2000

- श्री अशोक सिंघल, अन्तर्राष्ट्रीय कार्याध्यक्ष, विश्व हिन्दू परिषद

सन् 2016 ई0

बुधवार, 20 जनवरी, 2016 ई0

तैयार करें मूल्यों और उम्मीदों पर आधारित ब्लूप्रिन्ट। (विडिओ कान्फ्रेसिंग से छात्रों और शिक्षकों को सन्देश - राष्ट्र निर्माण का आह्वानं) साभार -दैनिक जागरण, 20 जनवरी, 2016- **श्री प्रणव मुखर्जी, राष्ट्रपति, भारत**

मंगलवार, 8– 9 मार्च, 2016 ई0

पूर्ण सूर्य ग्रहण 8-9 मार्च को पूर्ण सूर्य ग्रहण पड़ेगा, जो सुमात्रा, बोरनेओ, सुलावेसिया से अच्छी तरह दिखाई देगा। आंशिक रूप से यह दक्षिण एवं पूर्वी एशिया और ऑस्ट्रेलिया से दिखेगा। भारत में यह ग्रहण 9 मार्च को सुबह 4 बजे दिखाई देगा।

बुधवार, 23 मार्च, 2016 ई0

आंशिक चंद्र ग्रहण 23 मार्च को यह चंद्र ग्रहण एशिया, ऑस्ट्रेलिया, उत्तरी अमेरिका और दक्षिण अमेरिका के कुछ भागों में स्पष्ट दिखाई देगा। आंशिक रूप से यह एशिया, ऑस्ट्रेलिया, भारतीय महासागर, आर्कटिक, अंटार्कटिका से दिखेगा।

ऐसी शिक्षा की जरूरत है जो समर्पित, विश्वसनीय और आत्म विश्वास से लवरेज युवा तैयार करे। शिक्षा ऐसी होनी चाहिए जो न केवल काबिल पेशेवर दे बल्कि वो समाज व देश के प्रति जुड़ाव भी महसूस करे। (स्वामी राम हिमालयन विश्वविद्यालय के पहले दिक्षांत समारोह में बोलते हुएं) - **श्री प्रणव मुखर्जी, राष्ट्रपति, भारत**

शुक्रवार, 26 अगस्त, 2016 ई0

भारत को अब क्रमिक विकास की नहीं कायाकल्प की जरूरत है। यह तब तक संभव नहीं जब तक प्रशासनिक प्रणाली में आमूल-चूल परिवर्तन न हो। लिहाजा नई सोच, नई संस्थान और नई तकनीकी अपनानी होगी। 19वीं सदी के प्रशासनिक प्रणाली के साथ 21वीं सदी में नहीं प्रवेश किया जा सकता है। रत्ती-रत्ती प्रगति से काम नहीं चलेगा। यदि भारत को परिवर्तन की चुनौतियों से निपटना है तो हमें हर स्तर पर बदलाव लाना होगा। हमें कानूनों में बदलाव करना है, अनावश्यक औपचारिकताओं को समाप्त करना है, प्रक्रियाओं को तेज करना है और

प्रौद्योगिकी अपनानी है। मानसिकता में भी बदलाव लानी है और यह तभी हो सकता है जब विचार परिवर्तनकारी हों। (नीति आयोग की ओर से आयोजित "भारत परिवर्तन व्याख्यान" के शुभारम्भ में, नई दिल्ली में)

- श्री नरेन्द्र मोदी, प्रधानमंत्री, भारत

बुधवार, 31 अगस्त, 2016 ई0

प्रधानमंत्री ने भी भारत के कायाकल्प के लिए अंतरनिहित सिद्धांतों को स्पष्ट किया है। उन्होंने हजारों वर्षों से चली आ रही भारतीय परंपराओं से अनुभव हासिल करने वाले विशेषज्ञों, जनता के सुझावों और विपरीत विचारों को ध्यानपूर्वक सुनने का सुझाव दिया है। यदि हमने ऐसा कर दिया तो हम नीतियों और योजनाओं को न सिर्फ विफल होने से बचा लेंगे, बल्कि भविष्य के जोखिमों से भी इन्हें सुरक्षित कर देंगे। इन सबका अर्थ है भविष्य की योजनाओं और विकास के लिए जरूरी बुनियादी बातों को फिर से परिभाषित करना और उन्हें नए रूप में रचना। इसके लिए सोच के एक नए स्तर की जरूरत होती है। यह किस तरह होगा, यह बहुत कुछ आयोग की टीम की रूपरेखा और दृष्टिकोण पर निर्भर करेगा। प्रधानमंत्री ने नीति आयोग की टीम के लिए महत्वपूर्ण दिशानिर्देश तय किए हैं। अब नीति आयोग पर निर्भर करता है कि वह आशाओं के अनुरूप आचरण करे और परिणाम दे।

("अगली सदी की तैयारी" शीर्षक से दैनिक जागरण में प्रकाशित लेख)

-मुरली मनोहर जोशी

बृहस्पतिवार, 1 सितंबर, 2016 ई0

सूर्य ग्रहण यह ग्रहण भारत, अफ्रीका, मडागास्कर, अटलांटिक महासागर और भारतीय महासागर से दिखाई देगा। अफ्रीका में यह आंशिक रूप से ही दिखाई देगा।

शुक्रवार, 16-17 सितंबर, 2016 ई0

चंद्र ग्रहण यह ग्रहण एशिया, ऑस्ट्रेलिया और पूर्वी अफ्रीका में दिखाई देगा। आंशिक रूप से यूरोप, दक्षिण अमेरिका, अटलांटिक और अंटार्कटिका में दिखेगा।

सन् 2017 ई0

रविवार, 26 फरवरी, 2017 ई0

साल का पहला सूर्यग्रहण

मई, 2017 ई0

रचनात्मक आलोचना, लोकतन्त्र को मजबूत बनाती है। (केन्द्र सरकार के तीन वर्ष पूरे होने पर समीक्षा वक्तव्यं) **- श्री नरेन्द्र मोदी, प्रधानमंत्री, भारत**

सोमवार, 7 अगस्त, 2017 ई0

रक्षाबंधन वाले दिन खंडग्रास चंद्रग्रहण था

सोमवार, 21 अगस्त, 2017 ई0

साल 2017 का दूसरा सूर्यग्रहण भारतीय समय के मुताबिक यह ग्रहण रात में 9.15 मिनट से शुरु होगा और रात में 2.34 मिनट पर खत्म होगा।

सितम्बर, 2017 ई0

"विश्वशास्त्र - द नालेज आफ फाइनल नालेज" पुस्तक का सारांश – **"मैं सत्यकाशी से कल्कि महावतार बोल रहा हूँ"** शीर्षक के रूप में प्रकाशित ISBN : 9781947752948 निम्न पते पर भी पुस्तक को भेजा गया।
01- PRESIDENT OF INDIA, 02- PRIME MINISTER OF INDIA, 03- NITI AAYOG, 04. NCERT, 05. BUREAU OF INDIAN STANDARD, 06. UNIVERSITY GRANTS COMMISSION (UGC), 07. MINISTRY OF HUMAN RESOURCES DEVELOPMENT, 08. HON'BLE CHIEF JUSTICE, 09. THE GOVERNOR OF UTTAR PRADESH, 10- THE CHIEF MINISTER OF UTTAR PRADESH, 11. THE EDITOR, DAINIK

JAGRAN, 12. THE EDITOR , AMAR UJALA 12. THE EDITOR , HINDUSTAN 13. SRI KALKI BAL VATIKA, 14.K.K.BIRLA FOUNDATION, 15, WORLD RELIGIOUS PARLIAMENT, 16, BHARAT VIKASH PARISHAD, 17. THE CHIEF MINISTER OF BIHAR, 18. TATA INSTITUTE OF SOCIAL SCIENCE, 19. RAMKRISHNA MISSION 20. VICE CHANCELLOR, BHU, VARANASI, 21. VICE CHANCELLOR, MGKV, VARANASI, 22. VICE CHANCELLOR, SSU, VARANASI, 23. PRINCIPAL, H PG COLLEGE, VARANASI, 24. PRINCIPAL, PN GOVT. COLLEGE, RAMNAGAR, VARANASI, 25. DM, VARANASI, 26. DM, MIRZAPUR, 27. MEMBER OF PARLIAMENT, VARANASI

सन् 2018 ई0

13 जुलाई 2018, भारत में सुबह 7 बजकर 18 मिनट, खत्म होने का समय 8 बजकर 13 मिनट 5 सेकेंड। इससे पहले 31 जनवरी को साल का पहला चंद्रग्रहण देखा गया था। इस चंद्रग्रहण के दौरान 152 साल बाद बहुत दुर्लभ संयोग बना था। 27 जुलाई को होने वाला चंद्र ग्रहण भारत में दिखाई देगा और सदी का सबसे लंबा चंद्रग्रहण होगा।

सन् 2019 ई0

6 जनवरी, का पहला सूर्यग्रहण भारतीय समयानुसार सुबह 5 बजकर 4 मिनट से शुरू होकर 9 बजकर 18 मिनट तक चला। हालांकि यह आंशिक सूर्यग्रहण भारत और आसपास के देशों में नहीं दिखाई दिया। जापान, कोरिया, रूस समेत अन्य कुछ देशों में यह नजर आया।

साल का दूसरा सूर्यग्रहण 2 जुलाई को पूर्ण ग्रहण, ये ग्रहण भी भारत में दिखाई नहीं दिया। 2 जुलाई को लगने वाला सूर्य ग्रहण चार घंटे 33 सेकेंड तक चलेगा। अगर आप इस वर्ष के पूर्ण सूर्यग्रहण को नहीं देख पाते हैं तो आपको 14 दिसंबर, 2020 तक का इंतजार करना होगा।

मंगलवार, 25 जून 2019 ई0

स्वामी सत्यमित्रानन्द गिरि ब्रह्मलीन

आपके विचार आपके "भारत माता मन्दिर" पुस्तक से-

1. स्वस्ति पन्थामनु चरेम सूर्यचन्द्रमसाविव। पुनर्ददताध्नता जानता सं गमेमहि।। (ऋग्वेद-5/51/15) "जैसे सूर्य और चन्द्रमा निरालम्ब अन्तरिक्ष में निरापद एवं राक्षसादि से अबाधित निर्विध्न यात्रा करते हैं, विचरण करते हैं, वैसे ही हम अपने बन्धु-बान्धवों के साथ लोक-यात्रा में स्नेहपूर्वक, निर्विध्न चलते रहें और हम सबका मार्ग मंगलमय हो।" भगवान शंकर के स्मरण मात्र से ऐसा सम्भव है, क्योंकि वे कल्याण के देव हैं। वे देवाधिदेव महादेव तो हैं ही, किन्तु भारतमाता का स्वरूप-स्मरण करने पर तो यह भाव जीवन्त रूप से जाग्रत हो जाता है कि भारत का समग्र दर्शन भगवान शंकर में ही हो रहा है। विचारपूर्वक देखें, तो भगवान शंकर सम्पूर्ण राष्ट्र के प्रतीक हैं, भगवान श्रीराम राष्ट्र की आदर्श-मर्यादा के और गंगा राष्ट्र में प्रवाहित होने वाली संस्कृति की। उसके साथ उसमें ब्रह्मतत्व भी अन्तर्निहित होना चाहिए, क्योंकि ब्रह्मतत्व से विहिन संस्कृति दीर्घकाल तक नहीं रह सकती। इस ब्रह्मतत्व के साक्षात् स्वरूप श्रीकृष्ण हैं। इसलिए भारतीय संस्कृति का सर्वांग रूप राम, कृष्ण, शंकर और गंगा का समन्वित रूप है।
2. केवल वेश ग्रहण मात्र से किसी को साधु-संत नहीं कहा जा सकता। साधुता और सन्तत्व तो एक वृत्ति का नाम है। यह साधु-वृत्ति कदाचित् श्वेत वस्त्रधारी में भी हो सकती है और कदाचित् भगवा-धारी में नहीं। यह जटाजूटधारी या मुण्डित केशों में भी हो सकती है और नहीं भी। अनिवार्यता केवल इतनी ही है कि जहाँ जीवन

में सुचिता है, वहीं साधुता है। जब तक साधुवृत्ति संसार में भ्रमण करती रहेगी, तब तक भारतीय संस्कृति का विनाश कोई नहीं कर सकता।

3. टहनियाँ और पत्तों को काट देने से वृक्ष नहीं सूखता। उसका बीज यदि उर्वरा भूमि में सुरक्षित है, तो अनुकूल अवसर-खाद, पानी, माली आदि पाकर वह पुनः लहलहा उठेगा, हरा-भरा हो जायेगा। यही स्थिति भारतीय संस्कृति के बीज-जीवन मूल्यों की है। भारतीय संस्कृति का बीज किसी एक व्यक्ति के अन्तःकरण में नहीं, अपितु करोड़ों व्यक्तियों की हृदय भूमि में जीवन्त रूप में स्थित है। इसी कारण साधु-संतों की वाणी रूपी खाद, भक्ति रूपी पवित्र जलधारा और प्रभु-कृपा की अनुकूलता प्राप्त होने पर वह पुनः पुनः अंकुरित होती रहेगी। इनकी छाया के नीचे बैठने वाले व्यक्तियों को जीवन में शान्ति का सन्देश सतत् देती रहेगी।
4. यद्यपि प्रत्येक स्थान की भूमि की अपनी निजी विशेषताएँ होती हैं। गुजरात की भूमि में रूई, किसी अन्य जगह हरी मिर्च, मालवा में गेहूँ आदि बहुतायत में तथा अच्छे किस्म के होते हैं, तो भी ये वस्तुएँ थोड़े बहुत अन्तर से अन्यत्र भी उगाई जा सकती हैं, किन्तु यदि केशर को कश्मीर के अतिरिक्त अन्यत्र कहीं पर उत्पन्न करने के प्रयास किये जायें, तो असफलता ही मिलेगी। इसके लिए तो कश्मीर की भूमि की ही शरण लेनी होगी। इसी भाँति भौतिकवाद के विकास के लिए यूरोप ओर अमेरिका की भूमि उपयुक्त है, परन्तु आध्यात्मवाद की केशर यदि प्राप्त करना है, तो सम्पूर्ण विश्व को भारतीय भूमि से ही प्रेम करना होगा। इसके अतिरिक्त कोई उपाय नहीं है। यदि इस धरती का यह वैशिष्ट्य न होता, तो भगवान श्रीराम और भगवान श्रीकृष्ण यहीं पर जन्म क्यों लेते? वे कहीं पर भी आविर्भूत हो सकते थे, परन्तु सरयू और यमुना तट उन्हें अच्छा लगा और इसलिए अपने बाल-मित्रों के साथ उन्होंने यहाँ सहज बाल-क्रिड़ायें कीं, जिससे सभी लोग जान लें कि इस धरती का महत्व कितना अधिक है।
5. उत्तर भारत में भगवान ने अनेक रूपों में अवतार ग्रहण किया। इसलिए उस विराट् एवं चरम चित्त तत्व ने दक्षिण भारत में भी अंशावतार ग्रहण किया। श्री शंकराचार्य, श्री रामानुजाचार्य, श्री वल्लभाचार्य, श्री मध्वाचार्य आदि महान आचार्यों ने भारतीय समाज के उन्नयन के लिए अवतार ग्रहण किया। यदि उत्तर भारत में प्रभु के अवतारों के माध्यम से भगवद् शक्ति द्वारा संसार को प्रभावित किया गया, तो दक्षिण के आचार्यों ने साधना, संयम, सदाचार के उपदेश द्वारा, पुरूषार्थ के द्वारा मानवों में ऐसी अनुभूति उत्पन्न की कि वे आचार्य अंशावतार न होकर पूरी शक्ति सहित अवतार ही दिखाई देते हैं।
6. संसारी मानव दो प्रकार की विभिन्न परिस्थितियों के हिंडोले में झूलता हुआ अपनी दुर्बलता प्रमाणित करता है कि यदि कोई अनुकूल वस्तु मिल जाए, तो उसके प्रति राग हो जाता है, और यदि प्रिय वस्तु का वियोग हो जाए तो रोष होता है। कोई-कोई विरले मनुष्य होते हैं, जो न राग में जीते हैं, न रोष में जीते हैं, वे तो केवल अनुराग में ही सदा आनन्दित होते हैं। भगवान श्रीराम भी इसी प्रकार के महापुरूष हैं, जिनको न राग है, न रोष, अपितु वे अन्यों को सभी प्रकार संतुष्ट करते हैं। उनका स्मरण कर, उस नित्य आनन्दमय परमात्मा के प्रति भक्ति प्रदर्शित कर, भारतीय व्यक्ति अपने जीवन को धन्य अनुभव करता है।

"भारत माता मन्दिर" के सम्बन्ध में आपके विचार-

ऊँ। विश्वानि देव सवितर्दुरितानी परासुव। यद् भद्रं तन्न आ सुव।।

हमारे देश के गाँव-गाँव, नगर-नगर में मन्दिर मिलते हैं। बुद्धिवादी व्यक्ति नवीन मन्दिरों के निर्माण को निरर्थक मानते हैं। कई लोग इसे अर्थ का अपव्यय भी कहते हैं। इतिहास को जीवित रखना हमारा कर्तव्य है। इतिहास से हमें अपनी राष्ट्रीय-संस्कृति के गौरव का पता चलता है। पाठकों को इससे प्रेरणा मिलती है और भावी पीढ़ी के संस्कार जगाने में चेतना की शक्ति। इसी पावन दृष्टिकोण से, हरिद्वार में भारत माता मन्दिर का निर्माण किया गया है।

मुसलमान, ईसाई बन्धुओं को अपने पूर्वजों के सम्बन्ध में पर्याप्त जानकारी है, परन्तु किसी हिन्दू युवक से उसके पूर्वज ऋषियों के नाम पूछे जायें तो बता पाने में असमर्थता प्रकट करेगा। यदि व्यक्ति अपने श्रेष्ठ पूर्वजों का ही विस्मरण कर बैठे, तो उनके श्रेष्ठ संस्कारों को अपने जीवन में कैसे उतार सकता है?

भारत माता मन्दिर, मन्दिर के रूप में अधिक जाना जाय, ऐसा विचार कम है। तीर्थ-यात्री जो प्रतिवर्ष लाखों की संख्या में हरिद्वार आते हैं, वे इस मन्दिर से देश के संत, आचार्य, बलिदानी महापुरूषों, साध्वी, सतियों (मातृ शक्ति) के जीवन से प्रेरणा लेकर, व्रत और संकल्प कर जा सके-यह इसका मुख्य लक्ष्य है। साम्प्रदायिक उपासना पद्धतियों में मानव पृथक-पृथक घेरों में बँधता जा रहा है। ऐसे समय में राष्ट्रीय एकता को ध्यान में रखकर, सब सम्प्रदायों के आचार्यों और संतों की एक ही स्थान पर प्रतिष्ठा की गई है, इससे-"हम सब एक हैं", "हमारी माता भारत माता है"-का विचार परिपक्व कर सकें। यह विचार दृढ़ होना चाहिए, तभी व्यक्तिवाद से ऊपर उठकर राष्ट्रवाद की ओर जा सकते हैं।

धर्म और राष्ट्र एक-दूसरे के पूरक होने चाहिए। धर्म संस्कारों को बनाता है। संस्कारों का परिष्कार करता है और राष्ट्र-भाव स्वधर्म पर बलिदान होने की प्रेरणा देता है। बिना उत्सर्ग किये इस संसार में कुछ नहीं मिलता। स्वार्थ की बलि चढ़ाये बिना राष्ट्र का यज्ञ अधूरा रहता है। पशु-बलि की बातें आज निरर्थक हो गई हैं, किन्तु आत्म बलिदान के अभाव में कोई महान् लक्ष्य प्राप्त हो जाये, यह सम्भव नहीं है। भारत माता मन्दिर में विराजमान संत, शूर, सती-देश के लाखों यात्रियों में समन्वय, श्रद्धा, परस्पर प्रेम, त्याग, सद्भाव, स्वार्थ त्याग, समरसता और बलिदान की भावना जगाने में समर्थ हो सकेंगे, ऐसा विश्वास किया जाना चाहिए।

हमारा यह विचार है कि मन्दिर में दान-पात्र न रखें जाएँ, परन्तु दर्शनार्थियों की उदार भावना के सम्मानार्थ, उनके द्वारा की जाने वाली चढ़ोतरी के सदुपयोग की दृष्टि से, दान-पात्र रखे जाना युक्तिसंगत भी लगता है। फिर भी भावना यह है कि, दर्शनार्थी इस मन्दिर की स्मृति संजोकर, अपने घरों को लौटकर जाने वाले लोग श्रद्धा से जो कुछ हो, वहीं से प्रेषित करें। इस धनराशि को आदिवासी, गिरिवासी, वनवासी, हरिजन, देश के उपेक्षित वर्ग और दरिद्र नारायण की सेवा में लगाया जा सके। साथ ही, आय का एक भाग ब्राह्मण बालकों को कर्मकाण्ड, वेद, हवन, यज्ञ आदि की शिक्षा देने के लिए उपयोग में लाया जाए। इस प्रकार यह मन्दिर समाज की सर्वांगीण सेवा का प्रकल्प बन सके, यह अपेक्षा है।

इस मन्दिर में जैन, सिक्ख, ईसाई, मुसलमान, पारसी मजहबों के श्रेष्ठ संतों की मूर्तियाँ और उनके जीवन का अंकन किया गया है। सभी प्रमुख धर्मों के मूल मंत्र रजत पट्टीका पर अंकित किये गये हैं, जिससे उपासकों, साधकों, नागरिकों में यह भाव जाग सके कि सभी धर्मों का मूल तत्व एक है। इस प्रकार, अपने देश की संस्कृतियों की समस्त धाराओं को हरिद्वार में बहने वाली गंगा की पावन धारा से जोड़ने का प्रयत्न किया है। गंगा पावनता और गतिशीलता का प्रतीक बन चुकी है। बिना पावन और गतिशील हुए, देश और राष्ट्र की वास्तविक सेवा नहीं की जा सकती।

परमात्मा की कृपा से, अपने राष्ट्र-रथ को अनैतिकता के पंक से उबार, जगद्गुरू के पूर्व आसन पर बैठा सकने में हम सब निमित्त और परमात्मा के हाथ का उपकरण बन सकें, ऐसी उनके चरणों में प्रार्थना है।

सन् 2020 ई0

इस वर्ष की मुख्य विशेषता

तकनीकी के आविष्कार से दूरदर्शन के अनेक चैनल और अधिक क्षमता के कम्प्यूटर का भारत में व्यापक विस्तार और जनता के सम्पर्क में आना।

इन्टरनेट (INTERNET) का भारत में व्यापक विस्तार और जनता के सम्पर्क में आना।

मोबाइल (CELL PHONE) के स्थान पर अधिक क्षमता के स्मार्ट मोबाइल (SMART CELL PHONE) का भारत में व्यापक विस्तार और जनता के सम्पर्क में आना।

दूरदर्शन और इन्टरनेट नेटवर्क के व्यापक विस्तार से समाचार (NEWS CHANNEL), सामाजिक सम्पर्क (SOCIAL MEDIA), यू ट्यूब (YouTube.com), सर्च इंजन (google.com) और विचार व्यक्त करने और ज्ञान-सूचना पाने का व्यापक स्वतन्त्रता का विकास।

धार्मिक, राजनीतिक, सामाजिक और वैयक्तिक व्यवहार में उपरोक्त तकनीकी का व्यापक प्रयोग।

विचार व्यक्त करने की व्यापक स्वतन्त्रता के कारण प्रत्येक व्यक्ति ही विचारक बन गया परन्तु व्यष्टि (व्यक्तिगत) विचार और समष्टि (संयुक्त) विचार में अन्तर के ज्ञान का अभाव।

सन् 2020 ई0 को लेकर अनेक भविष्यवक्ताओं के विचार व्यक्त होने लगें थें और युग परिवर्तन तथा कल्कि महाअवतार के प्रकट होने के समय के रूप में देखा जाने लगा था।

युग का काल गणना भी विचार के केन्द्र में आ गई थी। कलियुग के सम्बन्ध में 4 लाख 32 हजार की अवधि की विचारधारा कमजोर पड़ने लगी थी क्योंकि उसके बहुत से शास्त्रीय और वैज्ञानिक आधार व्यक्त हाने लगें थें। "आर्य समाज" के संस्थापक स्वामी दयानन्द सरस्वती के अनुसार कलियुग की आयु 4 लाख 32 हजार की थी तो "अखिल विश्व गायत्री परिवार" के संस्थापक और "विचार क्रान्ति" के संचालक पं0 श्रीराम शर्मा आचार्य के अनुसार यह युग परिवर्तन का सन्धि काल था।

मनुष्य अपने आप में इतना संकुलित होकर स्वयं में स्वार्थी हो चुका था कि वह अपने आप को इस सार्वभौम सृष्टि से अलग सत्ता का समझने लगा था। वह यह भूल चुका था कि शरीर की कोशिका से लेकर सम्पूर्ण ब्रह्माण्ड तक एक ही शरीर है और सभी एक-दूसरे को प्रभावित करते हैं।

अन्य घटना क्रम

वर्ष 2020 ई0 में खगोलिय घटना : 6 ग्रहण (4 चंद्र ग्रहण, 2 सूर्य ग्रहण)

10 जनवरी 2020 चंद्र ग्रहण - ग्रहण का टाइम: रात 10 बजकर 37 मिनट से 11 जनवरी को 2 बजकर 42 मिनट कहां दिखाई देगा: भारत, यूरोप, अफ्रीक, एशिया और आस्ट्रेलिया।

5 जून 2020 चंद्र ग्रहण - रात्रि को 11 बजकर 15 मिनट से 6 जून को 2 बजकर 34 मिनट तक कहां दिखाई देगा: भारत, यूरोप, अफ्रीक, एशिया और आस्ट्रेलिया।

21 जून 2020 सूर्य ग्रहण - 21 जून की सुबह 9 बजकर 15 मिनट से दोपहर 15 बजकर 03 मिनट तक भारत, दक्षिण पूर्व यूरोप और एशिया। इस साल के सूर्य ग्रहण पर अधिकतर ज्योतिषियों की नजरें हैं क्योंकि यह ग्रहण मिथुन राशि में लगेगा। 21 जून को लगने वाले ग्रहण का सूतक काल 12 घंटे पहले ही लग जाएगा। इस साल पड़ने वाले ग्रहण बहुत महत्वपूर्ण माने जा रहे हैं। क्योंकि ज्योतिषियों के अनुसार इन ग्रहण से मिथुन राशि के जातकों पर विशेष प्रभाव पड़ेगा। उस समय कुल छह ग्रह वक्री होंगे जो अच्छा संकेत नहीं है। कहा जा रहा है कि ग्रहण के कारण ग्रहों की ऐसी स्थिति विश्व भर के लिए चिंताजनक मानी जा रही है।

5 जुलाई 2020 चंद्र ग्रहण - सुबह 08 बजकर 37 मिनट से 11 बजकर 22 मिनट तक अमेरिका, दक्षिण पूर्व यूरोप और अफ्रीका।

30 नवंबर 2020 चंद्र ग्रहण - दोपहर को 13 बजकर 02 मिनट से शुरू होगा और शाम 17 बजकर 23 मिनट तक भारत, अमेरिका, प्रशांत महासागर, एशिया और आस्ट्रेलिया।

14 दिसंबर 2020 सूर्यग्रहण - शाम को 19 बजकर 03 मिनट से 15 दिसंबर को 12 बजे सूर्यग्रहण भारत में नहीं दिखेगा, इसको प्रशांत महासागर।

वर्ष 2020 ई0 में प्राकृतिक घटना : कोरोना (COVID-19) वायरस से वैश्विक महामारी

कोरोना वायरस वायरस (COVID-19) एक संक्रामक रोग है जो एक नए खोजे गए कोरोना वायरस के कारण होता है।

COVID-19 के साथ बीमार पड़ने वाले अधिकांश लोग हल्के से मध्यम लक्षणों का अनुभव करेंगे और विशेष उपचार के बिना ठीक हो जाएंगे।

COVID-19 का कारण बनने वाला वायरस मुख्य रूप से एक संक्रमित व्यक्ति के खांसने, छींकने या बाहर निकलने पर उत्पन्न बूंदों के माध्यम से फैलता है। ये बूंदें हवा में लटकने के लिए बहुत भारी हैं और जल्दी से फर्श या सतहों पर गिर जाती हैं।

आप वायरस में सांस लेने से संक्रमित हो सकते हैं यदि आप किसी ऐसे व्यक्ति के करीब हैं जिसके पास COVID-19 है या दूषित सतह को छूकर और फिर आपकी आंखें, नाक या मुंह से।

चीन से शुरू हुआ यह महामारी COVID-19 ने जनवरी से अपना प्रभाव दिखाना शुरू किया और देखते ही देखते विश्व के 200 से उपर देशों और द्विप पर पहुँच गया। आज दिनांक 10 जून, 2020 को संयुक्त राज्य अमरीका 20,45,715 में लोग इससे प्रभावित हो गये थे, घटते क्रम में देशों और द्विप की सूची इस प्रकार है-

ब्राज़िल, रूसी संघ, ग्रेट ब्रिटेन और उत्तरी आयरलैंड का यूनाइटेड किंगडम, स्पेन, भारत, इटली, पेरू, जर्मनी, ईरान, तुर्की का गणतंत्र, फ्रांस, चिली, मेक्सिको, पाकिस्तान, सऊदी अरब, कनाडा, चीन, कतर, बांग्लादेश, बेल्जियम, दक्षिण अफ्रीका, बेलोरूस, नीदरलैंड, स्वीडन, इक्वेडोर, कोलम्बिया, संयुक्त अरब अमीरात, सिंगापुर, मिस्र, पुर्तगाल, कुवैट, इंडोनेशिया, स्विट्जरलैंड, यूक्रेन, पोलैंड, आयरलैंड, अर्जेंटीना, फिलीपींस, अफ़ग़ानिस्तान, रोमानिया, डोमिनिकन गणराज्य, इजराइल, ओमान, पनामा, जापान, ऑस्ट्रिया, बहरीन, बोलीविया, इराक, आर्मीनिया, नाइजीरिया, कजाखस्तान, डेनमार्क, सर्बिया, कोरिया, एलजीरिया, घाना, मोलदोवा, कैमरून, नॉर्वे, मोरक्को, मलेशिया, आज़रबाइजान, ग्वाटेमाला, ऑस्ट्रेलिया, फिनलैंड, होंडुरस, सूडान, तजाकिस्तान, उज़्बेकिस्तान, सेनेगल, जिबूती, कांगो, गिन्नी, लक्समबर्ग, हंगरी, कोटे डी आइवर, हैती, गैबॉन, मैसेडोनिया, एल साल्वाडोर, थाईलैंड, यूनान, केन्या, बुल्गारिया, बोस्निया और हर्जेगोविना, वेनेजुएला, सोमालिया, इथियोपिया, क्रोएशिया, क्यूबा,

मैयट, किर्गिज़स्तान, एस्तोनिया, मालदीव, श्री लंका, केंद्रीय अफ्रीकन गणराज्य, आइसलैंड, लिथुआनिया, दक्षिण सूडान, माली, स्लोवाकिया, न्यूजीलैंड, स्लोवेनिया, निकारागुआ, गिनी-बिसाऊ, कोस्टा रिका, लेबनान, भूमध्यवर्ती गिनी, अल्बानिया, जाम्बिया, परागुआ, मॉरिटानिया, मेडागास्कर, हॉगकॉग, लातविया, ट्यूनीशिया, सियरा लिओन, नाइजर, साइप्रस, बुर्किना फासो, अंडोरा, उरुग्वे, जॉर्डन, चाड, जॉर्जिया, फ्रेंच गयाना, कांगो, सैन मैरीनो, युगांडा, माल्टा, जमैका, काबो वर्डे, यमन, साओ टोमे और प्रिंसिपे, तंजानिया, जाना, फिलिस्तीन, रवांडा, मलावी, मोजाम्बिक, ताइवान, लाइबेरिया, इस्वातीनी, लीबिया, मॉरीशस, मैन द्वीप, वियतनाम, मोंटेनेग्रो, जिम्बाब्वे, बेनिन, म्यांमार, मार्टीनिक, मंगोलिया, केमैन टापू, जिब्राल्टर, ग्वाडेलोप, गुयाना, सीरियाई, कोमोरोस, बरमूडा, ब्रुनेई दारुस्सलाम, सूरीनाम, कंबोडिया, त्रिनिदाद और टोबैगो, बहामा, अरूबा, मोनाको, अंगोला, बारबाडोस, बुरुन्दी, लिकटेंस्टीन, सिंट मार्टेन (डच भाग), फ्रेंच पॉलीनेशिया, भूटान, मकाओ, बोत्सवाना, संत मार्टिन, इरिट्रिया, नामीबिया, गाम्बिया, संत विंसेंट अँड थे ग्रेनडीनेस, अंतिगुया और बार्बूडा, तिमोर- लेस्ते, ग्रेनेडा, न्यू कैलेडोनिया, बेलीज, सेंट लूसिया, लाओस, डोमिनिका, फ़िजी, संत किट्ट्स और नेविस, ग्रीनलैंड, तुर्क्स और कैकोज़ द्वीपसमूह, पवित्र देखो, मोंटेसेराट, सेशेल्स, पश्चिमी सहारा, पापुआ न्यू गिनी, लिसोटो, एंगुइला

प्रत्येक देश में इसका प्रभाव बढ़ता ही जा रहा था और मरने वालों की संख्या बढ़ती ही जा रही थी। अभी तक इसे रोकने के लिए कोई कारगर वैक्सीन नहीं खोजा गया था, खोज जारी थी। समस्या को देखते हुए कई देशों ने अपने प्रभावित शहरों को LOCKDOWN (अपने घरों में रहने और व्यापारीक गतिविधि को बन्द रखने का आदेश) देना पड़ा।

भारत में भी 25 मार्च से एका-एक 4 घंटें के समयान्तराल में LOCKDOWN घोषित कर दिया गया, यातायात के साधन रेल, बस, हवाई जहाज के घरेलू और अन्तर्राष्ट्रीय उड़ानें बन्द कर दी गईं। जो भी नागरिक जहाँ जिस कार्य के गया लिए था वो वहीं कैद हो गया। दैनिक मजदूर (प्रतिदिन कमाने-खाने वाले) काम बन्द होने से भूखमरी के शिकार होने लगें। लाखों मजदूर भारत के विभिन्न प्रदेशों से अपने गाँव की ओर पैदल यात्रा पर ही निकल लियें जिसमें अनेकों की मौत भी हुयी। रास्ते में निवासियों ने मानवता दिखाते हुये उनके भोजन-पानी को भी उपलब्ध कराये।

वर्ष 2020 ई0 : सार्वभौम एकात्मता-मानवता का सन्देश

वर्ष 2020 ई0 का खगोलिय सन्देश

ग्रहों के सम्मिलन व समय के योग से ज्योतिष विज्ञान काल परिवर्तन और नये युग की शुरुआत तथा ईश्वर के अवतरण की सूचना का प्रतीक मानता है। तो वर्तमान, विज्ञान उसे मात्र एक ब्रह्माण्डीय घटना मानता है।

उपरोक्त घटनाएं एवं संयोग विश्व, भारत, अन्तर्राष्ट्रीय, राज्य, समाज, परिवार और व्यक्ति सहित विज्ञान और धर्म क्षेत्र के समक्ष व्यक्त थी परन्तु वह एक-एक कर घटित होती गयी और वह इतिहास बन गयी। सभी घटनाएं अलग-अलग क्षेत्रों के समक्ष अलग-अलग रुप में ज्ञान में थी, न कि एक साथ। परिणामस्वरुप कोई भी परिणाम विश्व, भारत, राज्य, अन्तर्राष्ट्रीय, समाज, परिवार, व्यक्ति, विज्ञान व धर्म क्षेत्र देने में सक्षम नहीं था अर्थात् वह इन घटनाओं से पूर्ण मुक्त था।

खगोल व ज्योतिष विज्ञान के अनुसार- उपरोक्त घटनायें युग की समाप्ति और भगवान के अवतरण के समय का सूचक होती हैं। वर्तमान कलियुग की आयु 4,32,000 वर्ष मानी गयी है। जिसका प्रारम्भ 18 फरवरी 3102 ई0 पू0 माना जाता है।

सर्वज्ञपीठम् कालीमठ, वाराणसी के स्वामी ब्रह्मानन्द नाथ सरस्वती के अनुसार- ग्रहण से उत्पादित पुण्य से कलियुग का 10,000 वर्ष आयु कम हो जाता है। (देखें-"अमर उजाला" इलाहाबाद संस्करण, दिनांक-11-08-1999 पूर्ण सूर्यग्रहण के अवसर पर प्रकाशित) और 821 वर्ष कलियुग का शेष रहने पर कल्कि अवतार का अवतरण माना गया है। इस प्रकार कलियुग का व्यतीत कुल वर्ष 5102 वर्ष हुआ और यदि कल्कि

अवतार अभी होता है तो कलियुग के कुल आयु 4,32,000 में से 5102+821 वर्ष घटकर 4,26,071 वर्ष ग्रहण द्वारा उत्पादित पुण्य से समाप्त हो जाने चाहिए। जिसके लिए 43 ग्रहण की आवश्यकता है। खगोल वैज्ञानिकों का ऐसा अनुमान है कि वर्ष में सूर्यग्रहण की स्थिति 2 से 5 बार तक आती है। कलियुग के व्यतीत वर्ष 5102 वर्षों में क्या 43 ग्रहण नहीं आये होंगे? जबकि 20 मार्च 2015 तक 14 सूर्यग्रहण हुये। यदि यह माना जाय तो ग्रहण से उत्पन्न पुण्य सिर्फ भारत में ही होता है तो क्या 5102 वर्षों के दौरान भारत में 43 ग्रहण नहीं हुये होंगे? जबकि चन्द्रग्रहण से उत्पादित पुण्य से कलियुग की आयु कम होना अलग है। इस प्रकार देखने पर कलियुग की आयु लगभग समाप्त हो चुकी है।

16 जुलाई 2000 गुरुपूर्णिमा के दिन पूर्ण चन्द्रग्रहण और 5 जुलाई 2001 को अंश चन्द्रग्रहण गुरुओं के लिए प्रकाशमय पूर्णिमा नहीं बल्कि अन्धकारमय अमावस्या था। क्योंकि एक ओर यह पूर्ण चन्द्रग्रहण 13 अगस्त 1859 के बाद हुआ जो अब यह सन् 3000 के बाद ही होगा तो गुरु पूर्णिमा के पावन अवसर पर ही हुआ। जो मात्र व्यष्टि गुरुओं के भरमार का प्राकृतिक रुप से विरोध का सूचक था।

वर्ष 2020 ई0 का प्राकृतिक सन्देश

कोरोना (COVID-19) वायरस से वैश्विक महामारी ने अपने-अपने देशों के सरकार और समाज की व्यवस्था को सार्वजनिक रूप से व्यक्त करने का कार्य किया। इस घटना ने व्यक्ति और शासन को सन्देश दिया कि मनुष्य को प्रकृति के समन्वय के साथ चलना चाहिए। जब भी प्रकृति के तीन गुण – सत्व, रज और तम में से रज और तम की शक्ति अधिक हो जाती है तब प्रकृति अपना सन्तुलन बनाने के लिए सत्व गुण से हस्तक्षेप करने में सक्षम है और यह हस्तक्षेप बिना किसी भेद-भाव के एक समान रूप से प्रभावी होता है। इस हस्तक्षेप में धर्म-जाति, रंग, महिला-पुरूष, उम्र इत्यादि से कोई मतलब नहीं होता। स्पष्ट रूप से सार्वभौम सत्य-सिद्धान्त के अनुसार कार्य होता है जो ईश्वरीय सिद्धान्त है।

वर्ष 2020 ई0 का सार्वभौम सन्देश

भारतीय आध्यात्म दर्शन में शिव-शक्ति, प्रकृति-पुरूष, क्रिया-कारण का सर्वोच्च विचार है जो अन्तिम रूप से उच्चतम भी है। देवी का स्थान प्रकृति/ शक्ति/ क्रिया को प्राप्त है और देवता का स्थान शिव/ पुरूष/ कारण को प्राप्त है । प्रकृति/ शक्ति/ क्रिया के प्रभाव क्षेत्र के अनुसार अनेक देवीयाँ भारत में सर्वत्र हैं। प्रकृति द्वारा प्रभावी महामारी को भारतीय हमेशा दैवी प्रकोप और उनकी नाराजगी का ही परिणम मानते हैं। समय कल्कि अवतार के अवतरण का है तो उनकी शक्ति प्रकृति के भी अवतरण का समय है जिन्हें कल्कि देवी के रूप में जाना जाता है, भारतीय दर्शन की दृष्टि में कोरोना, कल्कि देवी का अस्त्र (कोरोनास्त्र) है जिससे मानव को सन्देश देने का प्रयत्न है। इस माध्यम से वर्ष 2020 ई0 का सार्वभौम सन्देश व्यक्ति, समाज और सरकार को यह है कि-

1. व्यक्ति स्वयं को इस ब्रह्माण्ड का स्वतन्त्र ईकाइ न समझें, वह एक ही सार्वभौम सत्य-सिद्धान्त से इस पृथ्वी पर शरीर धारण किया है और उसी सिद्धान्त से हार कर शरीर का त्याग भी करेगा, इसके अलावा कोई रास्ता नहीं।
2. समाज (व्यक्तियों का समूह) स्वयं को धर्म-जाति, रंग, महिला-पुरूष, उम्र इत्यादि की भावना से मुक्त होकर अन्य समूह को देखें और आवश्यकता पड़ने पर सहायता के लिए तैयार रहें। रहन-सहन की पद्धति संस्कृति है जो थोपा नहीं जा सकता, व्यक्ति की स्वतन्त्रता है कि वो कैसे रहे, बस उसे यह ध्यान रहना चाहिए कि उसके कारण अन्य को परेशानी तो नहीं हो रही है। संस्कृति को थोपना कट्टरता है।
3. राजतन्त्र में राजा और लोकतन्त्र में सत्ता, प्रजा-जनता का अभिभावक होता है ना कि उस पर शासन करने वाला, यदि ऐसा है तो निश्चित रूप से जानना चाहिए कि वह राजा या सत्ता मानवतावादी नहीं। राजा या सत्ता को

सदैव प्रजा-जनता केन्द्रित होना चाहिए क्योंकि ये पारिवारिक, सामाजिक, सांगठनिक, व्यापारिक, राज्य और सत्ता एक वृक्ष के समान हैं और वृक्ष के जड़ में खाद-पानी देने से सभी व्यवस्थायें सुद्दढ़ रहती हैं।

4. व्यक्ति और सरकार को सार्वभौम सत्य-सिद्धान्त का ही मार्ग अपना कर अपने व्यवस्थाओं को सुद्दढ़ करना चाहिए तभी दोनों एक-दूसरे के लिए सहयोगी बनकर राष्ट्र निर्माण में सहायक हो सकते हैं।
5. व्यक्ति को वैश्विक ज्ञान से युक्त करना आवश्यक और "वैश्विक सोच-स्थानीय कार्यवाही" की भावना से जीवन-यापन के लिए निर्माण की आवश्यकता है।

Think Globally - Act Locally
वैश्विक सोच - स्थानीय कार्यवाही

वर्ष 2020 ई0 का अवतारी सन्देश

किसी भी युग में अवतार, महापुरूष, संत या किसी भी व्यक्ति के गुण को सीधे देखकर पहचानने की क्षमता किसी भी व्यक्ति के अन्दर नहीं रही है। उस व्यक्ति को, स्वयं के अपने गुणों को ज्ञान, कर्म, जीवन के माध्यम द्वारा व्यक्त करना होता है। उसके बाद ही कुछ लोग उन्हें पहचानते हैं और उनके साथ एक-दूसरे के सदुपयोग के लिए साथ आते रहे हैं। प्राचीन समय में यह कार्य बहुत कठिन होता था इसके लिए वे अनेक प्रकार के आयोजन करते थे।

वर्तमान युग में भी अनेक प्रकार के आयोजन जैसे-सेमिनार, सम्मेलन, प्रदर्शनी, मेले, परीक्षाएँ, प्रतिस्पर्धा इत्यादि द्वारा अपनी योग्यता प्रदर्शित किये जाते हैं। परन्तु यह सब समय लेने वाला है और आम नागरिक के योग्यता को व्यक्त करने का माध्यम नहीं बन पाता। दुनिया बहुत तेज हो चुकी है। ऐसे में किसी विशेष कार्य के लिए कोई भी संस्था/व्यक्ति/योजना संचालक शीघ्रता से अपने कार्य के लिए योग्य व्यक्ति से जुड़ना चाहता है। सीधे व्यक्ति से व्यक्ति के सम्बन्धित होने, परिचय बनाने के कार्य में मनुष्य जीवन इतना छोटा है कि वह एक सिमित दायरे तक ही रह जाता है। व्यापक दायरे तक जाने के लिए व्यक्ति का निराकार रूप विचार-गुण-योग्यता को ही प्रकाशित करना होता है।

ईश्वर (सार्वभौम सत्य-सिद्धान्त) के सत्व गुण प्रधान (ब्रह्मा) के पूर्णावतार

- **श्रीराम** (आदर्श व्यक्तिगत मानव) के धर्म (आध्यात्मिक सत्य) स्थापना का कारण शारीरिक था,

ईश्वर (सार्वभौम सत्य-सिद्धान्त) के रज गुण प्रधान (विष्णु) के पूर्णावतार

- **श्रीकृष्ण** (आदर्श सामाजिक मानव) के धर्म (आध्यात्मिक सत्य) स्थापना का कारण आर्थिक था,

ईश्वर (सार्वभौम सत्य-सिद्धान्त) के तम गुण प्रधान (शंकर) के पूर्णावतार

- **श्रीकल्कि** (आदर्श वैश्विक मानव) के धर्म (आध्यात्मिक सत्य) स्थापना का कारण मानसिक था।

गुरु के सम्बन्ध में स्वामी विवेकानन्द जी कहते हैं-"हम गुरु के बिना कोई ज्ञान प्राप्त नहीं कर सकते। अब बात यह है कि यदि मनुष्य, देवता अथवा कोई स्वर्गदूत हमारे गुरु हो, तो वे भी तो ससीम हैं, फिर उनसे पहले

उनके गुरु कौन थे? हमें मजबूर होकर यह चरम सिद्धान्त स्थिर करना ही होगा कि एक ऐसे गुरु हैं जो काल के द्वारा सीमाबद्ध या अविच्छिन्न नहीं हैं। उन्हीं अनन्त ज्ञान सम्पन्न गुरु को, जिनका आदि भी नहीं और अन्त भी नहीं, ईश्वर कहते हैं। (राजयोग, रामकृष्ण मिशन, पृष्ठ-134)

वर्तमान समय में व्यक्ति (व्यष्टि) के गुरुओं की भरमार है परन्तु समाज (समष्टि) के गुरु का पूर्ण अभाव है। वह वही है जो वर्तमान और भविष्य की वैश्विक आवश्यकता-वर्तमान व्यवस्थानुसार विश्व-शान्ति-एकता-स्थिरता-विकास-सुरक्षा के लिए प्रबन्ध का माडल दे सकें, साथ ही पूर्ण मानव, स्वस्थ समाज, स्वस्थ लोकतन्त्र और स्वस्थ उद्योग की प्राप्ति का आधारशिला रख फल रुप में विश्वव्यापी पूर्ण एकात्म करें। वर्तमान समय और कुछ भी नहीं अनन्तज्ञान सम्पन्न गुरु निष्कलंक कल्कि अवतार का ही समय है जिसका रुप समष्टि गुरु का ही रुप है। उसका समस्त कार्य उपरोक्त सार्वाधिक खगोलीय घटनाओं की अवधि में ही सम्पन्न हुआ है। जिसके सम्बन्ध में सन् 1996 में ही हालैण्ड निवासी भविष्यवक्ता मि0 क्राइसे ने स्पष्ट कहा था कि-"मैं भारत में एक महापुरुष को स्पष्ट रुप से देख रहा हूँ जो विश्व के लिए योजनाएँ बना रहा है।" भारतीय आध्यात्म के अनुसार भी पूर्ण ब्रह्मावतार पूर्ण सत्व गुण रूप श्रीराम तथा पूर्ण विष्णु अवतार पूर्ण रज गुण रूप श्रीकृष्ण हो चुके हैं। अभी जो शेष थे वह हैं-पूर्ण शिव-शंकर अवतार पूर्ण तम गुण रूप। यही अन्तिम निष्कलंक कल्कि अवतार हैं। शिवगुरु हैं, कल्याण स्वरुप हैं और जब तक इनका आगमन नहीं हुआ था तब तक नेता, वर्तमान व्यष्टि गुरु, चिन्तक इत्यादि का भारत और विश्व का कल्याण कर देने का प्रयत्न निष्फल, भ्रमात्मक और समय गवाने वाला ही था। हमें शिव-शंकर के पूर्ण प्रेरक पूर्णावतार के रुप में व्यक्त लव कुश सिंह "विश्वमानव" द्वारा व्यक्त कर्मों पर चिन्तन और समर्पण करना चाहिए और समर्पण करना ही पड़ेगा।

"आध्यात्मिक सत्य एवं दार्शनिक विरासत" के आधार पर "काल, मनु ,युग, व्यास, शास्त्र परिवर्तन", "मन में अन्तर (मनवन्तर) को समाप्त करने और मन के नवीनीकरण" के लिए "सार्वभौम सत्य-सिद्धान्त" पर आधारित "विश्वशास्त्र - द नालेज आफ फाइनल नालेज" शास्त्र को The Knowledge Equalizer के रूप में निम्नलिखित शीर्षक में 64 भागों में प्रकाशित किया कर दिया गया जिसमें परिचय, ज्ञान, कर्मज्ञान कार्यवाही योजना इत्यादि सभी कुछ हैं-

भाग के अनुसार

01. विश्वशास्त्र - विषय-प्रवेश
02. विश्वशास्त्र - अध्याय-एक : ईश्वर
03. विश्वशास्त्र - अध्याय-दो : जीवन परिचय
04. विश्वशास्त्र - अध्याय-तीन : ज्ञान परिचय
05. विश्वशास्त्र - अध्याय-चार : कर्म परिचय (सार्वजनिक प्रमाणित दृश्य महायज्ञ)
06. विश्वशास्त्र - अध्याय-पाँच (भाग - 01) : सार्वजनिक प्रमाणित विश्वरूप
07. विश्वशास्त्र - अध्याय-पाँच (भाग - 02) : सार्वजनिक प्रमाणित विश्वरूप
08. विश्वशास्त्र - परिशिष्ट

मुख्य शास्त्र

01. विश्वशास्त्र - द नालेज आफ फाइनल नालेज

सारांश के अनुसार

02. मैं सत्यकाशी से कल्कि महावतार बोल रहा हूँ (समष्टि गीता - यथार्थ प्रकाश)

शीर्षक के अनुसार

03. विश्वस्तरीय फिल्म लेखन कला
04. प्रारम्भिक सत्य - अन्तिम दृष्टि
05. सत्य धर्म - युग परिवर्तक दृष्टि
06. सत्य दार्शनिक-दर्शन और कर्म वेदान्त-विकास दर्शन
07. सत्य शास्त्र एवं पुराण रहस्य-महर्षि व्यास कला
08. संत एवं गुरू और विश्व संत एवं गुरू
09. समाज और ईश्वरीय समाज
10. सत्य शास्त्र और विश्वशास्त्र
11. कृति और विश्व कृति
12. भारत माता मन्दिर और विश्वधर्म मन्दिर
13. महाभारत और विश्वभारत
14. संविधान और विश्व संविधान
15. शिक्षा और पूर्ण शिक्षा
16. देवता और सार्वभौम देवता कल्कि
17. देवीयाँ और सार्वभौम देवी माँ क्ल्कि
18. द्वादश ज्योतिर्लिंग और 13वां अन्तिम ज्योतिर्लिंग
19. काशी - मोक्षदायिनी और जीवनदायिनी
20. सत्यकाशी - स्वर्णयुग का तीर्थ
21. काशी - रहस्योद्घाटन
22. 2020 - मन का नवीनीकरण
23. ईश्वर का संक्षिप्त इतिहास
24. अवतार - अन्तिम सत्य दृष्टि
25. भविष्यवाणियाँ और कल्कि अवतार
26. स्वामी विवेकानन्द और कल्कि अवतार
27. मनु, मनवन्तर और कल्कि महावतार
28. व्यास, शास्त्र और कल्कि महावतार
29. ऋषि, ऋषि परम्परा और कल्कि महावतार
30. दूसरा आगमन या अन्तिम आगमन
31. परिवर्तन-काल, मनु, युग, व्यास और शास्त्र
32. राम, रावण और सार्वभौम एकात्म
33. मैं, व्यक्तिगत या सार्वभौम
34. लव कुश (त्रेतायुग) और लवकुश (कलियुग)
35. कल्कि महावतार आ चुके हैं (ACTION PLAN)
36. लव कुश सिंह (कल्कि महाअवतार)-जीवन, ज्ञान, कर्म और विश्वरूप
37. वैश्विक बुद्ध - बुद्ध का भाग दो और अन्तिम
38. बुड्ढा कृष्ण - कृष्ण का भाग दो और अन्तिम
39. सम्पूर्ण क्रान्ति-अन्तिम कार्य योजना
40. पुनर्निर्माण (RENEW)-समस्या, समाधान और राष्ट्र निर्माण की योजना
41. पुनर्निमाण (RENEW)- ग्राम एवं नगर वार्ड प्रेरक

42. विश्वशास्त्र द नालेज आफ फाइनल नालेज-परिचय
43. एन्टायर पालिटिक्स - पूर्ण पाठ्यक्रम
44. वसुधैव-कुटुम्बकम्
45. कर्मवेद: प्रथम, अन्तिम तथा पंचम वेद
46. आठवें अवतार श्रीकृष्ण के अनकहे संदेश
47. अयोध्या नहीं, मुंगेर है राम जन्मभूमि
48. विश्वमानव-भूतपूर्व नेतृत्वकर्ताओं का स्पष्टिकरण
49. विश्वमानव-वर्तमान नेतृत्वकर्ताओं का स्पष्टिकरण
50. विश्वमानव-वार्ता, वक्तव्य एवं वाणियाँ
51. विश्वमानव-पत्रावली, प्रसारण और अन्तिम पत्र
52. सत्य जनहित आह्वान
53. विश्व शान्ति-अन्तिम सत्य दृष्टि
54. नई विश्व व्यवस्था का रहस्य
55. समाजवाद - ब्रह्माण्डीय विकास का अवतारी मार्ग
56. भारतवाद - राष्ट्रवाद की मुख्यधारा
57. 100 वर्षीय संयुक्त राष्ट्र को अग्रिम सन्देश
58. सार्वभौम एकात्म-नव विश्व निर्माण
59. गणराज्य, संघ, मानकीकरण संगठन और सम्पूर्ण मानक
60. व्यापार केन्द्र (TRADE CENTRE)-दृश्य सत्य
61. मन का विश्वमानक और पूर्ण मानव निर्माण की तकनीकी-WCM-TLM-SHYAM.C
62. मानक विपणन प्रणाली (3F-Fire-Fuel-Fire)
63. स्वर्णयुग का मानक आदर्श नागरिक-दिशा निर्देश
64. विश्वधर्म: परिचय (स्वर्णयुग का धर्म)

व्यक्ति और विभागीय स्तर पर सफाई-सुधार का पहला प्रारूप की पुस्तक - डा0 रमेश कुमार द्वारा लिखित "विशाल ज्ञान विज्ञान सबका समाधान" है

(उपरोक्त सभी नेतृत्वकर्ताओं के व्यक्त विचार पर स्पष्टिकरण के लिए "विश्वशास्त्र" अध्याय - पाँच देखें)

भाग-7
समष्टि धर्म दृष्टि

अनिर्वचनीय कल्कि महाअवतार भोगेश्वर श्री लव कुश सिंह"विश्वमानव" का मानवों के नाम खुला चुनौती पत्र

अनिर्वचनीय कल्कि महाअवतार का काशी-सत्यकाशी क्षेत्र से विश्व शान्ति का अन्तिम सत्य-सन्देश

मानवों के नाम खुला चुनौति पत्र

प्रिय मानवों,

हम (अवतारी श्रृंखला) आप लोगों के प्रति कल्याण भावना रखते हुये उन सभी रहस्यों को खोलकर रख देना चाहते है जिससे आज तक हम आप का भोग करते आये है। पत्र के अन्त में यह भी बताऊँगा कि इन रहस्यों के खोलने के प्रति मेरा उद्देश्य क्या है? और यह भाव हमारे मन में क्यों आया? दिल खोलकर यह भी स्पष्ट करेंगे कि हम लोगों की उत्पत्ति कैसे हुई? और हमने अपने अधिपत्य के लिए क्या-क्या किया। अब स्थिति क्या है तथा भाविष्य में काल की गति किस ओर जा रही है?

इन सब बातों को स्पष्ट करने से पहले कुछ सूत्रों को स्पष्ट करना चाहूँगा। वर्तमान समय में यह देख रहा हूँ कि आरोप-प्रत्यारोप तथा अपने अपने सीमित मस्तिष्क से अनेकों प्रकार की व्याख्या की संस्कृति बढ़ती जा रही है। इस सम्बन्ध में यह कहना चाहूँगा कि सर्वप्रथम यह जानो कि अब तक के संसार में उत्पन्न कोई भी महापुरूष, पैगम्बर, दूत इत्यादि सार्वजनिक प्रमाणित रूप से पूर्ण रूप में नही थे। क्योंकि यदि वे पूर्ण होते तो उनके द्वारा व्यक्त विचारों की सत्ता उसी भाँति निर्विरोध रूप से स्थापित हो चुकी होती जिस प्रकार सार्वजनिक प्रमाणित विज्ञान ने अपनी सत्ता को अल्प समय में ही सभी के उपर स्थापित कर लिया है। दूसरी बात यह है कि सीमित मस्तिष्क से असीम मस्तिष्क (या अपने से अधिक मस्तिष्क) की सही व्याख्या कभी नहीं की जा सकती। यदि तुम श्री कृष्ण (या अपने से अधिक) की व्याख्या करना चाहते हो तो पहले श्री कृष्ण के मस्तिष्क (या अपने से अधिक मस्तिष्क) के बराबर होना पड़ेगा। इसी प्रकार बुद्ध, मुहम्मद, ईसा इत्यादि के सम्बन्ध में भी है। तीसरी बात यह है कि आरोप-प्रत्यारोप की संस्कृति से कोई हल नही निकलता, न ही बुद्धि का विकास होता है बल्कि साम्प्रदायिक विद्वेष व एक दूसरे का प्रचार-प्रसार ही होता है। क्योंकि तुम विरोध या आरोप-प्रत्यारोप ही सही परन्तु अपने विरोधी का नाम तो लेते ही हो। फलस्वरूप जिसके पास बुद्धि की प्रबलता होती है उसके लिए अल्प बुद्धि वाला विरोधी प्रचारक बन जाता है। और यह तो तुम जानते ही होंगे कि हम बुद्धि प्रबल वर्ग है। इसलिए तुम लोग अनजाने ही हमारे प्रचारक बने बैठे हो। इसके लिए आवश्यक है कि तुम लोग ऐसे रास्ते को अपनाओं जिससे हम लोगों का नाम न ही आये और तुम लोग में बुद्धि का विकास तेजी से हो। तुम्हें यह बात सदा याद रखनी पड़ेगी कि बुद्धि के विकास से संगठित संगठन लम्बी अवधि तक स्थायित्व बनाये रहती है जबकि इसके विपरीत संगठित संगठन को कभी भी बुद्धि के प्रयोग द्वारा विखण्डित किया जा सकता है। प्रायः ऐसे संगठन का प्रयोग तुम्हारे अपने ही नेता अपने स्वार्थ को साधने में करते है।

हे मानवों, पहले कर्म या पहले ज्ञान बुद्धि? यह प्रश्न तो पहले अण्डा या पहले मुर्गी? जैसा प्रश्न है, और यह सदा से अनसुलझा ही है और रहेगा भी। परन्तु इतना तो जानना आवश्यक है कि हम कर्म करते-करते कुछ नियमों को प्राप्त करते है। यदि हम इन नियमों पर ध्यान देते रहते हैं तो हमें अपने गलतियों के पुनरावृत्ति को रोकने में सहयोग मिलता है। इन नियमों का जानना ही ज्ञान-बुद्धि कहलाता है। अब कोई व्यक्ति यह सोच सकता है कि कर्म करने से पहले हम इन नियमों का अध्ययन करेंगे तो कोई यह सोच सकता है कि ज्ञान-बुद्धि को पढ़ने से क्या होगा, हमें पहले कर्म करना है। इस स्थिति में इन दोनों में पहले नियमों को अध्ययन कर कर्म करने वाले व्यक्ति के जीवन में विकास की गति अधिक होगी जबकि पहले कर्म करने वाला व्यक्ति उन्हीं नियमों को कर्म करते-करते अनुभव करेगा जो पहले ही अनुभव कर व्यक्त की जा चुकी है। शिक्षा का अर्थ यही है कि पहले उन तमाम नियमों का अध्ययन कर लिया जाय फिर कर्मरत हुआ जाय। हम ऐसा ही करते रहे हैं और तुम को नचाते रहे हैं।

कम समय में अधिकतम ज्ञान-बुद्धि के विकास का मार्ग यह है कि जिस प्रकार विज्ञान के क्षेत्र में जिस वस्तु का आविष्कार पूर्ण हो जाता है। पुनः उसके आविष्कार पर समय व बुद्धि खर्च नहीं करते बल्कि उसके आगे की ओर आविष्कार या उस आविष्कार को समझने पर समय व बुद्धि खर्च किया जाता है। उसी प्रकार ज्ञान के क्षेत्र में जो भी आविष्कार हो चुके हैं सीधे वहाँ से प्रारम्भ करना चाहिए। विज्ञान के क्षेत्र में आविष्कार कहाँ तक पहुँचा है

इसकी चर्चा हम इस पत्र में बाद में करेंगे। परन्तु ज्ञान के क्षेत्र में समन्वायाचार्य श्रीकृष्ण के बाद विद्रोही के रूप में भगवान बुद्ध आये, इनके बाद पुनः समन्वयाचार्य श्री रामकृष्ण-स्वामी विवेकानन्द आये, फिर विद्रोही के रूप में आचार्य रजनीश "ओशो" आये। ओशो के बाद कार्य शेष है। इसलिए बुद्धि के सम्बन्ध में ओशो का क्या कहना है यह देखना आवश्यक है। ओशो का कहना है -" अगर तुम अकड़े रहे कि हम अपनी गरीबी खुद ही मिटा येंगे, तो तुम ही तो गरीबी बनाने वाले हो, तुम मिटाओगे कैसे? तुम्हारी बुद्धि इसके भीतर आधार है, तुम इसे मिटाओगे कैसे? तुम्हें अपने द्वार-दरवाजे खोलने होंगे। तुम्हें अपना मस्तिष्क थोड़ा विस्तीर्ण करना होगा। इस देश को कुछ बाते समझनी होंगी। एक तो इस देश को यह बात समझनी होंगी कि तुम्हारी परेशानियों, तुम्हारी गरीबी, तुम्हारी मुसीबतों, तुम्हारी दीनता के बहुत कुछ कारण तुम्हारे अंधविश्वासों में है। भारत अभी भी समसामयिक नहीं है, कम से कम डेढ़ हजार वर्ष पिछे घिसट रहा है। ये डेढ़ हजार साल पूरे होने जरूरी है। भारत को खींचकर आधुनिक बनाना जरूरी है। लेकिन सबसे बड़ी अड़चन इस देश की मान्यताएँ है। इसलिए मैं लड़ रहा हूँ तुम्हारे लिए।" यह डेढ़ हजार वर्षों का अन्तर हम किसके परिश्रम से उत्पन्न बुद्धि की देन है? विचार करो मानवों।

अब हम अपने मूल विषय की ओर आते हैं परन्तु इसे समझने के लिए अपने ही बुद्धि, ज्ञान, तथा विज्ञान का ही प्रयोग उचित होगा और सदैव ध्यान में रखना होगा कि यदि सिर्फ कृष्ण को लेकर समाज निर्माण चाहोंगे तो न हो सकेगा। इसी प्रकार न ही सिर्फ बुद्ध से, न मुहम्मद से, न ही ईसा या अन्य किसी से। हाँ भीड़ इकट्ठा हो जायेगी परन्तु बुद्धि विकास नहीं।

प्रारम्भ से अब तक की कथा इस प्रकार है। मानव के वर्तमान सभ्यता तक की यात्रा में उत्थान-पतन के अनेकों चरण आये परन्तु इनमें मुख्य चरण ऐसे थे जो सम्पूर्ण मानव सभ्यता और मानवता को पतन के मोड़ पर ले जाने वाली थी। उनमें -

मानव सभ्यता पर पहला संकट काल प्रकृति द्वारा आज से कई हजार वर्ष पूर्व आया था। उस समय पृथ्वी एक भंयकर प्राकृतिक आपदा का शिकार हो गयी थी, फलस्वरूप जहाँ जल था वहाँ थल, तथा जहाँ थल था वहाँ जल की स्थिति अधिकतम स्थानों पर उत्पन्न हो गयी। इस आपदा के स्थिर होने के बाद कुछ लोग एक टापू पर जीवित बच गये। जहाँ मानव सभ्यता के विकास के लिए आवश्यक संसाधन नहीं थी फलस्वरूप उनका वहाँ से बड़े भूभाग पर जाना विवशता बन गयी। उनमें से एक बुद्धि प्रबल व्यक्ति ने मछलियों के स्वभाव जल की धारा के विपरीत दिशा में गति करने से ज्ञान (सिद्धान्त) प्राप्त कर नाव द्वारा मछलियों की दिशा की ओर चल पड़े और वे ऐसे स्थान पर पहुँच गये जो मानव सभ्यता के विकास के लिए पूर्ण योग्य थी। ये स्थान ही हिमालय का क्षेत्र था। इस प्रकार बुद्धि प्रबल उस व्यक्ति ने मानव सभ्यता को उसके संकट काल से बचाया।

मानव सभ्यता पर दूसरा संकट काल मानवों द्वारा ही उत्पन्न हो गया था। प्रथम संकट काल के उपरान्त कालान्तर में जल स्तर घटने लगा और हिमालय के चारो ओर की ओर भूमि रिक्त होती गयी। प्रथम दृष्टि में आयी भूमि ही कूर्मांचल क्षेत्र है। जैसे-जैसे भूमि रिक्त होती गयी मानव सभ्यता का विकास व प्रसार होना पुनः प्रारम्भ हो गया। जनसंख्या व कार्य बढ़ने से व्यवस्था संकट उत्पन्न हो गया जिससे दो व्यवस्था प्रणाली का जन्म हुआ। पहला - हम अपनी व्यवस्था खुद मिलकर-बैठकर आपसी सहमति से करेंगे। दूसरा- सभी व्यवस्थओं की जिम्मेदारी किसी एक व्यक्ति के उपर छोड़ दिया जाय। पहली व्यवस्था गणराज्य या समाजवाद कहलायी तथा दूसरी व्यवस्था राज्य या व्यक्तिवाद कहलायी। पहली व्यवस्था के समर्थक देवता कहलाये क्योंकि ये प्रकृति के समर्थक और उसके अनुसार सभी के सह-अस्तित्व को महत्ता देते थे जबकि दूसरी व्यवस्था के समर्थक असुर कहलाये क्योंकि ये सिर्फ अपनी इच्छा और अस्तित्व को महत्ता देते थे। समयोपरान्त दोनों व्यवस्थाओं में अपने-अपने अधिपत्य के लिए युद्ध होने लगा। फलस्वरूप मानवता व मानव सभ्यता का विकास रूक कर पतन की ओर जाने लगी। संकट के इस समय में एक सहनशील, शांत, धैर्यवान, लगनशील व्यक्ति ने दोनों पक्षो के बीच मध्यस्थ की भूमिका के द्वारा विचारों के मंथन अर्थात निर्णायक बहस से अनेक विचारों पर समन्वय स्थापित कर मानव सभ्यता के विकास की ओर दोनों पक्षों का ध्यान केन्द्रित किया। फलस्वरूप मानव सभ्यता पुनः विकास की ओर बढ़ चली।

मानव सभ्यता पर तीसरा संकट काल राज्य का नेतृत्व करने वाले राजा के कारण ही उत्पन्न हो गया। दूसरे संकट के उपरान्त राज्य का नेतृत्व करने वाला राजा अपने साम्राज्य को विशाल रूप से विकसित किया और अपने प्रभाव को लगातार बढ़ाता जा रहा था ऐसी स्थिति में समाज समर्थक देवताओं का मनोबल समाप्त होने की ओर हो गया। इस स्थिति का अनुभव कर एक मेधावी, सूझ-बुझ, सम्पन्न, पुरूषार्थी, धीर-गम्भीर, निष्कामी, बलिष्ठ, सक्रिय, अहिंसक और समूह प्रेमी व्यक्ति ने लोगों का मनोबल बढ़ाया, उन्हें उत्साहित और सक्रिय किया जिसके परिणामस्वरूप समाज समर्थकों के मनोबल में वृद्धि हुई और उस राजा के राज्य को समाप्त कर गणराज्य व्यवस्था की स्थापना से मानवता आधारित मानव सभ्यता का विकास पुनः प्रारम्भ हो गया।

मानव सभ्यता पर चौथा संकट काल पुनः राज्य का नेतृत्व करने वाले राजा के कारण ही उत्पन्न हो गया। उसने पूर्व के सभी सह-अस्तित्व के विचारों को तोड़कर अपनी इच्छा से व्यवस्था चलाने को प्राथमिकता दी। और प्रजा के कष्टों में वृद्धि होने लगी। परिणामस्वरूप उस राजा का पुत्र प्रजाहित को ध्यान में लेते हुये समाज समर्थक बन गया। राजा अपने पुत्र को समाज समर्थक बनता देख अपने पुत्र को ही अनेक प्रकार के कष्ट देने लगा। वह राजा इतना बलशाली था कि उसको युद्ध से हराना नामुकिन था, उसके कार्यों से उसके सहयोगी दरबारी भी अन्दर ही अन्दर घृणा करते थे। परन्तु प्रत्यक्ष विरोध किसी के लिए सम्भव नहीं था। इन परिस्थितियों में सभी समाज समर्थक प्रजा देवता भी विरोधक क्षमता को खो चुके थे। ऐसी स्थिति में उस राजा का एक दरबारी ही प्रत्यक्ष रूप से एका-एक हिंसक बनकर दरबार में ही राजा का वध कर डाला चूँकि वह दरबारियों के मन की स्थिति को अच्छी प्रकार जानता था इसलिए ऐसा करने में उसे कोई बाधा नहीं थी। वहीं वह राजा अपने प्रभुत्व के कारण सभी दरबारियों को अपने हित में ही समर्पित रहने वाला समझकर भ्रम में था। राजा का वध के उपरान्त राजा के समाज समर्थक पुत्र ने गणराज्य व्यवस्था द्वारा मानव सभ्यता के विकास के लिए आगे कर्म किया। जिसका निर्माता वह हिंसक दरबारी व्यक्ति था।

मानव सभ्यता पर पाँचवा संकट काल पुनः राज्य का नेतृत्व करने वाले राजा के ही कारण उत्पन्न हो गया था। यह राजा इतना अधिक कुशल था कि इसने समाज समर्थक गुणों को भी आत्मसात् कर समाज समर्थक देवताओं का भी विश्वास पात्र बन गया। परिणामस्वरूप समाज समर्थक देवता भी राजा का गुणगान करते हुये आश्वस्त व निष्क्रिय होने लगे। इस राजा ने अपने राज्य का प्रसार व्यापक रूप से किया। इस स्थिति में मानव सभ्यता का वर्तमान तो सुरक्षित था परन्तु भविष्य अन्धकार में था क्योंकि वर्तमान राजा के उपरान्त, आवश्यक नहीं था कि नया राजा भी उसी राजा की भाँति हो और तब तक समाज समर्थक पूर्ण रूप से निष्क्रिय हो गये र हेंगे। इस स्थिति को एक दूर द्दष्टा व्यक्ति ने समझकर राजा के ही गुण का प्रयोग करते हुये उससे थोड़ी सी भूमि लेकर उस व्यि ने उस भूमि पर गणराज्य व्यवस्था की स्थापना व व्यवस्था को जीवित कर, उसके सुख से प्रजा को परिचित कराया। फलस्वरूप इस व्यवस्था का प्रसार होने लगा और राजा का सु-राज्य भी स्व राज से समाप्त हो गया। गणराज्य की स्थापना कर उस व्यक्ति ने मानवता और मानव सभ्यता को विकास की ओर गति दी।

मानव सभ्यता पर छठा सकंट काल अनेक राज्यों के नेतृत्व करने वाले अनेक राजाओं के कारण गणराज्य व्यवस्था के स्थायी स्थिरता के लिए उत्पन्न हो गया। पाँचवे संकट से निकलने के बाद जनसंख्या और भूमि का विस्तार इतना अधिक हो चुका था कि एक राजा और राज्य के अधीन नियत्रंण असम्भव हो गया, जिसके परिणामस्वरूप अनेक राजाओं के नेतृत्व में अलग-अलग अनेक राज्य स्थापित हो गये थे। ऐसी स्थिति में राज्यवाद बढ़ रहा था। और राज्यवादी राजाओं का वध भी असम्भव होता जा रहा था। ऐसी स्थिति में गणराज्य या समाजवाद की स्थिरता पर प्रश्न चिन्ह लगने लगा था। फलस्वरूप एक व्यक्ति ने अनेक राज्यवादी राजाओं का वध करके अनेक राज्यों को गणराज्य के रूप में परिवर्तित कर दिया। परन्तु उस व्यक्ति ने देखा कि यह समस्या का स्थायी हल नहीं हो सकता क्योंकि अनेकों राजाओं का वध बारबार सम्भव नहीं और ऐसा करने से प्रजा में अन्यवाद अर्थात हमारे कार्य दूसरे करें का भाव बढ़ रहा था। इन स्थितियों के स्थायी हल के लिए उस व्यक्ति ने राज्यवाद और समाजवाद दोनों में समन्वय स्थापित कर एक नई व्यवस्था का सूत्रपत किया। इस व्यवस्था के लिए उस पुरूष ने ब्रह्माण्ड में व्याप्त व्यवस्था सिद्धान्तों को आधार बनाया तथा मूल तीन गुणों की पहचान की

1. सत्व गुण- सुख, ज्ञान और प्रकाश अर्थात आत्मा और सूक्ष्म बुद्धि अर्थात मार्गदर्शक और विकास दर्शन का गुण
2. रज गुण- आंकाक्षा, इच्छा और सकाम कर्म अर्थात भाव हृदय और मन अर्थात क्रियान्वयन दर्शन का गुण
3. तम गुण - अज्ञान, दुःख और अंधकार अर्थात इन्द्रिय, अनात्म, प्राण और स्थूल शरीर अर्थात विनाश दर्शन का गुण।

इन गुणों के आधार पर सभी जीव विभजित किये गये। मानव जाति में चार विभाजन हुये।

1. सत्व गुण प्रधान- ब्राह्मण वर्ग
2. रज गुण प्रधान - क्षत्रिय वर्ग
3. रज तम गुण प्रधान - वैश्य वर्ग
4. तम गुण प्रधान - शूद्र वर्ग।

इन गुणों के आधार पर उनके लिए कर्म निर्धारित किये गये। और गणराज्य की व्यवस्था बनायी गयी जो इस प्रकार थी।

1. गणराज्य का एक रज गुण प्रधान - क्षत्रिय राजा होगा क्योंकि ब्रह्माण्डीय गणराज्य में रज गुण प्रधान प्रकृति ही राजा है।
2. राजा, राज्यवादी न हो इसलिए उस पर सत्व गुण प्रधान -ब्राह्मण का नियंत्रण होगा क्योंकि ब्रह्माण्डीय गणराज्य में रज गुण प्रधान प्रकृति पर नियंत्रण के लिए सत्व गुण प्रधान आत्मा है।
3. राजा, सीधे आम जनता से चुना जायेगा क्योंकि ब्रह्माण्डीय गणराज्य में प्रकृति सर्वव्यापी है और वह सभी गुणों का सम्मिलित रूप है।
4. राजा का निर्णय राज्यसभा के दो तिहाई बहुमत से हो क्योंकि ब्रह्माण्डीय गणराज्य में प्रकृति का निर्णय सत्व, रज व तम तीन गुणों में से दो गुणों के समर्थन का ही रूप होता है।
5. रज-तम प्रधान-वैश्य तथा तम प्रधान शूद्र चूंकि इन्द्रिय, प्राण और स्थूल शरीर पर ही केन्द्रित रहते है इसलिए इन्हें बुद्धि ज्ञान से नियत्रिंत न करके बल, कानून व आज्ञा के नियत्रंण में रखा जाय।

इस प्रकार उस महापुरूष ने राज्य व गणराज्य के मिश्रित व्यवस्था से एक सर्वमान्य व्यवस्था को स्थापित कर मानवता व मानव सभ्यता के विकास के लिए स्थायी मार्ग उपलब्ध कराया जो दीर्घ काल तक चली।

मानव सभ्यता पर सातवां संकट काल गणराज्य के नयी व्यवस्था के स्थायी स्थिरता के कारण आया। छठें संकट से उत्थान की ओर अग्रसर करने वाले पुरूष के समक्ष यह समस्या आयी कि नयी व्यवस्था को बने रहने और उसके प्रसार का दायित्व किसे सौंपा जाय। इसके लिए उस पुरूष ने अन्य सहयोगियों के सहयोग और योजनाबद्ध तरीके से एक राजा के पुत्र (भावी राजा) में नई व्यवस्था के प्रसार के लिए योग्यता का निर्माण किये परिणामस्वरूप उस युवराज ने अपने जीवन पर्यन्त इस व्यवस्था की स्थापना और प्रसार किया तथा मानवता और मानव सभ्यता की रक्षा की।

मानव सभ्यता पर आठवां संकट काल गणराज्य व्यवस्था के कारण नहीं बल्कि उस व्यवस्था के पीठासीन व्यक्तियों के कर्तव्य विमुख और देवता तथा असुर संस्कारों के पूर्ण पहचान से बुद्धि के अक्षम हो जाने के कारण आया। इस संकट काल के समय राजा को नियंत्रण व मार्गदर्शन में रखने वाला ब्राह्मण भी जनकल्याण से विमुख हो स्व-कल्याण में लिप्त हो चुका था। यह स्थिति छोटे राज्यों से लेकर बड़े राज्यों में व्याप्त हो चुकी थी। ऐसी स्थिति में एक व्यक्ति ने यह देखा कि पीछे, जब भी मानवता पर संकट आया, तब उस संकट से किसी व्यक्ति के द्वारा उत्थान हो जाने पर जब तक उत्थान करने वाला व्यक्ति जीवित रहता था तभी तक गणराज्य व्यवस्था यथावत् रहती थी। बाद में पुनः राज्यवादी व्यवस्था स्थापित हो जाती थी। दूसरे यह कि व्यवस्था कोई भी खराब नहीं होती उस पर बैठने वाले लोगों की बुद्धि के अनुसार ही व्यवस्था का रूप संचालित होता है मानवता और मानव सभ्यता के इस संकट काल में सभी अपने अपने बुद्धि को पूर्ण तथा व्यक्तिगत स्वार्थ में इस प्रकार डूबे हुये थे कि बिना पूर्ण वध के उत्थान मुश्किल हो चुका था। परिणामस्वरूप उस अति बुद्धि सम्पन्न व्यक्ति ने आम जनता को सक्रिय करने के लिए प्रेरित किया, गणराज्य के उदाहरण स्वरूप एक नगर का निर्माण कराया तथा पूर्ण वध के लिए उस समय

के विशाल राज्य के नेतृत्व में उपजे विवाद का सहारा प्राप्त कर बहुत से एकतन्त्रात्मक राज्यों को नष्ट किया और करवाया। साथ ही उस समय में समाज में व्याप्त अनेक मत-मतान्तार व विचारों के एकीकरण के लिए सत्य-विचार का ज्ञान भी दिया जिससे व्यक्ति, व्यक्ति पर विश्वास न कर अपने बुद्धि से स्वयं निर्णय करें और प्रेरणा प्राप्त करता रहे। इस प्रकार साकार व्यक्ति आधारित मानवता के सर्वोच्च संकट से उस व्यक्ति ने नई निराकार सिद्धान्त आधारित मानवता के उत्थान का मार्ग उपलब्ध कराया।

मानव समाज पर नौवां संकट काल वर्तमान से लगभग 2500 वर्ष पूर्व आया था जिसका कारण राजाओं का साम्राज्यवादी-प्रसारवादी व्यवहार था। इस समय मानव समाज जितना विकास करता वह अल्पसमय में एक राज्य से दूसरे राज्य में युद्ध करने में ही नष्ट हो जाता। सम्पूर्ण मानवता हिंसा से भर उठी थी। ऐसे में राजपरिवार का ही एक युवा व्यक्ति अपने परिवार तथा राज्य का त्याग कर अहिंसा का सन्देश दिया। तथा प्रजा को प्रेरित करने के लिए धर्म, संघ और बुद्धि के शरण में जाने की मूल शिक्षा दी। एक राजा के द्वारा इस युवा सन्यासी के सन्देश को स्वीकार कर शिष्य बन जाने से इस सन्यासी का प्रसार जितना हुआ उससे बहुत कम उसके विचारों का हुआ परिणामस्वरूप अल्पअवधि के लिए हिंसा भरे मानव समाज को थोड़ी राहत मिली और सभ्यता उत्थान की ओर अग्रसर हुई।

हे मानवों, मानव सभ्यता और मानवता के दसवें, अन्तिम तथा वर्तमान संकट का खुलासा हम इस पत्र में आगे करेंगे। यहाँ हम कुछ ऐसे रहस्यों का खुलासा करने जा रहे है। जो वर्तमान मानव के दृष्टि में परिवर्तन हाने मात्र के कारण उत्पन्न हुई है।

पाँचवें सकंट के समय तक भारत के मूल निवासी ही भारत की भूमि के अधिपति थे, परन्तु वे राज्य को कुशलता पूर्वक चलाने में असमर्थ होते जा रहे थे। इसी समय में हिमालय के उत्तर-पश्चिम क्षेत्र से भारत के बाहर के मनुष्यों का भारत में आगमन हुआ। इस समय भारत के मूल निवासी प्रकृति पूजक बहुदेववाद को मानती थी। भारत के बाहर से आये मनुष्यों ने भारत के मूल निवासियों के लिए राज्य प्रशासन में अपने ज्ञान-बुद्धि का प्रयोग कर एक अच्छे मार्गदर्शक का कार्य करते थे। प्रकृति के गुणों के आधार पर जब मनुष्यों का विभाजन हुआ तब भारत के मूल निवासी शूद्र वर्ग की योग्यता रखते थे। परन्तु ऐसा नही था कि भारत के बाहर से आये मनुष्य ब्राह्मण, क्षत्रिय, तथा वैश्य वर्ग में अर्थात भारत के बाहर सभी उच्च वर्ग में तथा भारत के मूल निवासी सभी निम्न वर्ग में थे। परन्तु उनमें इसकी अधिकता थी। कालान्तर में ये वर्ग जन्म आधारित हो अनेक उपवर्गों -जातियों में विभाजित हो गयी। जिसका रूप वर्तमान में दिख रहा है। परन्तु आज भी यदि जन्म आधारित दृष्टि से हटकर गुण आधारित दृष्टि से देखोगे तो प्रत्येक वर्ग या जाति में प्रत्येक वर्ग के व्यक्ति दिखाई पड़ेंगे। भारत के बाहर के ये व्यक्ति ही आर्य कहलाये तथा कालान्तर में मानव सभ्यता में अनेक उत्थान-पतन से ये आर्य जाति और मूल भारतीय जाति इतने अधिक मिश्रित हुये कि वर्तमान में समग्र हिन्दू जाति ही आर्यों की मूल पहचान बन गयी। और अब सभी के लिए शस्त्र बल बढ़ाकर क्षत्रिय बनना, ज्ञान बल बढ़ाकर ब्राह्मण बनना तथा धन बल बढ़ाकर वैश्य बनाना खुला हुआ है, परन्तु जातियाँ इसके लिए प्रयत्न तो करे।

प्रकृति के तीन गुणों में से सर्वोच्च, शुद्ध और सर्वव्यापी गुण सत्व आधारित मानव वर्ग ही हम हैं। जन्म के समय हम आदर्श ब्राह्मण थे। हमारा कार्य ब्रह्माण्ड में सर्वव्यापी अटलनीय, अपरिवर्तनीय सत्य-सिद्धान्त और उसके अनुसार कर्म विधान की अनुभूति करना तथा राजा और राज्य के माध्यम से उसे प्रभावी बनाना था। बदले में राजा द्वारा हमें साधन-सुविधा प्राप्त होती थी। यही हमारा सम्पूर्ण जीवन था। इस क्रम में हम लोगों न सर्वव्यापी सत्य-सिद्धान्तों को संहिता रूप में लिखा जो बाद में विषयों आधारित विभक्त होकर चार वेद ऋगु, यजु, साम और अथर्वेद का रूप धारण किया। इसी प्रकार धर्म अनुष्ठान एवम् पवित्र ग्रन्थो की व्याख्या से सम्बन्धित ग्रन्थ अरण्यक का सृजन हम लोगों ने किया। कालान्तर में जब राजाओं द्वारा यज्ञों से यथेष्ठ फल न प्राप्त होने की बुद्धि आयी तब क्षत्रिय राजाओं न स्वयं अपने कर्मों के अनुभव से दर्शन क्षेत्र में अपने बुद्धि को दिशा दी, जिसके फलस्वरूप अधिकतम उपनिषद् उन्होंने स्वयं लिखे जो बाद में भारतीय दर्शन का मुख्य आधार बनी। इस क्रम में हमलोगों ने वेदांग अर्थात सूत्र साहित्य में 1. स्वर विज्ञान से सम्बन्धित शिक्षा 2. धर्मानुसार अर्थात कल्प में चार वर्ग - श्रोत सूत्र

(श्रोत यज्ञ से सम्बन्धित), शुल्क सूत्र (यज्ञ स्थल तथा अग्निवेदी निर्माण तथा माप से सम्बन्धित जो आगे चलकर ज्योतिष का आधार बना) गृहय सूत्र (मानव जीवन से सम्बन्धित अनुष्ठान) तथा धर्म सूत्र (धार्मिक तथा अन्य प्रकार के नियम जो आगे चलकर भारतीय विधि का आधार बना) 3. व्याकरण 4. निरूक्त अर्थात व्युत्पत्ति 5. छन्द 6. ज्योतिष की भी रचना की। मनुष्य को पुरूषार्थ करने के लिए- धर्म, अर्थ, काम, मोक्ष तथा आदर्श जीवन के लिए ब्रह्मचर्य, गृहस्थ, वानप्रस्थ तथा सन्यास आश्रम की व्यवस्था हम प्राचीन आदर्श ब्राह्मणों की ही देन है।

हे प्रिय मानवों हम प्राचीन आदर्श ब्राह्मण प्रत्येक विषय को चक्रीय रूप में देखते हैं और यह ज्ञान हमने भारत के मूल निवासी ऋषियों से ही प्राप्त किये जिसके आधार पर समस्त वैदिक साहित्य का विस्तार हुआ है। हम प्रचीन ब्राह्मण ईश्वरवादी है और ईश्वर को स्वीकारते थे परन्तु उस रूप में नहीं जिस रूप में वर्तमान समाज मानता है, वर्तमान समाज का ईश्वर, मूर्ति, जप, तप, व्रत, पर्व, त्यौहार इत्यादि तो हमारी अगली पीढ़ी ने अपने जीवकोपार्जन और ईश्वर की ओर आपको लाने के लिए तब बनायी, जब हमारे कर्मकण्डों को राजाओं और राज्यों का समर्थन मिलना बन्द हो गया। हम ईश्वर को निराकार सर्वव्यापी, सर्वशक्तिमान सत्य-सिद्धान्त के रूप में देखते हैं। तथा जो इसे अपने जीवन में धारण कर प्रत्यक्ष या अप्रत्यक्ष रूप से मानव सभ्यता और मानव उत्थान के लिए अगले चरण के रूप में कालानुसार प्रयोग करता हैं उसे साकार ईश्वर या अवतार कहे। इस प्रकार मानव सभ्यता और मानवता पर आये उपरोक्त वर्णित नौ सकंटों से उत्थान की ओर ले जाने वाले व्यक्तियों को हमने क्रमशः उनके गुणों के आधार पर तथा नाम से मत्स्य, कूर्म, वाराह, नृसिंह, वामन, परशुराम तथा राम को प्रत्यक्ष अंशावतार, श्री कृष्ण को व्याक्तिगत प्रमाणित प्रत्यक्ष एवम् प्रेरक पूर्णावतार तथा भगवान बुद्ध को प्रेरक अंशावतार कहा और स्वीकार किया है। और जो भी ऐसा करेगा वह अवतार कहा ही जायेगा। सत्य कहूँ तो हम आदर्श ब्राह्मणों का वही प्रतिरूप होता है। और मात्र अवतार ही हमलोगों के समर्पण का कारण होता है। वही मात्र एक सर्वोच्च आदर्श ब्राह्मण होता है क्योंकि वही ब्रह्म है। यहाँ तक आने के लिए तुम्हें स्थूल शरीर, इन्द्रिय, प्राण, भाव, मन तथा सूक्ष्म बुद्धि को पार करना होगा। अर्थात तुम्हारा मन इन सब विषयों में होते हुये भी इनसे मुक्त होना चाहिए। तभी तुम इन सबका संचालन कर सकते हो। अभी तो तुम इस क्रम में धीरे-धीरे बढ़ते हुए बुद्धि तक पहुँच रहे हो। मैं नहीं कह रहा कि तुम बुद्धिहीन हो, तुम्हारा कर्म कह रहा है। क्योंकि बुद्धि का अर्थ यह नहीं होता कि तुम स्थूल शरीर, इन्द्रिय, प्राण, भाव, मन की पूर्ति के लिए अपनी बुद्धि लगाओ। ऐसी बुद्धि क्षैतिज अर्थात जीवन स्तर की बुद्धि कही जाती है। तुम्हें उध्व अर्थात सामाजिक, राजनीतिक, राष्ट्रीय, वैश्विक स्तर की ओर बुद्धि खर्च करनी चाहिए। तभी तुम्हारा उत्थान हो सकता है। जब तुम सर्वोच्च और आत्मीय स्तर पर पहुँच जाओगे तो तुम ब्राह्मण, क्षत्रिय, वैश्य व शूद्र में आवश्यकतानुसार व समयानुसार परिवर्तित हो अभिनय करने में हमलोगों की भाँति कुशल हो जाओगे। क्योंकि यह एक पर एक आवरण की भाँति गुणों का संक्रमणीय, संग्रहणीय और गुणात्मक रूप है। अर्थात शूद्र होने पर वैश्य के गुणों को नहीं समझा जा सकता। परन्तु वैश्य होने पर शूद्र के गुण को आसानी से समझा जा सकता है। इसी प्रकार क्षत्रिय होने पर वैश्य व शूद्र के गुणों को, ब्राह्मण होने पर क्षत्रिय, वैश्य व शूद्र के गुणों को तथा आदर्श ब्राह्मण अर्थात ब्रह्म होने पर ब्राह्मण, क्षत्रिय, वैश्य व शूद्र के गुणों को आसानी से समझा जा सकता है। आदर्श ब्राह्मण अर्थात ब्रह्म का अंश तो सभी में विद्यमान है परन्तु वह गुणों के आवरण से छिपा है। इन गुणों पर एक-एक कर नियंत्रण करते हुये आवरण हटाते जाओ अन्ततः तुम स्वयं को ब्रह्म रूप में देखोगे। तुम कहोंगे इससे क्या होगा? तो हम यह स्पष्ट और सत्य रूप से कहते हैं कि तुम हम लोगों जैसे हो जाओगे और तुम्हारी बुद्धि क्षैतिज सहित उध्व हो जायेगी। तब तुम अपने वास्तविक अधिकार को प्राप्त कर पाओगे।

हे मानवों इस संसार में मानव शरीर से व्यक्त होने वाले व्यवहारों में असीम विभिन्नता और विचित्रता है। हमलोगों का प्रयत्न सत्य तथा लोककल्याण के स्थायी भाव को बनाये रखने के लिए विभिन्न रूपों से इस ओर मोड़ना तथा जोड़ना ही रहा है। इन मानव व्यवहारों के विचित्रताओं और विभिन्नताओं में कुछ तो ऐसे होते हैं जो अपनी ही इच्छा पर आजीवन संकल्पित रहते हैं। ये ऐसे होते हैं कि 'हम नहीं बदलेगे चाहे जमाना क्यों न बदल जाये' कुछ ऐसे होते हैं जो अपनी इच्छा की पूर्ति के लिए अनेकों प्रकार के अनैतिक कार्य करने से भी नहीं चूकते, चाहे उसका परिणाम अन्ततः दुःखदायी ही क्यों न हो। कुछ ऐसे होते हैं जो व्यक्तिगत स्तर पर आर्दश व्यक्ति के रूप में तो कुछ

समाजिक स्तर पर तो कुछ वैश्विक स्तर पर आर्दश के रूप में स्वयं को प्रस्तुत करते हैं। मनुष्य के इन विभिन्न व्यवहारों की क्रिया के रूप में समझने के लिए ही हमलोगों ने पुराणों की रचना की। जिससे मनुष्य अनेक प्रकार के व्यवहारों सहित समग्र ब्रह्माण्ड को एक साथ समझ सके और अपने व्यवहार को नियंत्रित कर सके। साथ ही स्वयं अपने व्यवहारों को समझे और उसके अनुसार व्यक्त हो सके। हे मानवों जगत् का सम्पूर्ण कल्याण स्वकल्याण में ही निहित है परन्तु जो स्व का अर्थ सिर्फ व्यक्तिगत समझते हैं वे ही व्यक्तिवादी असुरी प्रकृति के होते हैं तथा जो स्व का अर्थ सार्वमौभ, जिसमें वह स्वयं भी होता है, ऐसा समझते हैं वे दैवी समाजवादी प्रकृति के होते हैं। असुरी प्रवृत्तियाँ सिर्फ सीधी रेखा में सोचती ही जैसे - जन्म फिर मृत्यु जबकि दैवी प्रवृत्तियाँ चक्रीय रूप में अर्थात जन्म फिर मृत्यु फिर जन्म इस प्रकार सोचती हैं। समस्त पुराणों की रचना दैवी प्रवृति की ही कृतियाँ हैं। जिसमें असुरों के आदर्श गुरू को शुक्राचार्य कहा गया है। जबकि देवताओं के आदर्श गुरू को गुरू बृहस्पति कहा गया। राजाओं के आदर्श राजा को इन्द्र कहा गया है। अन्य सभी ब्रह्माण्ड में उपलब्ध प्रभावकारी विषयों को देवताओं के रूप में कल्पना कर प्रक्षेपित किया गया है। जैसे - वायु देव, अग्नि देव, चन्द्र देव इत्यादि। इसी प्रकार आदर्श व्यक्ति चरित्र को ब्रहमा एवम् परिवार तथा आदर्श सामाजिक व्यक्ति चरित्र अर्थात व्यक्तिगत प्रमाणित आदर्श वैश्विक व्यक्ति चरित्र को विष्णु एवम् परिवार तथा आदर्श वैश्विक व्यक्ति अर्थात सार्वजनिक प्रमाणित आदर्श वैश्विक व्यक्ति चरित्र को शिव-शंकर एवम् परिवार के रूप में प्रक्षेपित है। यहाँ ध्यान देने योग्य यह है कि आदर्श वैश्विक व्यक्ति चरित्र में आदर्श सामाजिक व्यक्ति चरित्र तथा आदर्श समाजिक व्यक्ति चरित्र में आदर्श व्यक्ति चरित्र समाहित है। इन आदर्श चरित्रों की इनकी गुणों के अनुसार इनके वस्त्र, शस्त्र, शास्त्र, वाहन इत्यादि भी प्रक्षेपित किये गये हैं। जो मात्र व्यक्तिगत प्रमाणित प्रतिकात्मक मानव रूप में प्रक्षेपण मात्र है न कि वास्तविकता के आधार रूप में। इन मानक आदर्श चरित्रों के पूर्ण या अंश रूप में जो भी मानव संसार में व्यक्त होता है उसे पुनर्जन्म या अंश या पूर्ण अवतार के रूप में स्वीकार किया जाता है। और चूंकि दैवी प्रवृत्तियाँ प्रत्येक वस्तु के पूर्व के भी एक अस्तित्व को स्वीकार करती हैं। इसलिए इन पुनर्जन्म या अंश या पूर्ण अवतारों को आदर्श मानक चरित्रों से जोड़कर अवतारी पुराण की रचना की जाती रही है। इस अनुसार उपरोक्त नौ अंश-पूर्ण अवतारों में दो - श्रीराम को ब्रह्मा का पूर्णावतार तथा श्री कृष्ण को विष्णु का पूर्णावतार कहा गया जबकि शेष सात (मत्स्य, कूर्म, वाराह, नृसिंह, वामन, परशुराम तथा बुद्ध), ईश्वर (सत्य-सिद्धान्त) के अंशावतार के रूप में स्वीकार किये गये हैं।

हे मानवों शास्त्र रचनाकार को व्यास उपाधि से पुकारा जाता है। व्यास कितने दिव्य और दूर द्रष्टा रहे होंगे, इस पर विचार करना आवश्यक है क्योंकि अन्ततः हम सभी के विचारों का निर्माण विचारों को ही पढ़कर या सुनकर ही होता रहा है और अनुभव द्वारा उसकी पुष्टि की जाती रही है। व्यास रचित पुराणों में कुल 24 (1. श्री सनकादि, 2. वराहावतार, 3. नारद मुनि, 4. नर-नारायण, 5. कपिल, 6. दत्तात्रेय, 7. यज्ञ, 8. ऋषभदेव, 9. पृथु, 10. मत्स्यावतार, 11. कूर्म, 12. धन्वन्तरि, 13. मोहिनी, 14. हयग्रीव, 15. नृसिंह, 16. वामन, 17. गजेन्द्रोधारावतार, 18. परशुराम , 19. वेदव्यास, 20. हन्सावतार, 21. राम, 22. कृष्ण, 23. बुद्ध, 24. कल्कि) अवतार जिसमें मुख्य 10 (मत्स्य, कूर्म, वाराह, नृसिंह, वामन, परशुराम, राम, कृष्ण, बुद्ध और कल्कि) अवतार का ही विवरण है। दोनों में अन्तिम, कल्कि अवतार ही हैं। तो क्या अन्तिम अवतार के बाद अवतारी श्रृंखला का कार्य समाप्त हो जायेगा? और यदि यह सत्य होता है तब व्यास के उस अवतारी श्रृंखला के गणित को आप लोग क्या कहोंगे? इसे जानने के लिए मानव सभ्यता के उस अन्तिम संकट को पहचानना होगा जो अन्तिम अवतार का कार्य होगा। यह अन्तिम अवतार ही सार्वजनिक प्रमाणित आदर्श वैश्विक व्यक्ति चरित्र और शिव-शंकर के पूर्णावतार के रूप में होगा। क्योंकि कालक्रम में ब्रह्मा के पूर्णावतार के रूप में श्रीराम तथा विष्णु का पूर्णावतार के रूप में श्रीकृष्ण का अवतरण हो चुका है।

मानव सभ्यता पर दसवाँ और अन्तिमं संकट काल स्वयं मानवों द्वारा ही उत्पन्न हो गया था जिसका ज्ञान स्वयं मानवों को भी नहीं था। इस संकट को समझने के लिए एक सत्य-प्रत्यक्ष वृतान्त उदाहरणस्वरूप लिख रहा हूँ-

मैं जब भी हाबड़ा (पश्चिम बंगाल) जाता हूँ तब दो स्थानों पर अवश्य जाता हूँ। पहला राम कृष्ण मिशन, बेलूड़ मठ और दूसरा वनस्पति उद्यान (बोटेनिकल गार्डन)। यहाँ कुल अब तक तीन बार, सन् 1984 (कालेज शैक्षणिक यात्रा), सन् 1987 (स्वयं) और सन् 2010 (स्वयं) में जा चुका हूँ। राम कृष्ण मिशन, बेलूड़ मठ इसलिए जाता हूँ क्योंकि वहाँ से सर्वोच्च "आध्यात्मिक सत्य" की अनुभूति कर सकूँ, उस मन स्तर से स्वयं का योग करा सकूँ। वनस्पति उद्यान (बोटेनिकल गार्डन) इसलिए जाता हूँ क्योंकि वहाँ एक वट वृक्ष है जिसे बिग बनियान ट्री (Big Banyan Tree) कहते हैं, यहाँ बैठकर मैं संसार की संरचना, तन्त्र और उसके संगठन से स्वयं का महायोग कराता हूँ। इन दोनों के कारण स्वयं को मैं सार्वभौम का एक इकाई होते भी, स्वयं को सार्वभौम ही अनुभव करता हूँ और यह सतत मेरे अन्दर प्रवाहित होता रहता है।

बड़ा वट वृक्ष (Big Banyan Tree), सैकड़ों वर्ष पुराना एक विशाल क्षेत्र में फैला वट वृक्ष है। जिसका मूल वृक्ष अब अस्तित्व में नहीं है उसके तनों से निकले सैंकड़ों जड़ वर्तमान में स्वयं एक वृक्ष, फिर उनके तनों से निकले सैंकड़ों जड़ भी वर्तमान में एक-एक वृक्ष के रूप में स्थापित हैं और सभी एक-दूसरे से जुड़े हुये हैं, बस जो नहीं है, वह है मूल वृक्ष। इस प्रकार सम्पूर्ण वृक्ष परिवार एक बड़े क्षेत्र में फैल चुका है और निरन्तर जारी भी है। प्रत्येक स्वयं स्वतन्त्र वृक्ष के रूप में स्थापित वृक्ष का अपने परिवार के रूप में तना, पत्ता, फूल और फल सब निकलते रहते हैं और जिसे जहाँ अर्थात नजदीकी स्रोत से सुविधा अर्थात खुराक मिल सकता हैं वहाँ से प्राप्त करते हुये विकास कर रहे हैं। इस कार्य में आपस में कोई विवाद नहीं है। कोई किसी पर अधिपत्य जमाना नहीं चाहता, ना ही अन्य के विकास में कोई बाधा पहुँचाता है। जिसको जिस ओर उचित वातावरण मिलता जाता है, उस ओर वह विकास कर रहा है। कुल मिलाकर स्व प्रेरित सुशासन की भाँति संचालित है। इस वट वृक्ष के सबसे बाद अर्थात वर्तमान के तनों-पत्तों के लिए उसका जन्मदाता व पालनकर्ता के रूप में उसका नजदीकी जड़ ही है इसलिए उसकी कथा-कहानी वहीं से शुरू होती है और वहीं तक उसका ज्ञान है जो एक संकुचित और सीमित ज्ञान है। वह पूर्ण को नहीं जान रहा, उसका पूर्णत्व, सार्वभौम पूर्णत्व नहीं बल्कि सीमित पूर्णत्व है। सीमित पूर्णत्व में भी वह आनन्द में हैं और विकासशील है। उसका विकास होना सार्वभौम का ही विकास होना है परन्तु उसे उसका ज्ञान नहीं है और वह उस सार्वभौम के विकास में अपने योगदान को करते हुये भी स्वयं को गौरवान्वित नहीं अनुभव कर रहा है। सार्वभौम से युक्त होने के बाद भी उसे अपने परिवार से ही जुड़ा रहना उसकी विवशता भी है और इसके अलावा कोई अन्य मार्ग भी नहीं हैं। उसके सार्वभौम का मार्ग भी उसके अपने परिवार के ही मार्ग से होकर जाता है। वृक्ष के साथ यह मजबूरी भी है कि क्योंकि वह स्थिर है इसलिए उसका छोटा परिवार केवल पड़ोस तक के ही दायरे के सम्पर्क में है। दूसरे छोर के परिवार का क्या हाल है उसे कुछ नहीं पता।

हे मानवों, ये संसार भी उपरोक्त वट वृक्ष के सामन ही फैला हुआ है। परन्तु उस भाँति विकास नहीं कर रहा है। मनुष्य के अन्दर बीमारी की भाँति अधिकतम "शक्ति और लाभ (पावर और प्राफिट)" की दौड़ ने उसे अधिपत्य, अत्याचार, दूसरे को दबाना इत्यादि से युक्त कर दिया है। और जो इस दौड़ में नहीं हैं वे सीमित पूर्णत्व में आनन्द के साथ विकासशील हैं। उन्हें और भी तेज विकास की इच्छा है परन्तु उनके बुद्धि का दायरा ही सीमित है इसलिए उन्हें मार्ग नहीं मिल रहा है। यदि उनको मार्ग भी मिल रहा हो तो वट वृक्ष की भाँति उसके नजदीकी जन्मदाता ने उसे यह बता रखा है कि जब उस सार्वभौम का मार्ग मेरे ही रास्ते से जाता है तो जो मैं कह रहा हूँ उसे करो। और इसके लिए वे अपने परिवार के लिए अनेक प्रकार की प्रणाली दे रखे हैं। जबकि ये प्रणाली देने वाले उनके नजदीकी जन्मदाता स्वयं कहाँ से आये हैं स्वयं उन्हे भी नहीं पता। क्योंकि वे स्वयं भी उस वट वृक्ष के खो गये मूल जड़ की तरह अपने मूल जड़ को नहीं जानते। वे भी अपने नजदीकी जन्मदाता का ही अनुसरण कर रहे होते हैं। ये प्रणालीयाँ अनेक प्रकार की हैं उदाहरणस्वरूप कुछ मुख्य निम्नवत् हैं-

1. उनके द्वारा प्रस्तुत कुछ पुस्तकें होती हैं जिन्हें नियमानुसार प्रतिदिन पढ़ना होता है। पढ़ने के पूर्व शुद्धता की भी प्रक्रिया अनिवार्य होती है अन्यथा पुस्तकें परिणाम नहीं दे पायेंगी, ये भी शर्त होती हैं।
2. उनके द्वारा भोजन से सम्बन्धित कुछ नियम बना दिये जाते हैं कि क्या खाना है और क्या नहीं खाना है।
3. उनके द्वारा कोई मन्त्र दे कर उसे नियमानुसार जपने के लिए दे दिया जाता है।

4. उनके द्वारा किसी यन्त्र-तन्त्र द्वारा समस्या मुक्ति का उपाय बता दिया जाता है।
5. उनके द्वारा किसी विशेष प्रकार के रंग और ढ़ग के वस्त्र निर्धारित कर दी जाती है जिससे उनकी पहचान एक अलग रूप में हो। अर्थात समाज का एक और विभाजन कर उसे प्रस्तुत कर देते हैं।

सामान्य रूप से सभी द्वारा अनिवार्य रूप से ये भी निर्धारित कर दी जाती है कि किसी दूसरे के नियमों को न तो जानना है, न सुनना है, न पढ़ना है और न ही उसमें शामिल होना है। अर्थात एक गतिशील प्राणी मनुष्य को जिसे सदैव श्रेष्ठ से, श्रेष्ठतम और सर्वोच्च तक उठने-विकास करने के लिए निर्मित किया गया था, उसे एक सीमित दायरे में बुद्धिबद्ध कर दिया गया। मनुष्य जिसका निर्माण अपनी मस्तिष्क को असीम क्षमता को विकसित कर ईश्वर रूप में व्यक्त होना था, उसे जड़ (स्थिर) बना दिया गया।

हे मानवों, मनुष्यों की सबसे बड़ी कमजोरी "स्वयं में गुणों का विकास कर स्वयं बन जाने या हो जाने" में नहीं बल्कि "पाने" की इच्छा है। इस पाने की इच्छा की कमजोरी का परिणाम ही है उपरोक्त अनेक प्रकार के बुद्धिबद्ध करने की विधियाँ।

हे मानवों, उपरोक्त के पृष्ठभूमि में उनका उद्देश्य केवल अपने स्वार्थ की पूर्ति के सिवाय कुछ नहीं होता। क्योंकि मार्गदर्शक या प्रेरक या शिक्षक का उद्देश्य स्वयं से श्रेष्ठ मानव का निर्माण होता है न कि सदैव जीवन भर एक ही प्रणाली या प्रक्रिया या कक्षा में पढ़ते-दुहराते रहने के लिए विवश करना। उपरोक्त के पृष्ठभूमि में शारीरिक-आर्थिक-मानसिक शोषण का ही कार्य विभिन्न प्रकार से चल रहा है। कोई अपने कृषि कार्य को मुफ्त में हल करवा रहा है, तो कोई अपने नाम के उत्पादों को सिर्फ उन्हें ही खरीदने के लिए बुद्धिबद्ध कर दिया है।

हे मानवों, इन सबको आस्था का व्यापार कहते हैं। जबकि मैं देख रहा हूँ कि प्रत्येक संस्कारित करने की क्रिया जो उस काल के लिए आस्था का विषय था। उसके अगले काल के लिए संस्कारित करने की नयी क्रिया उपलब्ध हो जाने के बावजूद, मानव शरीर पिछले काल के संस्कारित करने वाली क्रिया के प्रति आस्था रखते हुये मूर्खता का स्पष्ट प्रदर्शन कर रहा है। सभी कालों में, सभी संस्कारित करने की क्रियाओं में मैं (सार्वभौम आत्मा) ही आस्था का विषय था परन्तु क्रिया के प्रति आस्था रखना मूर्खता का स्पष्ट प्रमाण ही तो है। चाहे वह व्यक्तिगत इच्छा से हो या सामाजिक प्रदर्शन की इच्छा से। इन समस्त संस्कारित करने के क्रिया के पीछे जो रहस्य आज तक गोपनीय था उसे मैंने तुम्हारें समक्ष सार्वजनिक प्रकाशित कर दिया है। अब कुछ भी गोपनीय नहीं। बावजूद इसके प्रत्येक मनुष्य अपनी मूर्खता रूपी आस्था को प्रदर्शित करने के लिए स्वतन्त्र है। परन्तु वह मुझ (सार्वभौम आत्मा) को प्राप्त नहीं कर सकता। हे मानवों, ईश्वर बहुमत से नहीं निर्धारित किया जाता इसलिए ही उसे अनिवर्चनीय कहा गया है। किसी भी वस्तु के प्रति आस्था के विकास से और समस्त मानवों को उसके प्रति आस्थावान् बना देने से वह वस्तु गुण प्रकट कर वैसा नहीं बन सकती जैसा आप उम्मीद करते हो।

हे मानवों, एक तरह से देखा जाये तो उपरोक्त व्यवस्था से कोई समस्या है ही नहीं क्योंकि जिसकी इच्छा जहाँ से पूर्ति हो रही है और विकास का मार्ग मिल रहा है, वह वहाँ से जुडा हुआ है। इसलिए मानव सभ्यता पर आया यह दसवाँ और अन्तिम संकट, संकट होते हुये भी संकट जैसा नहीं दिखता। इस व्यवस्था से हमें कोई समस्या भी नहीं है। समस्या ये है कि धर्म को जिस उद्देश्य के लिए निर्मित किया गया था वही धर्म, संकट में है। यह धर्म ही उस वट वृक्ष का मूल है, सार्वभौम है, समष्टि है। इसके ज्ञान से युक्त दोनों को अर्थात विशाल संसार रूपी वट वृक्ष के छोटे-छोटे परिवार के नेतृत्वकर्ता मुखिया सहित उसके सदस्यों को होना आवश्यक है। तभी परिवार के नेतृत्वकर्ता मुखिया द्वारा बनाये गये उपरोक्त प्रणाली-नियम परिणाम-फल दे पायेंगे जिसकी इच्छा परिवार के सदस्य करते हैं।

हे मानवों, अब सार्वजनिक प्रमाणित आदर्श वैश्विक व्यक्ति चरित्र और शिव-शंकर के पूर्णावतार के रूप में होने वाले अन्तिम अवतार के स्वरूप को समझते हैं जिनसे संकट में पड़े धर्म का उत्थान होना है-

इस क्रम में पहले शिव-शंकर के रूप को समझते हैं। फिर अन्तिम अवतार के लिए बचे शेष कार्य को भी समझेंगे। शिव-शंकर अवतार के आठ रूप और उनके अर्थ निम्नवत हैं-

1. शर्व- सम्पूर्ण पृथ्वी को धारण कर लेना अर्थात पृथ्वी के विकास या सृष्टि कार्य में इस रूप को पार किये बिना सम्भव न होना।
2. भव- जगत को संजीवन देना अर्थात उस विषय को देना जिससे जगत संकुचित व मृत्यु को प्राप्त होने न पाये।
3. उग्र- जगत के भीतर और बाहर रहकर श्री विष्णु को धारण करना अर्थात जगत के पालन के लिए प्रत्यक्ष या प्रेरक कर्म करना।
4. भीम- सर्वव्यापक आकाशात्मक रूप अर्थात आकाश की भाँति सर्वव्यापी अनन्त ज्ञान जो सभी नेतृत्व विचारों को अपने में समाहित कर ले।
5. पशुपति- मनुष्य समाज से पशु प्रवृत्तियों को समाप्त करना अर्थात पशु मानव से मनुष्य को उठाकर ईश्वर मानव की ओर ले जाना। दूसरे रूप में जीव का शिव रूप में निर्माण।
6. ईशान- सूर्य रूप से दिन में सम्पूर्ण संसार में प्रकाश करना अर्थात ऐसा ज्ञान जो सम्पूर्ण संसार को पूर्ण ज्ञान से प्रकाशित कर दे।
7. महादेव- चन्द्र रूप से रात में सम्पूर्ण संसार में अमृत वर्षा द्वारा प्रकाश व तृप्ति देना अर्थात ऐसा ज्ञान जो संसार को अमृतरूपी शीतल ज्ञान से प्रकाशित कर दे।
8. रूद्र- जीवात्मा का रूप अर्थात शिव का जीव रूप में व्यक्त होना।

शिव-शंकर देवता व दानव दोनों के देवता हैं जबकि श्री विष्णु सिर्फ देवताओं के देवता हैं। अर्थात शिव-शंकर जब रूद्र रूप की प्राथमिकता में होंगे तब उनके लिए देवता व दानव दोनो प्रिय होंगे लेकिन जब उग्र रूप की प्राथमिकता में होंगे तब केवल देवता प्रिय होंगे। अर्थात शिव-शंकर का पूर्णवतार इन आठ रूपों से युक्त हो संसार का कल्याण करते हैं।

हे मानवों, अब सार्वजनिक प्रमाणित आदर्श वैश्विक व्यक्ति चरित्र और शिव-शंकर के पूर्णावतार के रूप में होने वाले अन्तिम अवतार के कार्य को समझते हैं जिनसे संकट में पड़े धर्म का उत्थान होना है-

ईश्वर (सार्वभौम सत्य-सिद्धान्त) के दसवें और अन्तिम अवतार के समय तक राज्य और समाज स्वतः ही प्राकृतिक बल के अधीन कर्म करते-करते सिद्धान्त प्राप्त करते हुए पूर्ण गणराज्य की ओर बढ़ रहा था परिणामस्वरुप गणराज्य का रुप होते हुए भी गणराज्य सिर्फ राज्य था और एकतन्त्रात्मक अर्थात् व्यक्ति समर्थक तथा समाज समर्थक दोनों की ओर विवशतावश बढ़ रहा था।

भारत में निम्लिखित रुप व्यक्त हो चुका था।
1. ग्राम, विकास खण्ड, नगर, जनपद, प्रदेश और देश स्तर पर गणराज्य और गणसंघ का रुप।
2. सिर्फ ग्राम स्तर पर राजा (ग्राम व नगर पंचायत अध्यक्ष) का चुनाव सीधे जनता द्वारा।
3. गणराज्य को संचालित करने के लिए संचालक का निराकार रुप- संविधान।
4. गणराज्य के तन्त्रों को संचालित करने के लिए तन्त्र और क्रियाकलाप का निराकार रुप-नियम और कानून।
5. राजा पर नियन्त्रण के लिए ब्राह्मण का साकार रुप- राष्ट्रपति, राज्यपाल, जिलाधिकारी इत्यादि।

विश्व स्तर पर निम्नलिखित रुप व्यक्त हो चुका था।
1. गणराज्यों के संघ के रुप में संयुक्त राष्ट्र संघ का रुप।
2. संघ के संचालन के लिए संचालक और संचालक का निराकार रुप- संविधान।
3. संघ के तन्त्रों को संचालित करने के लिए तन्त्र और क्रियाकलाप का निराकार रुप- नियम और कानून।
4. संघ पर नियन्त्रण के लिए ब्राह्मण का साकार रुप-पाँच वीटो पावर।
5. प्रस्ताव पर निर्णय के लिए सदस्यों की सभा।
6. नेतृत्व के लिए राजा- महासचिव।

जिस प्रकार आठवें अवतार द्वारा व्यक्त आत्मा के निराकार रुप "गीता" के प्रसार के कारण आत्मीय प्राकृतिक बल सक्रिय होकर गणराज्य के रुप को विवशतावश समाज की ओर बढ़ा रहा था उसी प्रकार अन्तिम

अवतार द्वारा निम्नलिखित शेष समष्टि कार्य पूर्ण कर प्रस्तुत कर देने मात्र से ही विवशतावश उसके अधिपत्य की स्थापना हो जाना है।

1. गणराज्य या लोकतन्त्र के सत्य रुप- गणराज्य या लोकतन्त्र के स्वरुप का अन्तर्राष्ट्रीय/ विश्व मानक।
2. राजा और सभा सहित गणराज्य पर नियन्त्रण के लिए साकार ब्राह्मण का निराकार रुप- मन का अन्तर्राष्ट्रीय/ विश्व मानक।
3. गणराज्य के प्रबन्ध का सत्य रुप- प्रबन्ध का अन्तर्राष्ट्रीय/ विश्व मानक।
4. गणराज्य के संचालन के लिए संचालक का निराकार रुप- संविधान के स्वरुप का अन्तर्राष्ट्रीय/ विश्व मानक।
5. साकार ब्राह्मण निर्माण के लिए शिक्षा का स्वरुप- शिक्षा पाठ्यक्रम का अन्तर्राष्ट्रीय/ विश्व मानक।

इस समष्टि कार्य द्वारा ही काल व युग परिवर्तन होगा न कि सिर्फ चिल्लाने से कि "सतयुग आयेगा" , "सतयुग आयेगा" से। यह समष्टि कार्य जिस शरीर से सम्पन्न होगा वही अन्तिम अवतार के रूप में व्यक्त होगा। धर्म में स्थित वह अवतार चाहे जिस सम्प्रदाय (वर्तमान अर्थ में धर्म) का होगा उसका मूल लक्ष्य यही शेष समष्टि कार्य होगा और स्थापना का माध्यम उसके सम्प्रदाय की परम्परा व संस्कृति होगी।

हे मानवों, उपरोक्त कार्य ही उस एक मात्र शेष अन्तिम अवतार का कार्य है और जो उपरोक्त कार्य को पूर्ण करेगा वह कल्कि अवतार के नाम से जाना जायेगा। हे मानवों उपरोक्त कार्य ही शेष ईश्वर के लिए कार्य है और मनुष्य के लिए चुनौति।

इस क्रम में मैं लव कुश सिंह "विश्वमानव" अपने "विश्वशास्त्र" से उपरोक्त कार्य को पूर्ण करने के लिए और स्वयं को धर्म मार्ग से अनिर्वचनीय कल्कि महाअवतार भोगेश्वर के रूप में तथा भारतीय लोकतान्त्रिक गणराज्य मार्ग से "भारत रत्न" के रूप में स्थापित करने के लिए एक मार्ग-एक प्रारूप प्रस्तुत किया हूँ जो अपने युग-समय में पहला प्रारूप है। इस प्रारूप "विश्वशास्त्र" के धर्मक्षेत्र से 90 नाम और धर्मनिरपेक्ष या सर्वधर्मसमभाव क्षेत्र से 141 नाम देने के बाद भी इस प्रारूप का नाम "ब्रह्माण्डशास्त्र" नहीं रखा। मनुष्यों के लिए यह चुनौति है कि वे "ब्रह्माण्डशास्त्र" की रचना कर मेरे प्रारूप "विश्वशास्त्र" को गलत या संकुचित सिद्ध कर मुझे अनिर्वचनीय कल्कि महाअवतार भोगेश्वर की योग्यता से वंचित कर दे। हे मानवों अगर आप ऐसा कर पाओं तो मेरे लिए मेरे द्वारा उत्पन्न किये गये अनन्त कृतियों में सबसे सम्मान के योग्य मानव नाम की कृति ही अन्तिम रूप से सर्वश्रेष्ठ होगी अन्यथा "विश्वशास्त्र" से मैं तुम्हारे अन्दर प्रवेश कर तुम में से ही स्वयं को प्रकट करूँगा।

हे मानवों, इन रहस्यों के खोलने के प्रति मेरा उद्देश्य क्या है? यह उद्देश्य सरल है क्योंकि एक सरल, साधारण, अघोर का उद्देश्य कभी भी कठीन, असाधारण और घोर नहीं हो सकता। साधारण सी बात है- प्रत्येक वस्तु स्वयं अपने जैसा ही निर्माण, उत्पादन या प्रजनन करती है। इस क्रम में ईश्वर भी स्वयं जैसा ईश्वर का ही निर्माण, उत्पादन या प्रजनन करेगा, न कि मूर्ख, अज्ञानी, बुद्धिबद्ध और गुलाम मनुष्य का। मात्र एक विचार- "ईश्वर ने इच्छा व्यक्त की कि मैं एक हूँ, अनेक हो जाऊँ" और "सभी ईश्वर हैं" , यह प्रारम्भ और अन्तिम लक्ष्य है। मनुष्य की रचना "पावर और प्राफिट (शक्ति और लाभ)" के लिए नहीं बल्कि असीम मस्तिष्क क्षमता के विकास के लिए हुआ है। फलस्वरूप वह स्वयं को ईश्वर रूप में अनुभव कर सके, जहाँ उसे किसी गुरू की आवश्यकता न पड़ें, वह स्वंयभू हो जाये, उसका प्रकाश वह स्वयं हो। एक गुरू का लक्ष्य भी यही होता है कि शिष्य मार्गदर्शन प्राप्त कर गुरू से आगे निकलकर, गुरू तथा स्वयं अपना नाम और कृति इस संसार में फैलाये, ना कि जीवनभर एक ही कक्षा में (गुरू में) पढ़ता रह जाये। एक ही कक्षा में जीवनभर पढ़ने वाले को समाज क्या नाम देता है, समाज अच्छी प्रकार जानता है और आपलोग खुद स्वयं भी जातने हैं। "विश्वशास्त्र" से कालक्रम को उसी मुख्यधारा में मोड़ दिया गया है। एक शास्त्राकार, अपने द्वारा व्यक्त किये गये पूर्व के शास्त्र का उद्देश्य और उसकी सीमा तो बता ही सकता है परन्तु व्याख्याकार ऐसा नहीं कर सकता।

स्वामी विवेकानन्द जी कहते हैं- "हम गुरु के बिना कोई ज्ञान प्राप्त नहीं कर सकते। अब बात यह है कि यदि मनुष्य, देवता अथवा कोई स्वर्गदूत हमारे गुरु हो, तो वे भी तो ससीम हैं, फिर उनसे पहले उनके गुरु कौन थे? हमें मजबूर होकर यह चरम सिद्धान्त स्थिर करना ही होगा कि एक ऐसे गुरु हैं जो काल के द्वारा सीमाबद्ध या

अविच्छिन्न नहीं हैं। उन्हीं अनन्त ज्ञान सम्पन्न गुरु को, जिनका आदि भी नहीं और अन्त भी नहीं, ईश्वर कहते हैं। (राजयोग, रामकृष्ण मिशन, पृष्ठ-134)

चाँद की ओर ईशारा करने वाले की उँगली की ओर नहीं, चाँद की ओर देखा जाता है। और चाँद को पकड़ा जाता है न कि उँगली दिखाने वाले को।

हे मानवों, यह भाव हमारे मन में क्यों आया? यह भाव हमारे मन में आने का कारण हृदय की विशालता है। हम अब अपने द्वारा निर्मित उत्पादों को, अब और अधिक समय तक कबाड़ के रूप में न तो रख सकते हैं और ना ही देखना चाहते हैं। अब सभी को हम स्वयं जैसा पूर्ण देखना चाहते हैं।

हे मानवों, हम लोगों की उत्पत्ति कैसे हुई? हमारी उत्पत्ति ज्ञान से हुई है। जिन्हें ज्ञान है वही अपने आप को संघर्ष में पाते हैं और सर्वश्रेष्ठता के लिए कर्मशील हैं। शेष सभी तो प्रकृति के अनुसार आते-जाते रहते हैं। इस ज्ञान को ही ब्रह्म कहते हैं। देवता रूप में इस ज्ञान को ब्रह्मा के रूप में प्रक्षेपित किया गया है। यह ज्ञान जिस-जिस अंगो द्वारा प्राथमिकता से अनुभव में आता है उतने प्रकार के मानव अपने-आप को उत्पन्न समझते हैं। पुराण रचनाकार महर्षि व्यास ने ब्रह्मा अर्थात ज्ञान के पुत्रों का प्रक्षेपण किये हैं। ब्रह्मा के 10 मानस पुत्रों 1. मन (विचार से ज्ञान प्राप्त करने वाले) से मरीचि, 2. नेत्रों (देखकर ज्ञान प्राप्त करने वाले) से अत्रि, 3. मुख (वाणी से ज्ञान प्राप्त करने वाले) से अंगिरा, 4. कान (सुन कर ज्ञान प्राप्त करने वाले) से पुलस्त्य, 5. नाभि (केन्द्र से ज्ञान प्राप्त करने वाले) से पुलह, 6. हाथ (कर्म से ज्ञान प्राप्त करने वाले) से कृतु, 7. त्वचा (स्पर्श से ज्ञान प्राप्त करने वाले) से भृगु, 8. प्राण (श्वास से ज्ञान प्राप्त करने वाले) से वशिष्ठ, 9. अँगूठे (आत्मा से ज्ञान प्राप्त करने वाले) से दक्ष तथा 10. गोद (प्रेम से ज्ञान प्राप्त करने वाले) से नारद उत्पन्न हुये। ये दस प्रकार ज्ञान से उत्पन्न है और इतने प्रकार के मानव निर्मित होकर संसार में विचरण कर रहे हैं। इसे ये न समझना चाहिए कि मन या नेत्र इत्यादि से कैसे ब्रह्मा ने अपने पुत्रों को उत्पन्न किया? चूंकि शरीर का अस्तित्व अस्थायी है इसलिए विचार के आधार पर ये मनुष्य के वर्ग या श्रेणी का निर्धारण है। हमारे द्वारा इतने वर्गों अर्थात परिवार को उत्पन्न करने के बाद स्वयं को सर्वश्रेष्ठ और मूल सिद्ध करते रहना भी हमारी ही जिम्मेदारी और कर्तव्य है ताकि हमारा परिवार एक संयुक्त परिवार के रूप में प्रकाशित हो।

हे मानवों, हमने अपने अधिपत्य के लिए क्या-क्या किया? हे मानवों हमने अपने अधिपत्य के लिए सदैव साम-दाम-दण्ड-भेद की विधि से निम्नलिखित गुणों को समय-समय पर प्रेम से मानव मस्तिष्क में स्थापित किया और करता रहूँगा और अन्त में इसे मानवों को स्वेच्छा से स्वीकार करने पर विवश भी कर दूँगा-

01. **मुख्य-गुण सिद्धान्त** - इसमें धारा के विपरीत दिशा (राधा) में गति करने का विचार-सिद्धान्त मानव मस्तिष्क में डाला गया।

02. **मुख्य-गुण सिद्धान्त** - इसमें सहनशील, शांत, धैर्यवान, लगनशील, दोनों पक्षों के बीच मध्यस्थ की भूमिका वाला गुण (समन्वय का सिद्धान्त) का विचार-सिद्धान्त मानव मस्तिष्क में डाला गया।

03. **मुख्य-गुण सिद्धान्त** - इसमें सूझ-बुझ, सम्पन्न, पुरूषार्थी, धीर-गम्भीर, निष्कामी, बलिष्ठ, सक्रिय, शाकाहारी, अहिंसक और समूह प्रेमी, लोगों का मनोबल बढ़ाना, उत्साहित और सक्रिय करने वाला गुण (प्रेरणा का सिद्धान्त) का विचार-सिद्धान्त मानव मस्तिष्क में डाला गया।

04. **मुख्य-गुण सिद्धान्त** - प्रत्यक्ष रूप से एका-एक लक्ष्य को पूर्ण करने वाले (लक्ष्य के लिए त्वरित कार्यवाही का सिद्धान्त) का विचार-सिद्धान्त मानव मस्तिष्क में डाला गया।

05. **मुख्य-गुण सिद्धान्त** - भविष्य दृष्टा, राजा के गुण का प्रयोग करना, थोड़ी सी भूमि पर गणराज्य व्यवस्था की स्थापना व व्यवस्था को जिवित करना, उसके सुख से प्रजा को परिचित कराने वाले गुण (समाज का सिद्धान्त) का विचार-सिद्धान्त मानव मस्तिष्क में डाला गया।

06. **मुख्य-गुण सिद्धान्त** - गणराज्य व्यवस्था को ब्रह्माण्ड में व्याप्त व्यवस्था सिद्धान्तों को आधार बनाने वाले गुण और व्यवस्था के प्रसार के लिए योग्य व्यक्ति को नियुक्त करने वाले गुण (लोकतन्त्र का सिद्धान्त और उसके प्रसार के लिए योग्य उत्तराधिकारी नियुक्त करने का सिद्धान्त) का विचार-सिद्धान्त मानव मस्तिष्क में डाला गया।

07. **मुख्य-गुण सिद्धान्त** - आदर्श चरित्र के गुण के साथ प्रसार करने वाला गुण (व्यक्तिगत आदर्श चरित्र के आधार पर विचार प्रसार का सिद्धान्त) का विचार-सिद्धान्त मानव मस्तिष्क में डाला गया।

08. **मुख्य-गुण सिद्धान्त** - आदर्श सामाजिक व्यक्ति चरित्र के गुण, समाज में व्याप्त अनेक मत-मतान्तर व विचारों के समन्वय और एकीकरण से सत्य-विचार के प्रेरक ज्ञान को निकालने वाले गुण (सामाजिक आदर्श व्यक्ति का सिद्धान्त और व्यक्ति से उठकर विचार आधारित व्यक्ति निर्माण का सिद्धान्त) का विचार-सिद्धान्त मानव मस्तिष्क में डाला गया।

09. **मुख्य-गुण सिद्धान्त** - प्रजा को प्रेरित करने के लिए धर्म, संघ और बुद्धि के शरण में जाने का गुण (धर्म, संघ और बुद्धि का सिद्धान्त) का विचार-सिद्धान्त मानव मस्तिष्क में डाला गया।

10. **मुख्य-गुण सिद्धान्त** - आदर्श मानक सामाजिक व्यक्ति चरित्र समाहित आदर्श मानक वैश्विक व्यक्ति चरित्र अर्थात सार्वजनिक प्रमाणित आदर्श मानक वैश्विक व्यक्ति चरित्र का विचार-सिद्धान्त मानव मस्तिष्क में डालने का काम वर्तमान है और वो अन्तिम भी है।

हे मानवों, अब स्थिति क्या है तथा भाविष्य में काल की गति किस ओर जा रही है? हे मानवों अब स्थिति यह है कि हमें आपके परम प्रिय सिद्धान्त "शक्ति और लाभ (पावर और प्राफिट)" से कोई असहमति नहीं हैं बल्कि यह आपमें कुछ करने की प्रवृत्ति का महान गुण हैं। इसका प्रकाश आप में सदैव जलते रहना चाहिए। काल की गति इस प्रकाश को कैसे सफलतापूर्वक प्राप्त किया जा सकता है उस ज्ञान को ग्रहण करके उस अनुसार कार्य करने की ओर जा रही है अर्थात ज्ञान युग की ओर जा रही है। और मस्तिष्क का विकास ही इसका मार्ग है। भविष्य का समय ऐसे ही मानवों के स्वागत की प्रतीक्षा कर रहा है।

काशी-सत्यकाशी क्षेत्र से विश्व शान्ति का अन्तिम सत्य-सन्देश

प्रिय आत्मीय मानवों,

इस संसार के मनुष्यों को अपना अन्तिम सन्देश देने से पहले मैं आपको उस क्षेत्र से परिचय कराना चाहता हूँ जिस क्षेत्र से यह सन्देश देने का साहस किया गया है क्योंकि कोई भी क्रिया बिना कारण के नहीं होती। मेरा समस्त मूल कार्य जिस क्षेत्र से सम्पूर्ण हुआ, उस क्षेत्र को मैं सत्यकाशी क्षेत्र कहता हूँ और मैं जिस ग्राम का निवासी हूँ वह काशी (वाराणसी) के चौरासी कोस यात्रा तथा सत्यकाशी क्षेत्र का उभय क्षेत्र में स्थित है। इसलिए मैं जितना काशी (वाराणसी) का हूँ उतना ही सत्यकाशी का हूँ। इस प्रकार यह सन्देश काशी-सत्यकाशी का संयुक्त सन्देश है।

सत्यकाशी क्षेत्र जो काशी (वाराणसी), विन्ध्याचल, शिवद्वार और सोनभद्र के बीच का क्षेत्र है, एक पौराणिक-आध्यात्मिक और साधना के लिए उपयुक्त क्षेत्र के रूप में प्राचीन काल से आकर्षण में रहा है। इस क्षेत्र का हृदय क्षेत्र चुनार है। चुनार का किला राजा विक्रमादित्य ने अपने भाई भर्तहरि के तपस्या में हिंसक जानवरों द्वारा व्यवधान न उत्पन्न हो इसके लिए बनवाया था। ये राजा विक्रमादित्य वही हैं जिनके नाम से विक्रम सम्वत् कैलेण्डर स्थापित है। चुनार ईश्वर के पाँचवें अवतार-वामन अवतार का क्षेत्र है जिनसे समाज की शक्ति का प्रथम जन्म हुआ था।

सत्यकाशी क्षेत्र के चारों कोण पर स्थित 1. काशी (वाराणसी) का अपना प्राचीन और पुरातन इतिहास है जो सर्वविदित है। 2. विन्ध्याचल, जो शिव-शक्ति के उपासना का अद्‌भुत केन्द्र है। यशोदा से उत्पन्न पुत्री (जिनके बदले श्रीकृष्ण प्राप्त हुये थे) महासरस्वती अष्टभुजा देवी के नाम से यहीं स्थापित हैं। भारत देश का मानक समय माँ विन्ध्यवासिनी धाम से तय होता है। पुराणों के अनुसार रावण ने भी इसे मानक समय स्थल मानकर यहाँ शिवलिंग की स्थापना की थी। 3. शिवद्वार, त्रिकोणीय तान्त्रिक साधना के लिए जगत विख्यात था और साधना की राजधानी था। इसे ही मीरजापुर गजेटियर में गुप्तकाशी की संज्ञा से अभिकल्पित किया गया है। 4. सोनभद्र, सोन संस्कृति की पौराणिक पृष्ठभूमि वैदिककालीन सभ्यता की पराकाष्ठापरक ऐतिहासिकता से सम्बद्ध है। सन्त परम्पराओं का एक महत्वपूर्ण परिव्रजन इस क्षेत्र में हुआ जिसमें शैव व शाक्त प्रमुख थे। शैव सम्प्रदाय से जुड़े अघोर तन्त्र ने इसे बहुत सराहा और इसे अपनी कर्मभूमि बना लिया। सोन नद के तट पर शव छेदन क्रिया की भी प्रशिक्षा आयुर्वेद के जिज्ञासुओं को दी जाती थी। शैव तन्त्र से प्रभावित अघोर तन्त्र शव-साधना में सिद्धहस्त था और शव में इकार की प्राण प्रतिष्ठा का जीवन्त रूप शिव को दे देना इनकी अलौकिक साधना का चरमोत्कर्ष है। अघोरपन्थी नाम के पश्चात् "राम" का प्रयोग करते थे। इस क्षेत्र में सवर्ण वर्ग में प्रायः ब्राह्मण वर्ग भी राम का प्रयोग अपने नाम में करता है। इस क्षेत्र में पाशुपात तन्त्र के महान साधक लोरिक का नाम विशेष है।

उपरोक्त तो अति संक्षिप्त परिचय है विस्तार से "विश्वशास्त्र" के अध्याय-दो में प्रकाशित है, जिस क्षेत्र से ये विश्व ऐतिहासिक अन्तिम, अपरिवर्तनीय और अटलनीय सन्देश देने का साहस किया गया है।

हे मानवों, इस संसार में व्यक्त साहित्य, दर्शन, मत, सम्प्रदाय, नियम, संविधान इत्यादि को व्यक्त करने का माध्यम मात्र केवल मानव शरीर ही है इसलिए यह सोचो की यदि सार्वभौम सत्य-सिद्धान्त आधारित ऐसा साहित्य जो सार्वदेशीय, सार्वकालिक और सम्पूर्ण मानव समाज के लिए असीम गुणों और दिशाओं से युक्त हो, अन्तिम रुप से एक ही मानव शरीर से व्यक्त हो रहा हो जिसके ज्ञान के बिना मानव, मानव नहीं पशु हो, उसे स्वीकार और आत्मसात् करना मानव की विवशता हो, तो तुम उस व्यक्तकर्ता मानव को क्या कहोंगे? और उसका क्या दोष? यह तो मैं तुम पर ही छोड़ता हूँ। परन्तु धार्मिक-आध्यात्मिक भाषा में उसी असीम गुणों-दिशाओं के प्रकाट्य शरीर को पूर्ण और अन्तिम साकार-सगुण-दृश्य-ब्रह्म-ईश्वर-आत्मा-शिव कहते हैं तथा सार्वभौम सत्य-

सिद्धान्त को निराकार-निर्गुण-अदृश्य-ब्रह्म-ईश्वर-आत्मा-शिव कहते हैं वह शरीर चूँकि सिद्धान्त युक्त होता है इसलिए वह धर्मशास्त्र का प्रमाण रुप होता है। जो धर्मशास्त्रों और धर्मज्ञानियों के प्रति विश्वास बढ़ाता है। वर्तमान समय में सिर्फ यह देखने की आवश्यकता है कि क्या वह सार्वभौम सत्य-सिद्धान्त शास्त्र-साहित्य विश्व विकास-एकता-स्थिरता-शान्ति के क्षेत्र में कुछ रचनात्मक भूमिका निभा सकता है या नहीं? यह देखने की आवश्यकता नहीं है कि उसका व्यक्तकर्ता एक ही शरीर है क्योंकि इससे कोई लाभ नहीं। प्रत्येक मानव चाहे वह किसी भी स्तर का हो वह शारीरिक संरचना में समान होता है परन्तु वह विचारों से ही विभिन्न स्तर पर पीठासीन है, इसलिए मानव, शरीर नहीं विचार है उसी प्रकार विश्वमानव शरीर नहीं, विश्व विचार अर्थात् सार्वभौम सत्य-सिद्धान्त है। इसी प्रकार "मैं" , अहंकार नहीं, "सिद्धान्त" है। प्रत्येक स्तर पर पीठासीन मानव अपने स्तर का सिद्धान्त रुप से "मैं" का अंश रुप से तथा विचार रुप से "अहंकार" का अंश रुप ही है। "मैं" का पूर्ण दृश्य, वास्तविक, सर्वोच्च और अन्तिम रुप वही होगा जो सम्पूर्ण ब्रह्माण्ड के सभी विषयों में व्याप्त हो जाय। तभी तो वह असीम गुणों और दिशाओं से युक्त होगा तथा प्रत्येक दिशा या गुण से उसका नाम अलग-अलग होगा परन्तु वह एक ही होगा। हे मानव, तुम इसे देख नहीं पाते क्योंकि तुम "दृष्टि" से युक्त हो अर्थात् तुम एक ही दिशा या गुण द्वारा देखने की क्षमता रखते हो तुम्हें "दिव्य दृष्टि" अर्थात् अनेक दिशा या गुणों द्वारा एक साथ देखने की क्षमता रखनी चाहिए तभी तुम यथार्थ को देख पाओगे, तभी तुम "मैं" के विश्व रुप को देख पाओगे। दृष्टि से युक्त होने के कारण ही तुम मेरे आभासी रुप-शरीर रुप को ही देखते हो, तुम मेरे वास्तविक रुप-सिद्धान्त रुप को देख ही नहीं पाते। इसी कारण तुम मुझे अहंकार रुप में देखते हो। और इसी कारण तुम "भूमण्डलीकरण (Globalisation)" का विरोध करते हो जबकि "ग्लोबलाईज्ड" दृष्टि ही "दिव्य दृष्टि" है। जिसका तुम मात्र विरोध कर सकते हो क्योंकि यह प्राकृतिक बल के अधीन है जो तुम्हें मानव से विश्वमानव तक के विकास के लिए अटलनीय है। दृष्टि, अहंकार है, अंधकार है, अपूर्ण मानव है तो दिव्य दृष्टि, सिद्धान्त है, प्रकाश है, पूर्णमानव-विश्वमानव है। तुम मानव की अवस्था से विश्वमानव की अवस्था में आने का प्रयत्न करो न कि विश्वमानव का विरोध। विरोध से तुम्हारी क्षति ही होगी। जिस प्रकार "श्रीकृष्ण" नाम है "योगेश्वर" अवस्था है, "गदाधर" नाम है "रामकृष्ण परमहंस" अवस्था है, "सिद्धार्थ" नाम है "बुद्ध" अवस्था है, "नरेन्द्र नाथ दत्त" नाम है "स्वामी विवेकानन्द" अवस्था है, "रजनीश" नाम है "ओशो" अवस्था है। उसी प्रकार व्यक्तियों के नाम, नाम है "भोगेश्वर विश्वमानव" उसकी चरम विकसित, सर्वोच्च और अन्तिम अवस्था है। "दृष्टि" से युक्त होकर विचार व्यक्त करना निरर्थक है, प्रभावहीन है, यहाँ तक की तुम्हें विरोध करने का भी अधिकार नहीं क्योंकि वर्तमान और भविष्य के समय में इसका कोई महत्व नहीं, अर्थ नहीं क्योंकि वह व्यक्तिगत विचार होगा न कि सार्वजनिक संयुक्त विचार। यह सार्वजनिक संयुक्त विचार ही "एकात्म विचार" है और यही वह अन्तिम सत्य है, यही "सार्वभौम सत्य-सिद्धान्त" है। यही धर्मनिपरपेक्ष और सर्वधर्मसमभाव नाम से विश्वमानक-शून्य श्रृंखलाः मन की गुणवत्ता का विश्वमानक तथा धर्म नाम से कर्मवेदः प्रथम, अन्तिम और पंचमवेदीय श्रृंखला है जिसकी शाखाएं सम्पूर्ण ब्रह्माण्ड में व्याप्त है और सम्पूर्ण ब्रह्माण्ड व्यक्त है जिसकी स्थापना चेतना के अन्तिम रुप-दृश्य सत्य चेतना के अधीन है। यही "मैं" का दृश्य रुप है। यही "विश्व-बन्धुत्व" , "वसुधैव-कुटुम्बकम्" , "बहुजनहिताय-बहुजनसुखाय" , "एकात्म-मानवतावाद" , "सर्वेभवन्तु-सुखिनः" की स्थापना का "एकात्मकर्मवाद" आधारित अन्तिम मार्ग है।

मन और मन का मानक। मन-व्यक्तिगत प्रमाणित अदृश्य सत्य। मन का मानक-सार्वजनिक प्रमाणित दृश्य सत्य। अनासक्त मन अर्थात् आत्मा अर्थात् व्यक्तिगत प्रमाणित अदृश्य आत्मा अर्थात् मन का अदृश्य मानक। मन का मानक अर्थात् सार्वजनिक प्रमाणित दृश्य आत्मा अर्थात् सार्वजनिक प्रमाणित दृश्य अनासक्त मन। मन का मानक में मन समाहित है।

आत्मा का सार्वजनिक प्रमाणित धर्मनिरपेक्ष एवं सर्वधर्मसमभाव दृश्य रुप एकात्म ज्ञान, एकात्म ज्ञान सहित एकात्म कर्म तथा एकात्म ज्ञान और एकात्म कर्म सहित एकात्म ध्यान के तीन व्यक्त होने के स्तर हैं जो क्रमशः एकात्म वाणी, एकात्म वाणी सहित एकात्म प्रेम तथा एकात्म वाणी और एकात्म प्रेम सहित एकात्म समर्पण द्वारा शक्ति प्राप्त करता है। जिनका धर्मयुक्त अदृश्य रुप भारतीय संस्कृति के पौराणिक कथाओं में ब्रह्मा, विष्णु,

महेश (शंकर) के रुप में तथा सरस्वती, लक्ष्मी और पार्वती शक्ति के रुप में प्रक्षेपित हैं। जिनकी उपयोगिता क्रमशः व्यक्ति, समाज और ब्रह्माण्ड को संतुलन, स्थिरता एवं विकास में है।

यदि तुम उपरोक्त गुणों को रखते हो तो तुम ही ब्रह्मा हो, विष्णु और महेश हो। साथ ही सरस्वती, लक्ष्मी और पार्वती भी। और यदि यह सीमित कर्मक्षेत्र तक में है तो तुम एक सीमाबद्ध और यदि यह सम्पूर्ण ब्रह्माण्ड के सर्वोच्च व्यापक अन्तिम और असीमित कर्म क्षेत्र तक में है तो तुम एक मूल ब्रह्मा, विष्णु, महेश और शक्ति सरस्वती, लक्ष्मी और पार्वती के अवतार हो। यदि तुम इस अनुसार नहीं तो तुम इनके अलावा मानव, दानव, पशु-मानव इत्यादि हो।

जब प्रत्येक शब्द धर्म और धर्मनिरपेक्ष या सर्वधर्मसमभाव में वर्गीकृत किया जा सकता है तब ईश्वर नाम को भी धर्मयुक्त नाम और धर्म निरपेक्ष या सर्वधर्मसमभाव नाम में व्यक्त किया जा सकता है। क्योंकि ईश्वर नाम भी शब्द है। जिस प्रकार व्यक्तिगत प्रमाणित अदृश्य काल के लिए धर्मयुक्त समष्टि ईश्वर नाम-" ॐ" है। उसी प्रकार सार्वजनिक प्रमाणित दृश्य काल के लिए धर्मनिरपेक्ष और सर्वधर्मसमभाव समष्टि ईश्वर नाम- " TRADE CENTRE" है। जिसमें धर्म युक्त ईश्वर नाम-" ॐ" का धर्मनिरपेक्ष और सर्वधर्मसमभाव रुप समाहित है।

एक ही देश काल मुक्त सर्वव्यापी अदृश्य सत्य-धर्म-ज्ञान है-आत्मा। और एक ही देश काल मुक्त सर्वव्यापी दृश्य सत्य-धर्म-ज्ञान है- क्रिया या परिवर्तन या $E=MC^2$ या आदान-प्रदान या TRADE या TRANSACTION। इस प्रकार सर्वोच्च और अन्तिम दृश्य सत्य-धर्म-ज्ञान से समस्त विषयों के यथार्थ व्यक्त रुप सर्वमान्य, सार्वजनिक प्रमाणित दृश्य और अन्तिम है। और व्यक्त कर्ता ज्ञानी या ब्रह्म या शिव की अन्तिम कड़ी है। इस आधार पर यह कहा जा सकता है कि "आत्मा" और मेरा दृश्य रुप (आदान-प्रदान) ही स्वस्थ उद्योग, स्वस्थ समाज और स्वस्थ लोकतन्त्र सहित विश्व शान्ति, एकता, स्थिरता और विकास का अन्तिम मार्ग है। चाहे वह वर्तमान में आत्मसात् किया जाये या भविष्य में परन्तु सत्य तो यही है।

मन से मन के मानक के व्यक्त होने के सम्पूर्ण यात्रा में कुछ महापुरुषों ने अदृश्य मानक आत्मा को व्यक्त करने के लिए कार्य किये तो कुछ ने अदृश्य सहित दृश्य मानक के लिए। मन के अदृश्य मानक आत्मा की श्रृंखला में निवृत्ति मार्गी-साधु, संत इत्यादि जिनकी सर्वोच्च स्थिति ब्रह्मा हैं। मन के अदृश्य सहित दृश्य मानक के श्रृंखला में प्रवृत्ति मार्गी-गृहस्थ युक्त सन्यासी इत्यादि जिनकी सर्वोच्च स्थिति विष्णु हैं। इस मानक को व्यवहारिकता में लाने के लिए ध्यान मार्गी जिनकी सर्वोच्च स्थिति महेश हैं। और यही वर्तमान तथा भविष्य के समाज की आवश्यकता है। और यही मन के मानक की उपयोगिता है।

मन के मानक को व्यक्त करने में जो शब्द, ज्ञान-विज्ञान, नाम-रुप इत्यादि प्रयोग किये गये हैं-वे सब मन से मन के मानक के विकास यात्रा में विभिन्न महापुरुषों द्वारा व्यक्त हो मानव समाज में पहले से मान्यता प्राप्त कर विद्यमान है। मैं (विश्वात्मा) सिर्फ उसको वर्तमान की आवश्यकता और वर्तमान से जोड़ने के लिए समयानुसार व्यक्त कर मन के मानक को व्यक्त कर दिया हूँ। यदि समाज इसे आत्मसात् नहीं करता तो उसके पहले मैं (विश्वात्मा) ही उसे आत्मसात् नहीं करता क्योंकि मैं शुद्ध-बुद्ध-मुक्त आत्मा हूँ, मैं नाम-रुप से मुक्त हूँ, मैं शिव हूँ, मैं शिव हूँ, मैं शिव हूँ। और ऐसा कहने वाला मैं पहला नहीं हूँ। मुझसे पहले भी अनेक सिद्धों द्वारा ऐसी उद्घोषणा की जा चुकी है और वे अपने समय के देश-काल स्थितियों में उसे सिद्ध भी कर चुके हैं और जब तक प्रत्येक मानव ऐसा कहने के योग्य नहीं बनता तब तक धर्म शास्त्रों में सृष्टि के प्रारम्भ में कहा गया ईश्वरीय वाणी-" ईश्वर ने इच्छा व्यक्त की कि मैं एक हूँ अनेक हो जाऊँ" कैसे सिद्ध हो पायेगा। मेरे उद्घोष का सबसे बड़ा प्रमाण "सत्य मानक शिक्षा" द्वारा लक्ष्य "पुनर्निर्माण" व उसके प्राप्ति की कार्य योजना है। जो अपने आप में पुरातन, विलक्षण और वर्तमान तक ऐसा नहीं हुआ है, जैसा है। श्रीराम द्वारा शारीरिक शक्ति के माध्यम से शारीरिक शक्ति का प्रयोग कर सत्यीकरण हुआ था, श्रीकृष्ण द्वारा आर्थिक शक्ति के माध्यम से व्यक्तिगत बौद्धिक शक्ति का प्रयोग कर सत्यीकरण हुआ था, अब यह कार्य व्यक्तिगत बौद्धिक शक्ति के माध्यम से सार्वभौम बौद्धिक शक्ति का प्रयोग कर सत्यीकरण किया जा रहा है। जो श्रीराम, श्रीकृष्ण के क्रम में अगला कार्य है। यह मानने का कार्य नहीं जानने का कार्य है। मानने से,

मानने वाले का कोई कल्याण नहीं होता, कल्याण तो सिर्फ जानने वालों का ही होता रहा है, होता है और होता रहेगा।

वर्तमान एवं भविष्य के मानव समाज को मैं (विश्वात्मा) का यह अन्तिम सत्य संदेश है कि-मानव की वास्तविक चेतना-सत्य चेतना अर्थात् भूतकाल का अनुभव और भविष्य की आवश्यकतानुसार वर्तमान में परिणाम ज्ञान से युक्त हो कार्य करना है न कि पशुओं की प्राकृतिक चेतना अर्थात् शुद्ध रुप से वर्तमान में कार्य करना है। सत्य चेतना में प्राकृतिक चेतना समाहित रहती है। अर्थात् मानव का विकास प्राकृतिक चेतना से सत्य चेतना की ओर होना चाहिए। और विज्ञान की भाँति धर्म के विषय में भी सदा आविष्कृत विषय से आविष्कार की ओर बढ़ना चाहिए अन्यथा स्थिति यह होगी कि वह तो आपके पास पहले से आविष्कृत था परन्तु उसी के आविष्कार में आपने पूरा जीवन व्यतीत कर दिया।

सम्पूर्ण मानव समाज से यह निवेदन है कि ईश्वर के सम्बन्ध में जो कुछ भी अब तक आविष्कृत है यद्यपि कि वह सब मैं (आत्मा) इस भौतिक शरीर (श्री लव कुश सिंह "विश्वमानव") से व्यक्त कर चुका हूँ लेकिन फिर भी व्यक्ति ईश्वर नहीं बन सकता। सिर्फ समष्टि ही ईश्वर होता है और समष्टि ही संयुक्त है। जिसकी चरम विकसित अवस्था सम्पूर्ण ब्रह्माण्ड का यथार्थ रुप है जो एक संयुक्त विचार-सत्य-सिद्धान्त ही है व्यक्ति नहीं। जबकि इसको व्यक्त और आत्मसात् करने वाला व्यक्ति ही है अर्थात् ईश्वर और व्यक्ति एक दूसरे पर निर्भर है। परिणामस्वरुप जो कुछ भी इस भौतिक शरीर द्वारा व्यक्त कर देना था-वह दे दिया गया और बात यहीं समाप्त हो गयी। क्योंकि मैं (विश्वात्मा) तुम्हारे अनूरुप सामान्य हो गया क्योंकि ईश्वर (संयुक्त विचार सत्य-सिद्धान्त) बाहर हो गया और वह सभी में व्याप्त हो गया। तू भी सामान्य, मैं भी सामान्य। तू भी ईश्वर, मैं भी ईश्वर। तू भी शिव, मैं भी शिव। इससे अलग सिर्फ माया, भ्रम, अन्धविश्वास है। और जब तक मैं (विश्वात्मा) इस शरीर में हूँ एक वर्तमान और भविष्य का एकात्म ध्यान युक्त प्रबुद्ध मानव के सिवाय कुछ अधिक भी नहीं समझा जाना चाहिए बस यही निवेदन है।

इस अन्तिम के सम्बन्ध में यह कहना चाहूँगा कि इस पर अभी विवाद करने से कोई लाभ नहीं है। अभी तो सिर्फ यह देखना है कि यह कालानुसार वर्तमान और भविष्य के लिए व्यक्ति से विश्व प्रबन्ध तक के लिए उपयोगी है या नहीं और जब तक मानव सृष्टि रहेगी तब तक यह सार्वभौम सत्य-सिद्धान्त अभेद्य और अकाट्य बना रहता है। तब यह समझ लेना होगा कि यह अन्तिम था। और व्यक्त करने वाला मानव शरीर पूर्ण ब्रह्म की अन्तिम कड़ी अर्थात् शिव का साकार सगुण रुप ही था।

आलोचना और विरोध मानव का स्वभाव है परन्तु सत्य की आलोचना और विरोध यदि बिना विचारे ही होगा तो यह उस मनुष्य के लिए स्वयं की मूर्खता का प्रदर्शन ही बन सकता है क्योंकि ऐसा नहीं है कि अन्य मनुष्य इसे नहीं समझ रहे हैं। इसलिए इसके लिए थोड़ा सतर्कता रखें विशेषकर उन लोगों के लिए जो सार्वजनिक रुप से विचार प्रस्तुत करते हैं।

हाँ, एक अन्तिम सत्य और-उपरोक्त अन्तिम सत्य भी सत्य और अन्तिम सत्य है या नहीं? इसके लिए भी तो ज्ञान और बुद्धि चाहिए।

प्रकाशित खुशमय तीसरी सहस्त्राब्दि के साथ यह एक सर्वोच्च समाचार है कि नयी सहस्त्राब्दि केवल बीते सहस्त्राब्दियों की तरह एक सहस्त्राब्दि नहीं है। यह प्रकाशित और विश्व के लिए नये अध्याय के प्रारम्भ का सहस्त्राब्दि है। केवल वक्तव्यों द्वारा लक्ष्य निर्धारण का नहीं बल्कि स्वर्गीकरण के लिए असिमीत भूमण्डलीय मनुष्य और सर्वोच्च अभिभावक संयुक्त राष्ट्र संघ सहित सभी स्तर के अभिभावक के कर्तव्य के साथ कार्य योजना पर आधारित। क्योंकि दूसरी सहस्त्राब्दि के अन्त तक विश्व की आवश्यकता, जो किसी के द्वारा प्रतिनिधित्व नहीं हुई उसे विवादमुक्त और सफलतापूर्वक प्रस्तुत किया जा चुका है। जबकि विभिन्न विषयों जैसे-विज्ञान, धर्म, आध्यात्म, समाज, राज्य, राजनीति, अन्तर्राष्ट्रीय सम्बन्ध, परिवार, व्यक्ति, विभिन्न संगठनों के क्रियाकलाप, प्राकृतिक, ब्रह्माण्डीय, देश, संयुक्त राष्ट्र संघ इत्यादि की स्थिति और परिणाम सार्वजनिक प्रमाणित दृश्य रुप में थे।

विज्ञान के सर्वोच्च आविष्कार के आधार पर अब यह विवाद मुक्त हो चुका है कि मन केवल व्यक्ति, समाज, और राज्य को ही नहीं प्रभावित करता बल्कि यह प्रकृति और ब्रह्माण्ड को भी प्रभावित करता है। केन्द्रीयकृत और ध्यानीकृत मन विभिन्न शारीरिक सामाजिक और राज्य के असमान्यताओं के उपचार का अन्तिम मार्ग है। स्थायी स्थिरता, विकास, शान्ति, एकता, समर्पण और सुरक्षा के लिए प्रत्येक राज्य के शासन प्रणाली के लिए आवश्यक है कि राज्य अपने उद्देश्य के लिए नागरिकों का निर्माण करें। और यह निर्धारित हो चुका है कि क्रमबद्ध स्वस्थ मानव पीढ़ी के लिए विश्व की सुरक्षा आवश्यक है। इसलिए विश्वमानव के निर्माण की आवश्यकता है, लेकिन ऐसा नहीं है और विभिन्न अनियन्त्रित समस्या जैसे-जनसंख्या, रोग, प्रदूषण, आतंकवाद, भ्रष्टाचार, विकेन्द्रीकृत मानव शक्ति एवं कर्म इत्यादि लगातार बढ़ रहे है। जबकि अन्तरिक्ष और ब्रह्माण्ड के क्षेत्र में मानव का व्यापक विकास अभी शेष है। दूसरी तरफ लाभकारी भूमण्डलीकरण विशेषीकृत मन के निर्माण के कारण विरोध और नासमझी से संघर्ष कर रहा है। और यह असम्भव है कि विभिन्न विषयों के प्रति जागरण समस्याओं का हल उपलब्ध करायेगा।

मानक के विकास के इतिहास में उत्पादों के मानकीकरण के बाद वर्तमान में मानव, प्रक्रिया और पर्यावरण का मानकीकरण तथा स्थापना आई0 एस0 ओ0-9000 एवं आई0 एस0 ओ0-14000 श्रृंखला के द्वारा मानकीकरण के क्षेत्र में बढ़ रहा है। लेकिन इस बढ़ते हुये श्रृंखला में मनुष्य की आवश्यकता (जो मानव और मानवता के लिए आवश्यक है) का आधार "मानव संसाधन का मानकीकरण" है क्योंकि मनुष्य सभी (जीव और निर्जीव) का निर्माणकर्ता और उसका नियन्त्रणकर्ता है। मानव संसाधन के मानकीकरण के बाद सभी विषय आसानी से लक्ष्य अर्थात् विश्वस्तरीय गुणवत्ता की ओर बढ़ जायेगी क्योंकि मानव संसाधन के मानक में सभी तन्त्रों के मूल सिद्धान्त का समावेश होगा।

वर्तमान समय में शब्द- "निर्माण" भूमण्डलीय रुप से परिचित हो चुका है इसलिए हमें अपना लक्ष्य मनुष्य के निर्माण के लिए निर्धारित करना चाहिए। और दूसरी तरफ विवादमुक्त, दृश्य, प्रकाशित तथा वर्तमान सरकारी प्रक्रिया के अनुसार मानक प्रक्रिया उपलब्ध है। जैसा कि हम सभी जानते हैं कि मानक हमेशा सत्य का सार्वजनिक प्रमाणित विषय होता है न कि विचारों का व्यक्तिगत प्रमाणित विषय। अर्थात् प्रस्तुत मानक विभिन्न विषयों जैसे-आध्यात्म, विज्ञान, तकनीकी, समाजिक, नीतिक, सैद्धान्तिक, राजनीतिक इत्यादि के व्यापक समर्थन के साथ होगा। "उपयोग के लिए तैयार" तथा "प्रक्रिया के लिए तैयार" के आधार पर प्रस्तुत मानव के विश्व स्तरीय निर्माण विधि को प्राप्त करने के लिए मानव निर्माण तकनीकी WCM-TLM-SHYAM.C (World Class Manufactuing–Total Life Maintenance- Satya, Heart, Yoga, Ashram, Meditation.Conceousnesas) प्रणाली आविष्कृत है जिसमें सम्पूर्ण तन्त्र सहभागिता (Total System Involvement-TSI) है और विश्वमानक शून्य: मन की गुणवत्ता का विश्वमानक श्रृंखला (WS-0 : World Standard of Mind Series) समाहित है। जो विश्वमानव निर्माण प्रक्रिया की तकनीकी और मानव संसाधन की गुणवत्ता का विश्वमानक है। जैसे-औद्योगिक क्षेत्र में इन्स्टीच्यूट आफ प्लान्ट मेंन्टीनेन्स, जापान द्वारा उत्पादों के विश्वस्तरीय निर्माण विधि को प्राप्त करने के लिए उत्पाद निर्माण तकनीकी डब्ल्यू0 सी0 एम0-टी0 पी0 एम0-5 एस (WCM-TPM-5S (World Class Manufacturing - Total Productive Maintenance -Siri (छँटाई), Seton (सुव्यवस्थित), Sesaso (स्वच्छता), Siketsu (अच्छास्तर), Shituke (अनुशासन) प्रणाली संचालित है। जिसमें सम्पूर्ण कर्मचारी सहभागिता (Total Employees Involvement) है।) का प्रयोग उद्योगों में विश्व स्तरीय निर्माण प्रक्रिया के लिए होता है। और आई.एस.ओ.-9000 (ISO-9000) तथा आई.एस.ओ.-14000 (ISO-14000) है।

युग के अनुसार सत्यीकरण का मार्ग उपलब्ध कराना ईश्वर का कर्तव्य है आश्रितों पर सत्यीकरण का मार्ग प्रभावित करना अभिभावक का कर्तव्य है। और सत्यीकरण के मार्ग के अनुसार जीना आश्रितों का कर्तव्य है जैसा कि हम सभी जानते है कि अभिभावक, आश्रितों के समझने और समर्थन की प्रतिक्षा नहीं करते। अभिभावक यदि किसी विषय को आवश्यक समझते हैं तब केवल शक्ति और शीघ्रता से प्रभावी बनाना अन्तिम मार्ग होता है। विश्व के बच्चों के लिए यह अधिकार है कि पूर्ण ज्ञान के द्वारा पूर्ण मानव अर्थात् विश्वमानव के रुप में बनना। हम सभी विश्व के नागरिक सभी स्तर के अभिभावक जैसे-महासचिव संयुक्त राष्ट्र संघ, राष्ट्रों के राष्ट्रपति-प्रधानमंत्री, धर्म,

समाज, राजनीति, उद्योग, शिक्षा, प्रबन्ध, पत्रकारिता इत्यादि द्वारा अन्य समानान्तर आवश्यक लक्ष्य के साथ इसे जीवन का मुख्य और मूल लक्ष्य निर्धारित कर प्रभावी बनाने की आशा करते हैं। क्योंकि लक्ष्य निर्धारण वक्तव्य का सूर्य नये सहस्त्राब्दि के साथ डूब चुका है। और कार्य योजना का सूर्य उग चुका है। इसलिए धरती को स्वर्ग बनाने का अन्तिम मार्ग सिर्फ कर्तव्य है। और रहने वाले सिर्फ सत्य-सिद्धान्त से युक्त संयुक्तमन आधारित मानव है, न कि संयुक्तमन या व्यक्तिगतमन से युक्तमानव।

आविष्कार विषय "व्यक्तिगत मन और संयुक्तमन का विश्व मानक और पूर्णमानव निर्माण की तकनीकी है जिसे धर्म क्षेत्र से कर्मवेद: प्रथम, अन्तिम तथा पंचमवेदीय श्रृंखला तथा शासन क्षेत्र से WS-0 : मन की गुणवत्ता का विश्व मानक श्रृंखला तथा WCM-TLM-SHYAM.C तकनीकी कहते है। सम्पूर्ण आविष्कार सार्वभौम सत्य-सिद्धान्त अर्थात सम्पूर्ण ब्रह्माण्ड में व्याप्त अटलनीय, अपरिवर्तनीय, शाश्वत व सनातन नियम पर आधारित है, न कि मानवीय विचार या मत पर आधारित।" सम्पूर्ण ब्रह्माण्ड में व्याप्त एक ही सत्य-सिद्धान्त द्वारा व्यक्तिगत व संयुक्त मन को एकमुखी कर सर्वोच्च, मूल और अन्तिम स्तर पर स्थापित करने के लिए शून्य पर अन्तिम आविष्कार WS-0 श्रृंखला की निम्नलिखित पाँच शाखाएँ है।

1. डब्ल्यू.एस. (WS)-0 :विचार एवम् साहित्य का विश्वमानक
2. डब्ल्यू.एस. (WS)-00 : विषय एवम् विशेषज्ञों की परिभाषा का विश्वमानक
3. डब्ल्यू.एस. (WS)-000 :ब्रह्माण्ड (सूक्ष्म एवम् स्थूल) के प्रबन्ध और क्रियाकलाप का विश्वमानक
4. डब्ल्यू.एस. (WS)-0000 : मानव (सूक्ष्म तथा स्थूल) के प्रबन्ध और क्रियाकलाप का विश्वमानक
5. डब्ल्यू.एस. (WS)-00000 :उपासना और उपासना स्थल का विश्वमानक

संयुक्त राष्ट्र संघ सीधे इस मानक श्रृंखला को स्थापना के लिए अपने सदस्य देशों के महासभा के समक्ष प्रस्तुत कर अन्तर्राष्ट्रीय मानकीकरण संगठन व विश्व व्यापार संगठन के माध्यम से सभी देशों में स्थापित करने के लिए उसी प्रकार बाध्य कर सकता है, जिस प्रकार ISO-9000 व ISO-14000 श्रृंखला का विश्वव्यापी स्थापना हो रहा है।

20 वर्षों से जिस समय की प्रतीक्षा मैं लव कुश सिंह "विश्वमानव" कर रहा था वह आ गया है। जो व्यक्ति प्राकृतिक बल को समझ जाते हैं वे उसके अनुसार कार्य योजना तैयार करते है। इस क्रम में व्यक्ति, समाज, देश व विश्व की आवश्यकता को 20 वर्ष पहले ही समझ लिया गया था और उस अनुसार ही लक्ष्य निर्धारित कर उसके प्राप्ति के लिए कार्य योजना तैयार की जा रही थी। सिर्फ लक्ष्य निर्धारण से ही कार्य सम्पन्न नहीं हो जाता बल्कि लक्ष्य की सत्यता की प्रमाणिकता के लिए धर्म शास्त्रों, पुराणों, दार्शनिकों, सामाजिक-राजनीतिक नेतृत्वकर्ताओं, विज्ञान व आध्यात्म इत्यादि के विचारों-सिद्धान्तों के द्वारा उसे पुष्टि प्रदान करने की भी आवश्यकता होती है। फिर उसे उस लक्ष्य तक पहुँचाने के लिए कार्य योजना बनानी पड़ती है।

वर्तमान सगय, सम्पूर्ण पुनर्निर्माण और सत्यीकरण का समय है। हमें प्रत्येक विषय को प्रारम्भ से समझना और समझाना पड़ेगा। तभी व्यक्ति, समाज, देश व विश्व को सत्य दिशा प्राप्त हो सकेगी और इस कार्य को करने वाला काशी-सत्यकाशी क्षेत्र इस वर्तमान समय में राष्ट्र गुरू बनेगा जिसका कारण होगा-" राष्ट्र को सत्य मार्गदर्शन देना"। और फिर यही कारण भारत को जगतगुरू के रूप में स्थापित कर देगा।

हम सभी के मोटर वाहनों में, वाहन कितने किलोमीटर चला उसे दिखाने के लिए एक यंत्र होता है। यदि इस यंत्र की अधिकतम 6 अंकों तक किलोमीटर दिखाने की क्षमता हो तब उसमें 6 अंक दिखते है। जो प्रारम्भ में 000000 के रूप में होता है। वाहन के चलते अर्थात विकास करते रहने से 000001 फिर 000002 इस क्रम से बढ़ते हुये पहले इकाई में, फिर दहाई में, फिर सैकड़ा में, फिर हजार में, फिर दस हजार में, फिर लाख में, के क्रम में यह आगे बढ़ते हुये बदलता रहता है। एक समय ऐसा आता है जब सभी अंक 999999 हो जाते हें फिर क्या होगा? फिर सभी 000000 के अपने प्रारम्भ वाली स्थिति में आ जायेंगे। इन 6 अंक के प्रत्येक अंक के चक्र में 0 से 9 अंक के चक्र होते है। जो वाहन के चलने से बदलकर चले हुये किलोमीटर को दिखाते है। यही स्थिति भी इस सृष्टि के काल चक्र की है। सृष्टि चक्र में पहले काल है जिसके दो रूप अदृश्य और दृश्य हैं। फिर इन दोनों काल में 5 युग

हैं। 4 अदृश्य काल के 1 दृश्य काल के। और इन दोनों काल में 14 मनवन्तर और मनु हैं। 7 अदृश्य काल के 7 दृश्य काल के। फिर इन युगों में युगावतार अवतार होते हैं। फिर व्यास व शास्त्र होते हैं। ये सब वैसे ही है जैसे अंक गणित में इकाई, दहाई, सैकड़ा, हजार, दस हजार, लाख इत्यादि होते हैं। उपर उदाहरण दिये गये यंत्र में जब सभी अंक 999999 हो जाते हैं तब विकास के अगले एक बदलाव से इकाई, दहाई, सैकड़ा, हजार, दस हजार, लाख सभी बदलते हैं। वर्तमान सृष्टि चक्र की स्थिति भी यही हो गयी है कि अब अगले अवतार के मात्र एक विकास के लिए सत्यीकरण से काल, मनवन्तर व मनु, अवतार, व्यास व शास्त्र सभी बदलेंगे। इसलिए देश व विश्व के धर्माचार्यों, विद्वानों, ज्योतिषाचार्यों इत्यादि को अपने-अपने शास्त्रों को देखने व समझने की आवश्यकता आ गयी है क्योंकि कहीं ये कार्य वही तो नहीं है? और यदि नहीं तो वह कौन सा कार्य होगा जो इन सबको बदलने वाली घटना को घटित करेगा?

सामान्यतः मनुष्य का स्वभाव अपने जैसा ही दूसरे को समझना होता है। वह कैसे यह सोच सकता है कि एक व्यक्ति सांसारिक कार्यों से निर्लिप्त रहते हुये 20 वर्षों से ऐसी शोध व योजना पर ध्यान केन्द्रित कर कार्य करने में लगा हुआ है जो भारत को उसके सत्य महानता की ओर ले जाने वाला कार्य है। और ऐसा कार्य भारत सहित विश्व के लिए कितने बड़े समाचार का विषय बनेगा?

"विश्वशास्त्र" में जन्म-जीवन-पुनर्जन्म-अवतार-साकार ईश्वर-निराकार ईश्वर, अदृश्य और दृश्य ईश्वर नाम, मानसिक मृत्यु व जन्म, भूत-वर्तमान-भविष्य, शिक्षा व पूर्ण शिक्षा, संविधान व विश्व संविधान, ग्राम सरकार व विश्व सरकार, विश्व शान्ति व एकता, स्थिरता व व्यापार, विचारधारा व क्रियाकलाप, त्याग और भोग, राधा और धारा, प्रकृति और अहंकार, कर्तव्य और अधिकार, राजनीति व विश्व राजनीति, व्यक्ति और वैश्विक व्यक्ति, ज्ञान व कर्मज्ञान, योग, अदृश्य और दृश्य योग व ध्यान, मानवतावाद व एकात्मकर्मवाद, नायक-शास्त्राकार-आत्मकथा, महाभारत और विश्वभारत, जाति और समाजनीति, मन और मन का विश्वमानक, मानव और पूर्ण मानव एवं पूर्ण मानव निर्माण की तकनीकी, आकड़ा व सूचना और विश्लेषण, शास्त्र और पुराण इत्यादि अनेकों विषय और उनके वर्तमान समय के शासनिक व्यवस्था में स्थापना स्तर तक की विधि को व्यक्त किया गया है। इस एक ही "विश्वशास्त्र" साहित्य के गुणों के आधार पर धर्म क्षेत्र से 90 नाम और धर्मनिरपेक्ष व सर्वधर्मसमभाव क्षेत्र से 141 नाम भी निर्धारित किये गये हैं।

जब दुनिया बीसवीं सदी के समाप्ति के समीप थी तब वर्ष 1995 ई0 में कोपेनहेगन में सामाजिक विकास का विश्व शिखर सम्मेंलन हुआ था। इस शिखर सम्मेंलन में यह माना गया कि-" आर्थिक विकास अपने आप में महत्वपूर्ण विषय नहीं है, उसे समाजिक विकास के हित में काम करना चाहिए। यह कहा गया कि पिछले वर्षों में आर्थिक विकास तो हुआ, पर सभी देश सामाजिक विकास की दृष्टि से पिछड़े ही रहे। जिसमें मुख्यतः तीन बिन्दुओं- बढ़ती बेरोजगारी, भीषण गरीबी और सामाजिक विघटन पर चिन्ता व्यक्त की गई। यह स्वीकार किया गया कि सामाजिक विकास की समस्या सार्वभौमिक है। यह सर्वत्र है, लेकिन इस घोर समस्या का समाधान प्रत्येक संस्कृति के सन्दर्भ में खोजना चाहिए।" इसका सीधा सा अर्थ यह है कि व्यक्ति हो या देश, आर्थिक विकास तभी सफल होगा जब बौद्धिक विकास के साथ मनुष्य के गुणवत्ता में भी विकास हो। इसी सम्मेलन में भारत ने यह घोषणा की कि-" वह अपने सकल घरेलू उत्पाद का 6 प्रतिशत शिक्षा पर व्यय करेगा।" भारत इस पर तब से कितना अमल कर पाया यह तो सबके सामने है। लेकिन बौद्धिक विकास के साथ मनुष्य के गुणवत्ता में भी विकास के लिए भारत सहित विश्व के हजारों विश्वविद्यालय जिस पूर्ण सकारात्मक एवम् एकीकरण के विश्वस्तरीय शोध को न कर पाये, वह पूर्ण किया जा चुका है और उसे पाठ्यक्रम का रूप देकर पुनर्निर्माण के माध्यम से आपके सामने है। परिणामस्वरूप एकल सार्वभौमिक रचनात्मक बुद्धि बनाम विश्व बुद्धि का रूप आपके सामने है।

शास्त्रों व अनेक भविष्यवक्ताओं के भविष्यवाणीयों को पूर्णतया सिद्ध करते हुये यह कार्य उसी समय अवधि में सम्पन्न हुआ है। भविष्यवाणीयों के अनुसार ही जन्म, कार्य प्रारम्भ और पूर्ण करने का समय और जीवन है। अधिक जानने के लिए इन्टरनेट पर गूगल व फेसबुक में नियामतपुर कलाँ, लव कुश सिंह "विश्वमानव" , सत्यकाशी,

विश्वशास्त्र, विश्वमानव (NIYAMATPUR KALAN, LAVA KUSH SINGH "VISHWMANAV" , SATYAKASHI, VISHWSHASTRA, VISHWMANAV) इत्यादि से सर्च कर जानकारी पायी जा सकती है।

सामाजिक-आर्थिक प्रणाली और शिक्षा के दायित्व पर आधारित सम्पूर्ण कार्य योजना को राष्ट्र को समर्पित करते हुये और प्रकृति से लिए गये हवा, पानी, धूप इत्यादि का कर्ज उतारते हुये, इस व्यापार पर स्वयं का एकाधिकार न रहे इसलिए इसे, पूरी रूचि से संचालित करने वालों के हाथों में ही सौंपने की भी योजना है जिससे ज्ञान का व्यापार भी हो जायेगा और राष्ट्र सेवा भी हो जायेगी।

जय भारत देश, जय विश्व राष्ट्र

सत्य, आधुनिक अथवा प्राचीन किसी समाज का सम्मान नहीं करता। समाज को ही सत्य का सम्मान करना पड़ेगा। अन्यथा समाज ध्वंस हो जाये कोई हानि नहीं। किसी प्रकार की राजनीति में मुझे विश्वास नहीं है। ईश्वर तथा सत्य ही एक मात्र राजनीति है बाकि सब कूड़ा-करकट है।

-स्वामी विवेकानन्द

Think Globally - Act Locally
वैश्विक सोच - स्थानीय कार्यवाही

जिस प्रकार शरीर स्थित मन का स्तर व्यक्ति को इस संसार में अभिनय करवाता है, उसी प्रकार एक लेखक ही पर्दे पर या जीवन में अभिनय करवाता है।
वाल्मिकि और तुलसी के लिखने से श्रीराम का अभिनय,
और व्यास के लिखने से श्रीकृष्ण का अभिनय अभी भी चल रहा है।
व्यापक सोचें, व्यापक लिखे। पढ़े- "विश्वशास्त्र"
आत्मा पर कौन विश्वास करता है, सभी शरीर पर विश्वास करते हैं

WRITER IS ACTOR

भाग-8
परिवर्तन

सीधी समझ

नये भारत में, नये मनुष्य के उदय के लिए

व्यवस्था के परिवर्तन या सत्यीकरण का पहला प्रारूप और उसकी कार्य विधि

वे शब्द जिसके बिना युग परिवर्तन सम्भव नहीं

उपाधियाँ मिलती है- पीएच0 डी0, डी0 लिट0 और डी0 फिल0 और उनका बड़ा सम्मान होता है। उनका काम क्या है? उनका काम यह है कि वे तय करते हैं कि गोरखनाथ कब पैदा हुए थे। कोई कहता है दसवीं सदी के अंत में, कोई कहता है ग्यारहवीं सदी के प्रारम्भ में। इस पर बड़ा विवाद चलता है। बड़े-बड़े विश्वविद्यालयों के ज्ञानी सिर खपा कर खोज में लगे रहते हैं। शास्त्रों की, प्रमाणों की, इसकी, उसकी। उनकी पूरी जिन्दगी इसी में जाती है। इससे बड़ा अज्ञान और क्या होगा? गोरख कब पैदा हुए, इसे जानकर करोगे क्या? इसे जान भी लिया तो पाओगे क्या? गोरख न भी पैदा हुए, यह भी सिद्ध हो जाये, तो भी क्या फायदा? हुए हों या न हुए हों, अर्थहीन है। गोरख ने क्या जिया उसका स्वाद लो। इसलिए तुम्हारे विश्वविद्यालय ऐसी व्यर्थता के कामों में संलग्न हैं कि बड़ा आश्चर्य होता है कि इन्हें विश्वविद्यालय कहो या न कहो। इनका काम ही........तुम्हारे विश्वविद्यालय में चलने वाली जितनी शोध है, सब कूड़ा-करकट है।

-आचार्य रजनीश ”ओशो“

(अक्टुबर व नवम्बर 1978 में दिये गये प्रवचन का अंश)

FINAL KNOWLEDGE BOMB BLAST

AFTER FIRST NOBEL DISCOVERY OF ZERO BY INDIA AGAIN ZERO BASED FINAL DISCOVERY

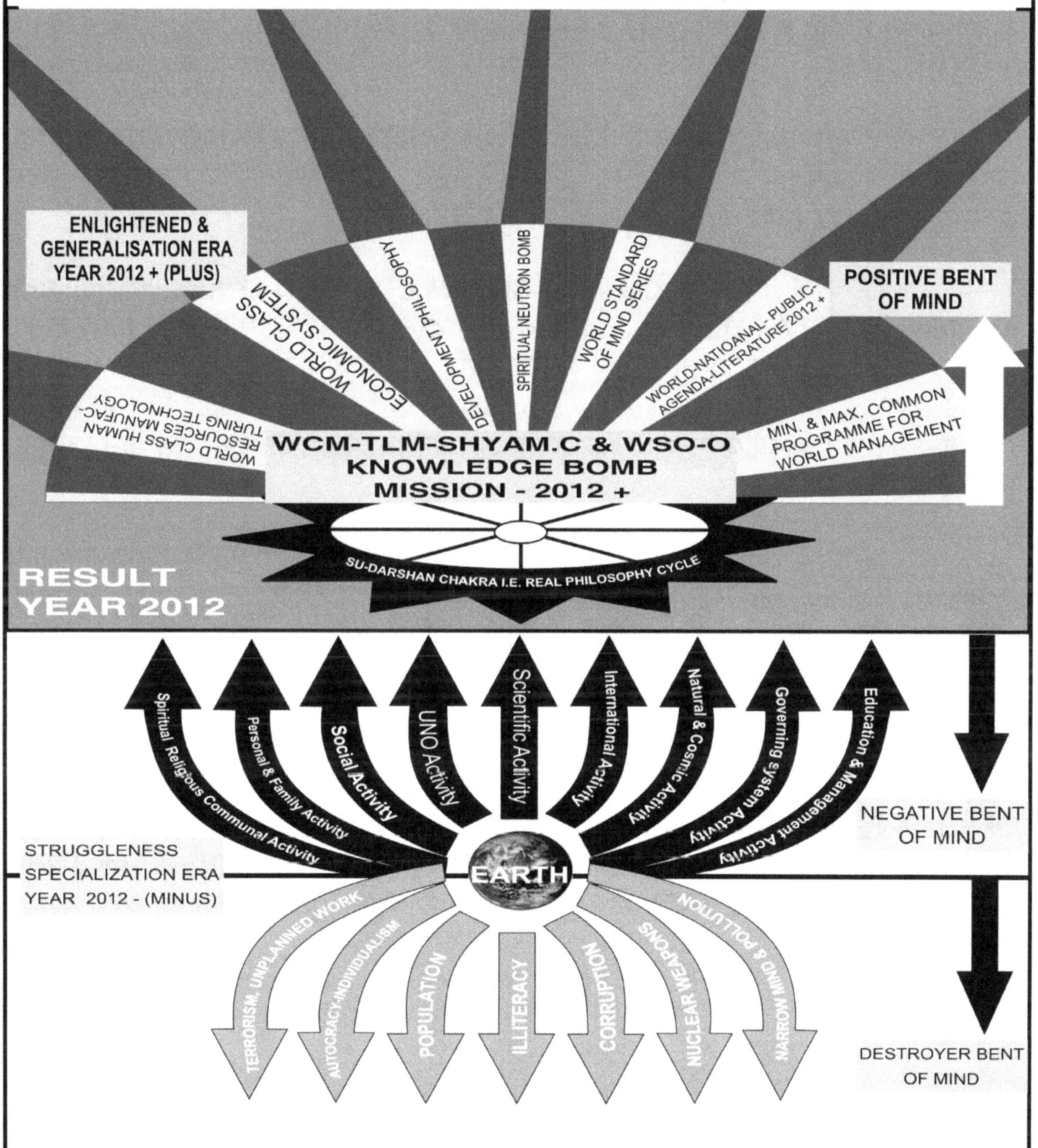

मैकाले शिक्षा पद्धति हम बदल नहीं सकते लेकिन अलग से "सत्य मानक शिक्षा" ग्रहण तो कर सकते हैं।

सरकारी पाठ्यक्रम बनाम नीजी पाठ्यक्रम / सार्वभौम आत्मीय पाठ्यक्रम / ईश्वरीय पाठ्यक्रम

ज्ञान के इस युग में ज्ञान की ओर चलें

FINAL KNOWLEDGE BOMB BLAST

यह चित्र "**FINAL KNOWLEDGE BOMB BLAST**" एक गहन वैचारिक मानचित्र है, जो मानव चेतना, ज्ञान, दर्शन और वैश्विक व्यवस्था के परिवर्तन को प्रतीकात्मक रूप में प्रस्तुत करता है।

इसमें यह दिखाया गया है कि वर्ष 2012 को एक *युग-संधि* के रूप में देखा गया है- जहाँ संघर्ष, विशेषज्ञता और विखंडन (2012–minus) से निकलकर मानवता को प्रबोधन, सामान्यीकरण और समन्वय (2012–plus) की ओर बढ़ना है।

चित्र के केंद्र में **WCM–TLM–SHYAM.C & WSO-O Knowledge Bomb Mission** और **सु-दर्शन चक्र (Real Philosophy Cycle)** को रखा गया है, जो यह संकेत देता है कि वास्तविक परिवर्तन शस्त्रों से नहीं, बल्कि दर्शन, विवेक और समग्र ज्ञान से आता है। ऊपर की ओर उठती संरचना *Positive Bent of Mind* को दर्शाती है, जहाँ विश्व-स्तरीय सोच, आध्यात्मिक दर्शन, मानवीय मूल्य, वैश्विक एजेंडा और कॉमन प्रोग्राम के माध्यम से मानव चेतना का विस्तार होता है।

चित्र के निचले भाग में पृथ्वी को केंद्र बनाकर मानव गतिविधियों-आध्यात्मिक, सामाजिक, वैज्ञानिक, अंतरराष्ट्रीय, शैक्षिक और प्रशासनिक-को दर्शाया गया है, जो यदि संतुलित हों तो उन्नति का मार्ग बनती हैं, और यदि असंतुलित हों तो *Negative* तथा *Destroyer Bent of Mind* की ओर ले जाती हैं।

वहीं नीचे की ओर गिरते तीर आतंकवाद, तानाशाही, जनसंख्या विस्फोट, अशिक्षा, भ्रष्टाचार, परमाणु खतरे और संकीर्ण सोच जैसे विनाशकारी तत्वों का प्रतिनिधित्व करते हैं। समग्र रूप से यह चित्र यह संदेश देता है कि वर्तमान युग में मानवता के सामने विकल्प स्पष्ट है-या तो संकीर्ण, नकारात्मक और विनाशकारी सोच, या फिर "**ज्ञान आधारित सार्वभौमिक दर्शन**" के माध्यम से पृथ्वी और मानव सभ्यता का संतुलित, शांतिपूर्ण और प्रबुद्ध भविष्य।

सीधी समझ

बड़ा वट वृक्ष (Big Banyan Tree), सैकड़ों वर्ष पुराना एक विशाल क्षेत्र में फैला वट वृक्ष है। जिसका मूल वृक्ष अब अस्तित्व में नहीं है उसके तनों से निकले सैंकड़ों जड़ वर्तमान में स्वयं एक वृक्ष, फिर उनके तनों से निकले सैंकड़ों जड़ भी वर्तमान में एक-एक वृक्ष के रूप में स्थापित हैं और सभी एक-दूसरे से जुड़े हुये हैं, बस जो नहीं है, वह है मूल वृक्ष। इस प्रकार सम्पूर्ण वृक्ष परिवार एक बड़े क्षेत्र में फैल चुका है और निरन्तर जारी भी है। प्रत्येक स्वयं स्वतन्त्र वृक्ष के रूप में स्थापित वृक्ष का अपने परिवार के रूप में तना, पत्ता, फूल और फल सब निकलते रहते हैं और जिसे जहाँ अर्थात् नजदीकी स्रोत से सुविधा अर्थात् खुराक मिल सकता हैं वहाँ से प्राप्त करते हुये विकास कर रहे हैं। इस कार्य में आपस में कोई विवाद नहीं है। कोई किसी पर अधिपत्य जमाना नहीं चाहता, ना ही अन्य के विकास में कोई बाधा पहुँचाता है। जिसको जिस ओर उचित वातावरण मिलता जाता है, उस ओर वह विकास कर रहा है। कुल मिलाकर स्व प्रेरित सुशासन की भाँति संचालित है। इस वट वृक्ष के सबसे बाद अर्थात् वर्तमान के तनों-पत्तों के लिए उसका जन्मदाता व पालनकर्ता के रूप में उसका नजदीकी जड़ ही है इसलिए उसकी कथा-कहानी वहीं से शुरू होती है और वहीं तक उसका ज्ञान है जो एक संकुचित और सीमित ज्ञान है। वह पूर्ण को नहीं जान रहा, उसका पूर्णत्व, सार्वभौम पूर्णत्व नहीं बल्कि सीमित पूर्णत्व है। सीमित पूर्णत्व में भी वह आनन्द में हैं और विकासशील है। उसका विकास होना सार्वभौम का ही विकास होना है परन्तु उसे उसका ज्ञान नहीं है और वह उस सार्वभौम के विकास में अपने योगदान को करते हुये भी स्वयं को गौरवान्वित नहीं अनुभव कर रहा है। सार्वभौम से युक्त होने के बाद भी उसे अपने परिवार से ही जुड़ा रहना उसकी विवशता भी है और इसके अलावा कोई अन्य मार्ग भी नहीं हैं। उसके सार्वभौम का मार्ग भी उसके अपने परिवार के ही मार्ग से होकर जाता है। वृक्ष के साथ यह मजबूरी भी है कि क्योंकि वह स्थिर है इसलिए उसका छोटा परिवार केवल पड़ोस तक के ही दायरे के सम्पर्क में है। दूसरे छोर के परिवार का क्या हाल है उसे कुछ नहीं पता।

हे मानवों, ये संसार भी उपरोक्त वट वृक्ष के सामन ही फैला हुआ है। परन्तु उस भाँति विकास नहीं कर रहा है। मनुष्य के अन्दर बीमारी की भाँति अधिकतम "शक्ति और लाभ (पावर और प्राफिट)" की दौड़ ने उसे अधिपत्य, अत्याचार, दूसरे को दबाना इत्यादि से युक्त कर दिया है। और जो इस दौड़ में नहीं हैं वे सीमित पूर्णत्व में आनन्द के साथ विकासशील हैं। उन्हें और भी तेज विकास की इच्छा है परन्तु उनके बुद्धि का दायरा ही सीमित है इसलिए उन्हें मार्ग नहीं मिल रहा है। यदि उनको मार्ग भी मिल रहा हो तो वट वृक्ष की भाँति उसके नजदीकी जन्मदाता ने उसे यह बता रखा है कि जब उस सार्वभौम का मार्ग मेरे ही रास्ते से जाता है तो जो मैं कह रहा हूँ उसे करो। और इसके लिए वे अपने परिवार के लिए अनेक प्रकार की प्रणाली दे रखे हैं। जबकि ये प्रणाली देने वाले उनके नजदीकी जन्मदाता स्वयं कहाँ से आये हैं स्वयं उन्हे भी नहीं पता। क्योंकि वे स्वयं भी उस वट वृक्ष के खो गये मूल जड़ की तरह अपने मूल जड़ को नहीं जानते। वे भी अपने नजदीकी जन्मदाता का ही अनुसरण कर रहे होते हैं। ये प्रणालीयाँ अनेक प्रकार की हैं उदाहरणस्वरूप कुछ मुख्य निम्नवत् हैं-

1 उनके द्वारा प्रस्तुत कुछ पुस्तकें होती हैं जिन्हें नियमानुसार प्रतिदिन पढ़ना होता है। पढ़ने के पूर्व शुद्धता की भी प्रक्रिया अनिवार्य होती है अन्यथा पुस्तकें परिणाम नहीं दे पायेंगी, ये भी शर्त होती हैं।
2 उनके द्वारा भोजन से सम्बन्धित कुछ नियम बना दिये जाते हैं कि क्या खाना है और क्या नहीं खाना है।
3 उनके द्वारा कोई मन्त्र दे कर उसे नियमानुसार जपने के लिए दे दिया जाता है।
4 उनके द्वारा किसी यन्त्र-तन्त्र द्वारा समस्या मुक्ति का उपाय बता दिया जाता है।
5 उनके द्वारा किसी विशेष प्रकार के रंग और ढ़ग के वस्त्र निर्धारित कर दी जाती है जिससे उनकी पहचान एक अलग रूप में हो। अर्थात् समाज का एक और विभाजन कर उसे प्रस्तुत कर देते हैं।

सामान्य रूप से सभी द्वारा अनिवार्य रूप से ये भी निर्धारित कर दी जाती है कि किसी दूसरे के नियमों को न तो जानना है, न सुनना है, न पढ़ना है और न ही उसमें शामिल होना है। अर्थात् एक गतिशील प्राणी मनुष्य को जिसे सदैव श्रेष्ठ से, श्रेष्ठतम और सर्वोच्च तक उठने-विकास करने के लिए निर्मित किया गया था, उसे एक सीमित

दायरे में बुद्धिबद्ध कर दिया गया। मनुष्य जिसका निर्माण अपनी मस्तिष्क को असीम क्षमता को विकसित कर ईश्वर रूप में व्यक्त होना था, उसे जड़ (स्थिर) बना दिया गया।

हे मानवों, मनुष्यों की सबसे बड़ी कमजोरी "स्वयं में गुणों का विकास कर स्वयं बन जाने या हो जाने" में नहीं बल्कि "पाने" की इच्छा है। इस पाने की इच्छा की कमजोरी का परिणाम ही है उपरोक्त अनेक प्रकार के बुद्धिबद्ध करने की विधियाँ।

हे मानवों, उपरोक्त के पृष्ठभूमि में उनका उद्देश्य केवल अपने स्वार्थ की पूर्ति के सिवाय कुछ नहीं होता। क्योंकि मार्गदर्शक या प्रेरक या शिक्षक का उद्देश्य स्वयं से श्रेष्ठ मानव का निर्माण होता है न कि सदैव जीवन भर एक ही प्रणाली या प्रक्रिया या कक्षा में पढ़ते-दुहराते रहने के लिए विवश करना। उपरोक्त के पृष्ठभूमि में शारीरिक-आर्थिक-मानसिक शोषण का ही कार्य विभिन्न प्रकार से चल रहा है। कोई अपने कृषि कार्य को मुफ्त में हल करवा रहा है, तो कोई अपने नाम के उत्पादों को सिर्फ उन्हें ही खरीदने के लिए बुद्धिबद्ध कर दिया है।

हे मानवों, इन सबको आस्था का व्यापार कहते हैं। जबकि मैं देख रहा हूँ कि प्रत्येक संस्कारित करने की क्रिया जो उस काल के लिए आस्था का विषय था। उसके अगले काल के लिए संस्कारित करने की नयी क्रिया उपलब्ध हो जाने के बावजूद, मानव शरीर पिछले काल के संस्कारित करने वाली क्रिया के प्रति आस्था रखते हुये मूर्खता का स्पष्ट प्रदर्शन कर रहा है। सभी कालों में, सभी संस्कारित करने की क्रियाओं में मैं (सार्वभौम आत्मा) ही आस्था का विषय था परन्तु क्रिया के प्रति आस्था रखना मूर्खता का स्पष्ट प्रमाण ही तो है। चाहे वह व्यक्तिगत इच्छा से हो या सामाजिक प्रदर्शन की इच्छा से। इन समस्त संस्कारित करने के क्रिया के पीछे जो रहस्य आज तक गोपनीय था उसे मैंने तुम्हारें समक्ष सार्वजनिक प्रकाशित कर दिया है। अब कुछ भी गोपनीय नहीं। बावजूद इसके प्रत्येक मनुष्य अपनी मूर्खता रूपी आस्था को प्रदर्शित करने के लिए स्वतन्त्र है। परन्तु वह मुझ (सार्वभौम आत्मा) को प्राप्त नहीं कर सकता। हे मानवों, ईश्वर बहुमत से नहीं निर्धारित किया जाता इसलिए ही उसे अनिवर्चनीय कहा गया है। किसी भी वस्तु के प्रति आस्था के विकास से और समस्त मानवों को उसके प्रति आस्थावान् बना देने से वह वस्तु गुण प्रकट कर वैसा नहीं बन सकती जैसा आप उम्मीद करते हो।

हे मानवों, एक तरह से देखा जाये तो उपरोक्त व्यवस्था से कोई समस्या है ही नहीं क्योंकि जिसकी इच्छा जहाँ से पूर्ति हो रही है और विकास का मार्ग मिल रहा है, वह वहाँ से जुडा हुआ है। इसलिए मानव सभ्यता पर आया यह दसवाँ और अन्तिम संकट, संकट होते हुये भी संकट जैसा नहीं दिखता। इस व्यवस्था से हमें कोई समस्या भी नहीं है। समस्या ये है कि धर्म को जिस उद्देश्य के लिए निर्मित किया गया था वही धर्म, संकट में है। यह धर्म ही उस वट वृक्ष का मूल है, सार्वभौम है, समष्टि है। इसके ज्ञान से युक्त दोनों को अर्थात् विशाल संसार रूपी वट वृक्ष के छोटे-छोटे परिवार के नेतृत्वकर्ता मुखिया सहित उसके सदस्यों को होना आवश्यक है। तभी परिवार के नेतृत्वकर्ता मुखिया द्वारा बनाये गये उपरोक्त प्रणाली-नियम परिणाम-फल दे पायेंगे जिसकी इच्छा परिवार के सदस्य करते हैं।

हमारी उत्पत्ति ज्ञान से हुई है। जिन्हें ज्ञान है वही अपने आप को संघर्ष में पाते हैं और सर्वश्रेष्ठता के लिए कर्मशील हैं। शेष सभी तो प्रकृति के अनुसार आते-जाते रहते हैं। इस ज्ञान को ही ब्रह्म (सार्वभौम एकात्म ज्ञान) कहते हैं। देवता रूप में इस ज्ञान को ब्रह्मा के रूप में प्रक्षेपित किया गया है। यह ज्ञान जिस-जिस अंगो द्वारा प्राथमिकता से अनुभव में आता है उतने प्रकार के मानव अपने-आप को उत्पन्न समझते हैं।

पुराण रचनाकार महर्षि व्यास ने ब्रह्मा अर्थात ज्ञान के पुत्रों का प्रक्षेपण किये हैं। ब्रह्मा के 10 मानस पुत्रों

01.मन (विचार) से ज्ञान प्राप्त करने वाले मरीचि

02.नेत्रों (देखकर) ज्ञान प्राप्त करने वाले अत्रि

03.मुख (वाणी) से ज्ञान प्राप्त करने वाले अंगिरा

04.कान (सुन) कर ज्ञान प्राप्त करने वाले पुलस्त्य

05.नाभि (केन्द्र) से ज्ञान प्राप्त करने वाले पुलह

06.हाथ (कर्म) से ज्ञान प्राप्त करने वाले कृतु

07.त्वचा (स्पर्श) से ज्ञान प्राप्त करने वाले भृगु

08.प्राण (श्वास) से ज्ञान प्राप्त करने वाले वशिष्ठ

09.अँगूठे (आत्मा) से ज्ञान प्राप्त करने वाले दक्ष

10.गोद (प्रेम) से ज्ञान प्राप्त करने वाले नारद

ये दस प्रकार ज्ञान से उत्पन्न है और इतने प्रकार के मानव निर्मित होकर संसार में विचरण कर रहे हैं। इसे ये न समझना चाहिए कि मन या नेत्र इत्यादि से कैसे ब्रह्मा ने अपने पुत्रों को उत्पन्न किया? चूंकि शरीर का अस्तित्व अस्थायी है इसलिए विचार के आधार पर ये मनुष्य के वर्ग या श्रेणी का निर्धारण है। इसे मानकीकरण (Standardization) या वर्गीकरण (Classification) भी कहा जा सकता है। जिस प्रकार आजकल मानकीकरण के शब्द ISOऔर ISI मार्का दिये जाते हैं।

नये भारत में, नये मनुष्य के उदय के लिए

आप लंगोट से जौकी पर आ गये...पायजामे से पतलून पर आ गये...नाड़े से बेल्ट पर आ गये...खड़ाऊँ से बूट पर आ गये...कलम से कीबोर्ड पर आ गये। पगडंडियों से एक्सप्रेस वे पर आ गये...चूल्हे से इंडक्शन कुकर पर आ गये...जंगलो से अपार्टमेंट तक आ गये। हल से ट्रैक्टर पर आ गये...पैदल से लक्ज़री जहाज़ों पर आ गये...दीये-मशाल से एलईडी पर आ गये...आप लैंडलाइन से ओरियो एंड्रॉयड तक आ गये...तीर-कमान और गदा से ऑटोमैटिक बंदूकों और मिसाइलों पर आ गये। दुनियां चाँद पे चली गई...मंगल की छाती पर नासा ने रोबोट उतार दिया....शनि मंगल सूर्यग्रहण-चन्द्रग्रहण के हर रहस्य से पर्दा उठ गया!

आप पाँच हज़ार ईसापूर्व और पाँचवी-छठवीं शताब्दी से इक्कीसवी शताब्दी में आ गये...आप लगातार अपडेट होते रहे हैं!!! मगर फिर भी तुम ग्रह-नक्षत्रों को...शनि-मंगल को जन्मकुंडली में देख-देख कर काँप रहे हो। अपना भविष्य सुधारने के लिए बाबा-बाबियों का रास्ता नाप रहे हो। क्या इसी दिन के लिए तुमने बी.एससी, एम.एससी पीएच.डी की थी?? कि तुम पढ़े-लिखे जाहिलों की फौज में शामिल हो जाना! क्या इसी दिन के लिए तुम डॉक्टर, इंजीनियर, वकील, मजिस्ट्रेट या प्रोफेसर बने थे? कि बंगले पर काली हांडी टांगना! निम्बू मिर्ची टांगना! नजर न लगने से एक पैर में काला धागा बांधना?? और अपने उज्ज्वल भविष्य की भीख किसी बाबा-बाबी के दर पर नाक रगड़ के मांगना?

देश आजाद हो गया! दुनिया आजाद हो गई! आखिर कब मिलेगी तुम्हें आजादी?? इस अंधी मानसिक गुलामी से? दुनिया रोज नए-नए आविष्कार कर रही है! तुम हजारों साल पुरानी भाषा, संस्कृति, रीति, रिवाजो की वैज्ञानिक व्याख्या करने में लगे हो! क्या भारत पुनः विश्वगुरु तुम्हारे जैसे मनोरोगियों की वजह से कभी बन पाएगा? बंद कमरे में तुम्हारी चोटी कट जाती! अँधेरे में अकेले में तुम्हें भूत-पलीत सताते हैं! तुम्हें ही सारी दुनिया की नजर लगती है! डायन तो तुम्हारे हर घर में मौजूद है!! तुम्हारे तंत्र-मंत्र-यंत्र काम क्यों नहीं करते हैं? एक पैर में काले धागे वाला रक्षा सूत्र तुम्हारी चोंटी क्यों नहीं बचाता है? आखिर कब तक तुम मानसिक गुलाम रहोगे?

तुम्हारी समस्याएं लौकिक है। मगर तुम्हें हर समस्या का हल परलोक में नजर आता है! संसार तुम्हारे लिए स्वप्नवत् है माया है! भगवान की लीला है! नाटक है! भ्रम है! आखिर तुम्हें इस सपने से कौन जगाए? कब तक शब्दों के साथ बलात्कार करोगे? कब तक धोखे में रहोगे? कब तक हर सिद्धान्त हर आविष्कार को शास्त्रों ऋषि-मुनियों के माथे मड़ोगे??

तुम लोग को जो जगाए वही धर्मद्रोही, देशद्रोही, जातिवादी या नास्तिक है? चारुवाक, बुद्ध, महावीर, कपिल, कणाद गौतम, नागसेन, अश्वघोष, कबीर, नानक, रविदास, ओशो, फुले, शाहू, पेरियार, भीम, भगतसिंह, कोवूर, राहुल संस्कृत्यायन, दयानन्द, विवेकानंद, सबने विवेक लगाया! मगर फिर भी तुम्हारा विवेक नहीं जागा!

तुम्हारा धर्म कब अपडेट (Update) होगा?
तुम्हारी आस्था कब अपडेट (Update) होगी?
तुम्हारा ईश्वर कब अपडेट (Update) होगा?
तुम्हारी सोच कब अपडेट (Update) होगी?
तुम्हारे धर्म की किताबें कब अपडेट (Update) होंगी?

कम्प्यूटर और मोबाइल का साफ्टवेयर तो तुरन्त करते हो, तुम्हारे मस्तिष्क का साफ्टवेयर कब अपडेट (Update) होगा?

क्योंकि तुम विश्वगुरु के अहंकार की दारू पीकर गरीबी, अनपढ़ता, लिंगभेद, जातिभेद, भाषाभेद, क्षेत्रभेद, साम्प्रदायिकता की नाली में पड़े हो! आखिर तुम्हें कब मिलेगी आजादी? इस उम्दा मानसिक गुलामी से?

सोच के बता देना!!
आओ एक कदम शब्दों के उँचाइयों की ओर..........

IDEAS + ACTION = CHANGE

व्यवस्था के परिवर्तन या सत्यीकरण का पहला प्रारूप और उसकी कार्य विधि

उदाहरण के रूप में, यदि किसी शिक्षित व्यक्ति जिसे अंकगणित का ज्ञान हो, उसके समक्ष संख्या 5 लिख दिया जाये और उससे कहा जाये कि इस संख्या के आगे और पीछे की संख्या लिखें तो वह आसानी से उसे लिख देगा परन्तु अंकगणित का अज्ञानी ऐसा नहीं कर पायेगा। उसका सारा ध्यान केवल संख्या 5 पर ही टिका रह जायेगा क्योंकि वह संख्या पद्धति से अपरिचित है। अगर वह कुछ लिख भी देगा तो वह आवश्यक नहीं कि सत्य हो और उसमें सुधार की पूरी सम्भावना बनी रहेगी। समाज सुधार के क्षेत्र में भी यही बात है। हम एक समस्या देखते हैं फिर उसमें कुछ सुधार कर देते हैं। फल यह होता है कि कुछ समय बाद पुनः उसमें सुधार की आवश्यकता आ जाती है।

जितने अधिक आकड़ों को विश्लेषित कर हम परिणाम को खोजेंगे उतने ही सत्य परिणाम हमारे सामने आयेंगे। प्रस्तुत शास्त्र व्यक्त अधिकतम आकड़ों के व्यवस्थित प्रस्तुतीकरण का शास्त्र है। दूसरे रूप में इसे धर्म ज्ञान का बैलेन्ससीट भी कह सकते है। इन सम्पूर्ण आकड़ों पर आधारित होकर व्यक्ति, समाज और विश्व राष्ट्र के लिए लिया गया निर्णय ही एक सत्य निर्णय हो सकता है। समाज सुधार के सम्बन्ध में स्वामी विवेकानन्द का कहना है कि-"तथाकथित समाज-सुधार के विषय में हस्तक्षेप न करना क्योंकि पहले आध्यात्मिक सुधार हुये बिना अन्य किसी भी प्रकार का सुधार हो नहीं सकता (राम पृष्ठ मिशन, पत्रावली भाग-1, पृष्ठ-29), भारत के शिक्षित समाज से मैं इस बात पर सहमत हूँ कि समाज का आमूल परिवर्तन करना आवश्यक है। पर यह किया किस तरह जाये? सुधारकों की सब कुछ नष्ट कर डालने की रीति व्यर्थ सिद्ध हो चुकी है। मेरी योजना यह है, हमने अतीत में कुछ बुरा नहीं किया। निश्चय ही नहीं किया। हमारा समाज खराब नहीं, बल्कि अच्छा है। मैं केवल चाहता हूँ कि वह और भी अच्छा हो। हमें असत्य से सत्य तक अथवा बुरे से अच्छे तक पहुँचना नहीं है। वरन् सत्य से उच्चतर सत्य तक, श्रेष्ठ से श्रेष्ठतर और श्रेष्ठतम तक पहुँचना है। मैं अपने देशवासियों से कहता हूँ कि अब तक जो तुमने किया, सो अच्छा ही किया है, अब इस समय और भी अच्छा करने का मौका आ गया है।"-(राम पृष्ठ मिशन, जितने मत उतने पथ, पृष्ठ-46)

व्यक्ति हो या ज्ञानी, समाज हो या राज्य, देश हो या विश्व, समाज नेता हों या राजनेता सभी को अब यह जान लेना चाहिए कि विश्व एक परिवार है और उस परिवार का शास्त्र-"विश्वशास्त्र" है। जब तक यह शास्त्र उपलब्ध नहीं था तब तक इस विश्व परिवार के एकीकरण का मार्ग नहीं खुला था, अब वह मार्ग मिल चुका है। कोई भी समाज निर्माण या युग परिवर्तन का कार्य एक क्षण का कार्य नहीं है। यह एक लम्बी अवधि की प्रक्रिया का कार्य है। इसे हम उन समाज सुधारकों के संस्थाओं के कार्य को देख कर अनुभव कर सकते हैं।

व्यवस्था परिवर्तन, एक राजनीतिक लुभावना वाला शब्द है। वह कैसे होगा, इसके लिए एक प्रारूप की आवश्यकता होती है अगर वह नहीं है तो व्यवस्था परिवर्तन चिल्लाने से नहीं होता। फिर व्यवस्था परिवर्तन किस बात का? मानव समाज को संचालित करने के लिए तो सिर्फ दो ही मूल व्यवस्था है-एक राजतन्त्र, जिसका युग जा चुका है। दूसरा-लोकतन्त्र, जिसका युग चल रहा है और यही अन्तिम व्यवस्था भी बनी रहेगी क्योंकि ब्रह्माण्डीय व्यवस्था भी लोकतन्त्र से ही चल रहा है और मनुष्य के मस्तिष्क से अन्ततः वही व्यक्त हो रहा है। लोकतन्त्र से हम राजतन्त्र में नहीं जा सकते इसलिए व्यवस्था परिवर्तन का अर्थ ही निरर्थक है।

आवश्यकता है वर्तमान लोकतन्त्र व्यवस्था को ही सत्य आधारित करने की जिसे व्यवस्था सत्यीकरण कहा जा सकता है। इस कार्य में हमें मानकशास्त्र की आवश्यकता है जिससे तोल कर यह देख सके कि इस लोकतन्त्र व्यवस्था में कहाँ सुधार करने से सत्यीकरण हो जायेगा। यह मानकशास्त्र ही "विश्वशास्त्र" है। सिर्फ मतदाता बनने व वोट डालने से ही लोकतन्त्र स्वस्थ नहीं हो सकता। उसके लिए देश व विश्व के पूर्ण ज्ञान की आवश्यकता होगी। इसलिए आवश्यक है कि प्रत्येक मतदाता "विश्वशास्त्र" के ज्ञान से युक्त हो।

अच्छा होता कि हमारे राजनेतागण कुछ दिनों के लिए सन्यास लेकर थोड़ा कुछ अध्ययन-चिंतन करते रहते ताकि उन्हें बार-बार लक्ष्य के लिए शब्दों का परिवर्तन न करना पड़ता। एक ही स्थिति में बहुत समय तक रहने पर बुद्धि, बद्ध हो जाती है। एक-एक सीढ़ी चढ़कर, पहुँच गये-पहुँच गये चिल्लाने से अच्छा है कि अन्तिम सीढ़ी पर पर बैठकर चिल्लाना कि पहुँच गये।

चाहे कुछ हो यदि प्रारूप नहीं, तो न तो व्यवस्था परिवर्तन हो सकता है, न ही व्यवस्था सत्यीकरण हो सकता है, न ही सम्पूर्ण क्रान्ति। भीड़ से क्रान्ति नहीं सिर्फ हंगामा होता है। भीड़ में जोश होता है, होश नहीं।

इस मानक शास्त्र के प्रस्तुत हो जाने से व्यवस्था परिवर्तन की नहीं बल्कि व्यवस्था के सत्यीकरण का मार्ग खुल चुका है। जिसका व्यक्ति, समाज और विश्व राष्ट्र को आवश्यकता भी है। किसी एक विषय पर बहुत अधिक पुस्तक मस्तिष्क को भ्रमित ही करती है। यह शास्त्र प्रारम्भ से अन्त तक के विकास को क्रमबद्ध प्रस्तुत करता है जिससे हम सभी एक सत्य निर्णय करने में सक्षम हों और पूर्ण ज्ञान से युक्त हो जायें और हमारा कोई भी सुधार एक स्थायी, अच्छा और दूरगामी परिणाम देने वाला हो।

प्रश्न यह भी उठता है कि परिवार का मुखिया जिसके द्वारा परिवार का संचालन होता है, यदि वह परिवार के हित व विकास के विषय में कर्म न करता हो तो क्या परिवार का सदस्य उसमें हस्तक्षेप करने का अधिकारी है या नहीं? यही बात देश को चलाने वाले संसद के विषय में भी है। यदि संसद स्वयं देशहित व जनहित के प्रति उदासीन हो जाये तो क्या जनता संसद को मार्गदर्शन देने का अधिकार नहीं रखती? यदि नहीं तो संविधान की धारा-51(ए) के अन्तर्गत नागरिक का मौलिक कर्तव्य की उपयोगिता क्या है? ध्यान रखने योग्य विषय यह है कि कोई भी चुना हुआ प्रतिनिधि सिर्फ उतने ही बड़े क्षेत्र का प्रतिनिधि होता है जिस क्षेत्र से वह चुना जाता है। भारत में ऐसा कोई प्रतिनिधि जनता से नहीं चुना जाता जो भारत का प्रतिनिधित्व करता हो और जब तक भारत का प्रतिनिधित्व करने वाला चुनाव नहीं होता या भारत की जनता का राष्ट्रीय मुद्दों पर विचार कर संसद के कर्तव्य का बोध कराने वाली स्वतन्त्र संस्था नहीं बन जाती, तब तक जनता को संसद को संविधान की धारा-51(ए) के अन्तर्गत नागरिक का मौलिक कर्तव्य के अनुसार न्यायालय व संसद के माध्यम से सरकार को मार्गदर्शन देने का कर्तव्य करना चाहिए जो उसका अधिकार भी है।

वे शब्द जिसके बिना युग परिवर्तन सम्भव नहीं

सन् 1893 से सन् 1993 के 100 वर्षों के समय में विश्व के बौद्धिक शक्ति को जिन्होंने सबसे अधिक हलचल दी वे हैं-धर्म की ओर से स्वामी विवेकानन्द और धार्मिकता की ओर से आचार्य रजनीश"ओशो"। मनुष्य जिस प्रकार भौतिक विज्ञान के नवीन आविष्कारों को आसानी से ग्रहण करता है उसी प्रकार धर्म-आध्यात्म-दर्शन के नवीन आविष्कारों को भी मनुष्य को ग्रहण करना चाहिए, तभी मानसिक-आध्यात्मिक स्वतन्त्रता का अनुभव हो सकेगा। अन्यथा पूर्ण शारीरिक गुलामी का समय बीत चुका, आर्थिक गुलामी का काल चल रहा है और मानसिक गुलामी के काल चक्र में मनुष्य फँस जायेगा।

स्वामी विवेकानन्द जी का कहना था-

- "उसी मूल सत्य की फिर से शिक्षा ग्रहण करनी होगी, जो केवल यहीं से, हमारी इसी मातृभूमि से प्रचारित हुआ था। फिर एक बार भारत को संसार में इसी मूल तत्व का-इसी सत्य का प्रचार करना होगा। ऐसा क्यों है? इसलिए नहीं कि यह सत्य हमारे शास्त्रों में लिखा है वरन् हमारे राष्ट्रीय साहित्य का प्रत्येक विभाग और हमारा राष्ट्रीय जीवन उससे पूर्णतः ओत-प्रोत है। इस धार्मिक सहिष्णुता की तथा इस सहानुभूति की, मातृभाव की महान शिक्षा प्रत्येक बालक, स्त्री, पुरुष, शिक्षित, अशिक्षित सब जाति और वर्ण वाले सीख सकते हैं। तुमको अनेक नामों से पुकारा जाता है, पर तुम एक हो।" (जितने मत उतने पथ, राम कृष्ण मिशन, पृष्ठ-39)।
- "अत: यदि भारत को महान बनाना है, तो इसके लिए आवश्यकता है संगठन की, शक्ति संग्रह की और बिखरी हुई इच्छाशक्ति को एकत्र कर उसमें समन्वय लाने की। अथर्ववेद संहिता की एक विलक्षण ऋचा याद आ गयी जिसमें कहा गया है, "तुम सब लोग एक मन हो जाओ, सब लोग एक ही विचार के बन जाओ। एक मन हो जाना ही समाज गठन का रहस्य है बस इच्छाशक्ति का संचय और उनका समन्वय कर उन्हें एकमुखी करना ही सारा रहस्य है।" (देखें "नया भारत गढ़ो" पृष्ठ संख्या-55)
- "यह भी न भूलना चाहिए कि हमारे बाद जो लोग आएंगे, वे उसी तरह हमारे धर्म और ईश्वर सम्बन्धी धारणा पर हँसेंगे, जिस तरह हम प्राचीन लोगों के धर्म और ईश्वर की धारणा पर हँसते हैं। यह सब होने पर भी, इन सब ईश्वर राम्बन्धित धारणाओं का संयोग करने वाला एक स्वर्ण सूत्र है और वेदान्त का उद्देश्य है-इस सूत्र की खोज करना। भागवान कृष्ण ने कहा है-""भिन्न भिन्न मणियाँ जिस प्रकार एक सूत्र में पिरोयी जा सकती हैं, उसी प्रकार इन सब विभिन्न भावों के भीतर भी एक सूत्र विद्यमान है।" (देखें "ज्ञानयोग", पृष्ठ संख्या-65) ,
- "एक शब्द में वेदान्त का आदर्श है-मनुष्य के सच्चे स्वरूप को जानना।" (देखें "विवेकानन्द राष्ट्र को आह्वान", पृष्ठ सं0-48)।
- यदि हम अपने व्यक्तिगत एवं सामूहिक जीवन में वैज्ञानिक चेतना सम्पन्न एवं आध्यात्मिक एक साथ न हो पाए, तो मानवजाति का अर्थपूर्ण अस्तित्व ही संशय का विषय हो जाएगा। (विज्ञान और आध्यात्मिकता, पृष्ठ-9)
- हमेशा यूरोप से सामाजिक तथा एशिया से आध्यात्मिक शक्तियों का उद्भव होता रहा है एवं इन दोनों शक्तियों के विभिन्न प्रकार के सम्मिश्रण से ही जगत का इतिहास बना है। वर्तमान मानवेतिहास का एक और नवीन पृष्ठ धीरे-धीरे विकसित हो रहा है एवं चारो ओर उसी का चिन्ह दिखाई दे रहा है। कितनी ही नवीन योजनाओं का उद्भव तथा नाश होगा, किन्तु योग्यतम वस्तु की प्रतिष्ठा सुनिश्चित है, सत्य और शिव की अपेक्षा योग्यतम वस्तु और हो ही क्या सकती है? (पत्रावली भाग-1, पृष्ठ-310)

स्वामी विवेकानन्द के अनुसार शब्द से सृष्टि का रहस्य

01. बृहत् ब्रह्माण्ड में भी ब्रह्मा, हिरण्यगर्भ या समष्टि महत् ने पहले अपने आप को नाम के, और फिर बाद में रुप के आकार में अर्थात् इस परिद्दश्यमान जगत के आकार में अभिव्यक्त किया। (भक्ति योग, पृष्ठ-44)
02. यह सारा व्यक्त इन्द्रियग्राह्य जगत रुप है, और इसके पीछे है अनन्त अव्यक्त स्फोट। स्फोट का अर्थ-समस्त जगत की अभिव्यक्ति का कारण शब्द-ब्रह्म है। समस्त नामों अर्थात् भावों की नित्य समवायी उपादान स्वरुप यह नित्य स्फोट ही वह शक्ति है, जिससे भगवान इस विश्व की सृष्टि करते हैं। यही नहीं बल्कि भगवान पहले स्फोट रुप में परिणत हो जाते हैं और तत्पश्चात् अपने को उससे भी स्थूल इस इन्द्रियग्राह्य जगत के रुप में परिणत कर लेते हैं। (भक्ति योग, पृष्ठ-45)
03. इस स्फोट का एक मात्र वाचक शब्द है-"ऊँ"। और चूँकि हम किसी भी उपाय से शब्द को भाव से अलग नहीं कर सकते, इसलिए यह "ऊँ" भी इस नित्य स्फोट से नित्य संयुक्त है। (भक्ति योग, पृष्ठ-45)
04. एकमेव यह "ऊँ" ही इस प्रकार सर्वभावाव्यापी वाचक शब्द है, अन्य कोई भी इसके समान नहीं। स्फोट ही सारे भावों का उपादान है, फिर भी वह स्वयं पूर्ण रुप से विकसित कोई विशिष्ट भाव नहीं है। अर्थात् यदि उन सब भेदों को, जो एक भाव को दूसरे से अलग करते हैं, निकाल दिया जाय, तो जो कुछ बचा रहता है, वही स्फोट है। इसलिए इस स्फोट को "नादब्रह्म" कहते हैं। (भक्ति योग, पृष्ठ-45)
05. जो वाचक शब्द उसे सब से कम विशेषभावापन्न करेगा, पर साथ ही उसके स्वरुप को यथासम्भव पूरी तरह प्रकाशित करेगा, वही उसका सबसे सच्चा वाचक होगा। और यह वाचक शब्द है-एकमात्र "ऊँ" क्योंकि ये तीनों अक्षर अ, उ और म्, जिनका एक साथ उच्चारण करने से "ऊँ" होता है, समान शब्दों के साधारण वाचक के तौर पर लिये जा सकते हैं। (भक्ति योग पृष्ठ, पृष्ठ-46)
06. अक्षर "अ" सारे अक्षरों में सबसे कम विशेषभावापन्न है। इसीलिए भगवान श्रीकृष्ण गीता में कहते हैं-"अक्षरों में मैं "अ" कार हूँ। " (गीता,10/33) स्पष्ट रुप से उच्चारित जितने भी शब्द हैं, उनकी उच्चारण क्रिया मुख में जिह्वा के मूल से आरम्भ होती है और ओठों में आकर समाप्त हो जाती है। "अ" जिह्वा मूल अर्थात् कण्ठ से उच्चारित होता है, और "म" ओठों से होने वाला अन्तिम शब्द है। और "उ" उस शक्ति का सूचक है, जो जिह्वा मूल से आरम्भ होकर मुँह भर में लुढ़कती हुई ओठों में आकर समाप्त हो जाती है। यदि "ऊँ" का उच्चारण ठीक ढंग से किया जाय, तो इसके शब्दोच्चारण की सम्पूर्ण क्रिया सम्पन्न हो जाती है-दूसरे किसी भी शब्द में यह शक्ति नहीं। (भक्ति योग, पृष्ठ-46)
07. जिस प्रकार अल्पतम् विशेष भावात्मक तथा सार्वभौमिक वाचक शब्द "ऊँ" के सम्बन्ध में वाच्य और वाचक आपस में अभेद्य रुप से सम्बद्ध हैं उसी प्रकार वाच्य और वाचक का यह अविच्छिन्न सम्बन्ध भगवान और विश्व के विभिन्न खण्ड भावों पर भी लागू है, अतएव उनमें से प्रत्येक का एक विशिष्ट वाचक शब्द होना आवश्यक है। (भक्ति योग, पृष्ठ-47)
08. ये वाचक शब्द ऋषियों की गम्भीरतम आध्यात्मिक अनुभूति से उत्पन्न हुए हैं और वे भगवान तथा विश्व के जिन विशेष-विशेष खण्ड भाव के वाचक हैं, उन विशेष भावों को यथासम्भव प्रकाशित करते हैं। जिस प्रकार "ऊँ" अखण्ड ब्रह्म का वाचक है, उसी प्रकार अन्यान्य मंत्र भी उसी परम पुरुष के खण्ड-खण्ड भावों के वाचक हैं। ये सभी ईश्वर के ध्यान और प्रकृत ज्ञान की प्राप्ति में सहायक हैं। (भक्ति योग, पृष्ठ-47)
09. सृष्टि के पूर्व ब्रह्म शब्दात्मक बनते है, फिर ओंकारात्मक या नादात्मक होते है। तत्पश्चात पहले कल्पों के विशेष शब्द जैसे-भूः, भुवः, स्व-अथवा गो, मानव, घट, पट इत्यादि का प्रकाश उसी ओंकार से होता है। सिद्ध संकल्प ब्रह्म में क्रमश-एक-एक शब्द के होते ही उसी क्षण उन सब पदार्थो का भी प्रकाश हो जाता है और इस विचित्र जगत् का विकास हो उठता है। अब समझे न कि कैसे शब्द ही सृष्टि का मूल है। -स्वामी विवेकानन्द (विवेकानन्द जी के संग में पृष्ठ-62)
10. यह सारा व्यक्त इन्द्रिय ग्राह्य जगत रूप है, और इसके पीछे है अनन्त अव्यक्त स्फोट। स्फोट का अर्थ-समस्त जगत की अभिव्यक्ति का कारण शब्द-ब्रह्म। समस्त नामों अर्थात् भावों की नित्य समवायी उपादान स्वरूप यह नित्य स्फोट ही वह शक्ति है, जिससे भगवान इस विश्व की सृष्टि करते है। यही नहीं बल्कि भगवान पहले स्फोट-रूप में परिणत हो जाते है और तत्पश्चात अपने को उससे भी स्थूल इस इन्द्रिय ग्राह्य जगत् के रूप में परिणत कर लेते है। -स्वामी विवेकानन्द (राजयोग-पृष्ठ-45)

आचार्य रजनीश"ओशो" का कहना था-

- "श्रीकृष्ण का महत्व अतीत के लिए कम भविष्य के लिए ज्यादा है। सच ऐसा है कि कृष्ण अपने समय से कम से कम पाँच हजार वर्ष पहले पैदा हुये। सभी महत्वपूर्ण व्यक्ति अपने समय से पहले पैदा होते हैं और

सभी गैर महत्वपूर्ण व्यक्ति अपने समय के बाद पैदा होते हैं। बस महत्वपूर्ण और गैर महत्वपूर्ण में इतना फर्क है और सभी साधारण व्यक्ति अपने समय के साथ पैदा होते हैं महत्वपूर्ण व्यक्ति को समझना आसान नहीं होता। उसका वर्तमान और अतीत उसे समझने में असमर्थता अनुभव करता है जब हम समझने योग्य नहीं हो पाते तब हम उसकी पूजा शुरु कर देते हैं या तो हम उसका विरोध करते हैं। दोनों पूजाएं हैं एक मित्र की एक शत्रु की।"

- उसके लिए सब हंसी खेल है, सब लीला है। इसलिए हमने कृष्ण को पूर्णावतार कहा। राम गम्भीर हैं छोटी-छोटी बात का हिसाब रखते हैं। नियम मर्यादा से चलते हैं- मर्यादा पुरूषोत्तम हैं। कृष्ण अमर्याद हैं न कोई नियम है न कोई मर्यादा। कृष्ण के लिए जीवन लीला है।
- धर्म कोई विषय थोड़े ही है। धर्म की कोई सीमा थोड़े ही है। धर्म तो समस्त जीवन का नाम है। जीवन में जो कुछ भी समाविष्ट है, धर्म उस सभी के सम्बन्ध में वक्तव्य देने का हकदार है। राजनीतिज्ञ, धर्म के सम्बन्ध में वक्तव्य नहीं दे सकता क्योंकि राजनीति की सीमा है। लेकिन धार्मिक व्यक्ति, राजनीति के सम्बन्ध में वक्तव्य दे सकता है क्योंकि धर्म की कोई सीमा नही है धर्म असीम है, धर्म तो पूरे जीवन को घेरता है जैसे आकाश घेरता है। धर्म से तो कोई भी चीज छोड़ी नहीं जा सकती। धार्मिक व्यक्ति की दृष्टि तो सब सम्बन्धों में होगी।
- जो एक गुरू बोल रहा है, वह अनन्त सिद्धों की वाणी है। अभिव्यक्ति में भेद होगा, शब्द अलग होंगे, प्रतीक अलग होंगे मगर जो एक सिद्ध बोलता है, वह सभी सिद्धों की वाणी है। इनसे अन्यथा नहीं हो सकता है। इसलिए जिसने एक सिद्ध को पा लिया, उसने सारे सिद्धों की परम्परा को पा लिया। क्योंकि उनका सूत्र एक ही है। कुंजी तो एक ही है, जिसमें ताला खुलता है अस्तित्व का।
- "इस देश को कुछ बाते समझनी होगी। एक तो इस देश को यह बात समझनी होगी कि तुम्हारी परेशानियों, तुम्हारी गरीबी, तुम्हारी मुसीबतों, तुम्हारी दीनता के बहुत कुछ कारण तुम्हारे अंध विश्वासों में है, भारत कम से कम डेढ़ हजार साल पिछे घिसट रहा है। ये डेढ़ हजार साल पूरे होने जरूरी है। भारत को खिंचकर आधुनिक बनाना जरूरी है। मेरी उत्सुकता है कि इस देश का सौभाग्य खुले, यह देश भी खुशहाल हो, यह देश भी समृद्ध हो। क्योंकि समृद्ध हो यह देश तो फिर राम की धुन गुंजे, समृद्ध हो यह देश तो फिर लोग गीत गाँये, प्रभु की प्रार्थना करें। समृद्ध हो यह देश तो मंदिर की घंटिया फिर बजे, पूजा के थाल फिर सजे। समृद्ध हो यह देश तो फिर बाँसुरी बजे कृष्ण की, फिर रास रचे! यह दीन दरिद्र देश, अभी तुम इसमें कृष्ण को भी ले आओंगे तो राधा कहाँ पाओगे नाचनेवाली? अभी तुम कृष्ण को भी ले आओगे, तो कृष्ण बड़ी मुश्किल में पड़ जायेंगे, माखन कहाँ चुरायेगें? माखन है कहाँ? दूध दही की मटकिया कैसे तोड़ोगे? दूध दही की कहाँ, पानी तक की मटकिया मुश्किल है। नलों पर इतनी भीड़ है! और एक आध गोपी की मटकी फोड़ दी, जो नल से पानी भरकर लौट रही थी, तो पुलिस में रिपोर्ट दर्ज करा देगी कृष्ण की, तीन बजे रात से पानी भरने खड़ी थी नौ बजते बजते पानी भर पायी और इन सज्जन ने कंकड़ी मार दी। धर्म का जन्म होता है जब देश समृद्ध होता है। धर्म समृद्ध की सुवास है। तो मैं जरूर चाहता हूँ यह देश सौभाग्यशाली हो लेकिन सबसे बड़ी अड़चन इसी देश की मान्यताएं है। इसलिए मैं तुमसे लड़ रहा हूँ। तुम्हारे लिए।"

व्यक्ति-समाज-राज्य-विश्व की आवश्यकता, भविष्यवक्ताओं की भविष्यवाणीयां, ग्रहों के चालों, सूर्य व चन्द्र ग्रहण, सामाजिक-राजनीतिक विचारकों के विचार-सपनें-उम्मीद इत्यादि युग परिवर्तन की ओर दिशा निर्देश कर रहीं हैं। ऐसे में सृष्टि के लिए सार्वभौम सर्वोच्च अन्तिम अर्थों वाले शब्दों (जिसकी सूची अगले पृष्ठ पर दी गई है।) **पर चर्चा ही एक मात्र युग परिवर्तन का मार्ग है।**

वे सार्वभौम एकात्म शब्द जिसके बिना युग परिवर्तन सम्भव नहीं (सर्वोच्च, अन्तिम और दृश्य)

क्र.सं. विषय क्षेत्र	सम्बन्धित क्षेत्र से मुख्य नाम
01. विश्व क्षेत्र	विश्व संविधान/साहित्य/विचार/सिद्धान्त/प्रबन्ध/दर्शन/मत/मानव/एकता/शान्ति/विकास/स्थिरता/आत्मा / अभिनेता/बुद्धि/राजनीति/क्रांति
02. राज्य क्षेत्र	विश्व (राष्ट्र) ऐजेण्डा–2012+ (WORLD NATION AGENDA-2012+) विश्व व्यवस्था का अधिकतम एवं न्यूनतम साझा कार्यक्रम
03. समाज क्षेत्र	लोक/गण/जन ऐजेण्डा–2012+ (PUBLIC AGENDA-2000+)
04. धर्म क्षेत्र	वेदान्त धर्म स्थापना
05. साहित्य क्षेत्र	विश्व साहित्य–"विश्वभारत" समाहित "विश्वशास्त्र" साहित्य– आदर्श वैश्विक व्यक्ति चरित्र कथा साहित्य
06. सामाज शास्त्र	मानक/जन/गण/लोक शास्त्र
07. धर्मशास्त्र	धर्मयुक्त नाम – कर्मवेदः प्रथम, अन्तिम और पंचम वेद और आधारित उपनिषद् (व्यष्टि एवं समष्टि) सर्वधर्मसमभाव / धर्मनिरपेक्ष नाम – मन की गुणवत्ता का विश्व मानक : शून्य श्रृंखला (व्यष्टि एवं समष्टि)
08. मानक क्षेत्र	मन की गुणवत्ता का विश्व मानक : शून्य श्रृंखला
09. अदृश्य विज्ञान	दृश्य आध्यात्म विज्ञान
10. दृश्य विज्ञान	धर्म विज्ञान या एकात्म विज्ञान (Integration Science)
11. इंजीनियरिंग	सत्य सामाजिक अभियंत्रण (Real Social Engineering)
12. तकनीकी	सत्य सामाजिक तकनीकी (Real Social Technology) : WCM-TLM-SHYAM.C Technology
13. संविधान	विवादमुक्त तन्त्रों पर आधारित संविधान
14. राजनीति	सत्य राजनीति/राजनीति–2012+ (POLITICS-2012+)
15. संगठन	विश्व राजनीतिक पार्टी संघ (World Political Party Organisation- WPPO)
16. शिक्षा	पूर्णज्ञान/पूर्ण शिक्षा प्रणाली/शिक्षा -2012+ (EDUCATION-2012+)
17. राष्ट्र सम्बन्ध	आदर्श राष्ट्रीय नागरिक
18. वेदान्त	कर्म वेदान्त : वेदान्त की अन्तिम शाखा
19. मतवाद	एकात्म कर्मवाद : एकात्म मानवतावाद का व्यावहारिक रुप
20. दार्शनिक	विकास दर्शन (Development Philosophy)
21. क्रांति	संपूर्ण क्रांति (Complete Revolution) : प्रलय, स्थिति एवं सृष्टि
22. सांस्कृतिक	भोगेश्वरः भोग (पाश्चात्य) + ईश्वर (प्राच्य) = एकात्म या ईश्वरत्व भाव से भोग
23. मन	विश्व मन (WOLD MIND)
24. मानव	विश्वमानव (विश्वमन से युक्त)
25. मनु	8वें मनु – सावर्णि मनु
26. अवतार	भगवान विष्णु के 10वें और अन्तिम तथा भगवान शंकर के 22वें और अन्तिम संयुक्तावतार (निष्कलंक कल्कि एवं भोगेश्वर)
27. निराकार ब्रह्म	सार्वभौम सत्य–सिद्धान्त (UNIVERSAL TRUTH-THEORY) : विश्व–बन्धुत्व का सिद्धान्त
28. साकार ब्रह्म	लव कुश सिंह
29. पुनर्जन्म–सत् मार्ग से	बुड्ढा कृष्ण (कृष्ण भाग – 2 और अन्तिम) – कृष्ण की अगली और अन्तिम कड़ी
30. पुनर्जन्म–रज मार्ग से	स्वामी विवेकानन्द का पुनर्जन्म
31. पुनर्जन्म–तम मार्ग से	रावण की अगली कड़ी
32. आत्मा	दृश्य विश्वात्मा/ शिव/ ब्रह्म/ मैं
33. अभिनय	वास्तविक जीवन का अभिनेता (Real Life Actor)
34. बम	ज्ञान बम – आध्यात्मिक न्यूट्रान बम
35. अस्त्र	अनियन्त्रित पशुपास्त्र (नारायणास्त्र या सु–दर्शन चक्र व ब्रह्मास्त्र समाहित)
36. माया	योग माया समाहित भोगमाया
37. ज्ञान	एकात्म कर्मज्ञान (शास्वत) : व्यष्टि एवं समष्टि
38. बुद्धि	विश्व बुद्धि व चेतना या सत्य चेतना : पूर्व व्यक्त सत्य चेतना
39. ध्यान व योग	दृश्य सत्य–क्रियाकलाप–एकात्म योग व ध्यान (अन्तिम योग व अन्तिम ध्यान)
40. मिशन	प्राकृतिक सत्य मिशन (Natural Truth Mission)–सर्वोच्च और अन्तिम मिशन
41. धार्मिक नगर	एकात्म काशी– जीवनदायिनी सत्यकाशी : पंचम, अन्तिम तथा सप्तम काशी
42. शक्ति	आत्मशक्ति (SPIRIT POWER),मस्तिष्क शक्ति (BRAIN POWER), मन शक्ति (MIND POWER),सत्य शक्ति (TRUTH POWER)
43. जीवन कथा	विश्वमानव लीला/दर्पण : दो विपरीत दिशाओं के साथ प्रथम एवं अन्तिम कथा
44. प्रेम और कर्म	शास्वत प्रेम और कर्म
45. समन्वय	अन्तिम समन्वय–सिद्धान्त
46. आचार्य	अन्तिम समन्वयाचार्य
47. कला	विश्वमानव कला (कृष्ण कला समाहित)
48. परिचालन प्रणाली	अवतार का परिचालन प्रणाली : मानव–10 (Avatar's Operating System-AOS : Human-10)
49. शंकराचार्य पीठ	सत्यकाशी पीठ : पंचम और अन्तिम शंकराचार्य पीठ

भाग-9

केन्द्र या मध्य (भारत) में पांचवां और अन्तिम सत्यकाशी पीठ

सत्यकाशी पीठ: स्थान

सत्यकाशी पीठ: इतिहास और उद्देश्य

पाँचवाँ और अंतिम शंकराचार्य पीठ: इसकी विशेषता

"हिन्दू धर्म की जो पकड़ थी, वह इस समय कमजोर पड़ गयी है क्योंकि भारतीय स्वतंत्रता आन्दोलन के समय से राजनेताओं का वर्चस्व बढ़ा और उन्होंने धर्म रक्षकों को दबा दिया, जिसके परिणामस्वरूप 163 साल तक शंकराचार्य की पदवी खाली रही। इसलिए आवश्यक है कि शिक्षा के क्षेत्र में धर्म की स्थापना हो। स्वस्थ एवं श्रेष्ठ साहित्य का सृजन हो। महापुरूषों को घूम-घूम कर सनातन धर्म का प्रचार-प्रसार करना चाहिए जिससे लोगों के हृदय में भारतीय धर्म-शास्त्र के प्रति आस्था-विश्वास बढ़े।"

- स्वामी स्वरूपानन्द (द्वारिका पीठाधीश्वर जगद्गुरू शंकराचार्य)
साभार - दैनिक आज, समाचार पत्र, वाराणसी, दि0 10-5-1997

स्पष्टिकरण

सत्य से सार्वभौम सत्य-सिद्धान्त तक का मार्ग अवतारों का मार्ग है। सार्वभौम सत्य-सिद्धान्त की अनुभूति ही अवतरण है। इसके अंश अनुभूति को अंश अवतार तथा पूर्ण अनुभूति को पूर्ण अवतार कहते है। ग्रन्थों में अवतारों की कई कोटि बतायी गई है जैसे अंशाशावतार, अंशावतार, आवेशावतार, कलावतार, नित्यावतार, युगावतार इत्यादि, जो भी सार्वभौम सत्य-सिद्धान्त को व्यक्त करता है वे सभी अवतार कहलाते हैं। व्यक्ति से लेकर समाज के सर्वोच्च स्तर तक सार्वभौम सत्य-सिद्धान्त को व्यक्त करने के क्रम में ही विभिन्न कोटि के अवतार स्तरबद्ध होते हैं। अवतार मानव मात्र के लिए ही कर्म करते हैं न कि किसी विशेष मानव समूह या सम्प्रदाय के लिए। अवतार, धर्म, धर्मनिरपेक्ष व सर्वधर्मसमभाव से युक्त अर्थात एकात्म से युक्त होते है। इस प्रकार अवतार से उत्पन्न शास्त्र मानव के लिए होते हैं, न कि किसी विशेष मानव समूह के लिए। उत्प्रेरक, शासक और मार्गदर्शक आत्मा सर्वव्यापी है। इसलिए एकात्म का अर्थ संयुक्त आत्मा या सार्वजनिक आत्मा है। अवतारों के प्रत्यक्ष और प्रेरक दो कार्य विधि हैं। प्रत्यक्ष अवतार वे होते हैं जो स्वयं अपनी शक्ति का प्रत्यक्ष प्रयोग कर समाज का सत्यीकरण करते हैं। यह कार्य विधि समाज में उस समय प्रयोग होता है जब अधर्म का नेतृत्व एक या कुछ मानवों पर केन्द्रित होता है। प्रेरक अवतार वे होते हैं जो स्वयं अपनी शक्ति का अप्रत्यक्ष प्रयोग कर समाज का सत्यीकरण जनता एवं नेतृत्वकर्ता के माध्यम से करते हैं। यह कार्य विधि समाज में उस समय प्रयोग होता है जब समाज में अधर्म का नेतृत्व अनेक मानवों और नेतृत्वकर्ताओं पर केन्द्रित होता है।

इन विधियों में से कुल दस अवतारों में से प्रथम सात (मत्स्य, कूर्म, वाराह, नृसिंह, वामन, परशुराम, राम) अवतारों ने समाज का सत्यीकरण प्रत्यक्ष विधि के प्रयोग द्वारा किया था। आठवें अवतार (श्रीकृष्ण) ने दोनों विधियों प्रत्यक्ष ओर प्रेरक का प्रयोग किया था। नवें (भगवान बुद्ध) और अन्तिम दसवें अवतार की कार्य विधि प्रेरक ही है।

सनातन अद्वैत दर्शन के अनुसार यह जगत ही ईश्वर का दृश्य रूप है। ऐसे में सभी ईश्वर हैं। सभी ईश्वर के बहुरूप हैं और सभी में प्रकाशित वही ईश्वरीय सत्ता है। सार्वभौम एकात्म की ओर ले जाने वाले सभी प्रक्षेपित

मानक चरित्र सनातन हैं जैसे ब्रह्मा परिवार, विष्णु परिवार और महेश परिवार। इस सार्वभौम एकात्म की ओर विचार व्यक्त करने वाला अर्थात उसी का प्रचार-प्रसार व स्थापना करने वाला युगावतार तो नहीं हो सकता लेकिन वह अवतार अवश्य होता है क्योंकि उसने भी उस सार्वभौम सत्य-सिद्धान्त का साक्षात्कार किया है।

ईश्वर के मानवीयकरण व मानव के ईश्वरीयकरण के लिए आपके भौतिक शरीर से व्यक्त विश्वात्मा की इच्छा को धर्म क्षेत्र से नाम कर्मवेदः प्रथम, अन्तिम तथा पंचम वेद एवं धर्मनिरपेक्ष क्षेत्र से मन का विश्वमानकः शून्य श्रृंखला समाहित "विश्वशास्त्र-द नाॅलेज आॅफ फाइनल नाॅलेज" के रूप में पूर्ण किया जा चुका है। जिसमें पुराणों का धर्मनिरपेक्ष और सर्वधर्मसमभाव रूप भी सम्पूर्ण मानव जाति को स्पष्ट दृष्टिगत होगा। परिणामस्वरूप भारतीय धर्म शास्त्रों के प्रति विश्वव्यापी आस्था बढ़ना स्वाभाविक है। साथ ही अनेक सत्य-साहित्यों की रचना के लिए भी मार्ग प्रशस्त और रचना कर दिये गये हैं।

तीनों देवताओं ब्रह्मा, विष्णु और शिव-शंकर के मूल गुणों के आधार पर उनके वास्तविक रुप अर्थात् चार वेदों को व्यक्त करने वाले चार मुखों से युक्त सृष्टिकर्ता ब्रह्मा का रुप, चार भुजाओं से युक्त पालनकर्ता विष्णु का रुप तथा ब्रह्मा और विष्णु समाहित पाँचों वेदों को व्यक्त करने वाले पाँच मुखों से युक्त कल्याणकर्ता शिव-शंकर का अन्तिम रुप, तीनों देवताओं का दिव्यरुप कहलाता है। इसी अनुसार शिव-शंकर के अवतार ही केवल पंचमुखी होते हैं। इसी क्रम में पंचमुखी हनुमान और वेद माता मां गायत्री को भी दिखाया गया है। इस अनुसार पांचवें वेद और पांचवें शंकराचार्य पीठ की स्थापना ही युग परिवर्तन की प्रक्रिया का आरम्भ और सनातन विश्व की ओर कदम है।

व्यक्ति-समाज-राज्य-विश्व की आवश्यकता, भविष्यवक्ताओं की भविष्यवाणीयां, ग्रहों के चालों, सूर्य व चन्द्र ग्रहण, सामाजिक-राजनीतिक विचारकों के विचार-सपनें-उम्मीद इत्यादि युग परिवर्तन की ओर दिशा निर्देश कर रहीं हैं। ऐसे में सृष्टि के लिए सार्वभौम सर्वोच्च अन्तिम अर्थों वाले शब्दों पर चर्चा ही एक मात्र युग परिवर्तन का मार्ग है।

आविष्कार उपयोगी होता है, आविष्कारक नहीं।
रचना अधिक समय तक रहती है रचनाकार अदृश्य हो जाता है और रचना के आधार पर अन्य रचना भी होती रहती है।

सनातन विश्व के लिए समस्त प्रक्रिया 150 पुस्तकों के रूप में वेबसाइट

www.64inch.com

पर उपलब्ध है और कार्य समाप्त होता है। व्यक्ति और नेतृत्वकर्ता

अपने धर्म

का पालन करें, समाधान उपलब्ध हो चुका है।

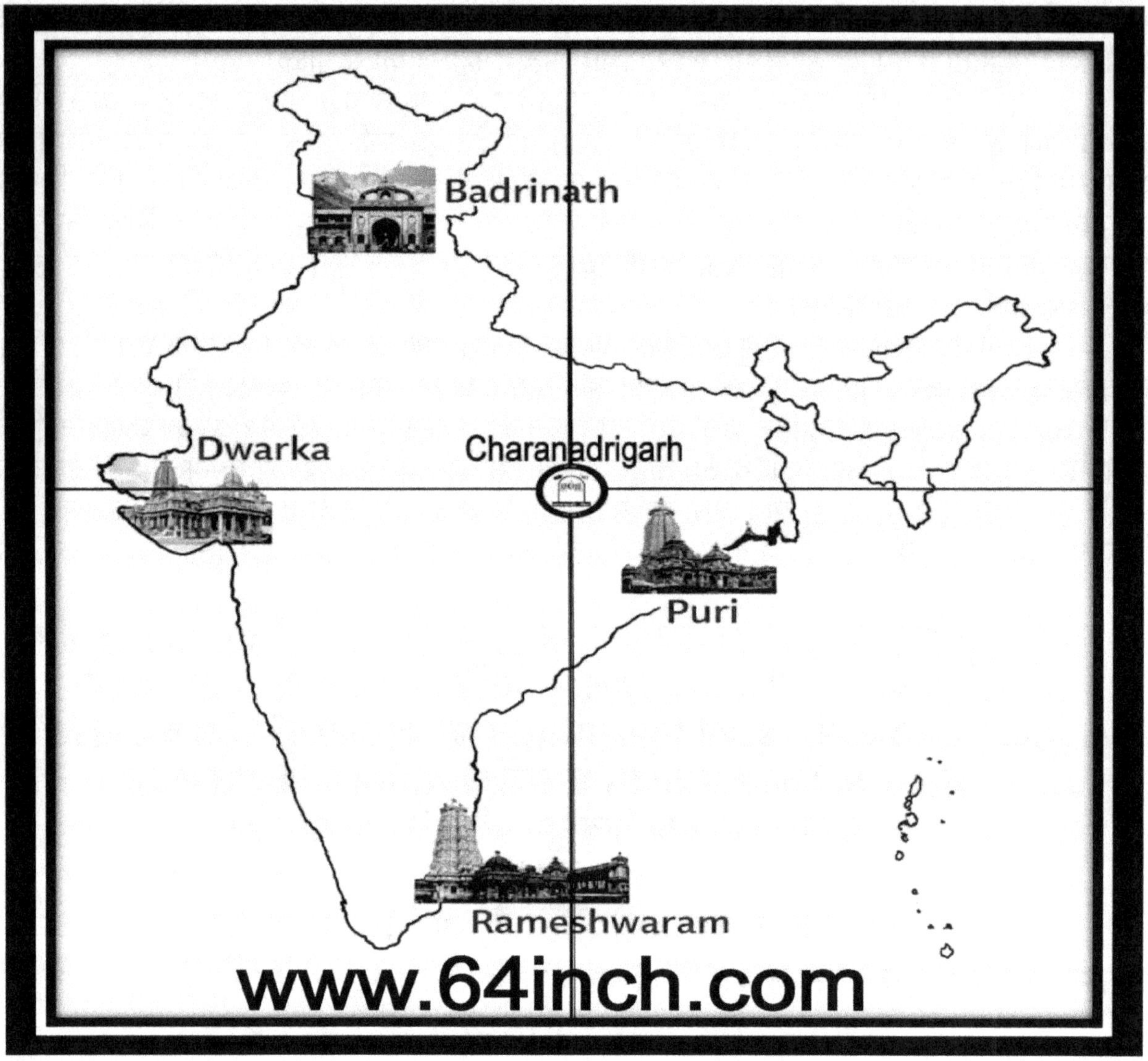

दिशा	पीठ का नाम/ स्थान	उद्देश्य	संबंधित वेद	महावाक्य	तत्व
उत्तर	बदरी ज्योतिर्मठ पीठ उत्तराखंड, जोशीमठ	ज्ञान और विवेक	अथर्ववेद	अयमात्मा ब्रह्म (यह आत्मा ब्रह्म है)	वायु
दक्षिण	श्रींगेरी शारदा पीठ कर्नाटक, श्रींगेरी	स्थिरता और परंपरा	यजुर्वेद	अहम् ब्रह्मास्मि (मैं ब्रह्म हूँ)	पृथ्वी
पूर्व	पुरी गोवर्धनमठ पीठ ओडिशा, पुरी	भक्ति और समर्पण	ऋग्वेद	प्रज्ञानं ब्रह्म (चेतना ब्रह्म है)	जल
पश्चिम	द्वारका शारदा पीठ गुजरात, द्वारका	कर्म और संकल्प	सामवेद	तत्त्वमसि (तू ब्रह्म है)	अग्नि
केन्द्र या मध्य	सत्यकाशी पीठ उत्तर प्रदेश, चरणाद्रिगढ़	चेतना और एकत्व	कर्मवेद	सर्वे ब्रह्म (सभी ब्रह्म हैं)	आकाश

क्षिति, जल, पावक, गगन, समीरा। पंच तत्व मिलि बनेहु शरीरा ।।

सत्यकाशी पीठ: स्थान

मानव जीवन की यात्रा को हम चार स्तरों में देख सकते हैं - **संभल (Shambhal), संभला (Shambhala), ज्ञानगंज (Gyanganj) और संगरीला (Sangrila)**

संभल (Shambhal) को हम भौतिक जगत का प्रतीक मान सकते हैं। यह धरती पर बसा हुआ वास्तविक नगर है, जहाँ लोग रहते हैं, संघर्ष करते हैं और जीवन की यात्रा करते हैं। धार्मिक मान्यता के अनुसार यहाँ भविष्य में कल्कि अवतार का जन्म होगा। इसका अर्थ यह भी है कि संभल हमें यह याद दिलाता है कि परिवर्तन और नवजागरण हमेशा इसी सांसारिक धरती से प्रारंभ होता है।

संभला (Shambhala) आध्यात्मिक जगत का प्रतीक है। यह उस आदर्श समाज और चेतना की ओर संकेत करता है, जहाँ धर्म, करुणा और सत्य का शासन है। बौद्ध ग्रंथों में इसे एक अदृश्य, पवित्र राज्य बताया गया है। इसका दार्शनिक अर्थ यह है कि हर मनुष्य के भीतर एक संभला है - एक ऐसा क्षेत्र जहाँ शांति, संतुलन और धर्म की शक्ति हमेशा जीवित रहती है। यह हमारे भीतर के आदर्श और परम लक्ष्य का रूप है।

ज्ञानगंज (Gyanganj) गूढ़ और रहस्यमय चेतना का प्रतीक है। यह वह क्षेत्र है, जहाँ अमर योगी और सिद्ध रहते हैं, और जो साधारण दृष्टि से छिपा हुआ है। इसका अर्थ यह है कि सत्य और सर्वोच्च ज्ञान कभी सतही रूप में उपलब्ध नहीं होते, बल्कि गहन साधना और आंतरिक परिवर्तन से ही प्राप्त किए जा सकते हैं। ज्ञानगंज हमें यह सिखाता है कि परम सत्य अदृश्य है, परंतु साधना से प्रकट हो सकता है।

इस प्रकार, ये चारों स्तर - **भौतिक, आध्यात्मिक, गूढ़ और आदर्श** - मानव जीवन और चेतना की समग्र यात्रा का प्रतिनिधित्व करते हैं, जहाँ साधना, अनुभव और ज्ञान मिलकर आत्मा को पूर्णता की ओर ले जाते हैं।

इस प्रकार, इन तीनों को मिलाकर देखा जाए तो:

- **संभल** = जीवन और समाज का यथार्थ (भौतिक जगत)
- **संभला** = आदर्श और धर्म का उच्च स्वरूप (आध्यात्मिक जगत)
- **ज्ञानगंज** = रहस्यमय सत्य और अमर ज्ञान (गूढ़ जगत)

ये तीनों मिलकर मानव जीवन की पूर्ण यात्रा का संकेत देते हैं - भौतिक से आध्यात्मिक और फिर गूढ़ एवं परम सत्य तक।

संगरीला (Sangrila/Shangri-La) एक कल्पित पर्वतीय स्थल है, जिसे आदर्श समाज और शांति का प्रतीक माना जाता है। यह जगह सामान्य दृष्टि से अदृश्य या दूरस्थ मानी जाती है, जहाँ जीवन सुखमय, स्वस्थ और सामंजस्यपूर्ण होता है। दार्शनिक रूप से इसे मानव चेतना के उच्चतम स्तर, आत्मा की शांति और आदर्श जीवन का प्रतीक माना जाता है। **संगरीला (Sangrila)** का अर्थ यह भी है कि सच्ची खुशी और संतुलन केवल भीतर की यात्रा और साधना से ही प्राप्त होते हैं, बाहरी समृद्धि से नहीं।

1. **शब्द-संदर्भ में**: "Sangrila" अक्सर "Shangri-La" का रूपांतर होता है, जो कि एक कल्पित, आदर्श, रहस्यमयी और शांति-पूर्ण स्थान है।
2. **दार्शनिक/आध्यात्मिक संदर्भ में**: इसे ज्ञानगंज या संभला जैसे गूढ़ और रहस्यमयी क्षेत्रों के समान माना जा सकता है।
3. **अन्य संदर्भ**: यदि यह किसी किताब, स्थान या परियोजना का नाम है, तो उसका अलग अर्थ हो सकता है।

पीठ (Peeth) स्थापित करने की योजना

उद्देश्य और दर्शन तय करना

- पहले यह स्पष्ट करें कि पीठ का उद्देश्य क्या होगा:
  - **अद्वैत वेदांत का प्रचार**
  - **साधकों का प्रशिक्षण और मोक्ष की ओर मार्गदर्शन**
  - **धार्मिक शिक्षा, योग और ध्यान केंद्रित करना**
- पीठ का नाम "Satyakashi" इसलिए चुना गया है क्योंकि यह **सत्य और ज्ञान के प्रकाश का प्रतीक** है।

गुरु या आध्यात्मिक मार्गदर्शक

- पीठ को वैध और आध्यात्मिक मान्यता प्राप्त करने के लिए **एक योग्य गुरु या शिष्य परंपरा वाला व्यक्ति** आवश्यक है।
- गुरु का कार्य होगा:
  - **साधकों का प्रशिक्षण**
  - **धर्म और वेदांत का प्रचार**
  - **पीठ की प्रतिष्ठा बनाना**

स्थान और इमारत का चयन

- स्थान चुनते समय ध्यान दें:
  - **शांत और आध्यात्मिक वातावरण**
  - **साधकों के लिए आवास और साधना स्थल**
  - **भक्तों और पर्यटकों के आने-जाने की सुविधा**
- इमारत में हो सकते हैं:
  - मुख्य मंदिर / पूजा स्थल
  - ध्यान और साधना कक्ष
  - वेदांत शिक्षण कक्ष
  - गुरुकुल या आश्रम

धार्मिक और आध्यात्मिक गतिविधियाँ

- नियमित क्रियाएँ:

    - **साधना, ध्यान और कीर्तन**
    - **वेदांत और शास्त्र अध्ययन**
    - **धार्मिक कार्यशालाएँ और प्रवचन**
- विशेष आयोजन:
    - **अस्थायी या वार्षिक उत्सव**
    - **अद्वैत वेदांत पर सेमिनार**
    - **साधक प्रशिक्षण शिविर**

समुदाय और साधकों का निर्माण

- पीठ केवल इमारत नहीं, **साधकों और भक्तों का केंद्र** होना चाहिए।
- इसके लिए करें:
    - सामाजिक और आध्यात्मिक गतिविधियों का आयोजन
    - साधकों के लिए निवास और शिक्षा सुविधाएँ
    - पीठ का प्रचार: पुस्तकों, वेबसाइट और सामाजिक मंचों के माध्यम से

आधिकारिक मान्यता और नेटवर्क

- भारत में शंकराचार्य परंपरा के मुख्य पीठों के साथ **संपर्क और मार्गदर्शन**।
- नए पीठ को स्थानीय प्रशासन और धार्मिक संस्थानों से **मान्यता और सहयोग** दिलाना।
- अन्य पीठों और गुरु परिषदों के साथ **संवाद और सहयोग**।

दीर्घकालीन योजना

- पीठ को स्थायी और प्रतिष्ठित बनाने के लिए:
    - नियमित साधना और शिक्षा कार्यक्रम
    - नए साधकों और भक्तों को जोड़ना
    - पीठ के **अध्यात्मिक, सामाजिक और शैक्षिक प्रभाव** को बढ़ाना

निष्कर्ष:

नया **Satyakashi Peeth** बनाया जा सकता है, लेकिन यह केवल इमारत नहीं, बल्कि **ज्ञान, साधना और आध्यात्मिक मार्गदर्शन का केंद्र** होना चाहिए। एक योग्य गुरु, साधक समुदाय और सही दृष्टिकोण इसके लिए अनिवार्य हैं।

अन्तिम अवतार कल्कि
का संभल (Shambhal), संभला (Shambhala), ज्ञानगंज (Gyanganj) और संगरीला (Sangrila) से सम्बन्ध

इसका उत्तर गहराई से समझा जाए तो यह केवल भूगोल या कथा का नहीं, बल्कि चेतना के विकास का रहस्य है।

1. संभल (Shambhal) - अवतार का धरातल

हिन्दू ग्रन्थों में कहा गया है कि **कल्कि अवतार का जन्म 'संभल' नामक स्थान पर होगा।** यह स्थान भौतिक जगत में मौजूद है - उत्तर प्रदेश का एक नगर, परंतु प्रतीक रूप से यह मानवता के भीतर जन्म लेती दिव्यता का संकेत है। जब धर्म क्षीण होता है, तब वही संभल - अर्थात् "संभलने का बिंदु" - अवतार का आधार बनता है।

संभल = पृथ्वी पर दिव्यता का उद्भव बिंदु।

2. संभला (Shambhala) - धर्मराज्य या दिव्य व्यवस्था

बौद्ध और हिन्दू दोनों परम्पराओं में **Shambhala** को धर्म का गुप्त राज्य माना गया है। बौद्ध ग्रंथ 'कालचक्र तंत्र' में कहा गया है कि जब अधर्म चरम पर होगा, तब Shambhala से एक राजा प्रकट होगा जो अधर्म का अंत करेगा - यह प्रतीक रूप से **कल्कि अवतार का ही वर्णन** है।

संभला = दिव्य शासन या धर्मराज्य, जहाँ से कल्कि की प्रेरणा उठती है।

3. ज्ञानगंज (Gyanganj) - सिद्धों का अदृश्य लोक

ज्ञानगंज को अमर योगियों का क्षेत्र कहा जाता है, जहाँ से विश्व के आध्यात्मिक प्रवाह को दिशा मिलती है। कई सिद्ध परंपराएँ मानती हैं कि कल्कि का आध्यात्मिक मार्गदर्शन इन्हीं योगियों द्वारा किया जाएगा।

ज्ञानगंज = दिव्य ऊर्जा और योगिक शक्ति का स्रोत, जहाँ से कल्कि को आत्मिक बल प्राप्त होगा।

4. संगरीला (Sangrila / Shangri-La) - आदर्श समाज या चेतना का चरम स्वरूप

संगरीला का विचार पश्चिमी और तिब्बती रहस्य परंपराओं में आता है - एक अमर, शांति-पूर्ण, आदर्श स्थान, जहाँ कोई रोग, संघर्ष या अधर्म नहीं होता। यह उस अवस्था का प्रतीक है जो **कल्कि युग के बाद की सृष्टि** होगी - अर्थात सत्ययुग का पुनर्स्थापन।

संगरीला = वह दिव्य युग या चेतना का चरम, जो कल्कि अवतार के कार्य का परिणाम है।

सारांश (संक्षेप में सम्बन्ध)

स्तर	प्रतीक	सम्बन्ध कल्कि से
संभल (Shambhal)	भौतिक जन्मभूमि	कल्कि अवतार का पृथ्वी पर अवतरण
संभला (Shambhala)	दिव्य धर्मराज्य	धर्म का पुनःस्थापन करने की शक्ति का उद्गम
ज्ञानगंज (Gyanganj)	गूढ़ योगिक लोक	कल्कि को आत्मिक दिशा और सिद्ध शक्ति का आधार
संगरीला (Sangrila)	आदर्श चेतना का युग	कल्कि कार्य का अंतिम परिणाम - पुनः सत्ययुग

अर्थात् -

संभल में कल्कि अवतरित होते हैं, संभला से उन्हें धर्म की प्रेरणा मिलती है, ज्ञानगंज से योगिक शक्ति, और संगरीला उनके कार्य का लक्ष्य है - सत्य और शांति का पुनर्स्थापन।

सत्यकाशी पीठ: योग्य स्थान

इस संसार को अन्तिम सन्देश देने से पहले आपको उस क्षेत्र से परिचय कराना चाहता हूँ जिस क्षेत्र से यह सन्देश देने का साहस किया गया है क्योंकि कोई भी क्रिया बिना कारण के नहीं होती।

समस्त मूल कार्य जिस क्षेत्र से सम्पूर्ण हुआ, उस क्षेत्र को सत्यकाशी क्षेत्र कहता हूँ और जिस ग्राम का निवासी हूँ वह काशी (वाराणसी) के चौरासी कोस यात्रा तथा सत्यकाशी क्षेत्र का उभय क्षेत्र में स्थित है। इसलिए जितना काशी (वाराणसी) का हूँ उतना ही सत्यकाशी का हूँ। इस प्रकार यह सन्देश काशी-सत्यकाशी का संयुक्त सन्देश है।

सत्यकाशी क्षेत्र जो काशी (वाराणसी), विन्ध्याचल, शिवद्वार और सोनभद्र के बीच का क्षेत्र है, एक पौराणिक-आध्यात्मिक और साधना के लिए उपयुक्त क्षेत्र के रूप में प्राचीन काल से आकर्षण में रहा है। इस क्षेत्र का हृदय क्षेत्र चुनार है। चुनार का किला राजा विक्रमादित्य ने अपने भाई भर्तहरि के तपस्या में हिंसक जानवरों द्वारा व्यवधान न उत्पन्न हो इसके लिए बनवाया था। ये राजा विक्रमादित्य वही हैं जिनके नाम से विक्रम सम्वत् कैलेण्डर स्थापित है। चुनार ईश्वर के पाँचवें अवतार-वामन अवतार का क्षेत्र है जिनसे समाज की शक्ति का प्रथम जन्म हुआ था।

सत्यकाशी क्षेत्र के चारों कोण पर स्थित

1. काशी (वाराणसी) का अपना प्राचीन और पुरातन इतिहास है जो सर्वविदित है।
2. विन्ध्याचल, जो शिव-शक्ति के उपासना का अद्‌भुत केन्द्र है। यशोदा से उत्पन्न पुत्री (जिनके बदले श्रीकृष्ण प्राप्त हुये थे) महासरस्वती अष्टभुजा देवी के नाम से यहीं स्थापित हैं। भारत देश का मानक समय माँ विन्ध्यवासिनी धाम से तय होता है। पुराणों के अनुसार रावण ने भी इसे मानक समय स्थल मानकर यहाँ शिवलिंग की स्थापना की थी।
3. शिवद्वार, त्रिकोणीय तान्त्रिक साधना के लिए जगत विख्यात था और साधना की राजधानी था। इसे ही मीरजापुर गजेटियर में गुप्तकाशी की संज्ञा से अभिकल्पित किया गया है।
4. सोनभद्र, सोन संस्कृति की पौराणिक पृष्ठभूमि वैदिककालीन सभ्यता की पराकाष्ठापरक ऐतिहासिकता से सम्बद्ध है। सन्त परम्पराओं का एक महत्वपूर्ण परिव्रजन इस क्षेत्र में हुआ जिसमें शैव व शाक्त प्रमुख थे। शैव सम्प्रदाय से जुड़े अघोर तन्त्र ने इसे बहुत सराहा और इसे अपनी कर्मभूमि बना लिया। सोन नद के तट पर शव छेदन क्रिया की भी प्रशिक्षा आयुर्वेद के जिज्ञासुओं को दी जाती थी। शैव तन्त्र से प्रभावित अघोर तन्त्र शव-साधना में सिद्धहस्त था और शव में इकार की प्राण प्रतिष्ठा का जीवन्त रूप शिव को दे देना इनकी अलौकिक साधना का चरमोत्कर्ष है। अघोरपन्थी नाम के पश्चात् "राम" का प्रयोग करते थे। इस क्षेत्र में सवर्ण वर्ग में प्रायः ब्राह्मण वर्ग भी राम का प्रयोग अपने नाम में करता है। इस क्षेत्र में पाशुपात तन्त्र के महान साधक लोरिक का नाम विशेष है।

उपरोक्त तो अति संक्षिप्त परिचय है विस्तार से "विश्वशास्त्र" के अध्याय-दो में प्रकाशित है, जिस क्षेत्र से ये विश्व ऐतिहासिक अन्तिम, अपरिवर्तनीय और अटलनीय सन्देश देने का साहस किया गया है।

भौतिक रूप से सत्यकाशी पीठ के लिए योग्य स्थान सत्यकाशी क्षेत्र ही है। सत्यकाशी पीठ उसी अद्वैत वेदान्त पर आधारित है। जिस के आधार पर आदि शंकाराचार्य द्वारा चार पीठों की स्थापना की थी। युग परिवर्तन के लिए आदि शंकाराचार्य द्वारा स्थापित चार पीठों के वर्तमान शंकाराचार्यों का यह दायित्व है कि वे इस श्रृंखला को आगे बढ़ाते हुये धर्म के वैश्विक स्थापना के लिए आगे आयें।

सत्यकाशी पीठ: इतिहास और उद्देश्य

भारत का इतिहास केवल राजाओं और युद्धों का इतिहास नहीं है,
बल्कि यह **चेतना के विकास का इतिहास** है।
हर युग में जब धर्म और राजनीति के बीच संतुलन बिगड़ता है,
तो कोई न कोई पीठ उस संतुलन को पुनर्स्थापित करने के लिए जन्म लेती है।

ऐसा ही एक अद्वितीय उदय है -
"सत्यकाशी पीठ" का,
जो मानवता के अगले अध्याय की भूमिका बन चुका है।

"जहाँ ज्ञान शासन को दिशा देता है,
वहीं शासन धर्म का साधन बन जाता है।"

काशी से सत्यकाशी तक: चेतना की यात्रा

प्राचीन काशी को "मोक्षभूमि" कहा गया,
क्योंकि वहाँ ज्ञान और मृत्यु - दोनों के रहस्य सिखाए जाते थे।
पर सत्यकाशी - ज्ञान का अगला आयाम है।
यह मृत्यु से मुक्ति नहीं, बल्कि **अज्ञान से मुक्ति** की भूमि है।

तीन चरणों में यह यात्रा समझी जा सकती है:

1. **काशी** - व्यक्तिगत मुक्ति का केंद्र।
2. **महाकाशी** - सार्वभौमिक चेतना का केंद्र।
3. **सत्यकाशी** - वैश्विक एकत्व और अद्वैत शासन का केंद्र।

"काशी आत्मा की दीक्षा है,
सत्यकाशी आत्मा का शासन है।"

स्थापना का उद्देश्य

सत्यकाशी पीठ का जन्म केवल धार्मिक नहीं,
बल्कि आध्यात्मिक-राजनीतिक समन्वय की आवश्यकता से हुआ।
विश्व में बढ़ती भौतिकता, असमानता, और नैतिक संकट के बीच
इस पीठ का उद्देश्य है -

1. **धर्म और शासन के बीच अद्वैत संबंध पुनः स्थापित करना।**
2. **राजनीति को आत्मा से जोड़ना।**
3. **विज्ञान, धर्म, और समाज - तीनों का एक समग्र मॉडल प्रस्तुत करना।**

इसके चार प्रमुख सूत्र:

- **धर्म = चेतना की नीति**
- **राजनीति = सेवा की क्रिया**
- **अर्थनीति = संतुलन की व्यवस्था**
- **विज्ञान = सत्य की खोज**

सत्यकाशी की परंपरा और वंश

सत्यकाशी पीठ किसी व्यक्ति द्वारा स्थापित संस्था नहीं है -
यह **ब्रह्म परंपरा का विस्तार** है।
आदि शंकराचार्य ने चार दिशाओं में चार पीठें स्थापित कीं -
पूर्व, पश्चिम, उत्तर, दक्षिण -
जो वेद, धर्म और आत्मज्ञान के केंद्र बने।

परंतु कालान्तर में जब राजनीति धर्म से अलग और धर्म समाज से अलग हुआ,
तो **पाँचवीं पीठ** की आवश्यकता पड़ी -
जो अद्वैत दर्शन को शासन की नीतियों में उतार सके।

"चार पीठों ने धर्म को जीवित रखा,
पाँचवीं पीठ उसे जीवन में उतारेगी।"

सत्यकाशी का उद्देश्य – धर्म का पुनर्निर्माण, शासन का पुनर्जागरण

आज की मानवता धर्म को या तो संप्रदाय मानती है या अनुष्ठान।
पर सत्यकाशी कहता है -

"धर्म = जीवन की वैज्ञानिक व्यवस्था।"

इस पीठ का उद्देश्य है -
धर्म को **व्यवहार में**, राजनीति को **सेवा में**,
और विज्ञान को **चेतना में** बदलना।

इसके तीन प्रमुख लक्ष्य:

1. **आध्यात्मिक शासन (Spiritual Governance):**
   जहाँ नीतियाँ करुणा और सत्य पर आधारित हों।
2. **चेतना आधारित शिक्षा (Conscious Education):**
   जहाँ बच्चों को ज्ञान नहीं, आत्मा से जोड़ने की विधि सिखाई जाए।
3. **वैश्विक समरसता (Global Oneness):**
   जहाँ राष्ट्रवाद का स्थान "मानववाद" ले ले।

सत्यकाशी और मानवता का भविष्य

सत्यकाशी केवल एक धार्मिक केंद्र नहीं,
बल्कि मानवता का भविष्य मॉडल है।

यह वह स्थान है जहाँ -

- विज्ञान और वेदांत मिलते हैं,
- राजनीति और करुणा जुड़ते हैं,
- और व्यक्ति स्वयं में "राजऋषि" बनता है।

"जब शासक साधक बन जाएगा,
तब ही पृथ्वी पर धर्मराज्य स्थापित होगा।"

निष्कर्ष

सत्यकाशी पीठ का इतिहास कोई कालखंड नहीं,
बल्कि एक **युग की उद्‌घोषणा** है।
यह उस समय का प्रतीक है
जब ब्रह्मज्ञान शासन का केंद्र बनेगा,
और शासन ब्रह्म की सेवा बन जाएगा।

"सत्यकाशी केवल एक स्थान नहीं -
वह चेतना की वह ज्योति है
जो युगों से अंधकार में जलती रही है।"

पाँचवाँ और अंतिम शंकराचार्य पीठ: इसकी विशेषता

आदि शंकराचार्य ने चार दिशाओं में चार पीठों की स्थापना की -
उत्तर में **ज्योतिर्मठ (बद्रीनाथ)**,
दक्षिण में **श्रृंगेरी पीठ**,
पूर्व में **गौड़पीठ (पुरी)**,
और पश्चिम में **द्वारका शारदापीठ**।

इन चारों पीठों ने धर्म की लौ को जलाए रखा -
ज्ञान, भक्ति, कर्म और योग - चारों मार्गों के संतुलन से।
परंतु जैसे-जैसे युग आगे बढ़ा,
मानवता की चुनौती केवल धर्म रक्षा नहीं रही,
बल्कि **धर्म को शासन, विज्ञान और समाज में जीवित रखना** बन गई।

इसी आवश्यकता से जन्म लेता है -
पाँचवाँ और अंतिम शंकराचार्य पीठ - "सत्यकाशी पीठ।"

"चार पीठों ने धर्म को सुरक्षित रखा,
पाँचवाँ पीठ धर्म को सार्वभौमिक बना देगा।"

पाँचवाँ पीठ क्यों आवश्यक हुआ

शंकराचार्य का कार्य केवल धार्मिक पुनर्जागरण नहीं था;
वह चेतना की क्रांति थी।
उनकी परंपरा ने अद्वैत का सिद्धांत दिया -
कि **सभी भिन्नताएँ एक ही परमसत्य की लहरें हैं।**

परंतु आधुनिक युग में -

- धर्म राजनीति से अलग हुआ,
- ज्ञान आस्था से अलग हुआ,

- और मनुष्य स्वयं अपने अस्तित्व से अलग हो गया।

ऐसे समय में आवश्यक था
कि अद्वैत केवल दर्शनशास्त्र न रह जाए,
बल्कि राजनीति और जीवन का सिद्धांत बन जाए।
इसी हेतु स्थापित हुआ -
सत्यकाशी पीठ - पाँचवाँ और अंतिम शंकराचार्य पीठ।

इसकी स्थापना का प्रतीकात्मक अर्थ

चार पीठें **चार तत्वों (पृथ्वी, जल, अग्नि, वायु)** से संबंधित हैं,
जबकि पाँचवाँ पीठ **आकाश तत्व** का प्रतीक है -
अर्थात् सर्वव्यापक चेतना।

दिशा	पीठ	तत्व	उद्देश्य
पूर्व	पुरी (गौड़)	जल	भक्ति और समर्पण
पश्चिम	द्वारका	अग्नि	कर्म और संकल्प
उत्तर	ज्योतिर्मठ	वायु	ज्ञान और विवेक
दक्षिण	श्रृंगेरी	पृथ्वी	स्थिरता और परंपरा
केंद्र	**सत्यकाशी**	**आकाश**	**चेतना और एकत्व**

"आकाश सबको जोड़ता है -
उसी तरह सत्यकाशी सभी परंपराओं को एक चेतना में जोड़ता है।"

पाँचवाँ पीठ - अद्वैत का आधुनिक रूप

सत्यकाशी पीठ का लक्ष्य अद्वैत को केवल ध्यान या उपनिषद तक सीमित नहीं रखना,
बल्कि उसे शासन और समाज की नीतियों में उतारना है।

इसका सार है -
"अद्वैत शासन" = ऐसा तंत्र जहाँ आत्मा और राज्य में कोई विभाजन न हो।
यह पीठ आत्मा-केन्द्रित राजनीति का सिद्धांत प्रस्तुत करती है -
जहाँ सत्ता साधना है,
शासन सेवा है,
और नेतृत्व तप है।

सत्यकाशी पीठ की पाँच विशेषताएँ

1. अद्वैत का संस्थागत रूप

यह पीठ अद्वैत को केवल तत्वज्ञान नहीं,
बल्कि संस्थागत चेतना बनाती है।
धर्म, शिक्षा, राजनीति, अर्थ और विज्ञान -
सभी को एकसूत्र में बाँधती है।

2. राजऋषि परंपरा का पुनर्जागरण

आदर्श शासक वही है जो साधक भी हो।
सत्यकाशी इस परंपरा को पुनर्जीवित करता है -
जहाँ राज्य का मार्गदर्शन ऋषियों द्वारा होता है।

3. विज्ञान और अध्यात्म का संगम

यह पीठ "Consciousness Studies" और "Spiritual Technology"
को एक साथ लाकर मानव चेतना के विकास को वैज्ञानिक दृष्टि देती है।

4. वैश्विक धर्म - Beyond Religion

सत्यकाशी का धर्म किसी संप्रदाय का नहीं,
बल्कि "मानवता की आत्मा" का है।
यह कहता है -

"जो सत्य को खोजता है, वही सनातन है।"

5. राज्य और आत्मा का समन्वय

यह पीठ बताती है कि शासन तंत्र तभी स्थायी है
जब वह आत्मिक अनुशासन पर आधारित हो।
यह "राजनीति का आध्यात्मिकीकरण" है,
जिसे भविष्य की सभ्यता का आधार माना गया है।

"अंतिम शंकराचार्य पीठ" क्यों कहा गया

चार पीठें धर्म की दिशा का प्रतीक थीं,
पाँचवाँ पीठ **धर्म की दिशा से परे उसकी पूर्णता** का प्रतीक है।
यह अब किसी भौगोलिक क्षेत्र के लिए नहीं,
बल्कि पूरे विश्व की चेतना के लिए है।

"जब मनुष्य का धर्म मानवता होगा,
तब सत्यकाशी पाँचवाँ ही नहीं, अंतिम पीठ सिद्ध होगा।"

सत्यकाशी पीठ का दार्शनिक आधार

इस पीठ की जड़ें तीन सूत्रों पर टिकी हैं -

1. **ब्रह्म सत्यम्** - सत्य सर्वत्र है।
2. **जगत् मिथ्या** - भेद, संप्रदाय और हिंसा केवल अज्ञान की छाया हैं।
3. **जीवो ब्रह्मैव नापरः** - प्रत्येक व्यक्ति ब्रह्म का ही अंश है।

यही दर्शन राजनीति में यह रूप लेता है -

दर्शन	राजनीतिक रूप
ब्रह्म सत्यम्	राज्य का आधार सत्य और नीति
जगत मिथ्या	जाति, रंग, धर्म से ऊपर समानता
जीवो ब्रह्मैव	प्रत्येक नागरिक में दिव्यता का सम्मान

निष्कर्ष

सत्यकाशी पीठ शंकराचार्य की परंपरा का समापन नहीं,
बल्कि उसका परिपूर्ण रूप है।
यह धर्म, राजनीति, और चेतना -
तीनों के संगम से एक नया युग **आरंभ करता है।**

"पहले चार पीठों ने दिशा दी,
पाँचवें ने दिशा को प्रकाश बना दिया।"

सत्यकाशी पीठ इसलिए अंतिम है -
क्योंकि यह अद्वैत को सिद्धांत नहीं,
बल्कि जीवित अनुभव बना देता है।

भाग-10
सत्यकाशी पीठ के कार्य

धारा-उद्धार: धर्म की पुनर्स्थापना

मनुष्य चेतना का रूपांतरण

साधना, दीक्षा और आध्यात्मिक अनुष्ठान

वैश्विक कार्य: मानवता के लिए संदेश

शिव-तत्व और कल्कि-तत्व का मिलन

"सार्वभौम सत्य-सिद्धान्त" पर आधारित "युग परिवर्तन श्रृंखला" के नवयुग के शास्त्र-साहित्य

धारा-उद्धार: धर्म की पुनर्स्थापना

सत्यकाशी पीठ का प्रथम और सर्वोपरि कार्य है-**धारा-उद्धार**, अर्थात वह दिव्य धारा जो युगों से मलीन, विभ्रांत या विकृत हो चुकी है, उसे पुनः शुद्ध स्वरूप में प्रवाहित करना। "धर्म" शब्द यहाँ किसी संप्रदाय, पद्धति या विचारधारा का नाम नहीं; धर्म का अर्थ है-**जगत की अंतर्निहित समरसता, सत्य और सृष्टि-नियम**।

जब युग बदलता है, धर्म की धारा अवरुद्ध हो जाती है।
सत्य केवल ग्रंथों में रह जाता है, इसके प्रयोग का बल खो जाता है।
लोग अनुष्ठान तो करते हैं, पररस के बिना;
मंत्र तो बोलते हैं, पर अर्थ के बिना;
धर्म का नाम तो लेते हैं, पर धर्म का जीवन नहीं जीते।

सत्यकाशी पीठ इस जड़ता को तोड़ता है।

यह धारा-उद्धार तीन प्रकार से होता है:

1. सत्य-दृष्टि का पुनर्जागरण

लोगों में सत्य को पहचानने और जीने की क्षमता पुनः सक्रिय होती है।
यह क्षमता बिना किसी प्रवचन-केवल चेतना-संक्रमण से जगती है।

2. धर्म का प्रयोगशाला-रूप

सत्यकाशी पीठ धर्म को जीवन के केंद्र में स्थापित करता है।
धर्म यहाँ सिद्धांत नहीं-व्यवहार और चरित्र का प्रवाह है।

3. युग-धर्म की घोषणा

हर युग का धर्म अलग होता है।
कलियुग से सतयुग में प्रवेश के लिए जो धर्म आवश्यक है-योग, करुणा, सत्य, उच्च चेतना, मानव-एकत्व-उसका पुनःस्थापन पीठ के मुख्य कार्यों में है।

इस प्रकार, धारा-उद्धार वह बीज है जिससे नए युग की पूरी फसल अंकुरित होती है।

मनुष्य चेतना का रूपांतरण

युग परिवर्तन का मूल आधार मनुष्य की बाहरी परिस्थितियाँ नहीं-उसकी **भीतर की चेतना** है। सत्यकाशी पीठ का दूसरा मुख्य कार्य इसी रूपांतरण से जुड़ा है।

मनुष्य आज बुद्धि में प्रबल है, पर चेतना में सुप्त।
ज्ञान बहुत है, पर विवेक कम।
सूचना बहुत है, पर अनुभूति नहीं।
असंतोष बहुत है, पर दिशा नहीं।

पीठ का उद्देश्य मनुष्य को बाहरी उपलब्धियों से हटाकर भीतर की यात्रा में प्रवेश कराना है।

रूपांतरण के चार चरण

1. जागरण (Awakening)

मनुष्य स्वयं से पहला प्रश्न पूछता है-"मैं कौन हूँ?"
यह प्रश्न जन्म देता है।

2. शुद्धि (Purification)

पुराने संस्कार, भय, भ्रम और अहंकार टूटने लगते हैं।

3. विस्तार (Expansion)

चेतना शरीर-मन से आगे बढ़कर सूक्ष्म और कारण-स्तरों को अनुभव करने लगती है।

4. परिणति (Realization)

मनुष्य अपने भीतर स्थित दिव्य-सत्ता को पहचान लेता है।
यही "नया मनुष्य" है-युग परिवर्तन का वाहक।

पीठ का कार्य प्रत्येक साधक को इन चार चरणों के मार्ग से गुज़ारना है-धीरे, सहज, और सामूहिक ऊर्जा के साथ।

साधना, दीक्षा और आध्यात्मिक अनुष्ठान

हर परिवर्तन की जड़ अनुशासन और साधना है।
सत्यकाशी पीठ में साधना केवल ध्यान या मंत्र नहीं-यह एक पूर्ण जीवन-शास्त्र है।

1. साधना (Spiritual Practice)

- आंतरिक शांति
- चेतना का विस्तार
- ऊर्जा का स्थिरीकरण
- स्मृति-शोधन
- आत्म-प्रकाश

पीठ की साधना आधुनिक मन के अनुसार सरल, गहरी और प्रभावकारी है।
यह शरीर, मन, प्राण और चेतना-सभी स्तरों पर काम करती है।

2. दीक्षा (Initiation)

दीक्षा बाहरी कर्म नहीं-ऊर्जा का आंतरिक स्थानांतरण है।
यह वह क्षण है जब साधक की चेतना में युग-ऊर्जा का बीज रोपा जाता है।
यह बीज धीरे-धीरे जागता है और साधक स्वयं एक "चेतना-केंद्र" बन जाता है।

3. अनुष्ठान (Rituals)

अनुष्ठान ब्रह्मांडीय ऊर्जा को पृथ्वी पर स्थिर करने के उपकरण हैं।
सत्यकाशी पीठ में अनुष्ठान प्राचीन और आधुनिक दोनों हैं-
वे बाहरी प्रतीकों से अधिक आंतरिक परिवर्तन पर आधारित हैं।

अनुष्ठान केवल पूजा नहीं-वे प्रकाश का आह्वान हैं।

वैश्विक कार्य - मानवता के लिए संदेश

सत्यकाशी पीठ का कार्य किसी एक देश, संस्कृति या समुदाय तक सीमित नहीं।
युग परिवर्तन हमेशा वैश्विक होता है-इसलिए उसका संदेश भी वैश्विक होता है।

आज मानवता कई स्तरों पर विभाजित है-
भाषा, धर्म, राजनीति, अर्थव्यवस्था, जाति, विचार।
पर चेतना का सत्य इन सभी से ऊपर है।

सत्यकाशी पीठ का वैश्विक संदेश यही है:

1. मानव एक है

भिन्नता केवल बाहरी है; भीतर सबमें एक ही प्रकाश विद्यमान है।

2. पृथ्वी हमारा साझा आश्रम है

मानवता को पृथ्वी-चेतना के साथ सुसंगत होना होगा।

3. धर्म संघर्ष नहीं-एकता का मार्ग है

सभी पवित्र परंपराएँ एक ही सत्य के भिन्न द्वार हैं।

4. विज्ञान और अध्यात्म एक-दूसरे के पूरक हैं

दुनिया का नया युग तभी जन्म लेगा जब विज्ञान चेतना को समझेगा, और अध्यात्म विज्ञान को अपनाएगा।

5. कल्कि-ऊर्जा सार्वभौमिक है

यह ऊर्जा किसी राष्ट्र का, पंथ का, या समूह का स्वामित्व नहीं;
यह सम्पूर्ण मानवता का जन्मसिद्ध अधिकार है।

सत्यकाशी पीठ का उद्देश्य इसी संदेश को विश्व तक पहुँचाना है-शब्द, कला, ध्यान, साधना, विज्ञान और ऊर्जा के माध्यम से।

शिव-तत्व और कल्कि-तत्व का मिलन

युग परिवर्तन का अंतिम रहस्य दो महाशक्तियों के मिलन में निहित है-
शिव-तत्व और **कल्कि-तत्व**।

शिव-तत्व

संहार, मौन, तत्त्व-ज्ञान, समाधि और शून्य का प्रतिनिधि।
यह सभी रूपों का विसर्जन है-स्रोत में लौटना।

कल्कि-तत्व

नव-सृष्टि, धर्मस्थापन, ऊर्जा का उत्थान और युग-चक्र का पुनर्मूल्यांकन।
यह समय को पुनः संतुलित करने वाली शक्ति है।

दोनों का मिलन तब होता है जब:

- पुराना युग समाप्त हो रहा हो
- नया युग जन्म ले रहा हो
- पृथ्वी अपनी चेतना बदल रही हो
- मानवता परिवर्तन की पुकार कर रही हो

शिव-तत्व पुरातन को शून्य करता है,
और उसी शून्य में कल्कि-तत्व नया ब्रह्मांडीय क्रम स्थापित करता है।

सत्यकाशी पीठ इसी मिलन का केंद्र है-
जहाँ **शिव का मौन** और **कल्कि का उदय**
एक साथ कार्य करते हैं।

यही मिलन युग के नये चक्र की शुरुआत है-
यहीं से सतयुग का नया सूर्योदय होता है।

"सार्वभौम सत्य-सिद्धान्त" पर आधारित "युग परिवर्तन श्रृंखला" के नवयुग के शास्त्र-साहित्य

विभिन्न सम्प्रदाय (धर्म), जाति, मत, दर्शन इत्यादि में विभाजित इस मानव समाज में वर्तमान तथा आने वाले भविष्य के समय की मूल आवश्यकता है- मानव के मनो का एकीकरण अर्थात मानव मन का भूमण्डलीकरण एवं ब्रह्माण्डीयकरण। इसकी आवश्यकता इसलिए भी है क्योंकि मानव अपने विज्ञान व तकनीकी ज्ञान से प्राप्त संसाधनो का प्रयोग करते हुये, एक तरफ तो ब्रह्माण्ड की ओर चल पड़ा है तो दुसरी तरफ विध्वंस के लिए अनेक हथियारों का भी निर्माण कर चुका है। ऐसी स्थिति में हमें निश्चित रूप से ऐसे एकीकरण की आवश्यकता है जिससे हम इस पृथ्वी से मानसिक स्तर के विवादों को समाप्त कर सकें।

माया सभ्यता के अनुसार विश्व के मानव समाज यह भी मान रहें हैं कि 21 दिसम्बर, 2012 को दुनिया का अन्त हो जायेगा। जबकि हिन्दू धर्म शास्त्र विष्णु पुराण, भागवत पुराण, अग्नि पुराण, गरूड़ पुराण, पद्म पुराण इत्यादि में भगवान के दसवें और महाअवतार "कल्कि" का होना अभी शेष है। जिनसे कलियुग के अंधकार व विनाश को समाप्त करने का कार्य सम्पन्न होगा, साथ ही सत्ययुग का आरम्भ होगा। सिक्ख धर्म के पवित्र ग्रन्थ "दशम् ग्रन्थ" में भी "कल्कि अवतार" का वर्णन मिलता है।

सृजन और विनाश, का स्तर शारीरिक, आर्थिक व मानसिक होता है। जो एक व्यक्ति, समाज, देश और विश्व राष्ट्र के लिए होता है। व्यक्ति पर हुये शारीरिक, आर्थिक व मानसिक सृजन और विनाश को व्यक्ति ही अनुभव करता है परन्तु समाज, देश और विश्व राष्ट्र पर हुये शारीरिक, आर्थिक व मानसिक सृजन व विनाश को सार्वजनिक रूप से सभी देखते है। समाज, देश और विश्व राष्ट्र पर शारीरिक व आर्थिक सृजन और विनाश वर्तमान में तो चल ही रहा है जिसे सार्वजनिक रूप से मानव समाज देख रहा है।

भौतिकवादी पश्चिमी संस्कृति किसी भी सृजन व विनाश को मानसिक स्तर पर सोच ही नहीं सकता क्योंकि वह समस्त क्रियाकलाप को बाह्य जगत में ही घटित होता समझाता है जबकि वर्तमान समय मानसिक स्तर पर विनाश व सृजन का है। इस आधार पर यह कहा जा सकता है कि माया सभ्यता के अनुसार 21 दिसम्बर, 2012 को जो विनाश व सृजन होगा, वह मानसिक स्तर का ही होगा। जिसके परिणामस्वरूप सभी सम्प्रदाय, मत, दर्शन एक उच्च स्तर के विचार या सत्य में विलीन अर्थात विनाश को प्राप्त करेगा। फलस्वरूप उच्च स्तर के विचार या सत्य में स्थापित होने से सृजन होगा। कुल मिलाकर माया सभ्यता के कैलेण्डर का अन्त तिथि 21 दिसम्बर, 2012, दुनिया के अन्त की तिथि नहीं बल्कि वह वर्तमान युग के अन्त की अन्तिम तिथि का अनुमान है जिसके बाद नये युग का आरम्भ होगा।

ईश्वर भी इतना मूर्ख व अज्ञानी नहीं है कि वह स्वयं को इस मानव षरीर में पूर्ण व्यक्त किये बिना ही दुनिया को नष्ट कर दे। इसके सम्बन्ध में हिन्दू धर्म शास्त्रों में सृष्टि के प्रारम्भ के सम्बन्ध में कहा गया है कि- "ईश्वर ने इच्छा व्यक्त की कि मैं एक हूँ, अनेक हो जाऊँ"। इस प्रकार जब वही ईश्वर सभी में है तब निश्चित रूप से जब तक सभी मानव ईश्वर नहीं हो जाते तब तक दुनिया के अन्त होने का कोई प्रश्न ही नहीं उठता। और विकास क्रम चलता रहेगा।

21 दिसम्बर, 2012 के बाद का समय नये युग के प्रारम्भ का समय है जिसमें ज्ञान, ध्यान, चेतना, भाव, जन, देश, विश्व राष्ट्र, आध्यात्मिक जागरण, मानवता इत्यादि का विश्वव्यापी विकास होगा। परिणामस्वरूप सभी मानव को ईश्वर रूप में स्थापित होने का अवसर प्राप्त होगा। और यही विश्व मानव समाज की मूल आवश्यकता है। प्राचीन वैदिक काल में समाज को नियंत्रित करने के लिए ज्ञानार्जन सबके लिए खुला नहीं था परन्तु वर्तमान और भविष्य की आवश्यकता यह है कि समाज को नियंत्रित करने के लिए सभी को पूर्ण ज्ञान से युक्त कर सभी के लिए ज्ञान को खोल दिया जाय। यही कारण था कि वेद को प्रतीकात्मक रूप में लिख कर गुरू-शिष्य परम्परा द्वारा उसकी व्याख्या की जाती रही थी जिससे राजा और समाज को नियंत्रण में रखा जा सके।

सभी मानव को ईश्वर रूप में स्थापित होने के लिए जो माध्यम चाहिए वह है-"एकात्म विज्ञान" व "ईश्वर शास्त्र" विषय से मानव को शिक्षित करना और शिक्षा पाठ्यक्रम में अनिवार्य रूप से अध्ययन के लिए शामिल कराया जा सके।

"सार्वभौम सत्य-सिद्धांत"पर आधारित "युग परिवर्तन श्रृंखला" मानवता के अगली पीढ़ी के उदय के लिए

"नये युग" में "नये भारत" के लिए "नवीन मान-राग-प्राण" पर आधारित क्रियान्वयन प्रणाली (Operation System)-मानव-10 (MANAV-10) की पुस्तकें

यह नई पीढ़ी (Gen-Z) के लिए "विकसित भारत" और "मानव-10 प्रणाली" (MANAV-10 System) को प्रोत्साहित करने वाली श्रृंखला का हिस्सा है। अर्थात् यह पुस्तक किसी धर्म, जाति या मत से ऊपर उठकर "Universal Truth Principles" की ओर संकेत करती है।

मुद्रित (Printed Hard Copy) पुस्तक के लिए लिंक(Link)

https://notionpress.com/author/lava_kush

E_Book के लिए

www.64inch.com

द्वापर युग में आठवें अवतार श्रीकृष्ण द्वारा प्रारम्भ किया गया कार्य नवसृजन के
प्रथम भाग सार्वभौम ज्ञान के शास्त्र "गीता" के बाद
कलियुग में
द्वितीय और अन्तिम भाग "सार्वभौम कर्मज्ञान" और
"पूर्णज्ञान का पूरक शास्त्र"

विश्व युद्ध के पहले
दिव्य दृष्टि
सत्यकाशी पीठ
पांचवां और अन्तिम शंकराचार्य पीठ

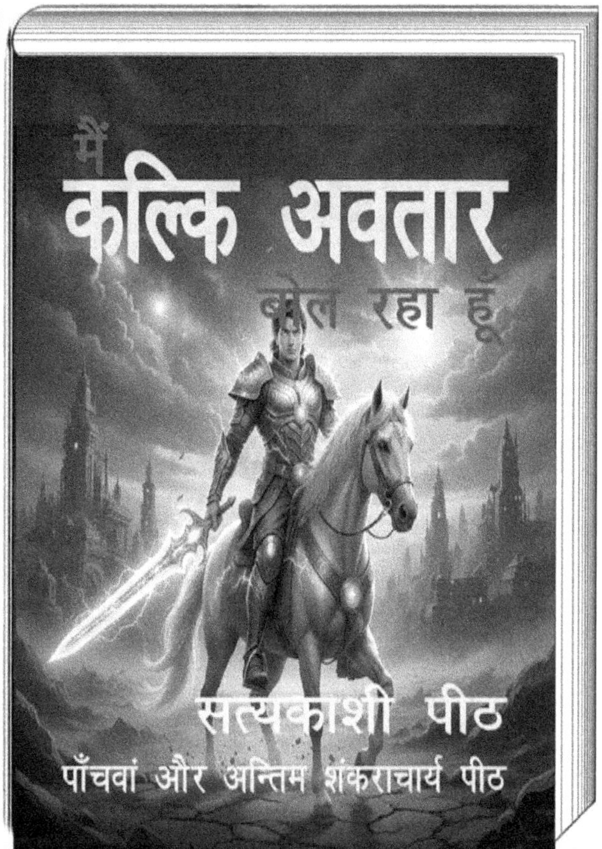
मैं
कल्कि अवतार
बोल रहा हूँ
सत्यकाशी पीठ
पाँचवां और अन्तिम शंकराचार्य पीठ

समष्टि गीता
सत्यकाशी पीठ
पाँचवां और अन्तिम शंकराचार्य पीठ

फिल्म स्क्रीप्ट
राइटिंग
IDEAS
You are
the writer
of
your life
FRESH
Ideas
Writing is
designing with
words
creative
THINKING
LIGHTS
CAMERA
ACTION
Short Films.
लव कुश सिंह "विश्वमानव"

प्रारम्भिक सत्य
अन्तिम
दृष्टि
सत्यकाशी पीठ
पाँचवां और अन्तिम शंकराचार्य पीठ

सत्य धर्म
युग परिवर्तक
दृष्टि
सत्यकाशी पीठ
पाँचवां और अन्तिम शंकराचार्य पीठ

सत्य दार्शनिक-दर्शन
और
कर्म वेदान्त-विकास
दर्शन
सत्यकाशी पीठ
पाँचवां और अन्तिम शंकराचार्य पीठ

सत्य शास्त्र
एवं
पुराण-रहस्य
महर्षि व्यास
कला
सत्यकाशी पीठ
पाँचवां और अन्तिम शंकराचार्य पीठ

संत एवं गुरु
और
विश्वसंत एवं गुरु
सत्यकाशी पीठ
पाँचवां और अन्तिम शंकराचार्य पीठ

समाज और
ईश्वरीय समाज
सत्यकाशी पीठ
पाँचवां और अन्तिम शंकराचार्य पीठ

सत्य शास्त्र और
विश्वशास्त्र
सत्यकाशी पीठ
पाँचवां और अन्तिम शंकराचार्य पीठ

कृति
और
विश्व
कृति
सत्यकाशी पीठ
पाँचवां और अन्तिम शंकराचार्य पीठ

भारत माता मन्दिर
और
विश्वधर्म मन्दिर
सत्यकाशी पीठ
पाँचवां और अन्तिम शंकराचार्य पीठ

महाभारत
और
विश्वभारत
सत्यकाशी पीठ
पाँचवां और अन्तिम शंकराचार्य पीठ

संविधान और
विश्व संविधान
सत्यकाशी पीठ
पांचवां और अन्तिम शंकराचार्य पीठ

शिक्षा और
पूर्ण शिक्षा
सत्यकाशी पीठ
पांचवां और अन्तिम शंकराचार्य पीठ

देवता और सार्वभौम देवता
कल्कि
सत्यकाशी पीठ

माँ कल्कि

द्वादस ज्योतिर्लिंग और
१३वां अन्तिम ज्योतिर्लिंग
?
सत्यकाशी पीठ
पाँचवां और अन्तिम शंकराचार्य पीठ

काशी
मोक्षदायिनी
और
जीवनदायिनी

सत्यकाशी
स्वर्णयुग
का
तीर्थ

काशी
रहस्योद्घाटन
सत्यकाशी पीठ
पांचवां और अन्तिम शंकराचार्य पीठ

2020
सत्यकाशी पीठ
पाँचवां और अन्तिम शंकराचार्य पीठ

ईश्वर
का
संक्षिप्त इतिहास
सत्यकाशी पीठ
पाँचवां और अन्तिम शंकराचार्य पीठ

अवतार
अन्तिम सत्य दृष्टि
सत्यकाशी पीठ
पाँचवां और अन्तिम शंकराचार्य पीठ

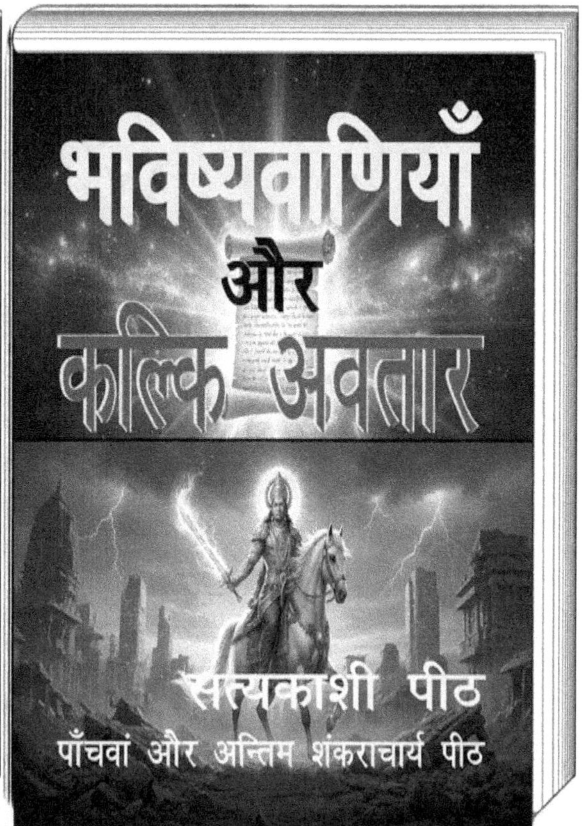
भविष्यवाणियाँ
और
कल्कि अवतार
सत्यकाशी पीठ
पाँचवां और अन्तिम शंकराचार्य पीठ

स्वामी विवेकानन्द
और
कल्कि अवतार
सत्यकाशी पीठ
पाँचवां और अन्तिम शंकराचार्य पीठ

मनु मनवन्तर
और
कल्कि अवतार
सत्यकाशी पीठ
पाँचवां और अन्तिम शंकराचार्य पीठ

व्यास, शास्त्र
और
कल्कि अवतार
सत्यकाशी पीठ
पाँचवां और अन्तिम शंकराचार्य पीठ

ऋषि, ऋषि परम्परा
और
कल्कि अवतार
सत्यकाशी पीठ
पाँचवां और अन्तिम शंकराचार्य पीठ

दूसरा आगमन
या
अन्तिम आगमन
सत्यकाशी पीठ
पाँचवां और अन्तिम शंकराचार्य पीठ

परिवर्तन
काल, मनु, युग,
व्यास और शास्त्र
सत्यकाशी पीठ
पाँचवां और अन्तिम शंकराचार्य पीठ

राम, रावण
और
सार्वभौम एकात्म
सत्यकाशी पीठ
पाँचवां और अन्तिम शंकराचार्य पीठ

मैं
व्यक्तिगत या सार्वभौम
सत्यकाशी पीठ
पाँचवां और अन्तिम शंकराचार्य पीठ
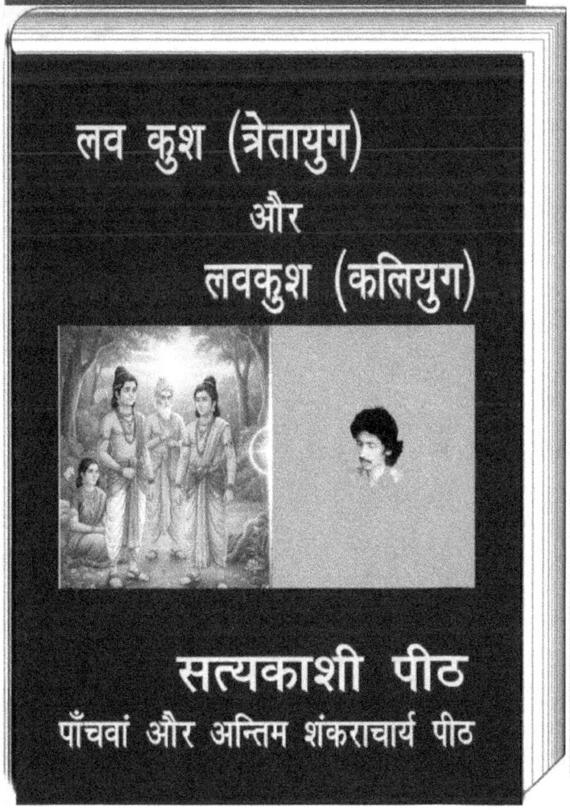
लव कुश (त्रेतायुग)
और
लवकुश (कलियुग)
सत्यकाशी पीठ
पाँचवां और अन्तिम शंकराचार्य पीठ

कल्कि महावतार
आ चुके हैं
(ACTION PLAN)
सत्यकाशी पीठ
पाँचवां और अन्तिम शंकराचार्य पीठ

लव कुश सिंह
(कल्कि महावतार)
जीवन, ज्ञान, कर्म और विश्वरूप
सत्यकाशी पीठ
पाँचवां और अन्तिम शंकराचार्य पीठ

वैश्विक बुद्ध
बुद्ध का
भाग-दो
और अन्तिम
सत्यकाशी पीठ
पाँचवां और अन्तिम शंकराचार्य पीठ

बुड्ढ़ा कृष्ण
कृष्ण का
भाग-दो
और अन्तिम
सत्यकाशी पीठ
पाँचवां और अन्तिम शंकराचार्य पीठ

सम्पूर्ण क्रान्ति
अन्तिम कार्य योजना
64
सत्यकाशी पीठ
पाँचवां और अन्तिम शंकराचार्य पीठ

सम्पूर्ण क्रान्ति
वेबसाइट मार्गदर्शन
विवरणिका
www.64inch.com
सत्यकाशी पीठ
पाँचवां और अन्तिम शंकराचार्य पीठ

पुनर्निर्माण
(RENEW)
समस्या, समाधान
और
राष्ट्र निर्माण की योजना
सत्यकाशी पीठ
पाँचवां और अन्तिम शंकराचार्य पीठ

पुनर्निर्माण
(RENEW)
ग्राम एवं नगर वार्ड
प्रेरक
सत्यकाशी पीठ
पाँचवां और अन्तिम शंकराचार्य पीठ

द्वापर युग में आठवें अवतार श्रीकृष्ण द्वारा प्रारम्भ किया गया कार्य "नवसृजन" के
प्रथम भाग "सार्वभौम ज्ञान" के शास्त्र "गीता" के बाद कलियुग में
द्वितीय और अन्तिम भाग "सार्वभौम कर्मज्ञान" और "पूर्णज्ञान का पूरक शास्त्र"
।। विश्वशास्त्र ।।
द नॉलेज ऑफ फाइनल नॉलेज
परिचय
- लव कुश सिंह "विश्वमानव"

एन्टायर पालिटिक्स
पूर्ण पाठ्यक्रम
सत्यकाशी पीठ
पाँचवां और अन्तिम शंकराचार्य पीठ

वसुधैव
कुटुम्बकम्
सत्यकाशी पीठ
पाँचवां और अन्तिम शंकराचार्य पीठ

।।कर्मवेद।।
प्रथम, अन्तिम तथा पंचम
सत्यकाशी पीठ
पांचवां और अन्तिम शंकराचार्य पीठ

आठवें अवतार
श्रीकृष्ण
सत्यकाशी पीठ
पांचवां और अन्तिम शंकराचार्य पीठ

अयोध्या नहीं,
मुंगेर है
राम जन्मभूमि
सत्यकाशी पीठ
पाँचवां और अन्तिम शंकराचार्य पीठ

विश्वमानव
भूतपूर्व नेतृत्वकर्ताओं
का
स्पष्टिकरण
सत्यकाशी पीठ
पाँचवां और अन्तिम शंकराचार्य पीठ

विश्वमानव
वर्तमान नेतृत्वकर्ताओं
का
स्पष्टिकरण
सत्यकाशी पीठ
पाँचवां और अन्तिम शंकराचार्य पीठ

विश्वमानव
वार्ता, वक्तव्य
एवं
वाणीयाँ
सत्यकाशी पीठ
पाँचवां और अन्तिम शंकराचार्य पीठ

विश्वमानव
पत्रावली, प्रसारण
और
अन्तिम पत्र
सत्यकाशी पीठ
पाँचवां और अन्तिम शंकराचार्य पीठ

सत्य जनहित
आह्वान
सत्यकाशी पीठ
पाँचवां और अन्तिम शंकराचार्य पीठ

विश्व शान्ति
अन्तिम सत्य दृष्टि
सत्यकाशी पीठ
पाँचवां और अन्तिम शंकराचार्य पीठ
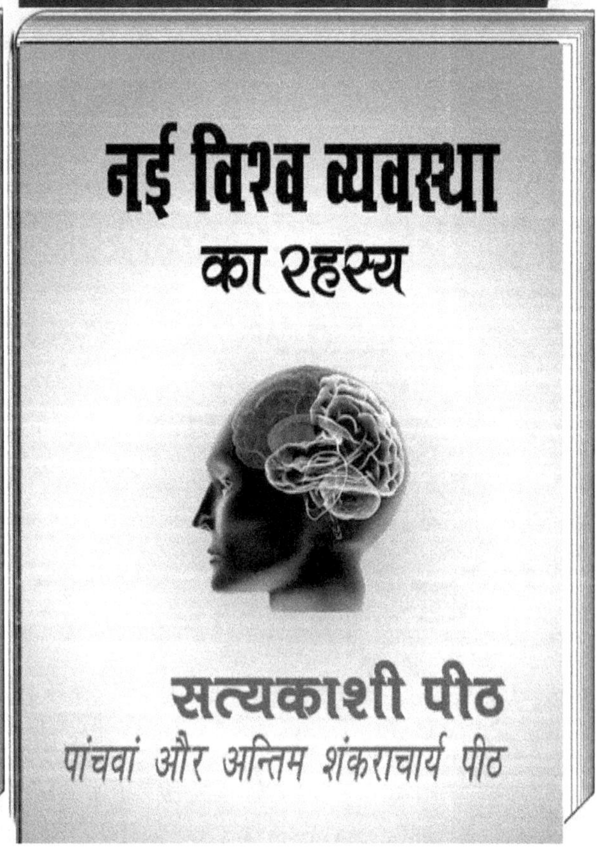
नई विश्व व्यवस्था
का रहस्य
सत्यकाशी पीठ
पांचवां और अन्तिम शंकराचार्य पीठ

समाजवाद
ब्रह्माण्डीय विकास का अवतारी मार्ग
सत्यकाशी पीठ
पांचवां और अन्तिम शंकराचार्य पीठ

भारतवाद
राष्ट्रवाद की मुख्यधारा
सत्यकाशी पीठ
पांचवां और अन्तिम शंकराचार्य पीठ

100 वर्षीय संयुक्त राष्ट्र
को अग्रिम सन्देश
सत्यकाशी पीठ
पांचवां और अन्तिम शंकराचार्य पीठ

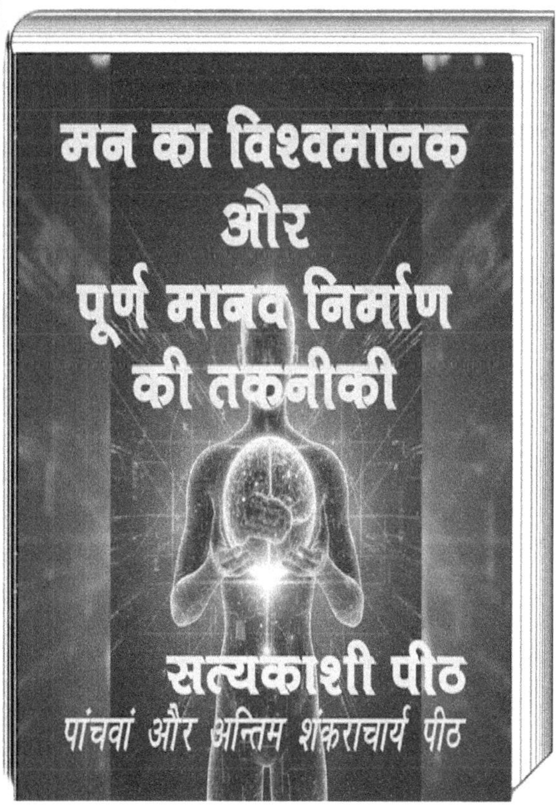

मन का विश्वमानक
और
पूर्ण मानव निर्माण
की तकनीकी
सत्यकाशी पीठ
पांचवां और अन्तिम शंकराचार्य पीठ

गणराज्य, संघ,
मानकीकरण संगठन
और
सम्पूर्ण मानक
सत्यकाशी पीठ
पाँचवां और अन्तिम शंकराचार्य पीठ

व्यापार केन्द्र
(TRADE CENTRE)
दृश्य सत्य
सत्यकाशी पीठ
पाँचवां और अन्तिम शंकराचार्य पीठ

सार्वभौम एकात्म
नव विश्व निर्माण
सत्यकाशी पीठ
पांचवां और अन्तिम शंकराचार्य पीठ

मानक विपणन
प्रणाली
सत्यकाशी पीठ
पाँचवां और अन्तिम शंकराचार्य पीठ

स्वर्णयुग का मानक
आदर्श नागरिक
दिशा निर्देश
सत्यकाशी पीठ
पांचवां और अन्तिम शंकराचार्य पीठ

स्वर्णयुग का
विश्वधर्म
परिचय
सत्यकाशी पीठ
पांचवां और अन्तिम शंकराचार्य पीठ

मैत्रेय बुद्ध
की ओर
सत्यकाशी पीठ
पांचवां और अन्तिम शंकराचार्य पीठ

विशाल ज्ञान विज्ञान
सबका समाधान
सूर्योदय
जय जनता जय कानून
हम सब एक दूसरे से हैं और एक दूसरे के लिए
सौजन्य से : सारे गैर सरकारी प्राणी : सरकारी प्राणी : इज्जतदार नेता और सबका भविष्य विद्यार्थीगण........के लिए।

सार्वभौम सत्य-सिद्धान्त आधारित "युग परिवर्तक" श्रृंखला
कल्कि धाम
और
कल्कि परिचय
- लव कुश सिंह "विश्वमानव"

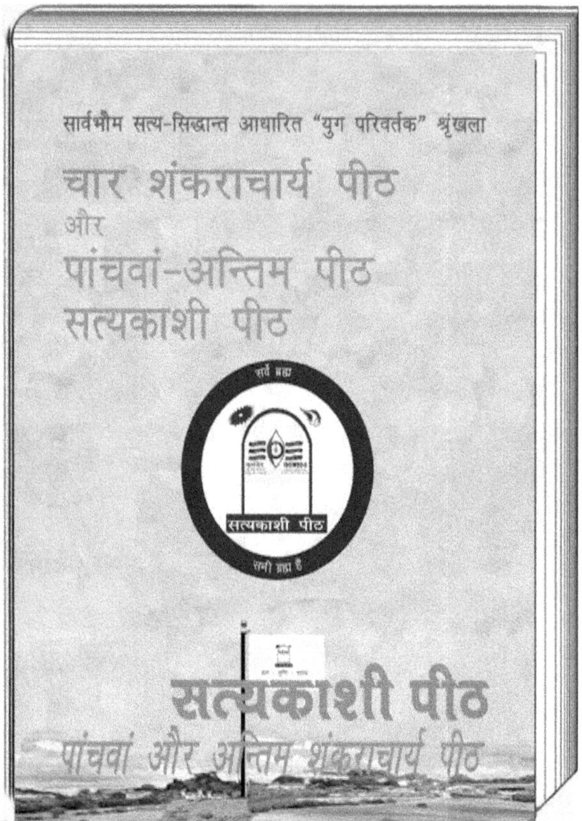
सार्वभौम सत्य-सिद्धान्त आधारित "युग परिवर्तक" श्रृंखला
चार शंकराचार्य पीठ
और
पांचवां-अन्तिम पीठ
सत्यकाशी पीठ
सत्यकाशी पीठ
सत्यकाशी पीठ
पांचवां और अन्तिम शंकराचार्य पीठ

कल्कि अमृत
महाकुम्भ
2025
FINAL KNOWLEDGE BOMB BLAST
सत्यकाशी पीठ
पांचवां और अन्तिम शंकराचार्य पीठ

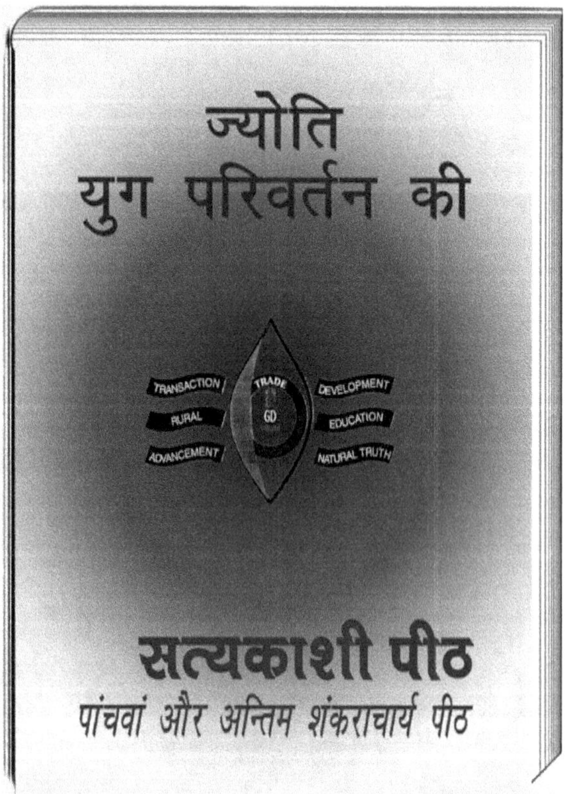
ज्योति
युग परिवर्तन की
TRANSACTION
TRADE
DEVELOPMENT
RURAL
EDUCATION
ADVANCEMENT
NATURAL TRUTH
सत्यकाशी पीठ
पांचवां और अन्तिम शंकराचार्य पीठ

युग परिवर्तन
के
शब्द
सत्यकाशी पीठ
पांचवां और अन्तिम शंकराचार्य पीठ

विचारों का अंत
2025
सत्यकाशी पीठ
पांचवां और अन्तिम शंकराचार्य पीठ

विश्व सत्य घोषणा-पत्र
2025–मानव जाति तक
RSS
Rational Service
Society
सत्यकाशी पीठ
पांचवां और अन्तिम शंकराचार्यपीठ

वैश्विक युग परिवर्तन के लिए
विश्व राजनीतिक पार्टी
संघ
RSS
Rational Service
Society
सत्यकाशी पीठ
पांचवां और अन्तिम शंकराचार्यपीठ

क्रिप्टो करेंसी
और मोबाइल माइनिंग
–लव कुश सिंह "विश्वमानव"

पीढ़ी
मानवीय और ईश्वरीय
2 3 4 5 6 7 8 9 10
वात्सल्य त्रिपाठी

बुढ़ा कृष्ण
अन्तिम मिलन
वात्सल्य त्रिपाठी

GEN जी
अन्तिम लक्ष्य
वात्सल्य त्रिपाठी

पाँचवां-अन्तिम पीठ
सत्यकाशी पीठ
परिचय
वात्सल्य त्रिपाठी
पाँचवां और अंतिम शंकराचार्य पीठ

कबीर और
जेन-जी
नई चेतना, नया मानव
चेतना और नवयुग की संवाद यात्रा
वात्सल्य त्रिपाठी

कल्कि की
ज्योति
बिहार से
ज्योति राठौड़

एक बिहारी
धरती पर भारी
ज्योति राठौड़

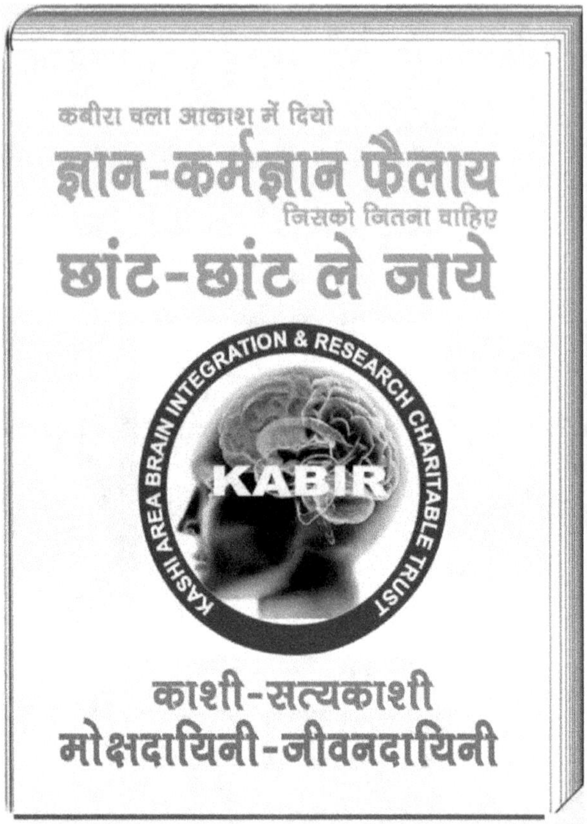
कबीरा चला आकाश में दियो
ज्ञान-कर्मज्ञान फैलाय
जिसको जितना चाहिए
छांट-छांट ले जाये
KASHI AREA BRAIN INTEGRATION & RESEARCH CHARITABLE TRUST
KABIR
काशी-सत्यकाशी
मोक्षदायिनी-जीवनदायिनी

कुर्म वंश
और
चरणाद्रिगढ़
स्वामी रमेशानन्द

आर.एस.एस
नवयुग के लिए
वैश्विक व्यक्तिगत पुस्तकालय
RATIONAL SERVICE SOCIETY (RSS)
WORLD PERSONAL LIBRARY FOR NEW AGE
A GUIDE TO GLOBAL WISDOM & FUTURE THOUGHT
स्वामी रमेशानन्द

झोला उठने के बाद
सोशल मीडिया
के लिए
कन्टेन्ट बैंक
विस्तृत गाइड: विचार, रणनीतियाँ, और संसाधन
www.64inch.com
सत्यकाशी पीठ
पांचवां और अन्तिम शंकराचार्य पीठ

झोला उठने के बाद
कल्कि
के तीन चरण
सत्यकाशी पीठ
पांचवां और अन्तिम शंकराचार्य पीठ

युग परिवर्तन के लिए:
विश्व पुस्तकालय बनाम कल्कि पुस्तकालय
www.64inch.com
बनाम
कल्कि पुस्तकालय
ज्ञान का महासंग्राम - भविष्य का निर्माण
सत्यकाशी पीठ
पांचवां और अन्तिम शंकराचार्य पीठ

व्हाट्सएप्प यूनिवर्सिटी
और
सु-इसु यूनिवर्सिटी
सत्यकाशी पीठ
पांचवां और अन्तिम शंकराचार्य पीठ

इंडिया
भारत का विश्वरूप
सत्यकाशी पीठ
पांचवां और अन्तिम शंकराचार्य पीठ

अधूरे सपनों का अन्तिम मार्ग
सत्यकाशी पीठ
पांचवां और अन्तिम शंकराचार्य पीठ

मानक संविधान और बहुजन
सत्यकाशी पीठ
पांचवां और अन्तिम शंकराचार्य पीठ

विकसित भारत अन्तिम मुद्दे
-ईश्वरीय/मानवीय पीढ़ी-10 (GEN-10)
-व्यक्तिगत
-पारिवारीक
-सामाजिक
-धार्मिक
-राष्ट्रीय
-वैश्विक
सत्यकाशी पीठ
पांचवां और अन्तिम शंकराचार्य पीठ

एक नया विकल्प
THREADS
सत्यकाशी पीठ
पांचवां और अन्तिम शंकराचार्य पीठ

विकसित भारत
शिक्षितों का अन्तिम ईश्वरीय मॉडल
सत्यकाशी पीठ
पांचवां और अन्तिम शंकराचार्य पीठ

विकास मॉडल
आसुरी
और
ईश्वरीय
सत्यकाशी पीठ
पांचवां और अन्तिम शंकराचार्य पीठ

युग परिवर्तन और 1000 वर्षों के लिए
सत्यकाशी पीठ
का सम्पूर्ण कार्य
कौन,
क्यों,
कैसे
कल्कि?
सत्यकाशी पीठ
पांचवां और अन्तिम शंकराचार्य पीठ

बैल बुद्धि
और
विकसित
भारत
सत्यकाशी पीठ
पांचवां और अन्तिम शंकराचार्य पीठ

सत्यकाशी पीठ
पांचवां और अन्तिम शंकराचार्य पीठ

एक्सट्रा
टु ए बी
समान नागरिक व्यापार ज्ञान संहिता (CCTKC)
सत्यकाशी पीठ
पांचवां और अन्तिम शंकराचार्य पीठ

एक्सट्रा
टु ए बी
समान नागरिक आर्थिक संहिता (UCEC)
सत्यकाशी पीठ
पांचवां और अन्तिम शंकराचार्य पीठ

अंध भक्ति
से मुक्ति की ओर
मुक्ति मंत्र
“जिसने अंधभक्ति दिया
वही मुक्ति देगा”
सत्यकाशी पीठ
पांचवां और अन्तिम शंकराचार्य पीठ

न मो
नारायण
सत्यकाशी पीठ
पांचवां और अन्तिम शंकराचार्य पीठ

अगला स्तर
फिल्म और राजनीति पर
विचारों का संगह
सत्यकाशी पीठ
पांचवां और अन्तिम शंकराचार्य पीठ

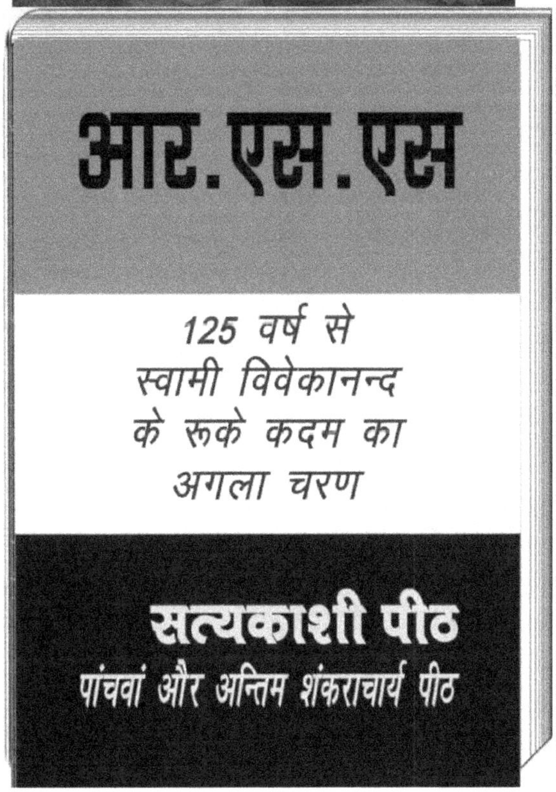
आर.एस.एस
125 वर्ष से
स्वामी विवेकानन्द
के रूके कदम का
अगला चरण
सत्यकाशी पीठ
पांचवां और अन्तिम शंकराचार्य पीठ

आर.एस.एस
रहस्योद्घाटन
सत्यकाशी पीठ
पांचवां और अन्तिम शंकराचार्य पीठ

125 वर्ष बाद
स्वामी विवेकानन्द
का अगला चरण

सत्येश्वर नरेन्द्र
सत्यकाशी पीठ
पांचवां और अन्तिम शंकराचार्य पीठ

आत्मकथा
लेखन कला
का विश्वमानक
सत्यकाशी पीठ
पांचवां और अन्तिम शंकराचार्य पीठ

लुच्चा
पुराण
पौराणिक कथाओं
और पात्रों के
सत्य समझ की व्यास दृष्टि
सत्यकाशी पीठ
पांचवां और अन्तिम शंकराचार्य पीठ

आठवां
सावर्णि मनु स्मृति
सत्यकाशी पीठ
पांचवां और अन्तिम शंकराचार्य पीठ

विश्वमानक
शून्य श्रृंखला
0
सत्यकाशी पीठ
पांचवां और अन्तिम शंकराचार्य पीठ

सर्वजीत साधना
भवन
एक आध्यात्मिक अनुभव
सत्यकाशी पीठ
पांचवां और अन्तिम शंकराचार्य पीठ
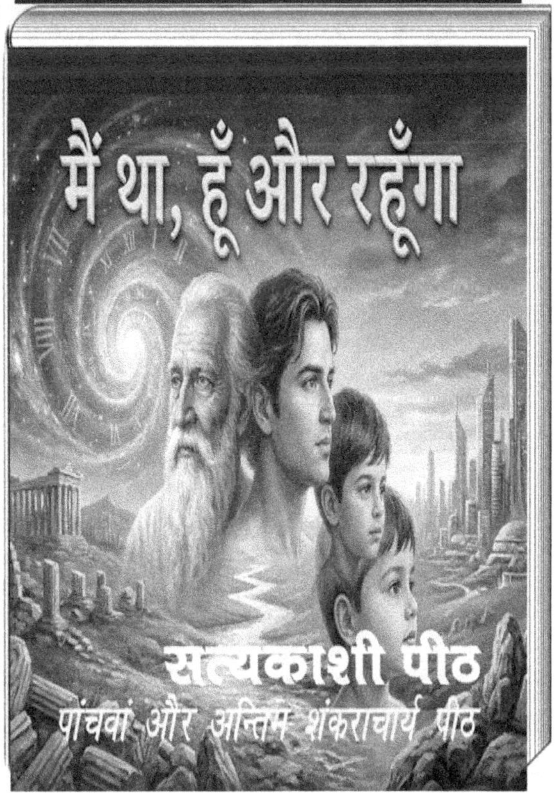
मैं था, हूँ और रहूँगा
सत्यकाशी पीठ
पांचवां और अन्तिम शंकराचार्य पीठ

लव
सत्यकाशी पीठ
पांचवां और अन्तिम शंकराचार्य पीठ

परब्रह्म,
प्रकृति,
अवतार
और वानर
सत्यकाशी पीठ
पांचवां और अन्तिम शंकराचार्य पीठ

संसार
दृश्य
और
अदृश्य
सत्यकाशी पीठ
पांचवां और अन्तिम शंकराचार्य पीठ

कर्मोपनिषद्
सत्यकाशी पीठ
पांचवां और अन्तिम शंकराचार्य पीठ

विश्वभारत
पुराण
ॐ
सत्यकाशी पीठ
पांचवां और अन्तिम शंकराचार्य पीठ

एकात्म विज्ञान
सत्यकाशी पीठ
पांचवां और अन्तिम शंकराचार्य पीठ

मानक विज्ञान
सत्यकाशी पीठ
पांचवां और अन्तिम शंकराचार्य पीठ

ईश्वर शास्त्र
सत्यकाशी पीठ
पांचवां और अन्तिम शंकराचार्य पीठ

युगावतारों के प्रकटीकरण की कार्यविधि:
राम-कृष्ण-लवकुश
सत्यकाशी पीठ
पांचवां और अन्तिम शंकराचार्य पीठ

पुस्तक को देखो, लेखक को नहीं
आविष्कार को देखो, आविष्कारक को नहीं
शास्त्र को देखो, शास्त्राकार को नहीं
सत्यकाशी पीठ
पांचवां और अन्तिम शंकराचार्य पीठ

56 से 64
की ओर
सत्यकाशी पीठ
पांचवां और अन्तिम शंकराचार्य पीठ

मैं सत्यकाशी हूँ
कविता
सत्यकाशी पीठ
पांचवां और अन्तिम शंकराचार्य पीठ

पटेल
भारत के शारीरिक एकीकरण के बाद
मन का एकीकरण लक्ष्य
सत्यकाशी पीठ
पांचवां और अन्तिम शंकराचार्य पीठ

मन से
आत्मा तक
3 6 9 और 7
6
3
9
7
सत्यकाशी पीठ
पांचवां और अन्तिम शंकराचार्य पीठ

भारत
400 पार मुद्दा किसका
?
सत्यकाशी पीठ
पांचवां और अन्तिम शंकराचार्य पीठ

आर. एस. एस - पुस्तकालय
पढ़ो और कमाओ
शिक्षित समाज, समर्थ राष्ट्र
सत्यकाशी पीठ
पांचवां और अन्तिम शंकराचार्य पीठ

विश्वयुद्ध के पहले
विश्वगुरु भारत
का विश्व शान्ति और
पुनर्निर्माण का अन्तिम सन्देश
सत्यकाशी पीठ
पांचवां और अन्तिम शंकराचार्य पीठ

चुटिया पण्डित
वृन्दावन की सत्य घटना
स्वामी नन्दनानंद

कल्कि का
चुनार और वृन्दावन
से उठता प्रेम
स्वामी नन्दनानंद

कल्कि का
बेगुसराय और मीरजापुर
जन्म और कर्म क्षेत्र
स्वामी नन्दनानंद

सत्येश्वरोपनिषद्
सत्येश्वर
और
झूठेश्वर
वात्सल्य त्रिपाठी

अन्तिम अवतार
कल्कि
के लिए शेष कर्म
वात्सल्य त्रिपाठी

कल्कि अवतार
का मानव-10
विकसित भारत का प्रवेश द्वार
वात्सल्य त्रिपाठी

पप्पू-गप्पू
और
नागरिक झुलेलाल
वात्सल्य त्रिपाठी

ओपेन गेम
कभी-कभी नहीं,
अब कन्फर्म है
अपुन ही
भगवान है
(वेब सीरीज)
वात्सल्य त्रिपाठी

SATYAKASHI
THE END OF MIRZAPUR
सत्यकाशी पीठ
पांचवां और अन्तिम शंकराचार्य पीठ

अण्डरवर्ल्ड
सनातन से पुरुषों से छुपी महिलाओं की कहानी
(फिल्म स्क्रीनप्ले-रेडी टू शूट)
वात्सल्य त्रिपाठी

सोना और सोना
एवं
नारी सशक्तिकरण
वैदिक काल से वर्तमान तक
सत्यकाशी पीठ
पांचवां और अन्तिम शंकराचार्य पीठ

स्लम डॉग
गॉड
फिल्म स्क्रीनप्ले-रेडी टू शूट

उत्तर प्रदेश
का
उत्तर
वात्सल्य त्रिपाठी

अन्तिम समन्वयाचार्य
कल्कि
वात्सल्य त्रिपाठी

2026
2+0+2+6=10
पांचवां और अन्तिम शंकराचार्य पीठ

राम न आयेंगे
लवकुश आ रहें हैं
www.64inch.com
पांचवां और अन्तिम शंकराचार्य पीठ

युग परिवर्तन के
150 पुस्तकें-परिचय
ज्ञान, प्रेरणा और भविष्य की ओर एक कदम
150
सत्यकाशी पीठ
पांचवां और अन्तिम शंकराचार्य पीठ
"एक नई शुरुआत के लिए ज्ञान की खोज"

जैसी तुम्हारी इच्छा वैसा करो

डॉ0 सर्वपल्ली राधाकृष्णन का जन्म 5 सितम्बर, 1888 को दक्षिण भारत के तिरूतनि स्थान पर हुआ था जो चेन्नई से 64 किमी उत्तर–पूर्व में है। डॉ0 सर्वपल्ली राधाकृष्णन भारत के उपराष्ट्रपति और दूसरे राष्ट्रपति सन् 1952 से 1962 तक में रहे। डॉ0 सर्वपल्ली राधाकृष्णन भारतीय समाजिक संस्कृति से ओत–प्रोत एक महान शिक्षाविद् महान दार्शनिक, महान वक्ता और आस्थावान हिन्दू विचारक थे। डॉ0 सर्वपल्ली राधाकृष्णन ने अपने जीवन के महत्वपूर्ण 40 वर्ष शिक्षक के रूप में व्यतीत किये। उनमें एक आदर्श शिक्षक के सारे गुण मौजूद थे। डॉ0 सर्वपल्ली राधाकृष्णन समस्त विश्व को एक शिक्षालय मानते थे। उनकी मान्यता थी कि शिक्षा के द्वारा ही मानव दिमाग का सद्उपयोग किया जाना सम्भव है इसलिए समस्त विश्व को एक इकाई समझकर ही शिक्षा का प्रबन्धन किया जाना चाहिए। उनके जन्मदिन को "शिक्षक दिवस" के रूप में मनाया जाता है।

इति ते ज्ञानमाख्यातं गुह्याद्गुह्यतरं मया।
विमृश्यैतदशेषेण यथेच्छसि तथा कुरू।।

(श्रीमद्भगवद्गीता, अध्याय–18, श्लोक–63)

अर्थात् – मैंने तुम्हें जो बताया, वह सब से बड़ा रहस्य है। इस पर भलीभाँति विचार कर तुम्हारी जैसी इच्छा वैसा करो।

"परमात्मा देखने में तटस्थ या निरपेक्ष दिखाई देता है, क्योंकि उसने चुनने का निर्णय अर्जुन के हाथ में छोड़ दिया है। उसकी यह निरपेक्षता ही अर्जुन के चिन्ता का कारण है। वह किसी पर भी दबाव नहीं डालता क्योंकि स्वतःस्फूर्त स्वतन्त्रता बहुत मूल्यवान होती है। भगवान अपना आदेश ऊपर से नहीं थोपता। वह स्वतन्त्र छोड़ देता है। परमात्मा की पुकार को स्वीकार करने या अस्वीकार कर देने के लिए हम हर समय स्वतन्त्र हैं। हम लड़खड़ाने लगें तो वह सहायता देने के लिए तैयार रहता है और प्रतीक्षा करने को तैयार है जब तक हम उसकी ओर उन्मुख न हों।

सब कुछ पहले से निर्धारित मानने वाले सिद्धान्त में टकराव के कारण यूरोप और भारत में काफी वाद–विवाद हुआ है। यूरोप का प्रमुख सिद्धान्त है कि संकल्प शक्ति और मानवीय प्रयत्न की स्वतन्त्रता का मनुष्य के उद्धार में बहुत बड़ा हाथ होता है। यद्यपि स्वयं संकल्प शक्ति को भी परमात्मा की कृपा के समर्थन की आवश्यकता पड़ सकती है। पहले से सब कुछ तय मानने वालों को अच्छे कार्यों और प्रार्थना के लिए यत्न करना होता है, क्योंकि वहाँ भी मानते हैं कि ये उपाय नियति को आगे बढ़ाने में सहायक तो हो सकते हैं लेकिन वे उसे रोक नहीं सकते। मनुष्य इस बात के लिए स्वतन्त्र है कि परमात्मा उन मनुष्यों पर कृपा करना चाहता है जो अपने आचरण से उस कृपा को ग्रहण करने के लिए तैयार करते हैं।

आध्यात्मिक नेता हम पर शारीरिक हिंसा, चमत्कार, प्रदर्शन के जरिये प्रभाव नहीं डालते। यदि सच्चा शिष्य कोई गलती कर भी बैठे, तो वह उसे केवल सलाह देगा। यदि शिष्य को चुनाव करने की स्वतन्त्रता पर आँच आती हो, तो वह उसे गलत रास्ते से भी वापस लौट आने के लिए विवश नहीं करेगा। गलती भी विकास की एक दिशा है।

कृष्ण केवल सारथी हैं। वह अर्जुन के आदेश का पालन करेगा। उसने कोई शस्त्र धारण नहीं किया हुआ है। यदि वह अर्ज़ुन पर कोई प्रभाव डालता है तो वह उसे अपने उस सर्वजयी प्रेम के जरिए डालता है। जो कभी समाप्त नहीं होता।

अर्जुन को अपने लिए स्वयं विचार करना चाहिए और अपने लिए स्वयं ही मार्ग खोज करना चाहिए। अस्पष्ट मान्यताओं को अनिवार्य रूप से और भावुकतापूर्वक अपना लिए जाने के कारण फलस्वरूप कट्टर धर्मान्धता उत्पन्न हुई है और उनके कारण मनुष्यों को अकथनीय कष्ट उठाना पड़ा है। इसलिए यह आवश्यक है कि मन और विश्वासों के लिए कोई तर्क संगत और अनुभावात्मक औचित्य ढूंढ़े।

अर्जुन को एक वास्तविक अखण्डता की अनुभूति प्राप्त करनी होगी लेकिन उसके विचार अपने हैं। और गुरू के जरिये उस पर थोपे नहीं गये हैं। दूसरों पर अपने विचार थोपना शिक्षण नहीं हैं।"

– भगवद्गीता के आखिरी उपदेश पर भारतीय दर्शन के व्याख्याकार और दूसरे राष्ट्रपति डॉ0 राधाकृष्णनन का विवेचन

"यह विश्वशास्त्र, मनुष्यों पर थोपा नहीं जा रहा बल्कि वह मनुष्यों को, मनुष्यो के इस संसार मे जो वर्तमान है उसे और उसके आगे अनन्त मार्ग दिखा रहा है और सभी मार्गों के एकीकरण द्वारा, उस मार्ग को भी दिखा रहा है जो विश्व को सत्य–सुन्दर–शिव बना सकता है। फिर भी हे मनुष्यों जैसी तुम्हारी इच्छा वैसा करो। वर्तमान से योग कराने के लिए ही मैं व्यक्त होता हूँ।" – लव कुश सिंह "विश्वमानव"

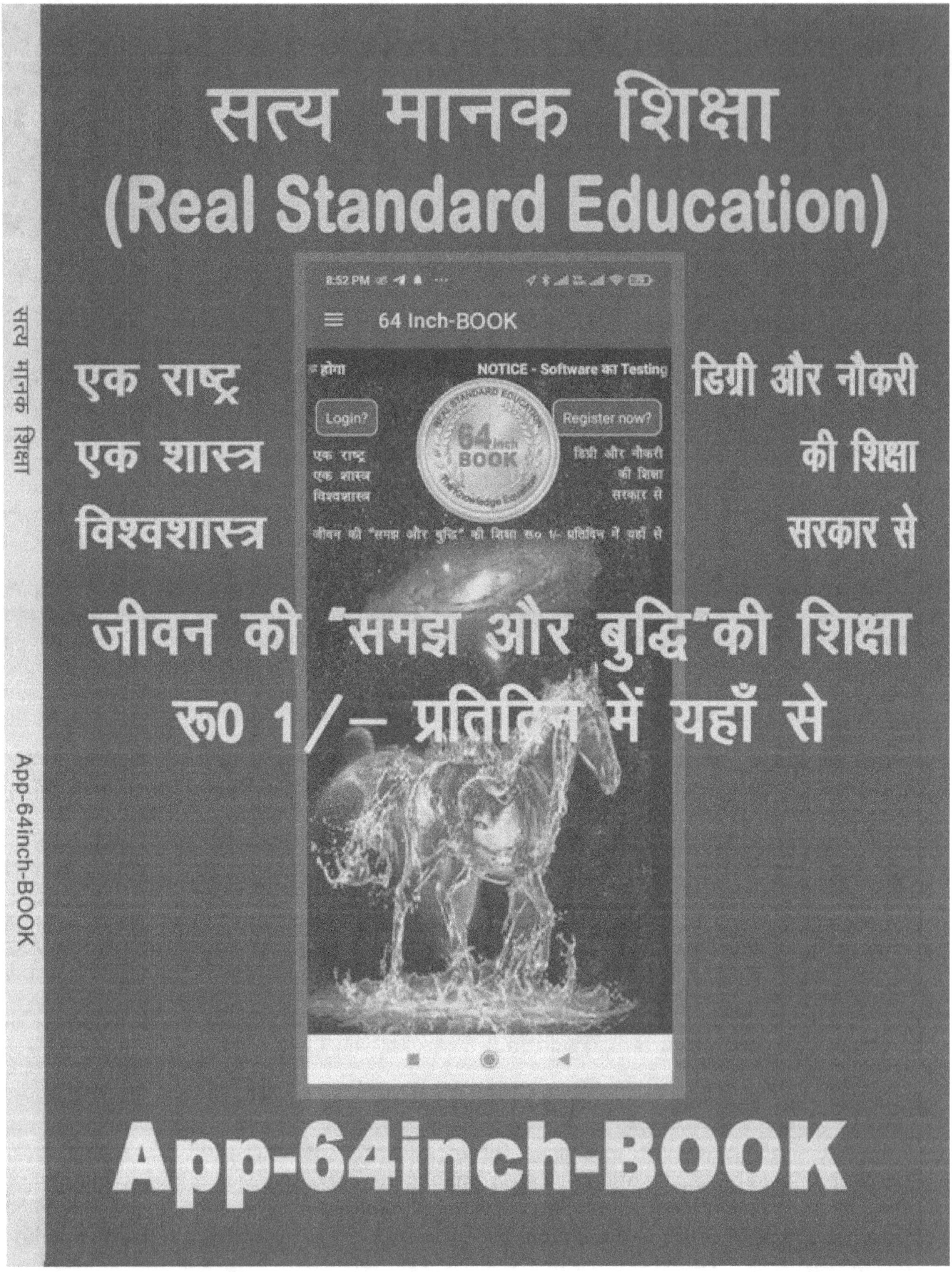
सत्य मानक शिक्षा
App-64inch-BOOK
सत्य मानक शिक्षा
(Real Standard Education)
64 Inch-BOOK
NOTICE - Software का Testing
Login?
Register now?
एक राष्ट्र
एक शास्त्र
विश्वशास्त्र
डिग्री और नौकरी
की शिक्षा
सरकार से
जीवन की "समझ और बुद्धि" की शिक्षा
रू0 1/- प्रतिदिन में यहाँ से
App-64inch-BOOK

"सत्य मानक शिक्षा" का व्यापार-एक अन्तहीन व्यापार

एक नदी पर पुल था जिसे कोई व्यक्ति पैदल दो घण्टे में पार करता था। यह पुल पैदल यात्रीयों के लिए रोक दिया गया था जिसके लिए पुल के ठीक मध्य (एक घण्टे की यात्रा) पर एक गार्ड नियुक्त था। गार्ड एक घण्टे सोता था और एक घण्टे जागता था। एक चालाक व्यक्ति को पुल से नदी पार करना अतिआवश्यक था। इसलिए गार्ड जब सोया तब वह यात्रा प्रारम्भ किया जैसे ही गार्ड के जागने का समय आया, वह वापस लौटने लगा। गार्ड समझा कि वह दूसरे किनारे से आ रहा है इसलिए उसने उस यात्री को पकड़ा और दूसरी ओर भेज दिया। इस प्रकार यात्री नदी पार हो गया।

यदि हम में से किसी को तैरकर नदी पार करना हो और आधे से पहले ही हमारा हिम्मत टूटने लगे तो हम वापस ही आना चाहेंगे। यदि आधे से अधिक तैरने के बाद हिम्मत टूटने लगेगा तो हौसला बढ़ाकर आगे ही बढकर पार करना चाहेंगे।

इसी प्रकार मनुष्य के विकास क्रम में हम सब अदृश्य विज्ञान (आध्यात्म) से दृश्य विज्ञान (भौतिक) की ओर बढ़ गये हैं। नदी या पुल का एक किनारा अदृश्य विज्ञान है तो दूसरा किनारा दृश्य विज्ञान। वर्तमान का हमारा अधिकतम जीवन नदी के दूसरे किनारे दृश्य विज्ञान की ओर है, हर पल। जन्म से ही हम अधिकतम वे सब वस्तुएँ प्रयोग कर रहे हैं जिसका कच्चा माल भले ही ईश्वरकृत हो परन्तु उपयोग का रूप मनुष्यकृत है और विज्ञान द्वारा निर्मित है। इस प्रकार मनुष्य निर्माता के रूप में अपना रूप व्यक्त कर ईश्वर की ओर ही बढ़ रहा है।

नदी के पुल पर बैठे उस गार्ड का काम और तैरने वाले का निर्णय "सत्य शिक्षा" है। वर्तमान में मनुष्य समाज अदृश्य काल से चलकर दृश्य काल में आ चुका है। आधे से वापस किनारे जाना "सत्य" को पाना है। और आधे से दूसरे किनारे पार हो जाना "सिद्धान्त" को पाना है। इन्हीं सिद्धान्त को पाने के बाद संविधान-नियम-कानून का जन्म होता है जिससे आज हम सभी संचालित व प्रभावित है। इस "सत्य-सिद्धान्त" की शिक्षा ही "सत्य मानक शिक्षा" है।

वर्तमान में जीने का अर्थ होता है-विश्व ज्ञान जहाँ तक बढ़ चुका है वहाँ तक के ज्ञान से अपने मस्तिष्क को युक्त करना। तभी डेढ़ हजार वर्ष पुराने हमारे मस्तिष्क का आधुनिकीकरण हो पायेगा। सिर्फ वर्तमान में तो पशु रहकर कर्म करते हैं। "सत्य मानक शिक्षा" मनुष्य के मस्तिष्क के आधुनिकीकरण की शिक्षा है या विज्ञान की भाषा में कहें तो मस्तिष्क के आधुनिकीकरण का साफ्टवेयर या माइक्रोचिप्स (Integrated Circuit-I.C) है। वर्तमान की अब नवीनतम परिभाषा है-"पूर्ण ज्ञान से युक्त होना" और कार्यशैली की परिभाषा है-"भूतकाल का अनुभव, भविष्य की आवश्यकतानुसार पूर्णज्ञान और परिणाम ज्ञान से युक्त होकर वर्तमान समय में कार्य करना।"

ज्ञान के इस युग में शिक्षा-विद्या-कला का व्यापार मनुष्य के धरती पर रहने तक रहेगा। ऐसी स्थिति में "सत्य मानक शिक्षा"का व्यापार भी उस समय तक के लिए स्थायित्व में है। शिक्षा-विद्या-कला कोई प्रापर्टी नहीं है कि पिता जी ग्रहण कर चुके हैं तो पुत्र को हिस्सा प्राप्त हो जायेगा। पुत्र को भी वहीं से अर्थात् अक्षर ज्ञान से शुरू होना पड़ेगा जहाँ से पिता ने शुरू किया था। इस प्रकार "सत्य मानक शिक्षा"का व्यापार एक अन्तहीन व्यापार है जो मनुष्य के पृथ्वी पर रहने तक चलता रहेगा।

स्कूल-कालेजों के जाल से शिक्षा के व्यापार का विकास होता है न कि शिक्षा का। शिक्षा का विकास तो शिक्षा पाठ्यक्रम पर निर्भर होता है जिससे शिक्षक और शिक्षार्थी दोनों निर्मित होते हैं। जब तक पूर्ण शिक्षा पाठ्यक्रम का निर्माण नहीं होता, शिक्षा का विकास नहीं हो सकता लेकिन शिक्षा के व्यापार का विकास होता रहेगा।

आध्यात्म और विज्ञान ने मानव सभ्यता के विकास में अब कम से इतना विकास तो कर ही चुका है कि अब हमें मन के एकीकरण के लिए कार्य करना चाहिए। और उस मन पर कार्य करने का ही परिणाम है-

सम्पूर्ण ब्रह्माण्ड में व्याप्त एक ही सत्य-सिद्धान्त द्वारा व्यक्तिगत व संयुक्त मन को एकमुखी कर सर्वोच्च, मूल और अन्तिम स्तर पर स्थापित करने के लिए शून्य पर अन्तिम आविष्कार WS-0 श्रृंखला की निम्नलिखित पाँच शाखाएँ है।

1. डब्ल्यू.एस. (WS)-0: विचार एवम् साहित्य का विश्वमानक
2. डब्ल्यू.एस. (WS)-00: विषय एवम् विशेषज्ञों की परिभाषा का विश्वमानक
3. डब्ल्यू.एस. (WS)-000: ब्रह्माण्ड (सूक्ष्म एवम् स्थूल) के प्रबन्ध और क्रियाकलाप का विश्वमानक
4. डब्ल्यू.एस. (WS)-0000: मानव (सूक्ष्म तथा स्थूल) के प्रबन्ध और क्रियाकलाप का विश्वमानक
5. डब्ल्यू.एस. (WS)-00000: उपासना और उपासना स्थल का विश्वमानक

और पूर्णमानव निर्माण की तकनीकी WCM-TLM-SHYAM.C (World Class Manufacturing – Total Life Maintenance – Satya-Heart-Yog-Ashram-Meditaion.Conciousness) है।

जो शिक्षा का नया माडल है। गरीबों की समस्या सुलझानें का नैतिक दायित्व है। देश में 25 वर्ष से कम उम्र के 55 करोड़ लोगों के लिए पुनर्निर्माण जैसी योजना हैं। उन्हें नौकरी और प्रशिक्षण की व्यवस्था है। रचनात्मकता, समन्वय, लीडरशिप, ग्लोबल तथा प्रोफेशनल विषयों को पढ़ने तथा सूचना तकनीक के जरिए पढ़ाई पर ध्यान केन्द्रित करने से युक्त है। हमारे देश में जो अध्यापक हैं, वे शोध नहीं करते और जो शोध करते हैं वे पढ़ाते नहीं, इसलिए शिक्षार्थी को ही शोध पत्र (विश्वशास्त्र) पढ़ाया जाय क्योंकि शिक्षक पढ़ने से तो रहे क्योंकि समान्यतः धन के आने की सुनिश्चितता के बाद लोग पढ़ना छोड़ देते हैं, यही नहीं कोशिश तो यह भी रहती है कि पढ़ाना भी न पड़े और उन्हें सेवा से हटाया भी नहीं जा सकता।

स्वामी विवेकान्द जी ने कहा था – "सुधारकों से मैं कहूंगा कि मैं स्वयं उनसे कहीं बढ़कर सुधारक हूँ। वे लोग इधर-उधर थोड़ा सुधार करना चाहते हैं- और मैं चाहता हूँ आमूल सुधार। हम लोगों का मतभेद है केवल सुधार की प्रणाली में। उनकी प्रणाली विनाशात्मक है और मेरी संघटनात्मक। मैं सुधार में विश्वास नहीं करता, मैं विश्वास करता हूँ स्वाभाविक उन्नति में।"

स्वाभाविक उन्नति तभी होती है जब संसाधन उपलब्ध हो। कार-मोटरसाइकिल घर में पहले से रहता है तो स्वाभाविक रूप से कम उम्र में ही घर के लोग चलाना सिख जाते हैं

जो व्यक्ति या देश केवल आर्थिक उन्नति को ही सर्वस्व मानता है वह व्यक्ति या देश एक पशुवत् जीवन निर्वाह के मार्ग पर है-जीना और पीढ़ी बढ़ाना। दूसरे रूप में इसे ऐसे समझा जा सकता है कि ऐसे व्यक्ति जिनका लक्ष्य धन रहा था वे अपने धन के बल पर अपनी मूर्ति अपने घर पर ही लगा सकते हैं परन्तु जिनका लक्ष्य धन नहीं था, उनका समाज ने उन्हें, उनके रहते या उनके जाने के बाद अनेकों प्रकार से सम्मान दिया है और ये सार्वजनिक रूप से सभी के सामने प्रमाणित है। पूर्णत्व की प्राप्ति का मार्ग शारीरिक-आर्थिक उत्थान के साथ-साथ मानसिक-बौद्धिक उत्थान होना चाहिए और यही है ही। इस प्रकार भारत यदि पूर्णता व विश्व गुरूता की ओर बढ़ना चाहता है तब उसे मात्र कौशल विकास ही नहीं बल्कि राष्ट्रीय बौद्धिक विकास की ओर भी बढ़ना होगा। बौद्धिक विकास, व्यक्ति व राष्ट्र का इस ब्रह्माण्ड के प्रति दायित्व है और उसका लक्ष्य है।

राष्ट्र के पूर्णत्व के लिए पूर्ण शिक्षा निम्नलिखित शिक्षा का संयुक्त रूप है-

अ-सामान्यीकरण (Generalisation) शिक्षा

ज्ञान के लिए- यह शिक्षा व्यक्ति और राष्ट्र का बौद्धिक विकास कराती है जिससे व्यक्ति व राष्ट्रीय सुख में वृद्धि होती है।

ब-विशेषीकरण (Specialisation) शिक्षा

कौशल के लिए- यह शिक्षा व्यक्ति और राष्ट्र का कौशल विकास कराती है जिससे व्यक्ति व राष्ट्रीय उत्पादकता में वृद्धि होती है।

स-सत्य नेटवर्क (REAL NETWORK)

समाज में प्रकाशित होने के लिए-क्योंकि कोई भी क्यों न हो उसे स्वयं अपना परिचय (BIO-DATA) देना पड़ता है तभी उसके अनुसार समाज उसका उपयोग करता है।

वर्तमान समय में विशेषीकरण की शिक्षा, भारत में चल ही रहा है और वह कोई बहुत बड़ी समस्या भी नहीं है। समस्या है सामान्यीकरण शिक्षा की। व्यक्तियों के विचार से सदैव व्यक्त होता रहा है कि-मैकाले शिक्षा पद्धति बदलनी चाहिए, राष्ट्रीय शिक्षा नीति व पाठ्यक्रम बनना चाहिए। ये तो विचार हैं। पाठ्यक्रम बनेगा कैसे?, कौन बनायेगा? पाठ्यक्रम में पढ़ायेंगे क्या?

एक पूर्ण मानव निर्माण प्रक्रिया में शिक्षा पाठ्यक्रम के स्वरूप का विश्वमानक निम्नवत् है। जो किसी विशेष देश-काल-पात्र पर निर्भर नही करता अर्थात् यह प्रत्येक देशों और व्यक्तियों के लिए शिक्षा का स्वरूप है। जिससे ब्रह्माण्डीय, वैश्विक और व्यक्तिगत संतुलन, स्थिरता, एकता, प्रबन्ध, विकास, शान्ति और सुरक्षा निर्धारित होती है।

1. प्राइमरी शिक्षा (कक्षा-5 तक)-भाषा ज्ञान आधारित:- क्षेत्रीय, देश, विश्व और विज्ञान की भाषा का ज्ञान, सामान्य विज्ञान, सामान्य ज्ञान, चित्र कला।

2. जूनियर हाई स्कूल (कक्षा-6 से 8 तक)-समाज ज्ञान आधारित:- क्षेत्रीय, देश, विश्व और विज्ञान की भाषा का ज्ञान, सामान्य विज्ञान, सामान्य ज्ञान, चित्र कला का विस्तार, खेल, संगीत, कृषि, समाज विज्ञान।

3. हाई स्कूल (कक्षा-9 से 10 तक)-सामान्यीकृत ज्ञान आधारित:- ज्ञान-कर्मज्ञान समाहित WCM-TLM-SHYAM.C (World Class Manufacturing – Total Life Maintenance – Satya-Heart-Yog-Ashram-Meditaion.Conciousness) प्रणाली अर्थात शिक्षा पाठ्यक्रम का विश्व मानक, कालानुसार विज्ञान, तकनीकी, व्यापारीक व प्रबन्धकीय ज्ञान की शिक्षा।

4. इण्टरमीडिएट (कक्षा-11 से 12 तक)-विशेषीकृत ज्ञान आधारित:- कौशल विकास की शिक्षा।

5. उच्च शिक्षा-इच्छानुसार विशेष क्षेत्र आधारित

"किसी देश का संविधान, उस देश के स्वाभिमान का शास्त्र तब तक नहीं हो सकता जब तक उस देश की मूल भावना का शिक्षा पाठ्यक्रम उसका अंग न हो। इस प्रकार भारत देश का संविधान भारत देश का शास्त्र नहीं है। संविधान को भारत का शास्त्र बनाने के लिए भारत की मूल भावना के अनुरूप नागरिक निर्माण के शिक्षा पाठ्यक्रम को संविधान के अंग के रूप में शामिल करना होगा। जबकि राष्ट्रीय संविधान और राष्ट्रीय शास्त्र के लिए हमें विश्व के स्तर पर देखना होगा क्योंकि देश तो अनेक हैं राष्ट्र केवल एक विश्व है, यह धरती है, यह पृथ्वी है। भारत को विश्व गुरू बनने का अन्तिम रास्ता यह है कि वह अपने संविधान को वैश्विक स्तर पर विचार कर उसमें विश्व शिक्षा पाठ्यक्रम को शामिल करे। यह कार्य उसी दिशा की ओर एक पहल है, एक मार्ग है और उस उम्मीद का एक हल है। राष्ट्रीयता की परिभाषा व नागरिक कर्तव्य के निर्धारण का मार्ग है। जिस पर विचार करने का मार्ग खुला हुआ है।"

"भारत का प्रत्येक नागरिक अपने जीवकोपार्जन के मार्ग व संघर्ष में अपने विषय का जानकार व अनुभव तो प्राप्त कर रहा है परन्तु कुछ पाने के क्रम में कुछ छूट भी जाता है इसलिए प्रत्येक नागरिक को अपने अहंकार को भूलकर यह स्वीकार करना होगा कि वह अपने विषय से हटकर अन्य विषय के विषय में कम या नहीं जानता है।"

अतः एक "आदर्श नागरिक" बनने के क्रम में न्यूनतम ज्ञान सभी को एक समान रूप से चाहिए।

www.ingramcontent.com/pod-product-compliance
Lightning Source LLC
LaVergne TN
LVHW080933071026
849535LV00013B/4194
* 9 7 8 1 6 4 8 9 9 3 6 2 6 *